思想的・睿智的・獨見的

經典名著文庫

學術評議

丘為君　吳惠林　宋鎮照　林玉体　邱燮友

洪漢鼎　孫效智　秦夢群　高明士　高宣揚

張光宇　張炳陽　陳秀蓉　陳思賢　陳清秀

陳鼓應　曾永義　黃光國　黃光雄　黃昆輝

黃政傑　楊維哲　葉海煙　葉國良　廖達琪

劉滄龍　黎建球　盧美貴　薛化元　謝宗林

簡成熙　顏厥安（以姓氏筆畫排序）

策劃　楊榮川

五南圖書出版公司 印行

經典名著文庫

學術評議者簡介（依姓氏筆畫排序）

- 丘為君　美國俄亥俄州立大學歷史研究所博士
- 吳惠林　美國芝加哥大學經濟系訪問研究、臺灣大學經濟系博士
- 宋鎮照　美國佛羅里達大學社會學博士
- 林玉体　美國愛荷華大學哲學博士
- 邱燮友　國立臺灣師範大學國文研究所文學碩士
- 洪漢鼎　德國杜塞爾多夫大學榮譽博士
- 孫效智　德國慕尼黑哲學院哲學博士
- 秦夢群　美國麥迪遜威斯康辛大學博士
- 高明士　日本東京大學歷史學博士
- 高宣揚　巴黎第一大學哲學系博士
- 張光宇　美國加州大學柏克萊校區語言學博士
- 張炳陽　國立臺灣大學哲學研究所博士
- 陳秀蓉　國立臺灣大學理學院心理學研究所臨床心理學組博士
- 陳思賢　美國約翰霍普金斯大學政治學博士
- 陳清秀　美國喬治城大學訪問研究、臺灣大學法學博士
- 陳鼓應　國立臺灣大學哲學研究所
- 曾永義　國家文學博士、中央研究院院士
- 黃光國　美國夏威夷大學社會心理學博士
- 黃光雄　國家教育學博士
- 黃昆輝　美國北科羅拉多州立大學博士
- 黃政傑　美國麥迪遜威斯康辛大學博士
- 楊維哲　美國普林斯頓大學數學博士
- 葉海煙　私立輔仁大學哲學研究所博士
- 葉國良　國立臺灣大學中文所博士
- 廖達琪　美國密西根大學政治學博士
- 劉滄龍　德國柏林洪堡大學哲學博士
- 黎建球　私立輔仁大學哲學研究所博士
- 盧美貴　國立臺灣師範大學教育學博士
- 薛化元　國立臺灣大學歷史學系博士
- 謝宗林　美國聖路易華盛頓大學經濟研究所博士候選人
- 簡成熙　國立高雄師範大學教育研究所博士
- 顏厥安　德國慕尼黑大學法學博士

經典名著文庫134

西方哲學史　下卷

A History of Western Philosophy

英・伯特蘭・羅素 著
(Bertrand Russell)
馬元德 譯

經典永恆・名著常在

五十週年的獻禮・「經典名著文庫」出版緣起

總策劃 

五南，五十年了。半個世紀，人生旅程的一大半，我們走過來了。不敢說有多大成就，至少沒有凋零。

五南忝爲學術出版的一員，在大專教材、學術專著、知識讀本出版已逾壹萬參仟種之後，面對著當今圖書界媚俗的追逐、淺碟化的內容以及碎片化的資訊圖景當中，我們思索著：邁向百年的未來歷程裡，我們能爲知識界、文化學術界做些什麼？在速食文化的生態下，有什麼值得讓人雋永品味的？

歷代經典・當今名著，經過時間的洗禮，千錘百鍊，流傳至今，光芒耀人；不僅使我們能領悟前人的智慧，同時也增深加廣我們思考的深度與視野。十九世紀唯意志論開創者叔本華，在其〈論閱讀和書籍〉文中指出：「對任何時代所謂的暢銷書要持謹愼的態度。」他覺得讀書應該精挑細選，把時間用來閱讀那些「古今中外的偉大人物的著作」，閱讀那些「站在人類之巔的著作及享受不朽聲譽的人們的作品」。閱讀就要「讀原著」，是他的體悟。他甚至認爲，閱讀經典原著，勝過於親炙教誨。他說：

> 「一個人的著作是這個人的思想菁華。所以，儘管一個人具有偉大的思想能力，但閱讀這個人的著作總會比與這個人的交往獲得更多的內容。就最重要的方面而言，閱讀這些著作的確可以取代，甚至遠遠超過與這個人的近身交往。」

爲什麼？原因正在於這些著作正是他思想的完整呈現，是他所有的思考、研究和學習的結果；而與這個人的交往卻是片斷的、支離的、隨機的。何況，想與之交談，如今時空，只能徒呼負負，空留神往而已。

三十歲就當芝加哥大學校長、四十六歲榮任名譽校長的赫欽斯（Robert M. Hutchins, 1899-1977），是力倡人文教育的大師。「教育要教眞理」，是其名言，強調「經典就是人文教育最佳的方式」。他認爲：

> 「西方學術思想傳遞下來的永恆學識，即那些不因時代變遷而有所減損其價值

的古代經典及現代名著，乃是眞正的文化菁華所在。」

這些經典在一定程度上代表西方文明發展的軌跡，故而他爲大學擬訂了從柏拉圖的《理想國》，以至愛因斯坦的《相對論》，構成著名的「大學百本經典名著課程」。成爲大學通識教育課程的典範。

歷代經典．當今名著，超越了時空，價值永恆。五南跟業界一樣，過去已偶有引進，但都未系統化的完整舖陳。我們決心投入巨資，有計畫的系統梳選，成立「經典名著文庫」，希望收入古今中外思想性的、充滿睿智與獨見的經典、名著，包括：

- 歷經千百年的時間洗禮，依然耀明的著作。遠溯二千三百年前，亞里斯多德的《尼各馬科倫理學》、柏拉圖的《理想國》，還有奧古斯丁的《懺悔錄》。
- 聲震寰宇、澤流遐裔的著作。西方哲學不用說，東方哲學中，我國的孔孟、老莊哲學，古印度毗耶娑（Vyāsa）的《薄伽梵歌》、日本鈴木大拙的《禪與心理分析》，都不缺漏。
- 成就一家之言，獨領風騷之名著。諸如伽森狄（Pierre Gassendi）與笛卡兒論戰的《對笛卡兒沉思錄的詰難》、達爾文（Darwin）的《物種起源》、米塞斯（Mises）的《人的行爲》，以至當今印度獲得諾貝爾經濟學獎阿馬蒂亞．

森（Amartya Sen）的《貧困與饑荒》，及法國當代的哲學家及漢學家余蓮（François Jullien）的《功效論》。

梳選的書目已超過七百種，初期計劃首爲三百種。先從思想性的經典開始，漸次及於專業性的論著。「江山代有才人出，各領風騷數百年」，這是一項理想性的、永續性的巨大出版工程。不在意讀者的眾寡，只考慮它的學術價值，力求完整展現先哲思想的軌跡。雖然不符合商業經營模式的考量，但只要能爲知識界開啓一片智慧之窗，營造一座百花綻放的世界文明公園，任君遨遊、取菁吸蜜、嘉惠學子，於願足矣！

最後，要感謝學界的支持與熱心參與。擔任「學術評議」的專家，義務的提供建言；各書「導讀」的撰寫者，不計代價地導引讀者進入堂奧；而著譯者日以繼夜，伏案疾書，更是辛苦，感謝你們。也期待熱心文化傳承的智者參與耕耘，共同經營這座「世界文明公園」。如能得到廣大讀者的共鳴與滋潤，那麼經典永恆，名著常在。就不是夢想了！

二〇一七年八月一日 於

五南圖書出版公司

目錄

卷三 近代哲學

卷三　近代哲學

第一篇　從文藝復興到休姆

第一章　總說

通常謂之「近代」的這段歷史時期，人的思想見解和中古時期的思想見解有許多不同。其中有兩點最重要，即教會的威信衰落下去，科學的威信逐步上升。旁的分歧和這兩點全有連帶關係。近代的文化寧可說是一種世俗文化而不是僧侶文化。國家愈來愈代替教會成爲支配文化的統治勢力。各民族的統治大權最初大都歸國王掌領；後來，如同在古希臘一樣，國王逐漸被民主國家或僭主所代替。民族國家的力量，以及它所行使的職權，在整個這時期當中穩步發展，不斷擴大（一些小波折不算）；但是按大多情況講，國家對哲學家的見解所起的影響總比不上中世紀時的教會。在阿爾卑斯山以北，一直到西元十五世紀向來能夠和中央政權分庭抗禮的封建貴族，首先喪失了政治上的重要地位，後來又失掉了經濟地位。國王聯合豪商頂替了他們，這兩種人在不同國家按不同的比例分享權力。豪商有併入貴族階級的趨勢。從美國獨立和法國大革命的時代以來，近代意義的民主製成了重大的政治力量。和建立在私有財產基礎上的民主制相反的社會主義，在西元一九一七年初次獲得了政權。這一種政治制度倘若蔓延開來，很明顯一定會帶來一種新的文化；但我們以後要講到的文化大體上是屬於「自由主義的」文化，換句話說，就是和通商貿易極自然地連在一起的那類文化。關於這點，特別在德國有若干重要的例外；舉兩個實例，費希特和黑格爾的見解跟商業就毫無關係。但是這種例外人物並不代表他們那個時代。

否認教會的威信是近代的消極特色，這比它的積極特色即承認科學的威信，開始得要早。在義大利文藝復興運動中，科學只占一個極微末的地位；反對教會這件事在人們的心念裡是和古代文明分不開的，仰賴的仍舊是過去，然而是比初期教會與中世紀還渺遠的過去。科學的第一次大入侵是西元一五四三年哥白尼學說的發表；不過這學說直到西元十七世紀經過克卜勒和伽利略著手改進，才開始得勢。隨後揭開了科學與教義之間的長期戰鬥的序幕，這場戰鬥中守舊派在新知識面前打了敗仗。

科學的威信是近代大多數哲學家都承認的；由於它不是統治威信，而是理智上的威信，所以是一種和教會威信大不相同的東西。否認它的人並不遭到什麼懲罰；承認它的人也絕不爲從現實利益出發的任何道理所左右。它在本質上求理性裁斷，全憑這點制勝。並且，這是一種片段不全的威信；不像天主教的那套教義，設下一個完備的體系，概括人間道德、人類的希望，以及宇宙的過去和未來的歷史。它只對當時似乎已由科學判明的事情表示意見，這在無知的茫茫大海中只不過是個小島。另外還有一點與教會威信不同：教會威信宣稱自己的論斷絕對確實，萬年更改不了；科學的論斷卻是在蓋然性的基礎上，按嘗試的方式提出來的，認爲隨時難免要修正。這使人產生一種和中世紀教義學者的心理氣質截然不同的心理氣質。

到此爲止，我談的一直是**理論科學**，理論科學是企圖**了解**世界的科學。**實用**科學是企圖**變革**世界的科學，自始以來就是重要的，而且重要性還一直不斷地增長，最後幾乎把理論科學從一般人的心念裡驅逐了出去。科學的實際重要性，首先是從戰爭方面認識到的；伽利略和李奧納多自稱會改良大炮和築城術，因此獲得了政府職務。從那個時代以來，科學家在戰爭中起的作用就愈來愈大。至於發展機器生產，讓居民們先習慣使用蒸汽，後來習慣使用電力，科學家在這些方面起的作用則比較晚，而且這種作用直到西元十九世紀末葉才開始有重大的政治影響。科學的成功一向主要由於實際功用，所以自來便有人打算把科學的這一面和理論的一面割裂開，從而使科學愈來愈成為技術，愈來愈不成其為關於世界本性的學說。這種觀點滲入到哲學家當中，還是新近的事。

從教會的威信中解放出來，結果使個人主義得到了發展，甚至發展到無政府狀態的地步。在文藝復興時期人們的心目中，所謂「修養」，無論是智慧上的、道德上的或政治上的，總和經院哲學及教會統治連繫在一起。經院哲學家的亞里斯多德邏輯固然狹隘，還不失為某種精確性的一個訓練。等到這派邏輯一不時興，最初代之而起的並不是什麼比較高明的東西，而無非是各種古代典範的折中模仿罷了。一直到西元十七世紀，哲學領域中毫無重要事物可言。西元十五世紀的義大利在道德上和政治上的混亂無主實在駭人聽聞，因此產生了馬基維利的學說。同時，精神上的枷鎖一旦擺脫，在藝術和文學中便表現出驚人的才華。但是這樣的社會是不穩定的。宗教改革運動和反宗教改革運動，再加上義大利對西班牙屈服，便把義大利文藝復興運動的功和過一齊結束。當這個運動傳播到阿爾卑斯山以北的時候，就不再帶有這種混亂的性質。

不過近代哲學大部分卻保留下來個人主義的和主觀的傾向。這在笛卡兒身上是很顯著的，他根據自身存在的確實性建立全部知識，又承認「清晰」和「判然」（兩樣全是主觀的）

是眞理的判斷標準。這種傾向就斯賓諾莎講不算突出，但是透過萊布尼茲的「無窗單子」，再度露面。洛克的氣質是澈底的客觀氣質，他也不由自主陷入這樣一個主觀論調：認識就在乎觀念的相符和不符——這是他很厭惡的一種見解，所以他甘冒嚴重的自相矛盾躲開它。貝克萊在廢棄物質以後，只是仗著使用「神」概念才脫離完全主觀主義，這做法後來大多數哲學家一向認爲是於理不合的。到休姆，經驗主義哲學登峰造極，成了一種誰也無法反駁、誰也無法相信的懷疑主義。康德和費希特論學說是主觀的，就論氣質也是主觀的；黑格爾藉斯賓諾莎的影響拯救了自己。盧梭和浪漫主義運動把主觀主義從認識論擴張到了倫理學和政治學裡面，最後必然的結局就是巴枯寧式的澈底無政府主義。主觀主義的這個極端是一種病狂。

在這同時，科學作爲技術來說，又使一般專務實際的人漸漸滋長起來一種見解，和理論哲學家當中見得到的任何見解都完全不同。技術給了人一種能力感：感覺人類遠不像在從前的時代那麼任憑環境擺布了。但是技術給予的能力是社會性能力，不是個人的能力；一個平常人乘船遇險漂落在荒島上，假若是在西元十七世紀，他會比現在能夠多有所作爲。科學技術需要有在單一的指導下組織起來的大量個人進行協作。所以它的趨向是反無政府主義，甚至是反個人主義的，因爲它要求有一個組織堅強的社會結構。科學技術不像宗教，它在道德上是中立的：它保證人類能夠做出奇蹟，但是並不告訴人該做出什麼奇蹟。在這點上，它就不夠圓滿。實際上，科學技術用於什麼目的，主要在於偶然的機會。在科學技術必然要造成的各個龐大組織中，居領導地位的那些人在某種限度內能夠隨心所欲左右科學技術的方向。權力欲於是得到前所未有的發洩出路。在科學技術的激發下產生的各種哲學向來是權能哲學，往往把人類以外的一切事物看成僅僅是有待加工的原材料。目的不再考究，只崇尚方法的巧妙。這又是一種病狂。在今天講，這是最危險的一種，對付這種病狂，理智健全的哲學應當作一服解毒劑。

古代世界以羅馬帝國結束了混亂狀態，但是羅馬帝國乃是一個冷酷的事實，並不是人的理想。舊教世界從教會謀求結束混亂狀態，這倒是一個理想，但是從未在事實中充分體現出來。無論古代的或中古的解決辦法都不圓滿：前者由於未能灌注理想，後者由於未能化成現實。現代世界就目前看似乎正朝向類似古代的解決辦法發展下去：一種通過暴力強加給人的社會秩序，它代表權貴們的意志，不代表平民的願望。美滿而持久的社會秩序這個問題，只有把羅馬帝國的鞏固和聖奧古斯丁的「神國」的理想精神結合起來，才能得到解決。爲做到這點，便需要有一種新的哲學。

第二章　義大利文藝復興

和中古見解相反的近代見解，隨著名叫「文藝復興」（Renaissance）的運動發源於義大利。最初，不過少數的人，主要是佩脫拉克，抱有這種見解；但是在西元十五世紀期間，近代見解普及到義大利教俗兩界絕大部分有教養的人士。按某些方面講，文藝復興時期的義大利人，除李奧納多及其他幾個人以外，都不尊重科學——尊重科學那是西元十七世紀以來大多數重要革新人物的特色；由於缺欠這個，他們從迷信中，特別從占星術這一種迷信中獲得的解放很不完全。他們當中不少的人仍舊像中世紀哲學家一樣崇敬權威，不過他們用古代人的威信替代教會的威信。這自然是向解放前進了一步，因為古代人彼此見解分歧，要決定信奉哪一家需要有個人判斷。但是西元十五世紀的義大利人中間，恐怕沒幾個敢持有從古代、從教會教義都找不出根據的意見。

為理解文藝復興運動，有必要先簡單回顧一下義大利的政治情勢。從西元一二五〇年弗里德里希二世死後，直到西元一四九四年法蘭西王查理八世入侵義大利之前，義大利就大體上講沒有受到外國干涉。在義大利有五個重要城邦：米蘭、威尼斯、佛羅倫斯、教皇領和那不勒斯。除這些城邦以外又有許多小公國，各自和大邦中某一個結成同盟，或者隸屬某個大邦。西元一三七八年以前，熱內亞在貿易和海軍勢力上一直與威尼斯爭雄，但自從那年之後，熱內亞落歸了米蘭宗主權支配之下。

米蘭當西元十二、十三世紀的時候領先反抗封建制度，在霍恩施陶芬朝終於敗亡後，受維斯孔提家統治——這是一個有能力的家族，它的勢力不是封建政治勢力，而是財閥政治勢力。維斯孔提家從西元一二七七年到一四四七年統治米蘭一七〇年。接著共和政體又復興三年，然後一個新的家族，即和維斯孔提家有親戚關係的斯弗爾查家獲得政權，自號米蘭公爵。從西元一四九四年到一五三五年，米蘭是法蘭西人與西班牙人交兵的戰場；斯弗爾查家有時和這一方聯盟，有時和另一方聯盟。在這段期間，他們有時候流亡外國，有時候僅只名義上掌政。最後在西元一五三五年，米蘭被查理五世皇帝兼併。

威尼斯共和國稍有點像處在義大利政治的局外，特別在初期國勢鼎盛的數百年間。威尼斯從來沒被蠻族征服過，最初它把自己看成是東羅馬皇帝的臣屬。由於這個傳統，加上威尼斯的貿易又是和東方的貿易，它能夠獨立在羅馬控制以外；這狀況一直到土倫特宗教會議（西元一五四五年）時代還繼續存在——關於土倫特宗教會議，威尼斯人保羅．薩爾皮寫過一部十分反教皇的歷史。前面講過，第四次十字軍東征時威尼斯如何堅持略取君士坦丁堡。這件事促進了威尼斯貿易；反過來，西元一四五三年土耳其人奪占君士坦丁堡，又使它的貿易受到損害。由於種種原因，和食糧供給問題也多少有關，威尼斯人在西元十四、十五世紀期間感到有必要在義大利本土上獲得大片領地。這惹起了各方的仇恨，終於在西元一五〇九年促成剛布雷同盟①的締結，該同盟是各強邦的一個聯合，威尼斯被它擊敗。從這場厄運中復甦，倒也許還是可能的；但無可挽回的是瓦斯寇・達・伽馬發現了經好望角通印度的航路（西元一四九七—一四九八年）。這個發現連上土耳其人的勢力，毀了威尼斯；不過它總還撐持下去，直到被拿破崙剝奪獨立。

威尼斯的政治制度原本民主，逐漸變得不民主，西元一二九七年以後成了一種排他性的寡頭政治。政治權力的基礎是「大議會」，自那年以後，大議會的成員世襲，而且只限於名門望族。行政權屬於「十人議會」，十人由大議會選舉。邦中的正式元首「督治」（Doge）選任終生；督治名義上的權柄很有限，但是實際上他的勢力通常有決定性。威尼斯外交術公認爲狡獪之至，威尼斯大使們的報告書有驚人犀利的見識。從朗克起，歷史學家一向利用這類報告書作爲有關他們所研究的事件最好的資料。

佛羅倫斯當年是世界上最文明的都市，它是文藝復興的主要發祥地。文藝復興期文學裡面幾乎所有的偉大名字，及文藝復興期藝術中前期的、以至某些後期的大師的名字，都和佛羅倫斯連在一起；但是目前我們不管文化，且談政治。西元十三世紀時，在佛羅倫斯有三個對立爭

---

① 剛布雷（Combray）在法國東北部。這個同盟是神聖羅馬皇帝馬克西密連一世（Maximilian I），法蘭西王路易十二世（Louis XII），阿拉貢王斐迪南（Ferdinand），和教皇尤理烏斯二世（Julius II）締結的，表面上為對土耳其人作戰，實際上要攻擊威尼斯。——譯者

鬥的階級：貴族、豪商和平民。貴族大多是皇帝黨，另外兩個階級是教皇黨。皇帝黨人在西元一二六六年最後敗北，西元十四世紀當中平民派又占了豪商的上風。然而鬥爭並沒帶來穩定的民主政治，卻促使一種希臘人所謂的「僭主制」逐漸抬頭。梅迪奇族終於成了佛羅倫斯的統治者，他們以民主派方面的政治牽線人起家。這家族中頭一個取得明確的優勝地位的人——科濟莫·德·梅迪奇（西元一三八九—一四六四年），還沒有什麼官職；他的勢力依靠操縱選舉的妙術。他陰險狡詐，可能寬和時寬和待人，於必要的時候狠毒無情。他死後隔了一個短時期，孫兒偉業公羅倫佐繼承他的位置，從西元一四六九年到一四九二年逝世為止，執掌大權。這兩人的地位都是仰賴財力得到的，他們的財富主要來自商業，但是也來自礦業及其他實業。他們不僅知道自己如何致富，還懂得怎樣使佛羅倫斯富足，所以在這兩人的治理下，佛羅倫斯城繁榮昌盛。

羅倫佐的兒子皮特羅欠缺他父親的那種長處，西元一四九四年被驅逐。隨後是薩萬納羅拉②得勢的四年，這時期有一種清教氣的信仰復興，轉使人反對歡樂奢華，遠離自由思想，趨就以往較淳樸的年代想必一向特有的虔誠。然而結局，主要由於政治原因，薩萬納羅拉的敵派

② 薩萬納羅拉（Girolamo Savonarola，西元一四五二—一四九八年），義大利僧侶，教會改革者。大膽揭露教會腐化及社會敗壞，痛斥羅倫佐一世，得到廣泛擁護。梅迪奇家再得勢後，西元一四九七年被開除教籍，第二年按叛教者和異端的罪名被處死。他的死給了達文西、米開朗基羅、馬基維利很深的刺激。——譯者

勝利，他被處死刑，燒毀屍體（西元一四九八年）。這個共和國，目的在推行民主，而實際是財閥政治，傳續到西元一五一二年，梅迪奇家族又復辟了。羅倫佐有一個兒子③十四歲上便作了樞機主教，他在西元一五一三年當選教皇，號列奧十世。梅迪奇家族用塔斯卡尼大公的爵銜統治佛羅倫斯直到西元一七三七年；但是佛羅倫斯在這期間也像義大利的其餘部分一樣，貧弱了下去。

教皇的俗權起源於不平和僞造的「君士坦丁贈賜」，在文藝復興時期大大擴張；但是教皇們爲此目的採用的那些方法，卻斷送了教皇職位的宗教威信。宗教會議運動在巴塞爾宗教會議與教皇尤金尼烏斯四世（西元一四三一—一四四七年）的爭鬥中失敗了，它代表著教會裡最熱誠的分子；或許更重要的是，這運動代表阿爾卑斯山以北教會的意見。教皇的勝利也就是義大利的勝利，（較差一層）又是西班牙的勝利。在西元十五世紀後半期，義大利文明全不像北方各國的文明，那依舊保持著中古風味。義大利人在文化方面正經嚴肅，但是對於道德和宗教滿不認眞；甚至在教士的心目中，典雅的拉丁文總會遮掩許多的罪。④第一個崇尚人文主義的教皇尼古拉五世（西元一四四七—一四五五年），把教廷的各種職位派給一些學者，只爲他敬重

③ 即卓范尼．德．梅迪奇 Giovanni de Medici，西元一四七五—一五二一年）。——譯者

④ 拉丁語是中古時代教會中的通行語言。參照《新約．彼得前書》，第四章，第八節：「最要緊的是彼此切實相愛。因為愛能遮掩許多的罪。」——譯者

這些人的學問，全不管別的考慮；羅倫佐・瓦拉（Lorenzo Valla）——一個伊比鳩魯主義者，也正是那個證明「君士坦丁贈賜」是僞造、嘲笑《拉丁語普及本聖經》的筆體、指斥聖奧古斯丁是異端的人，被任命爲教皇祕書。這種獎勵人文主義勝於獎勵虔誠或正統信仰的政策，一直繼續到西元一五二七年羅馬大洗劫。

獎勵人文主義固然讓熱誠的北方人感到憤慨，按我們的觀點看，也許還算是件功德；但是某些教皇的黷武政策和道德敗壞的生活，除非從赤裸裸的強權政治的觀點來看，從什麼觀點來看也無法給它辯護。亞歷山大六世（西元一四九二—一五〇三年）在個人的教皇生活中，專一擴張自己和自己一家的勢力。他有兩個兒子：甘地亞公爵和凱薩・鮑吉亞（Caesar Borgia），他非常偏愛前一個。然而甘地亞公爵被人殺害了，大概是弟弟把他害死的。於是這位教皇的王業壯志只得灌注在凱薩身上。他們一同征服了羅馬尼阿和昂可納，這兩個地方預計要給凱薩做個公國。但是在教皇死的時候，凱薩正病重，所以不能即時行動。他們的征服地結果重新併入聖彼得的世襲財產。這兩人的劣跡很快就成了瘋傳，歸罪到他們身上的數不清的謀殺事件，眞假難辨。不過，他們推行不講信義的奸計達到空前地步，這點總無可置疑。繼承亞歷山大六世的尤理烏斯二世（西元一五〇三—一五一三年）也不虔誠異常，卻比他的前任少留下一些造成醜聞的口實。他繼續進行擴張教皇領地；當作軍人看，他自有長處，但是按基督教的首腦來論，並不可取。在他的繼任者列奧十世（西元一五一三—一五二一年）治下開始的宗教改革運動，乃是文藝復興時期各教皇的非宗教政策的當然後果。

義大利南端歸那不勒斯王國據有，在大多時候，西西里和那不勒斯統聯一起。那不勒斯和西西里原先是弗里德里希二世皇帝的特別私人王國；他創建了一種回教國式的君主專制，開明但是獨裁，不給封建貴族容留半分權力。西元一二五〇年弗里德里希死後，那不勒斯和西西里歸屬他的私生子曼弗里德，不過曼弗里德也繼承了教會的不解冤，西元一二六六年被法蘭西人驅逐。法蘭西人自落個不得人心，結果在「西西里晚禱」[⑤]事件（西元一二八二年）中遭屠殺；這以後王國屬於阿拉貢王彼得三世[⑥]和他的各代繼承人。經過種種錯綜複雜的糾紛，那不勒斯和西西里一度暫時分裂，然後在西元一四四三年重新合併在著名的文事獎勵者雅量王阿爾封索下面。從西元一四九五年以降，有三個法蘭西王力圖征服那不勒斯，但是這王國最後被阿拉貢的斐迪南得到手（西元一五〇二年）。查理八世、路易十二世和法蘭西斯一世，這幾個法蘭西王全堅持自己有領轄米蘭和那不勒斯的權利（在法理上不大有根據）；他們全入侵過義大利，收到暫時成功，但是終究全被西班牙人戰敗。西班牙的勝利和反宗教改革運動，結束了義大利文藝復興。教皇克萊門特七世是反宗教改革運動的障礙，而且他是個梅迪奇家的人，做法蘭西的同黨，因此在西元一五二七年查理五世讓一支大部分由新教徒組成的軍隊洗劫了羅馬。

---

⑤ 西元一二八二年復活節後的星期二，在舉行晚禱的時候，西西里人到處起來大殺法蘭西人，單在巴勒莫就殺了八千，這次事件叫「西西里晚禱」（Sicilian Vespers）。——譯者

⑥ 阿拉貢（Aragon）在西班牙東北部。彼得三世（Peter Ⅲ，西元一二三九？—一二八五年；在位西元一二七六—一二八五年）娶曼弗里德的女兒；他在西元一二八二年戰勝查理一世的軍隊，成為西西里王。——譯者

從此以後，教皇們轉上虔誠的道路，而義大利文藝復興運動就壽終正寢。

在義大利耍的強權政治複雜得難以相信。小邦主大部分是自力起家的霸主，他們一時和大邦中這一個聯盟，一時和那一個聯盟；他們假若耍得不高明，就被齊根鏟滅。戰爭連綿不斷，但是在西元一四九四年法蘭西人到來以前，打的仗都幾乎不流血：兵是雇傭兵，恨不得把他們的職業危險縮到最小限度。這類純屬義大利的戰爭，對貿易沒起很大妨害，也未阻礙義大利添增財富。治國策術層出不窮，英明的政治才略沒有分毫；當法蘭西人到來的時候，國家簡直是毫無防護。法蘭西軍隊在交戰中真的殺人，嚇壞了義大利人。隨後法蘭西人與西班牙人的歷次戰爭都是一本正經的戰爭，帶來了苦難和貧困。但是義大利各城邦全不顧惜民族統一，彼此繼續陰謀傾軋，在內訌中乞求法蘭西或西班牙的援助，到頭來同歸於盡。由於發現美洲和經好望角通往東方的航路，義大利總逃不了要喪失重要地位，這自不在話下；但是這崩潰也盡可以少有些禍患，對義大利文明素質的破壞性輕一些。

文藝復興不是在哲學上有偉大成就的時期，但是也做出一些事情，對偉大的西元十七世紀來講是必要的準備。首先，文藝復興運動摧毀了死板的經院哲學體系，這體系已經成了智力上的束縛。恢復了對柏拉圖的研究，因此要求人至少也得有在柏拉圖和亞里斯多德之間進行選擇所必需的獨立思考。文藝復興促進了人們對於這兩個人的直接的真正認識，擺脫新柏拉圖派和阿拉伯注釋家的評注。更重要的是，文藝復興運動鼓勵這種習慣：把知識活動看成是樂趣洋溢的社會性活動，而不是旨在保存某個前定的正統學說的遁世冥想。

和拜占庭學問的接觸，使柏拉圖提早替代經院派解釋的亞里斯多德。早在那次把東西方兩教會名義上再統一起來的費拉拉宗教會議（西元一四三八年）上，就有過一場辯論，在辯論中拜占庭人主張柏拉圖勝似亞里斯多德。紀密斯特・普里索（Gemistus Pletho）是希臘一個正統信仰很成問題的熱誠的柏拉圖主義者，他對在義大利振興柏拉圖哲學有很大貢獻；還有一個當上樞機主教的希臘人貝薩利昂（Bessarion）也是這樣。科濟莫・德・梅迪奇和羅倫佐・德・梅迪奇都醉心於柏拉圖，科濟莫創立了廣泛從事柏拉圖研究的佛羅倫斯學院，羅倫佐繼續興辦。科濟莫臨死還傾聽著柏拉圖的一篇對話。不過當時的人文主義者們忙於獲得古代的知識，因此在哲學上不能出什麼獨創性的東西。

文藝復興不是民眾性運動；是少數學者和藝術家的運動，受到一些慷慨的文藝獎勵者，特別受到梅迪奇家族和崇尚人文主義的教皇們的贊助。假若當初沒有這些獎勵者，它取得的成功說不定會小得多。西元一四世紀的佩脫拉克和薄伽丘按精神講屬於文藝復興時代，但是由於當時的政治條件不同，所以他們的直接影響比不上西元十五世紀的人文主義者。

文藝復興時期的學者對教會的態度，很難簡單刻畫。有的人是直言不諱的自由思想家，不過即使這種人通常也受「終傅」⑦，在感到死亡迫臨的時候與教會和解。大多數學者痛感當時教皇的罪惡，然而他們還是樂於受教皇的聘用。歷史學家貴查第尼（Guicciardini）在西元一五二九年寫道：

---

⑦ 天主教七聖禮之一，在臨死者的頭、手、足、胸塗聖油的一種儀式。——譯者

「再沒有誰比我更憎惡祭司的野心、貪婪和放蕩了；不僅因爲這些惡習每一件本身就可恨，而且因爲其中每一件統統和自稱與神有特殊關係的人極不相稱，同時還因爲這些惡習又是那麼相互對立的，只在生性十分奇僻古怪的人身上才能共存。儘管如此，我在幾任教皇教廷中的位置，迫使我只得爲了切身利益希求他們偉大。但是，如果不是爲了這個緣故，我早已像愛自己一樣愛馬丁・路德了；這並不是爲我個人擺脫一般所理解和解釋的基督教加給人的戒律，倒是爲了要眼看這幫無賴被押回自己的本位，好叫他們不得不去過沒罪惡或沒權柄的生活。」⑧

這眞坦率得痛快，清楚地擺明了人文主義者所以不能發起宗教革新的理由。況且，他們當中大多數人在正統信仰和自由思想之間看不出任何折中辦法；他們已經不再具有對神學微妙處的中古感受性，所以像路德的那種立場，在他們是做不到的。馬祖求⑨講罷了修士、修女和修道僧的惡端，說：「對他們最好不過的懲罰恐怕就是讓神把煉獄取消；這一來他們便不會再受

⑧ 引自布克哈特（Burckhardt）：《義大利的文藝復興》（*Renaissance in Italy*），第六編，第二章。
⑨ 馬祖求（Masuccio，西元一四二〇年左右—一四七六年以後）：義大利小說家，一生大部分時期在米蘭公下面供職。——譯者

到布施，只得重新去過鋤鍬生活了。」[10]但是他卻沒像路德那樣，想到去否認煉獄，同時又保留大部分天主教義。

羅馬的財富不過稍許指靠由教皇領地得到的歲收，主要是通過一個主張教皇握著天國鑰匙的神學體系，從全天主教世界斂集的獻金。哪個義大利人對這體系表示異議而收到實效，就難保不引起義大利貧困化，使它喪失在西方世界中的地位。因此文藝復興時期義大利的異端是純粹精神上的異端，沒醞成教會分裂，也未惹出任何要發起脫離教會的民眾性運動。唯一的例外，還是個很不完全的例外，就是按精神講屬於中世紀的薩萬納羅拉。

大多數人文主義者把在古代受到維護的那些迷信保留下來。魔法和巫術也許是邪道，但不認爲這種事是不會有的。尹諾森八世在西元一四八四年下了一道反巫術的敕令，結果在德意志及其他地方引起了一場對女巫的觸目驚心的大迫害。占星術特別受自由思想家們重視，達到了古代以來未有的風行。從教會裡得到解放的最初結果，並不是使人們的思考合乎理智，倒是讓人對古代樣樣荒誕無稽的東西廣開心竅。

在道德方面，解放的最初結果同樣悲慘。舊道德規律不再受人尊重；城邦君主一大半都是透過變節背叛獲得地位，靠無情的殘酷手段維繫住統治的。樞機主教受邀請赴教皇加冕禮宴

⑩ 布克哈特：《義大利的文藝復興》，第六編，第二章。

時，他們唯恐放毒，自帶酒和酒童。⑪除薩萬納羅拉以外，在這時期難得有一個義大利人爲公眾的利益冒任何犧牲。教皇腐化的禍患有目共睹，但是毫無對策。義大利統一的好處顯而易見，君主們卻不會聯合起來。異族統治的危險近在眼前，然而每一個義大利君主在與其他任何義大利君主的任何一次爭執裡，還情願乞求任何外強的援助，甚至於乞求土耳其人。除開毀壞古代抄本這事情而外，文藝復興時期的人不經常犯的罪過我想不出一件。

在道德範圍以外，文藝復興有偉大的功績。在建築、繪畫和詩歌方面，它一向保持著好名聲。文藝復興運動出了李奧納多、米開朗基羅、馬基維利等非常偉大的人物。這個運動把有教養的人從褊狹的中古文化裡解放出來，它即使仍舊是古代崇拜的奴隸，也總讓學者們知道，幾乎在一切問題上，有聲譽的權威們曾經主張過種種不同的意見。文藝復興透過復活希臘時代的知識，創造出一種精神氣氛：在這種氣氛裡再度有可能媲美希臘人的成就，而且個人天才也能夠在自從亞歷山大時代以來就絕跡了的自由狀況下蓬勃生長。文藝復興時期的政治條件利於個人發展，然而不穩定；也像在古希臘一樣，不穩定和個性表露是密切相連的。有穩定的社會制度是必要的，但是迄今想出來的一切穩定制度都妨害了藝術上或才智上的特殊價值的發展。爲獲得文藝復興時期的那種偉大成就，我們準備忍受多少凶殺和混亂？以往，情願大量忍受；在現代，要少得多。儘管隨著社會組織的擴大，這問題正不斷地緊要起來，到今天還沒找到一個解決辦法。

⑪ 布克哈特：《義大利的文藝復興》，第六編，第一章。

第三章　馬基維利

文藝復興雖然沒產生重要的理論哲學家，卻在政治哲學中造就了卓越無比的一人——尼可洛．馬基維利。一般人驚訝他荒謬絕倫，已成慣例；他有時候也的確是荒謬驚人。但是，旁的人假使同他一樣免除欺瞞人的假道學，有不少個會同樣如此。馬基維利的政治哲學是科學性的經驗學問，拿他對事務的親身經驗作基礎，力求說明爲達到既定目的所需用的手段，而不講那目的該看成是善是惡這個問題。他偶爾聽任自己談到他希求的目的，那就是我們大家完全能鼓掌稱讚的一種目的。慣常加到他名字上的毀謗，一大部分出於惱恨人坦白自供壞事的僞君子的憤慨。固然，眞正需要批評的地方還是很多的，但是在這一點上他是當時時代的表現。對於政治中的不誠實這種在思想上的誠實，在其他任何時代或其他任何國度都是不大可能的事，也許在希臘，從智師派學者受了理論教育、由小城邦戰爭得到實際磨練的那些人屬於例外；小城邦間的戰爭，在古典的希臘正如同在文藝復興時期的義大利，是和個人天才自然伴連著的政治背景。

馬基維利（Machiavelli，西元一四六九－一五二七年）[1]是佛羅倫斯人；他的父親——一位法律家，不富有也不算窮困。當他二十多歲的時候，薩萬納羅拉主宰佛羅倫斯；這人的悲慘下場顯然給了馬基維利深刻的印象，因爲他說：「一切武裝的先知勝利了，沒有武裝的先知失敗了」，隨即舉薩萬納羅拉作爲後一類人中的實例。在相反方面他說到摩西、居魯士、泰修思[2]和羅繆魯斯。不提基督，這正是文藝復興的表徵。

薩萬納羅拉剛被處刑後，馬基維利在佛羅倫斯政府中得到一個次等職位（西元一四九八年）。他在政府繼續供職，時時擔任重要的外交使節，直到西元一五一二年梅迪奇家族復辟；那時，他由於一貫和梅迪奇家族作對而被捕，但是得到開釋，准他在佛羅倫斯近鄉過退隱生活。因爲別無工作，於是從事著述。他的最出名的著作《君主論》（*The Prince*）是西元一五一三年寫的，由於他希望討得梅迪奇家的歡心（事實證明是空希望），題獻給羅倫佐二世。本書的語調也許多少可歸之於這個實際意圖；他同時在撰寫的那部較長的作品《羅馬史論》（*Discourses*），顯著地帶著更多的共和主義與自由主義色彩。他在《君主論》的開首說，這本書裡他不打算談共和國，因爲已在別處討論過共和國了。不並讀《羅馬史論》的人，

① 原書把馬基維利的生年誤作西元一四六七年。——譯者

② 泰修思，希臘神話中雅典王伊久思之子，統一阿提卡各國；又有許多英雄事蹟，如殺牛頭人身怪邁諾斯陶爾，戰勝亞馬遜，參加尋找金羊毛的探險等。——譯者

對他的學說往往容易得出一個很偏頗的看法。

馬基維利既然沒能取得同梅迪奇家的和解，不得已繼續著述。他隱居終身，死在查理五世的軍隊洗劫羅馬那一年。這年可以看成也是義大利文藝復興運動死亡的一年。

《君主論》這本書旨在根據史實及當時的事件，揭明公國是怎樣得來的、怎樣保住的、怎樣失掉的。西元十五世紀的義大利提供許多個大小實例。君主沒幾人是合法的，甚至在不少情況下，連教皇也憑仗賄買手段獲得選任。那時候到達成功的常則和時代變得較穩定後的成功常則是不盡一樣的，因爲像那種凶殘和不講信義的行爲假若在西元十八或十九世紀，會讓人喪失成功資格，當時卻沒哪個爲之感到憤慨。或許我們這時代的人又比較會賞識馬基維利，因爲當代有一些最可注目的成功，都是仗著和文藝復興時在義大利使用過的任何方法一樣卑鄙的方法取得的。想來馬基維利這位政略藝術鑑賞家，總要給希特勒的國會縱火案、西元一九三四年的納粹清黨及慕尼黑協定後的背信喝采叫好吧。

亞歷山大六世的兒子凱薩．鮑吉亞大受頌揚。凱薩的問題是個難問題：第一，要通過哥哥一死，自己成爲父親的王業壯志唯一的受益人；第二，要假借教皇的名義用武力征服一些領地，這些領地在亞歷山大死後必須歸他個人所有，不屬教皇領；第三，要操縱樞機會③，使下一代教皇是他的同黨。凱薩追求這個困難目的，手腕非常老練；馬基維利說，從他的實踐，新

③ 由全體樞機主教所組成的教皇的最高諮詢機關，選舉教皇。——譯者

起的君主應當吸取箴訓。不錯，凱薩失敗了，然而只「由於命運意外不吉」。恰巧在他父親死的時候，他也病勢危篤。待他病好過來，他的敵人已經糾合起自己的兵力，他的冤家對頭已經當選為教皇。在這次選舉的那天，凱薩告訴馬基維利，他對一切全有了準備，「只是萬萬沒想到，在父親死的時候他自己也幾乎要死」。

馬基維利深切知道他的種種惡行，卻這樣下結語：「如此，回顧公〔凱薩〕的全部行為，我找不出絲毫可指責的地方；反而像我在前面所說，我感覺理當把他看成是一切靠命運、藉他人武力掌握到大權的人要效法的榜樣。」

書中有一章：〈論教會公國〉，很有味；據《羅馬史論》裡所講的話看來，這一章分明隱瞞了馬基維利的部分思想。隱瞞的理由當然在於《君主論》特意要討好梅迪奇家，而且當書脫稿的時候，一個梅迪奇家的人又剛剛做了教皇（列奧十世）。他在《君主論》中說，關於教會公國，唯一困難就在獲取，因為既取得後，便受到古來的宗教習慣庇護，有這些宗教習慣，教會公國君主不管如何作為也能保住大權。這種君主不必要有軍隊（馬基維利如此說），因為「他們為人心不能企及的崇高大義所支持」。他們「受神的稱揚與維護」，「議論他們，那恐怕是狂妄無知的人辦的事」。他繼續寫道，雖說如此，仍舊容人考問，亞歷山大六世把教皇俗權如此擴大，憑的是什麼手段。

《羅馬史論》中關於教皇權力的議論比較詳盡，也比較眞誠。在這裡，他首先把著名人物排成道德上的品級。他說，最上等人是宗教始祖；其次是君主國或共和國的奠定者；然後是文人。這些人是好人，而破壞宗教的、顚覆共和國或王國的，以及與美德或學問為敵的人是惡人。凡建立專制政治的人非善類，包括凱撒在內；從相反方面講，布魯圖斯④是好人（這種見解與但丁的見解之間的分歧，顯示出古典文學的影響）。他主張宗教在國家中應當占顯要地位，這並不以宗教的眞實性爲理由，而是把它當作社會連結紐帶；羅馬人做得對：他們假裝信占卜，懲治那些輕視占卜的。馬基維利對當時的教會有兩點指責：第一，教會透過自己的惡行，傷害了宗教信仰；第二，教皇的俗權及俗權引起的政策，妨礙義大利統一。這兩點指責表說得很痛切有力：「人同我們的宗教首腦羅馬教會愈接近，信仰愈不虔誠。……它的毀滅和懲罰臨前了。……我們義大利人虧賴羅馬教會和它的祭司，才成了不敬神的敗類；但是我們還受它一件更大的恩惠，一件終將成爲我們毀滅根苗的恩惠，那就是這教會使我們國家弄成四分五裂，現在仍讓它四分五裂。」⑤

按這樣幾段文字看來，必須認爲馬基維利讚賞凱薩·鮑吉亞，無非是讚賞他的手腕，不是讚賞他的目的。在文藝復興時代，人對高妙手腕和帶來名聲的行爲備極讚嘆。這類感情當然向來一直就存在；拿破崙的敵人中有不少熱烈嘆服他是個將才。但是在馬基維利時代的義大利，對於機巧的那種準藝術欣賞式的讚美，大大越過以前和以後各世紀。要是把這種讚美跟馬基維

④ 布魯圖斯（Marcus Junius Brutus，西元前八五—前四二年）：羅馬政治家，刺殺凱撒的主謀者。——譯者

⑤ 在西元一八七〇年以前一直如此。

譯者案：西元一八七〇年義大利軍進占羅馬，教皇庇護九世屈服，教皇政權告終，義大利完成最後統一。

利認爲重要的大政治目標看成一致，那就錯了。愛手腕和求義大利統一的愛國願望，這兩樣事在他的心中並存著，毫不融會。所以他能夠頌揚凱薩・鮑吉亞的精明，卻怪罪他不該讓義大利鬧得分崩離析。應當設想，依他之見十全的人物就是論手段聰敏而無忌憚如同凱薩・鮑吉亞，但是抱著不同目標的人。《君主論》結尾聲聲動人地呼籲梅迪奇家將義大利從「蠻人」（即法蘭西人和西班牙人）手中解放出來，這些人的統治「發惡臭」。他預料人擔當這種事業，不會是出於非自私的動機，而會是出於愛權勢心，更重的是好名望心。

關於君主的行爲方面，《君主論》直言不諱地否定一般公認的道德。作君主的如果總是善良，就要滅亡；他必須狡猾如狐狸，凶猛像獅子。書中有一章（第十八章），標題是「君主必如何守信義」。裡面講，在守信有好處時，君主應當守信，否則不要守信。君主有時候必須不講信義。

「但是必須會把這種品格掩飾好，必須作慣於混充善者、口是心非的僞君子。人們全那麼頭腦簡單、那麼容易順從眼前需要，因此欺騙人的人總會找到願意受欺騙的人。我只舉一個近代的實例。亞歷山大六世除騙人外一事不幹，他旁的什麼事也不想，卻還找得到騙人的機會。再沒有誰比他更會下保證，或者比他發更大的誓來斷言事情，可是再也沒有誰比他更不遵守保證和誓言了。然而因爲他深懂得事理的這一面，他的欺騙百發百中。所以說，爲君主的並不必要條條具備上述的品質〔各種傳統美德〕，但是非常有必要顯得好像有這些品質。」

他接下去說，最主要的是君主應當顯得虔信宗教。

《羅馬史論》在名義上是對李維歷史著作的論評；它的語調與《君主論》大不相同。有整章整章，看起來幾乎像出自孟德斯鳩的手筆；這書的大部分讓西元十八世紀的自由主義者來讀也會讚許。明言闡述了「約制與均衡」說。君主、貴族和平民皆應在憲法中各占一份；「那麼這三個勢力就會彼此交互約制住。」萊庫格斯確立的斯巴達憲法最佳，因爲它體現了最完全的均衡；梭倫的憲法過分民主，結果造成比西斯垂塔斯的僭主政治。羅馬的共和政體是好政體，這由於元老院和平民的衝突。

書中通篇使用「自由」這個詞指某種寶貴的東西，不過究竟何所指並不十分清楚。這名詞當然是從古代接手來的，又傳給西元十八、十九世紀。塔斯卡尼保持下來自由，因爲那裡沒有城堡和君子（「君子」（Gentlemen）當然是誤譯，卻是個令人開心的誤譯）。看來他認爲要實現政治自由，公民必須具備某種個人美德。據他說，唯獨在德意志，正直和敬神仍舊普遍，所以在德意志有許多共和國。一般講，民眾比君主賢達而且比較有恆性，儘管李維和大多數其他著述家抱相反主張。常言說：「民之聲即神之聲」⑥，這話也不乏正當理由。

希臘人和羅馬人在共和時代的政治思想，到西元十五世紀如何又獲得在希臘自亞歷山大以來、在羅馬自奧古斯都以來就不再有的現實意義，說來有趣。新柏拉圖主義者、阿拉伯人、經院哲學家們，對柏拉圖和亞里斯多德的形而上學抱熱烈興趣，但是卻根本不注意他們的政治作品，原因是城邦時代的政治制度已經完全絕跡了。在義大利城邦制的成長與文藝復興同時並

⑥ 這句話最早見於英國神學家阿魯昆的《書翰集》，拉丁文原句是"vox populi, vox Dei"。——譯者

起，因此人文主義者便能夠從共和時代的希臘人與羅馬人的政治理論有所收穫。對「自由」的愛好，及「約制與均衡」說，由古代傳給文藝復興時期，又主要從文藝復興時期傳給近代，固然近代也直接承繼了古代。馬基維利的這一面，和《君主論》裡那種比較聞名的「不道德的」主義，至少是同樣重要的。

值得注意的是，馬基維利絕不拿基督教義上的或聖經上的根據當作政治議論的基礎。中古的著述家抱有「合法」權力的想法，所謂合法權力即教皇和皇帝的權力，或者由這些人來的權力。北方的著述家們甚至後來直到洛克，還論說伊甸樂園裡發生的事情，以為他們由此能給某些種權力的「合法」性找到證據。在馬基維利卻沒這樣的概念。權力歸於自由競爭中有手段抓到權力的人。他對平民政治的愛好並非出自什麼「權利」觀念，而是由於觀察到平民政治不像專制政治那樣殘酷、專橫和動亂不定。

現在試給馬基維利的學說中「道德的」部分和「不道德的」部分作一個（他本人原來未作的）綜合。下文裡我不是在表達我自己的意見，而是表達他本人或明言或隱含的意見。

政治上的好事是有一些，其中這三樣特別重要：民族獨立、安全，和井然有序的政治組織。最良好的政治組織是在君主、貴族和民眾之間，依各自的實際力量為準來分配法權的政治組織，因為在這種政治組織下革命難成功，於是就可能有穩定；但是為穩定著想，多給民眾一些權力總是明智的。關於目的便是如此。

但是在政治上還有手段問題。用註定要失敗的方法追求某個政治目標，徒勞無益；即便認為目的是好的，也必須選取可以實現它的相當手段。手段問題能夠不管目的或善或惡，按純粹的科學方式處理。「成功」意思指達到你的目的，不管是什麼目的。假若世間有一門「成功學」，按惡人的成功去研究，可以和按善人的成功去研究同樣研究得好——實際上更好，因爲成功的罪人實例比成功的聖賢實例尤其繁多。然而這門學問一旦建立起來，對聖賢和對罪人同樣有用，因爲聖賢如果涉足政治，必定同罪人一樣，希圖成功。

問題歸根結底是力量的問題。爲達到某個政治目的，這類或那類的力量總不可缺少。這件簡單明白的事實被「正義必將戰勝」或「罪惡的勝利不久長」等諸如此類的口號掩飾住了。即便你所認爲的正義一方眞戰勝，那也因爲該方擁有優勢力量之故。是的，力量常常依靠輿論，輿論又靠宣傳；而且當然，表面顯得比你的敵對者有道德在宣傳上是有利點，而顯得有道德的一個方法就是眞有道德。因爲這個理由，勝利說不定往往落在具備公眾所認爲的道德最充分的一方。馬基維利以爲這不獨是西元十六世紀時宗教改革運動成功的重要因素，還是西元十一、十二、十三世紀當中教會權力增長的重要因素，他這意見我們倒也必得認可。但是關於這點有若干重大限制。第一，抓到權力的人，能夠操縱宣傳使自己一派人顯得有道德；例如：在紐約和波士頓的公立學校中，恐怕誰也不能提亞歷山大六世的罪惡。⑦第二，有些個混亂時期，明白露骨的無賴行徑屢屢成功；馬基維利的時期正是這樣的時期。在這種時代，往往有一種迅速增長的人性爲己觀，無論什麼事情只要它是合算的，一般人就看得下去。照馬基維利自

---

⑦ 在美國的這兩個地方，舊教徒勢力非常大，談論教皇的罪惡恐怕會惹起公憤。——譯者

己講，哪怕在這種時代，當著無知大眾也宜擺出一副道德面孔。

這問題還能夠更進一步來看。馬基維利持這個意見：文明人幾乎一定是不擇手段的利己主義者。他說，假使有人在今天想建立共和國，會發覺在山民中比在大城市的人中容易做，因爲後一種人恐怕已經腐化了。⑧即便某人是不擇手段的利己主義者，這人的最聰明的行動方針仍要隨他須駕馭的民眾來定。文藝復興時期的教會引起人人激憤，但是只在阿爾卑斯山以北，才讓眾人激憤得釀成宗教改革。當路德開始叛教之際，教皇的收入想必要超過當初亞歷山大六世和尤理烏斯二世倘如品德較好，教皇應有的收入；假若這點是實，便是因爲文藝復興時期義大利的人性爲己觀而致。可見，政治家如果依靠有道德的民眾，他們的行爲比在依靠對道德問題漠不關心的民眾時要良好；他們在若有罪行就能夠廣泛傳知的社會裡，比在有他們掌握下的嚴厲檢查制度的社會裡，行爲也要良好。當然，憑僞善總能夠取得一定程度的成功，但是透過適當制度能使成功的程度大大縮小。

馬基維利的政治思想也如同大部分古代人的政治思想，有一個方面不免膚淺。他滿腦子是萊庫格斯和梭倫一類的大制法者，而想當然這種人不大管以前的社會情況，就創立一個完完整整的社會。把社會看作是有機生長體，政治家對它僅能起有限影響，這種社會概念主要是近代的概念，進化論又大大加強了這個概念。這概念從柏拉圖那裡找不到，從馬基維利那裡同樣也

⑧ 妙在這點先得盧梭之心。把馬基維利解釋成失意的浪漫主義者很有趣，也不全然錯誤。

找不到。

然而，也許不妨這樣主張：進化論的社會觀縱使在過去合乎實情，今天已不再適用，對現在和未來講，卻必須另換一個遠爲機械論的看法。在俄國和德國⑨創造出了新的社會，簡直彷彿神話人物萊庫格斯據說創造斯巴達國體的情況一般。古代的制法者是仁慈的神話，現代的制法者是令人恐悚的現實。這世界已經比向來更類乎馬基維利的世界，現代人誰希望反駁他的哲學，必須作一番超過西元十九世紀時似乎有必要作的深思。

⑨ 本書是在第二次世界大戰期間寫的，這裡說的德國指納粹倒臺前的德國。——譯者

第四章　艾拉斯摩和莫爾

在北方各國，文藝復興運動比在義大利開始得遲，不久又和宗教改革混纏在一起。但是西元十六世紀初也有個短期間，新學問在法國、英國和德國沒捲入神學論爭的漩渦，生氣勃勃地四處散播著。這個北文藝復興運動有許多地方和義大利的文藝復興大不相同。它不混亂無主，也不超脫道德意味；相反，卻和虔誠與公德分不開。北文藝復興很注意將學問標準用到《聖經》上，得到一個比《拉丁語普及本聖經》更正確的聖經版本。這運動不如它的義大利先驅輝煌燦爛，卻比較牢固；比較少關切個人炫耀學識，而更渴望把學問盡可能地廣泛傳布。

艾拉斯摩（Erasmus）和湯瑪斯・莫爾爵士（Sir Thomas More）這兩人，可算是北文藝復興運動的典型代表。他們是親密的朋友，有不少共通處。兩人都學識淵博，固然莫爾博學不及艾拉斯摩；兩人都輕視經院哲學；兩人都抱定由內部實行教會革新的志向，可是當新教分裂發生時，又都對它悲嘆不滿；兩人都寫一手雋妙、幽默而極度老練的文章。在路德叛教以前，他們是思想上的首領；但是在這之後，新舊兩邊的世界都變得過於激烈，他們這種類型的人就不合時宜了。莫爾殉教死了，艾拉斯摩落魄潦倒。

無論艾拉斯摩或莫爾，都不是嚴格意義上的哲學家。我所以論述這兩人，理由就在於他們可為實例說明革命前時代的性格，在這種時代普遍有溫和改良的要求，而怯懦的人尚未讓過激派嚇得倒向反動。他們又體現出抗逆經院哲學這件事的特色，即嫌惡神學或哲學中一切體系性的東西。

艾拉斯摩（西元一四六六—一五三六年）生在鹿特丹①。他是私生子，因此關於自己的出生委細，編造了一套浪漫性的假話。實際，他的父親是個祭司，一個稍有學問、懂得希臘語的人。艾拉斯摩的親生父母在他尚未成年時死去，他的那些監護人（顯然因爲侵吞了他的錢）哄誘他當了斯泰因（Steyn）②的修道院的修士，這是他畢生悔恨的一步。監護人裡有一個是學校教師，可是他所知道的拉丁語比艾拉斯摩身爲小學生已經知道的還差。這位老師回覆這孩子來的一件拉丁文書札，在信中說：「萬一你再寫這樣典雅的信，請給加上注解吧。」

西元一四九三年，艾拉斯摩當上剛布雷地方主教的祕書，該主教是金羊毛騎士團的團宗。這給了他離開修道院去遊歷的好機會，只不過並非如他的夙願去義大利罷了。他的希臘文知識當時還很粗淺，但他在拉丁語方面具備高度素養；爲羅倫佐・瓦拉的那本論拉丁語的種種雅致的書，艾拉斯摩格外景仰瓦拉。他認爲用拉丁文和眞信仰完全可以並容，還舉奧古斯丁和傑羅姆爲例——看來他明明忘記了傑羅姆的那個夢：夢中我主痛斥他讀西塞羅的作品。

艾拉斯摩一度入巴黎大學，但是在那裡找不到對自己有益處的東西。這大學從經院哲學發

---

① 關於艾拉斯摩的生平，我主要依據海辛哈（Huizinga）寫的那本出色的傳記。

② Steyn：原書誤作Steyr。——譯者

端直到蓋森③和宗教會議運動，曾有過它的黃金時代，但是現在老的論爭都乾枯無味了。湯瑪斯派和司各脫派原先合稱古代派，這派人對奧卡姆主義者論斥爭辯，後者稱作名目論派又稱近代派。終於在西元一四八二年兩派和解，攜手一致對抗人文主義者；當時大學界以外，人文主義者在巴黎蒸蒸日上。艾拉斯摩憎惡經院哲學家，認為他們老朽過時。他在一封信裡提到，他因為想取得博士學位，竭力不談一點優雅或雋妙的事。任何一派哲學，甚至柏拉圖和亞里斯多德，他都不眞正喜好；只不過這兩人既然是古代人，談到時必須表示尊敬罷了。

西元一四九九年艾拉斯摩初訪英國，愛好英國的吻女孩子的風習。他在英國結交寇理特④和莫爾，兩人勸勉他不要玩弄文墨上的雕蟲小技，著手鄭重的工作。寇理特開講聖經課程，卻不懂希臘語；艾拉斯摩感覺自己願在聖經上面下工夫，認為希臘語知識萬不可不備。他在西元一五〇〇年年初離英國後，儘管窮得聘不起教師，自己開始學習希臘語；到西元一五〇二年秋天，他已學得精嫺熟練，而在西元一五〇六年去義大利的時候，他發覺義大利人沒什麼可讓他學的了。他決意編訂聖傑羅姆的著作，再出版一部附有新拉丁譯文的《希臘文新約聖經》（*Greek Testament*），這兩件事都在西元一五一六年完成。他發現《拉丁語普及本聖經》裡

---

③ 蓋森（Jean de Gerson，西元一三六二—一四二八？年）：法國神學家，巴黎大學校長。——譯者

④ 寇理特（John Colet，西元一四六七？—一五一九年）：著名英國人文主義者，神學家；曾在牛津大學講說聖經。——譯者

有種種錯誤，這個發現後來在宗教論爭中對新教徒有好處。艾拉斯摩也打算學會希伯來文，但是把它丟下了。

艾拉斯摩寫的書唯一還有人讀的就是《愚神頌讚》（*The Praise of Folly*）。這本書的構思是西元一五〇九年他從義大利去英國途中，正當跨越阿爾卑斯山的時候萌發的。他在倫敦湯瑪斯・莫爾爵士宅中迅速把它寫成；書題獻給莫爾，還戲謔地影射指出，由於「moros」作「愚人」解，題獻得正合適。書中愚神親身自白；她自誇自讚，興致勃勃，她的詞句配上霍爾班⑤的插圖，更添生色。愚神的自白涉及人生一切方面，涉及所有的階級和職業。要不是有她，人類就要絕滅，因爲哪個不愚能結婚？爲當作智慧的解毒劑，她勸人「娶妻子——這種動物極愚蠢無害，然而極便利有用，可以柔化、緩和男人的僵板與陰鬱的心情。」離了阿諛或免除自私心，誰會幸福？然而這樣的幸福是愚蠢。最幸福的人就是那些最近乎畜類、委棄理性的人。至高的幸福是建立在幻想上的幸福，因爲它的代價最低：想像自己爲王比實際成王要容易。艾拉斯摩然後又來取笑民族驕傲和職業上的自負：學藝各科的教授先生們幾乎個個自負得不成話，從自負裡討幸福。

書中有些段落裡，嘲諷轉成謾罵，愚神吐露艾拉斯摩的鄭重意見；這些段落談的是各種教

⑤ 指小霍爾班（Hans Holbein，西元一四九七？—一五四三年）：德國畫家；以肖像畫著稱，為《愚神頌讚》作了有名的插圖，又繪有一幅艾拉斯摩畫像。——譯者

會弊端。祭司用來「計算每個靈魂在煉獄中的居留時間」的赦罪符和免罪券；禮拜聖徒，乃至禮拜聖母馬利亞，「她的盲目的獻身者認爲將聖母放在聖子前是禮儀」；神學家們關於三位一體⑥和道成肉身⑦的爭論；化體說⑧；經院哲學各流派；教皇、樞機主教和主教——這一切全受到猛烈的訕笑。特別猛烈的是對修道會僧的攻擊，說他們是「精神錯亂的蠢物」，他們簡直不帶一點宗教氣，然而「深深地愛戀自己，是個人幸福的痴賞家。」照他們的行動舉止看，好像全部信仰都在於瑣屑的禮式小節：「縛涼鞋準確要打多少個結；各式衣裝分別取什麼特異顏色，用什麼衣料做成；腰帶多麼寬，多麼長」等等。「聽他們在末日審判席前的抗辯想必是妙不可言：一個要誇說他如何只以魚爲食，淨滅了他的肉慾；另一個要強調他在世的時光大部分是在詠唱聖歌的禮拜式中度過的；……又一個極力說他六十年當中連碰也沒碰過一文錢，除隔著厚厚的手套去摸索不算。」可是基督會打斷說：「你們這些文士和法利賽人有禍了，……我只留給你們彼此相愛這一條教訓，這教訓我沒聽哪個抗辯說他已經忠實履行了。」然而在塵世上大家都怕這幫人，因爲他們從告解室中知道許多私密事，遇到酒醉的時候常常順口洩露。

---

⑥ 按基督教義，神有三個存在形式，即「位」或「位格」（person或hypostasis），三位是「聖父」（神），「聖子」（耶穌），和「聖神」（或「聖靈」）。三位雖然個體相異，本質上是同一個神。——譯者

⑦ 基督教義，神作為基督現肉身與人性。——譯者

⑧ 按天主教義，聖體用的麵包和葡萄酒的全質，經過一種神奇變化，轉化成基督的身體和血。參看《新約》，馬可福音，第十四章，二十二—二十五節。——譯者

也沒有饒過教皇。教皇應當以謙遜和清貧來效法他們的主。「他們的唯一武器應該是聖神武器；的確，在這種武器的使用上，他們慷慨之至，例如：他們的禁止聖事⑨、停權⑩、譴責⑪、重誡⑫、大絕罰和小絕罰⑬，以及他們的怒聲咆哮的敕令，這些敕令打擊了他們所申斥的對象；⑭但是這些至聖的神父⑮，除了對待那種受魔鬼唆使、目中對神不抱敬畏、凶毒惡意地圖謀減損聖彼得世襲財產的人以外，絕不頻頻發布敕令。」

從這種段落看，會以爲艾拉斯摩想必歡迎宗教改革，但是實際不然。

書結尾鄭重提出，眞信仰乃是一種愚痴。通篇有兩類愚痴，一類受到嘲諷的頌揚，另一類受到眞心的頌揚；眞心頌揚的愚痴即基督徒淳樸性格中顯露出來的那類愚痴。這種頌揚和艾拉斯摩對經院哲學的厭惡，以及對使用非古典拉丁語的學者博士們的厭惡是表裡相連的。但是它

---

⑨ 天主教會中加給個人、團體或某個地區的一種不許參加或舉行某些教會儀式的處分。——譯者

⑩ 教會裡對教士的一種處分，全部或部分禁止他行使職權。——譯者

⑪ 教會中的一種處分：用一定書面形式舉發出所犯的過錯。——譯者

⑫ 天主教會中經過三次訓誡後進一步作破門警告的一種處分。——譯者

⑬ 教會懲罰形式之一；在天主教，「小絕罰」是禁止領聖體，「大絕罰」即開除教籍。——譯者

⑭ 根據拉丁文原本此句似應譯為：「以及他們的令人一見即使人的靈魂墮入地獄最底層的怒聲咆哮的敕令」，請參看John Wilson的英譯本，Pierre de Nolhac的法譯本，及《西方哲學史》的德、俄譯本。——譯者

⑮ 指教皇。——譯者

尚有更深刻的一面。據我知道，這是盧梭的《薩瓦牧師》（*Savoyard Vicar*）所發揮的見解在文獻中的第一次出現，按這個見解，眞的宗教信仰不出於知而發於情，精心錘鍊的神學全部是多餘的。這種看法已日益流行，目前在新教徒中間差不多普遍都接受了。它在本質上是北方的重情主義對希臘尚知主義的排斥。

艾拉斯摩二度訪問英國，逗留五年（西元一五〇九—一五一四年），一部分時間在倫敦，一部分時間在劍橋。他對於激發英國的人文主義起了不小影響。英國公學的教育直到不久以前，還幾乎完全保持他當初所想望的那種樣子：澈底打好希臘語和拉丁語的基礎，不僅包括翻譯，也包括韻文和散文寫作。科學儘管從西元十七世紀以來就在知識方面占最優勢，倒認爲不值得上等人士或神學家注意；柏拉圖的東西應該學，但是柏拉圖認爲值得學的科目另當別論。所有這些都和艾拉斯摩的影響方向一致。

文藝復興時代的人懷有漫無邊際的好奇心；海辛哈說：「動人耳目的變故、有趣的細節、珍聞、怪事，從來也不夠滿足這些人的欲望。」然而最初他們並不在現實世界裡，卻在故紙堆中尋求這種東西。艾拉斯摩雖然對世界情況有興趣，但是不會生啖消化，必須先經過拉丁語或希臘語的加工炮製，他才能同化吸收。對旅行人的經歷見聞要打幾分折扣，而普林尼⑯

⑯ 指老普林尼（Pliny the Elder，西元二三—七九年）：羅馬博物學家；著《博物志》（*Historianaturalis*）三十七卷。這是一部包羅萬象的自然科學百科全書，但其內容錯誤很多，沒有科學價值。——譯者

書中載的什麼奇蹟絕物倒深信不疑。不過，人的好奇心逐漸從書本轉移到現實世界裡；大家不再注意古典作家筆下的野人奇獸，而對實際發現的野人和奇獸發生了興趣。卡利班⑰來源出於蒙臺涅，蒙臺涅的食人生番出於旅行人。「食人族和頭生在肩膀下面的人」，奧賽羅⑱曾眼見過，不是從古代流傳下來的話。

這樣，文藝復興時代人的好奇心就從向來文學性的漸漸轉成科學性的。好一股新事實的洪流排山倒海而來，人們起初只能讓這洪流挾持著往前湧進。那些老思想體系顯然錯了；亞里斯多德的物理學、托勒密的天文學以及蓋倫的醫學，再勉強擴展也不能包括已有的種種發現。蒙臺涅和莎士比亞滿足於混亂：從事新發現其樂無窮，而體系乃是從事新發現的死敵。一直到西元十七世紀，人們構造思想體系的能力才趕上關於各種事實的新知識。不過所有這些話扯得離艾拉斯摩遠了，對他來講，哥倫布不如阿果船航海者⑲有意思。

艾拉斯摩的文字癖深到無可救藥、恬不知恥。他寫了一本書叫《基督徒士兵須知》（*Enchiridion militis christiani*），奉告未受過教育的軍人，說他們應該讀《聖經》，還要讀

---

⑰ 卡利班（Caliban）：莎士比亞劇本《暴風雨》（*The Tempest*）中登場人物，是一個野性而醜怪的奴隸。——譯者

⑱ 奧賽羅（Othello）：是莎士比亞的劇本《奧賽羅》中的主角。在這個劇的一幕三場裡，奧賽羅談起他在向妻子黛絲德夢娜求婚之前如何對她講述他的旅途見聞，提到「食人族和頭生在肩膀下面的人」。——譯者

⑲ 按希臘神話，傑生（Jason）率四十九個勇士，乘「阿果」船（Argo）到科爾其斯找回了金羊毛。——譯者

柏拉圖、安布洛斯、傑羅姆和奧古斯丁的著作。他編成一部包羅宏富的拉丁語格言集，在後幾版中又增補許多希臘語格言；他的本旨是想讓人能夠把拉丁語寫得合拉丁語用法習慣。他作了一本異常成功的《對話》（*Colloquies*）書，教人如何用拉丁語敘談木球戲一類的日常事情。這在當時的用途或許比現在顯得要大。那時候拉丁語是獨一無二的國際用語；巴黎大學的學生來自西歐各地，說不定常常遇上這種事：兩個學生能用來進行交談的語言只有拉丁語。

宗教改革以後，艾拉斯摩起先住在魯汶（Louvain），當時魯汶還守著十足的舊教正統；後來他住在巴塞爾（Basel），那裡已經改奉新教。雙方各自盡力羅致他，但是籠絡很久無功效。如前文所說，他對教會弊端和教皇的罪惡曾經表示過激烈意見；在西元一五一八年，也正是路德叛教那年，[20]他還發表一個叫《吃閉門羹的尤理烏斯》（*Julius Exclusus*）的諷刺作品，單寫尤理烏斯二世進天國未成。但是路德的強暴作風惹他生厭，而且他也憎惡鬥爭；最後他終於投身到舊教一邊。西元一五二四年他寫了一個維護自由意志的著作，而路德信奉奧古斯丁的見解更誇大渲染，否定自由意志。路德的答辯蠻橫凶狠，逼得艾拉斯摩進一步倒向反動。從這時直到他老死，他的聲望地位江河日下。他素來總是膽弱心怯，而時代已經不再適合懦夫了。對於正直的人，可抉擇的光榮道路只有殉教或勝利。他的朋友湯瑪斯．莫爾爵士被迫選擇了殉教，艾拉斯摩說：「要是當初莫爾根本沒惹那危險事，神學上的問題留給神學家去管多

[20] 路德叛教實際上是在西元一五一七年。——譯者

好。」艾拉斯摩活得太長，進入了一個新善新惡——英雄骨氣和不容異己——的時代，這兩樣哪一樣也不是他能夠學會的。

湯瑪斯．莫爾爵士（西元一四七八—一五三五年）論爲人比艾拉斯摩可佩得多，但是從影響看，地位卻差得遠。莫爾是人文主義者，但也是個虔心深誠的人。他在牛津大學時，著手學習希臘語，這在那時候很不尋常，因此他被人當成對義大利的不信者表好感。學校當局和他的父親大爲不滿，他於是被牛津大學革除。隨後他迷上卡爾圖斯教團，親身實踐極端的苦行生活，尋思加入這個教團。正當這時，他初遇艾拉斯摩，分明是因爲艾拉斯摩的影響，他踟躕沒有走這一步。莫爾的父親是個法律家，他決定也從事父親的這行職業。西元一五〇四年他做了下院議員，帶頭反對亨利七世增課新稅的要求。在這事上他成功了，但是國王激怒得發狂；他把莫爾的父親送進倫敦塔，不過，納款一百鎊後又釋放出來。西元一五〇九年英王逝世，莫爾再操法律業，並且得到亨利八世的寵信。他在西元一五一四年受封爵士，被任用參與各種外交使團。亨利八世屢次召請他進宮，但是莫爾總不去；最後，國王不待邀請，自己到他在切爾西（Chelsea）的家中，和他一同進餐。莫爾對亨利八世並不存幻想；有一次人家祝賀他受國王的愛顧，他回答：「假使我莫爾的人頭眞會讓他得到一座法國城池，這顆頭準得落地。」

武爾濟[21]倒敗時，國王任命莫爾爲大法官來接替他。和通常慣例相反，莫爾對訴訟當事

㉑ 武爾濟（Thomas Wolsey，西元一四七五左右—一五三〇年）：英國政治家，樞機主教。曾在亨利八世下面任首相等要職，權重一時；後來因叛國案嫌疑，解赴倫敦，中途病死。——譯者

人的饋贈一概回絕。他不久就失寵，因爲亨利八世爲了娶安・布琳（Anne Boleyn），決意離棄阿拉貢的凱薩林（Catherine of Aragon），莫爾堅定不移地反對這樁離婚案。他於是在西元一五三二年辭官。莫爾去職後，每年僅有一百鎊錢，由此可見他在任時的剛直清廉。儘管莫爾與國王意見不合，亨利八世仍舊邀請他參加他與安・布琳的婚禮，但是莫爾不接受邀請。西元一五三四年，亨利八世設法讓國會通過「至權法案」，宣布他（而非教皇）是英國教會的首領。在這項法案之下規定必須作一次「承認至權宣誓」，莫爾拒絕宣誓；這只是近似叛逆，罪不該死。然而又憑著極靠不住的證詞，證明他說過國會根本不**能**讓亨利當上教會領袖的話；按這項證據，他被判成大逆犯，斬首處決。他的財產移交給伊莉莎白公主[22]，公主一直保存它到她逝世的那一天。

莫爾爲人們記憶，幾乎全由於他寫的《烏托邦》（*Utopia*）（西元一五一八年）[23]。烏托邦是南半球的一個島嶼，島上一切事都做得盡善盡美。曾經有個叫拉斐爾・希斯洛德（Raphael Hythloday）的航海人偶然來到這個島上，度過五年，爲讓人知道該島的賢明制度

㉒ 伊莉莎白公主（西元一五三三—一六〇三年）即後來的伊莉莎白一世；亨利八世和安・布琳的女兒，瑪麗的繼任女王（西元一五五八—一六〇三年）。——譯者

㉓ 《烏托邦》的原著是用拉丁文寫的，書名*De optimo Reipublicae statu, deque nova insula Utopia*，第一版西元一五一六年（非西元一五一八年）。——譯者

才返回歐洲。

在烏托邦和在柏拉圖的理想國一樣，所有東西盡歸公有，因爲凡存在私有財產的地方，公益就不能振興，離了共產制度絕不會有平等。在對話中，莫爾提出反論說，共產制會使人懶散，會破壞對官長的尊敬；對這點，拉斐爾回答，若是在烏托邦中居住過的人，誰也不會講這話。

烏托邦中有五十四個城市，除一個是首都外，全部仿同樣格局。街道都是二十英尺寬，所有私人住宅一模一式，一個門朝大街，一個門通庭園。門不裝鎖，人人可以進入任何人家。屋頂是平的。每隔十年大家調換一次房屋——這顯然是爲了杜絕占有感。鄉間有農場，每個農場擁有的人數不下於四十個，包括兩名奴隸㉔；各農場由年老賢達的場主夫妻管轄。雛雞不由母雞孵，在孵卵器裡孵化（在莫爾的時代還沒有孵卵器）。所有人穿著一律，只是男子和女子、已婚者與未婚者的服裝有所不同。衣服式樣一成不變，冬裝和夏裝也不加區別。工作當中，穿皮革或毛皮製的服裝；一套服裝經用七年。他們停止工作的時候，在工作服外面披上一件毛織斗篷。這種斗篷全一樣，而且就是羊毛天然本色的。各戶裁製自家的衣裳。

一切人無分男女每日工作六小時，午飯前三小時，午飯後三小時。所有的人都在八點鐘上床，睡眠八小時。清晨起有講演，雖然這種講演並不帶強制性質，大批人還是去聽講。晚飯後

㉔在Raphe Robinson譯的《烏托邦》標準英譯本中，這裡是「除兩名奴隸以外」。——譯者

娛樂占一小時。因爲既無閒漢，也沒有無用的工作，六小時工作已足夠；據說，在我們這裡，婦女、祭司、富人、僕役和乞丐，一般都不幹有用的活，並且因爲存在著富人，大量勞力耗費在生產非必需的奢侈品上面；這一切在烏托邦裡都避免了。有的時候，發覺物資有餘，長官便宣布暫時縮減每日工時。

有些人被選舉出來當學者，只要他們不孚眾望，就豁免其他工作。與政務有關的人，全部由學者中遴選。政體是代議民主政體，採用間接選舉制。居最高地位的是一個終身選任的主公，但是他如果專制暴虐，也可以把他廢黜。

家族生活是族長制的；已婚的兒子住在父親家中，只要父親尚不老邁昏聵，便受他管束。如果哪個家族增殖得過於龐大，多餘的子女便遷進別族去。若某個城市發展得太大，便把一部分住民移到另一個城市。假如所有城市都過於大了，就在荒地上建造一座新城市。至於全部荒地用盡以後該怎麼辦，一字沒提。爲供食用而宰殺牲畜，全歸奴隸做，以防自由民懂得殘忍。烏托邦裡有爲病者設的醫院，非常完善，所以生病的人很願意進醫院。在家吃飯也是許可的，不過大多數的人在公會堂中吃飯。在這裡，「賤活」由奴隸做，但是煮菜做飯婦女承當，年齡較大的孩子侍候進膳。男的坐一張長椅，女的坐另一張長椅；保姆們帶領五歲以下的兒童在另一個房間進餐。所有婦女都給自己的孩子哺乳。五歲以上的兒童，年紀幼小還不能服侍用飯的，在長輩們進餐時，「鴉雀無聲地站立一旁」；他們沒有另外的飯食，必須滿足於餐桌上給他們的殘羹剩飯。

談到婚姻，無論男方或女方在結婚時若不是童身，要受嚴懲；發生姦情的人家，家長難免爲疏忽大意招來醜名聲。結婚之前，新娘和新郎彼此裸體對看；馬不先除下鞍轡籠頭沒有人要買，在婚姻事上應當是一樣道理。夫婦有一方犯通姦或「無可容忍的乖張任性」，可以離婚，但是犯罪的一方就不能再度婚嫁。有時候完全因爲雙方希望離婚，也許可離婚。破壞婚姻關係的人罰當奴隸。

烏托邦有對外貿易，這主要是爲得到島上所缺的鐵。貿易也用來滿足有關戰爭的種種需要。烏托邦人輕視戰功榮耀，不過所有人都學習如何作戰，男人學，女人也學。他們爲三種目的使用戰爭手段：本國受到侵犯時保衛國土；把盟邦疆域從侵略者手中拯救出來；或者使某個被壓迫的民族從暴政下得到解放。但是只要做得到，烏托邦人總設法讓雇傭兵爲自己打仗。他們一心使其他民族對他們欠下債，再讓那些民族出雇傭兵折償債務。又爲了戰爭，烏托邦人感到金銀貯備有用處，因爲能用它來支付外國雇傭兵的報酬。至於他們自己卻沒有錢幣，還用金子做尿壺和鎖奴隸的鎖鍊，好叫人賤視黃金。珍珠鑽石用作幼兒裝飾品，成人絕不用。逢有戰爭，烏托邦人對能殺死敵國君主者高懸重賞；對活捉君主來獻的人，或者對自願歸降的君主本人，賞格更爲優厚。他們憐恤敵兵中的平民，「因爲知道這些人受君主和首領的瘋狂暴怒脅迫驅使，違逆本願而戰。」婦女和男子同樣上陣，但是烏托邦人卻不強制任何人戰鬥。「他們設計發明種種兵器，有驚人的巧思匠心。」可見烏托邦人在對待戰爭的態度上面，明理勝過豪勇；不過於必要時，他們也表現出極大的勇敢。

關於道德方面，據書裡講，烏托邦人太偏於認爲快樂即是福。不過這看法也沒有不良後果，因爲他們認爲在死後，善者有報，惡者有罰。他們不是禁慾主義者，把齋戒看成是傻事。

烏托邦人中間流行著多種宗教，一切宗教受到寬容對待。幾乎人人信仰神和永生；少數沒這信仰的人不算公民，不能參加政治生活，除此以外倒也無憂無患。有些信仰虔誠的人戒肉食，屏絕婚姻；大家把這類人視爲聖德高潔，卻不認爲他們聰明。女子若是年老寡居的，也能當祭司。祭司數目寥寥；他們有尊榮，但是無實權。

當奴隸的是那種犯重罪被判刑的人，或是在自己國裡被宣告死刑，但是烏托邦人同意收容做奴隸的外國人。

有人患了痛苦的不治之症，便勸告他不如自殺，但是假若病者不肯自殺，便給他細心周到的照料。

拉斐爾·希斯洛德述說他向烏托邦人宣講基督教，許多人聽說基督反對私有財產，就改奉了基督教。不斷地強調共產制度的重要意義；書將近末尾，他說在一切別的國度，「我唯能見到富人們的某種狼狽爲奸，假借國家的名義和幌子，獲得自己的利益。」

莫爾的《烏托邦》一書在很多點上帶著驚人的開明進步精神。我並不特別指他爲共產制度說教，這是許多宗教運動的傳統老套；我指的卻是關於戰爭、關於宗教和信教自由、反對濫殺動物（書中有一段極流暢動人的反對狩獵的話），以及贊成刑法寬大等的意見（這本書開頭就是一篇反對盜竊罪處死刑的議論）。可是必須承認，莫爾的烏托邦裡的生活也好像大部分其他烏托邦裡的生活，會單調枯燥得受不了。參差多樣，對幸福來講是命脈，在烏托邦中幾乎絲毫見不到。這點是一切計畫性社會制度的缺陷，空想的制度如此，現實的也一樣。

第五章 宗教改革運動和反宗教改革運動

宗教改革運動和反宗教改革運動，同樣都代表文明較低的民族對義大利的精神統治的反抗。就宗教改革運動來說，這反抗也是政治性的、神學上的反抗：教皇的威信被否定，他原來憑「天國鑰匙權」獲得的那份貢賦不再繳納。就反宗教改革運動來說，只有對文藝復興時期義大利的精神自由、道德自由的反抗；教皇的權力未被削弱，倒有所增強，不過同時也明確了他的威信與鮑吉亞家族和梅迪奇家的散漫放縱水火難容。粗略講來，宗教改革是德意志的運動，反宗教改革是西班牙的運動；歷次宗教戰爭同時就是西班牙和它的敵國之間的戰爭，這在年代上是與西班牙國勢達到頂峰的時期是一致的。

北方民族的民情輿論對待文藝復興時期義大利的態度，在當時的這句英國諺語裡有所說明：

> 一個義大利化的英國人
> 就是魔鬼化身。

我們會想起，莎士比亞劇本中的惡棍壞人有多少個是義大利人。亞哥①或許是最著名的例子了，但更富於典型性的實例是《辛白林》（*Cymbeline*）裡的亞其莫，他把正在義大利遊歷的那位品德高潔的布利吞人②引上迷路，又來到英國對眞誠無猜的土著耍弄陰謀詭計。在道德上對義大利人的憤懣，和宗教改革運動有密切關係。不幸，這種憤懣還牽連著在思想認識上否認義大利人對文明所作的貢獻。

宗教改革運動和反宗教改革運動的三傑是路德、喀爾文和羅耀拉。在思想認識上，所有這三人和在他們以前的義大利人比起來，或者和艾拉斯摩與莫爾一類的人比起來，他們的哲學觀是中古式的。按哲學講，宗教改革開始以後的一個世紀是個不毛的世紀。路德和喀爾文又返回聖奧古斯丁，不過只保存他的教義中講靈魂與神的關係那一部分，不保留關於教會的部分。他們的神學是一種削弱教會權力的神學。煉獄中的亡者靈魂能靠彌撒祭拯救出來，他們廢棄了煉獄。教皇收入有一大部分仰賴免罪說，他們否定這一說。根據預定說，把死後靈魂的宿命講得與祭司的舉措完全無關。這種種革新雖然在對教皇的鬥爭上起了助力，卻阻礙各新教教會在新教國家做到像舊教教會在舊教國家那樣有勢力。新教牧師（至少在起初）也和舊教神學家一樣

---

① 亞哥（Iago）是莎士比亞的悲劇《奧賽羅》中的一個陰險惡漢。他是奧賽羅將軍的旗官；施詭計勾動奧賽羅懷疑妻子黛絲德夢娜不貞，把她殺死。——譯者

② 布利吞人（Briton）是古代英國南部的原住民。——譯者

偏狂執拗，但是他們的勢力較小，所以危害也較少。

幾乎從剛一開始，新教徒中間關於國家在宗教事務中的許可權問題就有了分歧。不管哪國君主，只要他信奉新教，路德就願意承認他是本國的宗教首腦。在英國，亨利八世和伊莉莎白一世極力堅持自己有這方面的權力；德意志、斯堪地那維亞以及（叛離西班牙後的）荷蘭的新教君主們，也都採取同樣態度。這加速了既有的王權擴張趨勢。

但是對宗教改革的個人主義各方面認眞看待的新教徒們，不願意屈從教皇，也同樣不甘心順服國王。德意志的再洗禮派③被鎮壓下去了，但是這派的教義傳播到荷蘭和英國。克倫威爾與長期國會的爭鬥有許多方面；在神學方面，這爭鬥一部分是國家在宗教事務中應有裁決權這個意見的反對者與贊同者之間的爭鬥。逐漸，由於宗教戰爭鬧得人疲憊倦怠，宗教寬容信念滋長起來，這信念是發展成爲西元十八、十九世紀自由主義的那派運動的一個源泉。

新教徒的成功最初一日千里，主要因羅耀拉創立耶穌會才受了挫折。羅耀拉原先當過軍人，他的教團是照軍隊榜樣建立的；對總會長必須無條件服從，每一個耶穌會員應當認爲自己正從事對異端的戰鬥。早在土倫特宗教會議時，耶穌會人就開始有聲勢。他們有紀律、精明強幹、澈底獻身於事業、善於宣傳。他們的神學正是新教神學的反面；他們否定聖奧古斯丁的教

---

③ 西元十六世紀時興起的新教一派。它認為幼年無意志時所受洗禮無效，到成年必須再受洗禮。在政治上這派主張政教分離。——譯者

義中爲新教徒所強調的那些成分。他們信自由意志，反對預定說。得救不是僅靠信仰做到的，而是靠信仰和功德雙方面。耶穌會人憑布道熱忱，特別在遠東博得了威信。他們做聽神工[4]的神父受到歡迎，因爲（假使巴斯卡爾[5]的話可信）他們除對異端外，比別種教士寬厚慈悲。他們傾注全力辦教育，因而牢牢把握住青年人的心。他們所施的教育在不夾纏著神學的時候，總是無可他求的良好教育。後文要講，他們傳授給笛卡兒的大量數學知識是他在別處學不到的。在政治上，他們是團結而有紀律的單一整體，不避危險，不辭勞苦；他們敦促舊教君主進行殘酷迫害，尾隨著勝利者西班牙軍的戰塵，甚至在享有了將近一個世紀思想自由的義大利，再樹立起異端審判所的恐怖氣氛。

宗教改革和反宗教改革在知識界中的後果，起初純是不良的，但是終局卻是有益的。透過三十年戰爭，人人深信無論新教徒或舊教徒，哪一方也不能獲全勝；統一教義這個中世紀的願望必須放棄，這於是擴大了甚至在種種根本問題上人的獨立思考的自由。不同國家的宗教信條各異，因此便有可能靠僑居外國逃脫迫害。有才能的人由於厭惡神學中的爭鬥，愈來愈把注意

---

④ 天主教神父在「神工閣子」中聽教徒自述罪叫「辦神工」。——譯者

⑤ 巴斯卡爾（Blaise Pascal，西元一六二三—一六六二年）：法國科學家，宗教哲學家。他對物理學和數學多有貢獻。在神學上，巴斯卡爾實際是反耶穌會的。西元一六五六年冉森派的阿爾諾受到耶穌會攻擊，他匿名陸續發表了十八篇《致外鄉人書》（西元一六五六—一六五七年），嚴厲批判耶穌會的神學和道德，為阿爾諾辯護。所謂「他們除對異端而外，比別種教士寬厚慈悲」，無非是反譏耶穌會人對待異端殘酷無情。——譯者

力轉到現世學問，特別轉到數學和自然科學上。一部分由於這些原因，雖然路德興起後的西元十六世紀在哲學上是個不毛時期，西元十七世紀卻擁有最偉大人物的名字，標示出希臘時代以來最可注目的進展。這進展由科學開端，下一章就來討論。

第六章　科學的興盛

近代世界與先前各世紀的區別，幾乎每一點都能歸源於科學，科學在西元十七世紀收到了極奇偉壯麗的成功。義大利文藝復興時期雖然不是中古光景，可是也沒有近代氣象；倒比較類似希臘的全盛年代。西元十六世紀沉溺在神學裡面，中古風比馬基維利的世界還重。按思想見解講，近代從西元十七世紀開始。文藝復興時期的義大利人，沒一個會讓柏拉圖或亞里斯多德感覺不可解；路德會嚇壞湯瑪斯・阿奎那，但是阿奎那要理解路德總不是難事。論西元十七世紀，那就不同了：柏拉圖和亞里斯多德、阿奎那和奧卡姆，對牛頓會根本摸不著頭腦。

科學帶來的新概念對近代哲學發生了深刻的影響。笛卡兒在某個意義上可說是近代哲學的始祖，他本人就是西元十七世紀科學的一個創造者。爲了能夠理解近代哲學發源時期的精神氣氛，必須先就天文學和物理學的方法與成果談一談。

在創立科學方面，有四個不同凡響的偉人，即哥白尼、克卜勒、伽利略和牛頓。其中哥白尼是屬於西元十六世紀的人，不過他在生前並沒有什麼威望。

哥白尼（西元一四七三－一五四三）是一位波蘭教士，抱著眞純無瑕的正統信仰。他在年輕的時候旅居義大利，接受了一些文藝復興氣氛的薰陶。西元一五〇〇年，他在羅馬獲得數學講師或教授的職位，但是西元一五〇三年就回故國，做弗勞恩堡大教堂的僧侶會員。他的時光有一大部分好像花在抗擊德意志人和改革幣制上面，但是他利用餘暇致力於天文學。他很早就已經相信太陽處在宇宙中央，而地球則作雙重運動，即每日間的自轉和一年一度的繞日回轉。儘管他也讓大家知道他個人的意見，但由於害怕教會的譴責，他遲遲沒有公開發表。他的主要著作《天體回轉論》（*De Revolutionibus Orbium Cœlestium*）是在他逝世那年（西元一五四三）出版的，附有他的朋友奧羨德寫的一篇序，序裡講太陽中心說無非是當作一個假說提出來的。哥白尼對這點聲明究竟有幾分認可固然不確實知道，但他自己在書的正文中也作了一些類似的聲明，①所以這問題不大關緊要。這本書題獻給教皇，在伽利略時代以前逃過了天主教會的正式斷罪。哥白尼生存時代的教會，和土倫特宗教會議、耶穌會人以及復活的異端審判所發揮出作用後的教會相比，算是比較寬大的。

　　哥白尼的著作的氣氛並不是近代氣氛，也許倒不如說它是一種畢達哥拉斯哲學的氣氛。一切天體運動必是等速圓周運動，這在他認爲是公理；而且他也像希臘人一樣，聽任自己爲審美上的動機所左右。在他的體系中仍舊有「周轉圓」，只不過其中心是太陽，或說得確切一點，鄰近太陽。太陽不恰在中央，這件事破壞了他的學說的單純性。哥白尼雖然對畢達哥拉斯的理論有耳聞，他似乎並不知道亞里士達克的太陽中心說，但是他的理論當中沒有絲毫東西是希臘的天文學家所不可能想到的。他的成就的重要處在於將地球攆下了幾何學位置獨尊的寶座。從

① 見《哥白尼論著三篇》（*Three Copernican Treatises*），Edward Rosen英譯本，芝加哥，一九三九年。

長遠說，這一來基督教神學中賦予人類在宇宙間的重要地位便難以歸到人身上了。但是他的學說所產生的這種後果，哥白尼是不會承認的；他的正統信仰很真誠，他反對認爲他的學說與聖經牴觸的看法。

哥白尼理論中有一些眞正的困難。最大的困難是見不到恆星視差。假定位於軌道上任意一點的地球，和半年後的地球所在點距離一億八千六百萬英里，這應當使恆星的外觀位置產生變動，正比如海面上的船隻，從海岸某一點看來在正北的，從另一點看必不會在正北。當時未觀測到視差現象，哥白尼下了一個正確推斷：恆星一定比太陽遙遠得多。直到西元十九世紀，測量技術才精密到能夠觀測恆星視差，而且那時候也只有少數最近的星可以觀測。

關於落體，又生出另一個困難。假若地球自西往東轉動不停，從高處掉落下來的物體不應當落在起始點的正下方一點，而該落在稍偏西一點才對，因爲在下落時間內，地球要轉過一段距離。這個問題由伽利略的慣性定律找到解答，但是在哥白尼的時代，任何答案還拿不出來。

有一本E. A. 柏特（E. A. Burtt）寫的饒有趣味的書，叫《近代物理學的形而上學基礎》（*The Metaphysical Foundations of Modern Physical Science*）（西元一九二五年），這本書論述了創立近代科學的那些人所作的許多難保證的假定，講得非常有力量。他指出一點十分正確，就是在哥白尼時代，並沒有既知的事實足以令人非採納他的體系不可，倒有若干個對此不利的事實。「當代的經驗主義者假使生在西元十六世紀，會頭一個嘲笑這新宇宙哲學不值一談。」這書總的目的是在表示：近代科學裡的發現都是從一些和中世紀的迷信同樣無稽的迷信中偶然產生的幸運事件，藉此貶低近代科學的聲價。我以爲這表明對科學態度有誤解。顯出科學家本色的，並不在他所信的事，而在乎他抱什麼態度信它、爲什麼理由信它。科學家的信念不是武斷信念，是嘗試性的信念；它不依據權威、不依據直觀，而建立在證據的基礎上。哥白尼把自己的理論叫作假說是對的；他的敵派認爲新的假說要不得，這是一個錯誤。

創立近代科學的那些人有兩種不一定並存的長處：作觀察時萬分耐心，設假說時有大無畏精神。其中第二種長處最早期的希臘哲學家先前曾有過，第一種長處在古代晚期的天文家身上也有相當程度的表現。但是在古代人中間，也許除亞里士達克外，沒有人同時具備這兩種長處，而中世紀的時候，更無人具備任何一種。哥白尼像他的一些偉大的後繼者，兩種兼有。關於各天體在天球上的外觀運動，用當時已有的儀器所能知道的一切他全部知道；他並且認識到，地球每日自轉一周這種講法和所有天體旋轉這講法比起來，是個較簡便的假說。現代觀點把一切運動看成是相對的，按這觀點來講，他的假說產生的唯一好處就是單純；但這不是哥白尼的看法，也不是他的同時代人的看法。關於地球每年一度的公轉，這裡也有一種單純化，不過不像自轉的單純化那麼顯著。哥白尼仍舊需要周轉圓，無非比托勒密體系所需要的少些罷了。新理論要等到克卜勒發現行星運動定律以後，才獲得充分的單純性。

新天文學除了對人們關於宇宙的想像產生革命性影響以外，有兩點偉大價值：第一，承認自古以來便相信的東西也可能是錯的；第二，承認考察科學眞理就是耐心蒐集事實，再結合大膽猜度支配這些事實的法則。這兩點價值無論哪一點，就哥白尼講都還不及他的後繼者們發揮得充分，但是在他的事業中，這兩點都已經有了高度表現。

哥白尼向一些人傳達了自己的學說，這裡面有的是德意志的路德派信徒；但是當路德獲悉這件事，他極爲震憤。他說：「大家都要聽這麼一個突然發跡的星相術士講話，他處心積慮要證明天空或蒼穹、太陽和月亮不轉，而是地球轉。哪個希望顯得伶俐，總要杜撰出什麼新體系，它在一切體系當中自然是頂好不過的。這蠢材想要把天文這門科學全部弄顚倒；但是聖經裡告訴我們，約書亞命令太陽靜止下來，沒有命令大地。」② 同樣，喀爾文也拿經句「世界就堅定，不得動搖」（《詩篇》第九十三篇第一節），把哥白尼一口罵倒，他叫喊：「有誰膽敢將哥白尼的威信高駕在聖靈的威信之上？」新教牧師至少像舊教教士一樣冥頑不靈；儘管如此，在新教國家不久就比舊教國家有了大得多的思想自由，這是因爲新教國家中牧師的權力較小的緣故。新教的重要一面不在於樹立異端，而在於分裂教派；因爲教派分裂造成國家教會，而國家教會的力量夠不上控制俗界政權。這點全然是一種好處，因爲無論何處，幾乎對一切有助於增進人世間幸福和知識的革新，教會只要能反對總要反對。

哥白尼提不出什麼支持他的假說的確鑿證據，因此長時期內天文學家否定這假說。其次的一個重要天文家是泰寇·布剌（Tycho Brahe，西元一五四六—一六〇一年），他採取折中立場：認爲太陽和月亮環繞地球，但是各行星環繞太陽。至於理論方面，泰寇·布剌不大有創見。不過，他給亞里斯多德所謂的月球以上萬物不變這個意見舉出了兩點正當的反對理由。一個理由是西元一五七二年出現一顆新星，發覺這顆星沒有周日視差，因此它一定比月球遠。另

---

② 參看《舊約·約書亞記》，第十章，第十二、十三節。——譯者

一個理由是從觀測彗星得到的，發覺彗星也很遙遠。讀者會記起亞里斯多德講的嬗變朽敗限於月球下界的學說；這學說正像亞里斯多德對科學問題發表的一切別的意見，到底還是對進步的障礙。

泰寇．布刺的重要地位不是按理論家說的，而是按觀測家說的；他先在丹麥國王獎助下，後來在盧多勒夫二世皇帝獎助下從事天文觀測。他制訂了一個恆星表，又把許多年間各行星的位置記下來。在他死前不久，當時還是個青年的克卜勒做了他的助手。對克卜勒講，泰寇．布刺的觀測結果是無價之寶。

克卜勒（Kepler，西元一五七一—一六三〇年）是說明人假若沒有多大天才，憑毅力能達到什麼成就的一個最顯著的實例。他是繼哥白尼之後採用太陽中心說的頭一個重要天文學家，但是泰寇．布刺的觀測資料表明，太陽中心說按哥白尼所定的形式，不會十分正確。克卜勒受畢達哥拉斯哲學的影響，雖是個虔誠的新教徒，卻有點異想天開地傾向太陽崇拜。這些動機當然讓他對太陽中心說有了偏愛。他的畢達哥拉斯哲學又引動他追隨柏拉圖的〈蒂邁歐〉篇，設想宇宙的意義必定寄託在五種正多面體上。他利用這五種正多面體設想種種假說；最後憑著好運，有一個假說正管用。

克卜勒的偉大成就是發現他的行星運動三定律。其中有兩條定律是他在西元一六〇九年發表的，第三條定律發表於西元一六一九年。他的第一定律說：行星沿橢圓軌道運動，太陽占據這橢圓的一個焦點。第二定律說：一個行星和太陽之間的連結線，在相等時間內掃出相等面積。第三定律說：一個行星的公轉週期平方與這行星和太陽之間的平均距離立方成正比。

下面必須略說幾句，解釋一下這幾條定律的重要意義。

在克卜勒時代，前兩條定律只能夠按火星的情況來證明；關於其他幾個行星，觀測結果和這兩條定律也不牴觸，但那種觀測結果還不算明白確立這兩條定律。然而不久以後就找到決定性的證據。

發現第一定律，就是說行星沿橢圓軌道運動，需要有的擺脫傳統的努力是現代人不容易充分體會到的。所有天文學家無例外取得意見一致的唯有一件事，就是一切天體運動是圓周運動，或是圓周運動組合成的運動。遇到用圓不夠說明行星運動的情況，就利用周轉圓。所謂周轉圓就是在圓上面滾動的另一個圓的圓周上一點所畫出的曲線。舉個例子：拿一個大的車輪平放固定在地面上；再取一個小車輪，輪上穿透著一顆釘，讓小車輪（也平放在地上）沿大車輪滾動，釘尖接觸著地面。這時釘子在地上的痕跡就畫成周轉圓。月球對太陽而言，它的軌道大致屬這類軌道：粗略地說，地球圍繞太陽畫圓，同時月球圍繞地球畫圓。然而這不過是近似的講法。隨著觀測精密起來，才知道沒有一種周轉圓組配系統會完全符合事實。克卜勒發現，他的假說比托勒密的假說跟火星的記錄位置密合得多，甚至比哥白尼的假說也密合得多。

用橢圓代替圓，從畢達哥拉斯以來一直支配著天文學的審美偏見就勢必得拋棄。圓是完美的形狀，天體是完美的物體——本來都是神，即便依柏拉圖或亞里斯多德講，和神也有親近關係。完美的物體必須做完美形狀的運動，這似乎是明顯的事。況且，既然天體未被推也未被拉，自由地運動，它們的運動一定是「自然的」。可是容易設想圓有某種「自然的」地方，在橢圓就不好想像。這樣，許多根深蒂固的成見先須丟掉，才能夠接受克卜勒第一定律。古代的人連薩摩島的亞里士達克在內，誰也不曾預見到這種假說。

第二定律講行星在軌道的不同點上的速度變化。設S表示太陽，P_1，P_2，P_3，P_4，P_5表示在相等的時間間隔——譬如說每隔一個月——行星的相繼位置，克卜勒的這條定律說P_1SP_2，P_2SP_3，P_3SP_4，P_4SP_5這幾塊面積全相等。所以行星離太陽最近時運動得最快，離太陽最遠時運動得最慢。這又太不像話；行星應該威嚴堂堂，絕不能一時急促，一時拖懶。

前兩條定律單另講每個行星，而第三定律把不同行星的運動作了比較，所以這條定律很重要。第三定律說：假設　個行星與太陽之間的平均距離是r，這行星的週期是T，那麼r^3被T^2除得的商，在不同的行星是一樣的。這條定律證明了牛頓的萬有引力平方反比律（僅就太陽系說）。但是這點我們以後再講。

可能除牛頓以外，伽利略（Galileo，西元一五六四—一六四二年）要算是近代科學的最偉大奠基者了。他大約就誕生在米開朗基羅逝世的同一天，而又在牛頓誕生那年逝世。我把這兩件事實推薦給還信生死輪迴的人（假使有這種人）。伽利略是重要的天文學家，但他作爲動力學的始祖，或許更重要。

伽利略首先發現加速度在動力學上的重要性。「加速度」的意思即速度變化，不管速度大小的變化還是速度方向的變化；例如：沿圓周做等速運動的物體時時有一個傾向圓心的加速度。用伽利略時代以前素來習慣的用語，不妨說無論是地上或天上，他都把直線上的等速運動看成是唯一「自然的」運動。早先一直認爲天體做圓周運動、地上的物體沿直線運動，是「自然的」；但又認爲地上的運動物體若聽其自然，會漸漸停止運動。伽利略一反這種意見，認爲一切物體如果聽其自然，都要沿直線按均勻速度運動下去；運動快慢或運動方向的任何變化，必須解釋成由於某個「力」的作用。這條定律經牛頓宣布爲「第一運動定律」，也叫慣性定律。後面我還要再講到它的旨趣，但是首先關於伽利略的各種發現的詳情必須說一說。

伽利略是確立落體定律的第一人。只要有了「加速度」概念，這定律單純之至。定律說，物體在自由下落當中，若把空氣阻力可能產生的影響除外，它的加速度是始終如一的；進一步講，一切物體不問輕重大小，這個加速度全相同。直到發明了抽氣機後，才可能給這條定律作完全證明，抽氣機的發明是大約西元一六五四年的事。從此以後，便能夠觀察在幾乎等於眞空的空間裡下落的物體，結果發現羽毛和鉛落得一般快。伽利略當時所證明的是，大塊和小塊的同種物質之間沒有測量得到的區別。直到他那個時代，向來以爲大鉛塊總比小鉛塊落得快得多，但是伽利略用實驗證明這不合事實。在伽利略的時代，測量技術並不是像後來那樣的精密；儘管如此，他仍然得出了眞實的落體定律。假設物體在眞空中下落，它的速度按一定比率增大。在第一秒末，物體的速度是每秒三十二英尺；第二秒末是每秒六十四英尺；第三秒末，每秒九十六英尺；依此類推。物體的加速度，即速度的增加率，總是一樣；每過一秒鐘，速度的增加（大約）是每秒三十二英尺。

伽利略又研究了子彈飛行問題，這對他的雇主塔斯卡尼公說來是個重要的問題。向來認爲水準發射出去的子彈，暫時間沿水平方向運動，然後突然開始垂直落下。伽利略證明，撇開空氣阻力不計，水平速度要遵從慣性定律保持不變，不過還要加上一個垂直速度，這速度按照落體定律增大。要想求出子彈飛行一段時間以後某個短時間（譬如說一秒鐘）內的運動情況，可採取以下步驟：首先，假令子彈不往下落，它會走一段和飛行的第一秒鐘內走過的水平距離相等的水平距離。其次，假令子彈不做水平運動，只往下洛，那麼它就會按照與飛行開始後的時間成正比的速度垂直降落。事實上，子彈的位置變化正好像子彈先按起始速度水平運動一秒鐘，然後再按照與飛行已經歷的時間成正比的速度垂直降落一秒鐘那時應有的位置一樣。由簡單計算知道，結果形成的子彈路徑是一條拋物線，把空氣阻力的干擾部分除外，這點可由觀察證實。

以上所講的是動力學中一條效用極廣的原理的一個簡單實例，那是這樣一條原理：在幾個力同時作用的情況下，其效果同假令各力順次作用相同。它是一個叫作「平行四邊形律」的更普遍的原理的一部分。舉例說，假設你在一隻進行中的船的甲板上，橫穿甲板走過。當你走的時候船已往前進了，所以你對於水來說，你既順著船運動的方向往前動了，也橫過船行的方向動了。你假若想知道對於水面說你到達了什麼位置，你可以設想起先在船進行當中你立定不動，然後在一段相等時間內，你橫著走過船而船不動，同一個原理對於力也適用。這一來，便能夠求出若干個力的總效果，並且若發現運動物體所受的幾個力的各自的定律，便也可能分析物理現象了。創始這個極有效的方法者是伽利略。

在以上所說的話裡，我盡量使用接近西元十七世紀的用語。現代用語在一些重要方面與此不同，但是爲說明西元十七世紀的成就，宜暫且採用當時的表達方式。

慣性定律解開一個在伽利略以前哥白尼體系一直無法解釋的啞謎。前面談過，假如你從塔頂上丟落一塊石頭，石頭落在塔腳下，並不落在塔腳略偏西的地方；然而，如果說地球在旋轉著，那麼在石頭下落當中它本應該轉過一段距離才是。所以不如此，理由就在於石頭保持著在丟落以前和地面上其他一切東西共有的那個旋轉速度。實際上，假使塔眞夠高，那就會出現與哥白尼的敵派所推想的恰相反的結果。塔頂因爲比塔腳更遠離地心，運動得快些，所以石頭應該落在塔腳稍偏東的地方。不過這種效果太小，恐怕測量不到。

伽利略熱心採納太陽中心體系；他與克卜勒通信，承認他的各種發現。伽利略聽到有個荷蘭人最近發明了一種望遠鏡，他自己也做了一架，很快就發現許多重要事情。他發現銀河是千千萬萬顆單個的星集合成的。他觀察到金星的周相③，這種現象哥白尼原先知道是他的學說的必然推論，但是憑肉眼無法辨識。伽利略發現木星的各個衛星，爲對他的雇主表示敬意，他給這些衛星取名「sidera medicea」（梅迪奇家之星）。據了解這些衛星遵守克卜勒定律。可是有個難處。向來總是說有五大行星、太陽和月球七個天體；「七」乃是個神聖數字。安息日不就是第七天嗎？過去不是有七個燈檯和亞細亞七教會④嗎？那麼，還有什麼比果然有七個天體會更得當呢？但是假若須添上木星的四個衛星，便湊成十一——一個不帶神祕性質的數目。

---

③由於行星、地球和太陽的相互位置的變化，從地上看行星，有週期性的盈虧現象，這叫「周相」。水星和金星有明顯的周相。——譯者

④指《新約．啓示錄》第一章，第十一節中提到的以弗所、士每拿、別迦摩、推雅推喇、撒狄、非拉鐵非、老底嘉等七個教會，全在西小亞細亞。——譯者

根據這理由，守舊派痛斥望遠鏡，死不肯透過它看東西，斷言望遠鏡只讓人看到幻象。伽利略寫信給克卜勒，願他們對這些「群氓」的愚蠢能共同大笑一場；從信的其餘部分看來很明白，「群氓」就是用「強詞詭辯的道理，彷彿是魔法咒語」，竭力要把木星的衛星咒跑的哲學教授們。

大家知道，伽利略先在西元一六一六年受到異端審判所祕密斷罪，後來又在西元一六三三年被公開斷罪；在這第二次斷罪時，他聲明悔過改念，答應絕不再主張地球自轉或公轉。異端審判所如願以償結束了義大利的科學，科學在義大利經幾個世紀未復活。但是異端審判所並沒能阻止科學家採納太陽中心說，還由於自己的愚昧給教會造成不少損害。幸虧存在有新教國家，那裡的牧師不管多麼急切要危害科學，卻不能得到國家的支配權。

牛頓（Newton，西元一六四二－一七二七年）沿哥白尼、克卜勒和伽利略開拓的成功道路，到達最後的完滿成功。牛頓從自己的運動三定律（前兩條定律該歸功於伽利略）出發，證明克卜勒的三條定律相當於下述定理：一切行星在每個時刻有一個趨向太陽的加速度，這個加速度隨它與太陽之間的距離平方反變。他指明，月球向地球和向太陽的加速度符合同一公式，能說明月球的運動；而地面上落體的加速度又按平方反比律和月球的加速度溝通連貫。牛頓把「力」定義成運動變化的起因，也就是加速度的起因。他於是得以提出他的萬有引力定律：「一切物體吸引其他一切物體，這引力和兩個物體的品質乘積成正比，和其距離平方成反比。」由這公式他能夠把行星理論中的全部事情，如行星及其衛星的運動、彗星軌道、潮汐現象等都推斷出來。後來又明白，甚至在行星方面，軌道與橢圓形的細微偏差也可以從牛頓定律推求。這成功實在完滿，牛頓便不免有危險成爲第二個亞里斯多德，給進步設下難破的壁障。在英國，直到他死後一個世紀，人們方充分擺脫他的權威，在他研究過的問題上進行重要的創造工作。

西元十七世紀不僅在天文學和動力學上成績卓著，在有關科學的其他許多方面也值得注目。首先談科學儀器問題。關於這個問題，⑤複式顯微鏡是西元十七世紀前不久，西元一五九○年左右發明的。⑥西元一六○八年有個叫李伯希（Lippershey）的荷蘭人發明望遠鏡，不過在科學上首先正式利用望遠鏡的是伽利略。伽利略又發明溫度計，至少說這件事看來極有可能。他的弟子托里拆利（Torricelli）發明氣壓計。蓋里克（Guericke，西元一六○二—一八八六年）發明抽氣機。時鐘雖然不是新東西，在西元十七世紀時主要靠伽利略的工作也大大改良。因爲有這些發明，科學觀測比已往任何時代都準確、廣泛得不知多少。

其次，除天文學和動力學以外，在其他科學裡面也有了重大成果。吉伯特（Gilbert，西元一五四○—一六○三年）在西元一六○○年發表了論磁體的巨著。哈威（Harvey，

---

⑤ 參看武爾夫（A. Wolf）著《十六十七世紀科學工藝哲學史》（*A History of Science, Technology, and Philosophy in the Sixteenth and Seventeenth Centuries*）中「科學儀器」一章。

⑥ 關於顯微鏡的發明有兩個說法，一說是荷蘭眼鏡匠彥森（Zacharias Janssen）在西元一五九○年左右發明的；一說是伽利略發明的（西元一六一○年宣布發明）。——譯者

西元一五七八—一六五七年）發現血液循環，西元一六二八年公布了他的發現。雷文虎克（Leeuwenhoek，西元一六三二—一七二三年）發現精細胞，不過另有一個叫史特芬・哈姆（Stephen Hamm）的人，好像早幾個月前已經發現了。雷文虎克又發現原生動物，即單細胞有機體，甚至發現了細菌。羅伯特・波以耳（Robert Boyle，西元一六二七—一六九一年）是「化學之父，寇克伯爵之子」，在我年幼的時候，是這樣教小孩子的；現在他爲人們記憶，主要由於「波以耳定律」，這定律說：處在一定溫度下的一定量氣體，壓力和體積成反比。

到此爲止，我還沒談到純數學的進展，但是這方面的進展確實非常大，而且對自然科學中許多工作來講，是絕對必需的。奈皮耳（Napier）在西元一六一四年公布了對數發明。座標幾何是由西元十七世紀幾位數學家的工作產生的成果，這些人當中笛卡兒作出了最大的貢獻。微積分是牛頓和萊布尼茲各自獨立發明的；它幾乎是一切高等數學的工具。這些僅僅是純數學中最卓著的成就，別的重大成就不計其數。

以上講的科學事業帶來的結果，就是使有學識的人的眼光見解澈底一變。在西元十七世紀初，湯瑪斯・布勞恩爵士⑦參與了女巫案審判；在世紀末，這種事就不會發生。在莎士比亞時代，彗星還是不祥徵兆；西元一六八七年牛頓的《原理》（*Principia*）出版以後，大家知道

---

⑦ 湯瑪斯・布勞恩爵士（Sir Thomas Browne，西元一六〇五—一六八二年）：英國著名醫生、文人。西元一六六四年他曾以醫生身分，在法庭提出證詞，因而使兩名婦女被按女巫治罪。原文說「世紀初」，是不對的。——譯者

他和哈雷（Halley）已經算出某些彗星的軌道，原來彗星和行星同樣遵守萬有引力定律。法則的支配力量在人們的想像當中牢牢生下了根，這一來魔法巫術之類的玩意兒便信不得了。西元一七〇〇年的時候，有學識的人思想見解完全近代化了；在西元一六〇〇年，除開極少數人以外，思想見解大體上還是中古式的。

在本章的其餘篇幅裡，我想簡單說說那些看來是西元十七世紀的科學所產生的哲學信念，以及現代科學不同於牛頓科學的若干方面。

第一件該注意的事就是從物理定律中幾乎消除了一切物活論的痕跡。希臘人儘管沒明白地講，顯然把運動能力看成是生命的標誌。按常識來觀察，好像動物自己運動，而死物只在受到外力強制的時候才運動。據亞里斯多德的意見，動物的靈魂有種種功能，其中有一項是催動動物的身體。在希臘人的思想中，往往認爲太陽和行星就是神，或至少是受諸神支配和遣動的。阿那克薩哥拉不這樣認爲，但他是不敬神之輩。德謨克里特不這樣認爲，但是除伊比鳩魯派的人以外，大家都輕視他而贊成柏拉圖和亞里斯多德。亞里斯多德的四十七個或五十五個不動的推動者是神靈，是天空中一切運動的最終根源。如果聽其自然，任何無生命物體很快會靜止不動；所以要運動不停止，靈魂對物質的作用須繼續不斷。

這一切都被第一運動定律改變了。無生物質一旦讓它運動起來，倘若不被某種外部原因制止住，會永遠運動下去。並且，促成運動變化的外部原因只要能夠確實找出來，本身總是物質性的。不管怎樣，太陽系是靠本身的動量和本身的定律運行下去的；不必要有外界干涉。也許仍好像需要有神使這個機構運轉起來；據牛頓說，行星起初是靠神的手拋出去的。但是當神做罷這事，又宣布「萬有引力定律，一切就自己進行，不需要神明再插手。當拉普拉斯（Laplace）提出，或許正是目前在作用著的這種種的力，促成行星從太陽中產生出來，這時候神在自然歷程中的地位便再被壓低一等。神也許依舊是造物主；但是因爲世界有沒有時間開端還不清楚，所以連這點也是疑問。儘管當時大多數科學家全是虔誠信仰的楷模，在他們的事業的感召下形成的見解對正統教義卻有妨害，所以神學家心感不安是有道理的。

科學引起的另一件事就是關於人類在宇宙間的地位的想法發生了深刻變化。在中古時代，地球是太空中心，萬事萬物都有關聯到人的目的。在牛頓時代，地球是一個並不特別顯赫的恆星的一顆小小衛星；天文學距離之大使地球相形下不過是個針尖罷了。看來絕不會，這個龐大的宇宙機構是全爲這針尖上的某些小生物的利益有意安排的。何況，「目的」從亞里斯多德以來一直構成科學概念的一個內在部分，現在由科學方法中被驅逐出去。任何人都可以仍相信上天爲宣示神的榮耀而存在，但是什麼人也不能讓這信念干預天文計算，宇宙也許具有目的，但是「目的」不能在科學解釋中再占有地位了。

哥白尼學說本來應當有傷人類自尊心，但是實際上卻產生相反效果，因爲科學的輝煌勝利使人的自尊復活了。瀕死的古代世界像是罪孽感邪祟纏體，把罪孽感這種苦悶又遺贈給了中世紀。在神前謙卑，既正當又聰明，因爲神總是要懲罰驕傲的⑧。疫癘、洪水、地震、土耳其人、韃靼人和彗星，把若干個陰鬱的世紀鬧得狼狽無措，人感覺只有謙卑再謙卑才會避開這些

---

⑧ 按天主教義說，有七件難赦的重罪（「七罪宗」）是萬惡根源，「驕傲」為首。——譯者

現實的或將臨的災禍。但是當人們高奏凱歌：

自然和自然律隱沒在黑暗中。
神說「要有牛頓」，萬物俱成光明⑨。

這時候要保持謙卑也不可能了。

至於永罰，偌大宇宙的造物主一定還有較好的事操心，總不致爲了神學上一點輕微過錯把人送進地獄。加略人猶大可能要受永罰，但是牛頓哪怕是個阿利烏斯派信徒，也不會入地獄。

自滿當然還有許多別的理由。韃靼人已被拘束在亞洲地界，土耳其人也漸漸不成威脅。彗星讓哈雷殺掉了尊嚴；至於地震，地震雖然仍舊令人恐駭，可是有趣得很，科學家對它簡直談不上遺憾。西歐人急速地富足起來，逐漸成爲全世界的主子：他們征服了北美和南美，他們在非洲和印度勢力浩大；在中國，受尊敬，在日本，人懼怕。所有這種種再加上科學的輝煌勝利，無怪西元十七世紀的人感覺自己並非在禮拜日還自稱的可卑罪人，而是十足的好樣人物。

⑨ 這是英國詩人波普（Alexander Pope，西元一六八八—一七四四年）為牛頓寫的兩行墓誌銘體詩，最早發表在西元一七三五年（牛頓在西元一七二七年逝世）。原詩句的口吻情調使人自然聯想到《舊約》開首〈創世記〉的最前三節，這裡譯文的語氣也略擬中文本聖經。——譯者

有某些方面，現代理論物理學的概念與牛頓體系的概念是不同的。首先說西元十七世紀時占顯著地位的「力」這個概念吧，這已經知道是多餘的了。按牛頓講，「力」是運動在大小或方向上起變化的原因。把「因」這個概念看得很重要，而「力」則被想像成推什麼或拉什麼的時候所經驗到的那種東西。因為這緣故，引力超距離起作用這件事被當成是萬有引力說的一個反對理由，而牛頓本人也承認，必定存在著傳遞引力的某種媒質。人們逐漸發現，不引入「力」概念，所有的方程式也能夠寫出來。實地觀察得到的是加速度與方位配置間的某種關係；說這種關係是通過「力」作媒介造成的，等於沒有給人的知識增添半點東西。由觀察知道行星時時有趨向太陽的加速度，這加速度隨行星和太陽之間的距離平方反變。說這事起因於萬有引力的「力」，正好像說鴉片因為有催眠效能，所以能催人入眠，不過是字句問題。所以現代的物理學家只敘述確定加速度的公式，根本避免「力」字；「力」是關於運動原因方面活力論觀點的幽魂發顯，這個幽魂逐漸被祓除了。

在量子力學誕生以前，一直沒出現任何事情來略微變更頭兩條運動定律的根本旨趣：就是說，動力學的定律要用加速度來表述。按這點講，哥白尼與克卜勒仍應當和古代人劃歸一類；他們都尋求表述天體軌道形狀的定律。牛頓指明，表述成這種形式的定律絕不會超乎近似性定律。行星由於其他行星的吸力所造成的攝動⑩，並不做準確的橢圓運動。同樣理由，行星軌道

⑩ 克卜勒定律只對兩個天體所成的系統來講嚴格正確。行星因受其他行星引力的影響，略偏離橢圓軌道，這種作用在天文學上叫「攝動」。——譯者

也絕不準確地重複。但是關於加速度的萬有引力定律非常簡潔，牛頓時代以後二百年間一直被當成十分精確。這個定律經過愛因斯坦訂正，依舊是關於加速度的定律。

固然，能量守恆定律不是關於加速度而是關於速度的定律；但在應用這條定律的計算中，必須使用的仍舊是加速度。

至於量子力學帶來的變革，確實非常深刻，不過多少可說還是爭論不定的問題。

有一個加到牛頓哲學上的變革，這裡必須提起，就是廢棄絕對空間和絕對時間。讀者會記得，我們曾結合講德謨克里特談到過這個問題。牛頓相信有一個由許多「點」構成的空間，一個由許多「瞬刻」構成的時間，空間和時間不受占據它們的物體及事件影響，獨立存在。關於空間，他有一個經驗論據支持其個人意見，即物理現象令人能辨認出絕對轉動。假如轉動桶裡的水，水湧上四圍桶壁，中央下陷；可是若不讓水轉動而轉動桶，就沒有這個效果。在牛頓時代以後，設計出了傅科擺實驗⑪，大家一向認為這實驗證明了地球自轉。即便按最現代的意見，絕對轉動問題仍然造成一些困難。如果一切運動是相對的，地球旋轉假說和天空回轉假說的差別就純粹是詞句上的差別；大不過像「約翰是詹姆士的父親」和「詹姆士是約翰的兒子」

---

⑪ 傅科（Jean Bernard Léon Foucault，西元一八一九—一八六八年）：法國物理學家。西元一八五一年他在巴黎用長六十七公尺的繩吊二十八公斤重的錘做成單擺，根據擺的振動面發生順時針方向的運動，來證明地球自轉。——譯者

之間的差別。但是假若人空回轉，星運動得比光還快，這在我們認爲是不可能的事。⑫不能說這個難題的現代解答是完全令人滿意的，但這種解答已讓人相當滿意，因此幾乎所有物理學家都同意運動和空間純粹是相對的這個看法。這點再加上空間與時間融合成「空時」⑬，使我們的宇宙觀和伽利略與牛頓的事業帶來的宇宙觀相比，發生人大改變。但是關於這點也如同關於量子論問題，現在我不再多談。

---

⑫ 恆星距離地球極遠，星發出光來傳到地上至少須經過幾年，而星圍繞地球的圓周比這距離更大幾倍。假若恆星每日繞地球回轉一周，即是說它在二十四小時內走過光在若干年才能走完的路程，運動得比光快得多。但是據相對論，宇宙中一切速度不可能超過光速。——譯者

⑬ 相對論把空間和時間統一起來，除空間的三度以外，將時間看成第四度，這樣構成的四度連續體叫「空時」。——譯者

第七章　法蘭西斯・培根

法蘭西斯・培根（Francis Bacon，西元一五六一－一六二六年）是近代歸納法的創始人，又是給科學研究程序進行邏輯組織化的先驅，所以儘管他的哲學有許多地方欠圓滿，他仍舊占有永久不倒的重要地位。

他是國璽大臣尼可拉斯・培根爵士的兒子，他的姨母就是威廉・西塞爾爵士（Sir William Cecil，即後來的柏立勛爵）的夫人；因而他是在國事氛圍中成長起來的。培根二十三歲做了下院議員，並且當上艾塞克斯（Essex）的顧問。然而等到艾塞克斯一失寵，他就幫助對艾塞克斯進行起訴。爲這件事他一向受人嚴厲非難。例如：里頓・斯揣奇（Lytton Strachey）在他寫的《伊莉莎白與艾塞克斯》（*Elizabeth and Essex*）裡，把培根描繪成一個忘恩負義的大惡怪。這十分不公正。他在艾塞克斯忠君期間與他共事，但是在繼續對他忠誠就會構成叛逆的時候拋棄了他；在這點上，並沒有絲毫甚至讓當時最嚴峻的道德家可以指責的地方。

儘管他背棄了艾塞克斯，當伊莉莎白女王在世期間他總沒有得到十分寵信。不過詹姆士一即位，他的前程便開展了。西元一六一七年培根獲得父親曾任的國璽大臣職位，西元一六一八年做了大法官。但是他據有這個顯職僅僅兩年後，就被按接受訴訟人的賄賂起訴。培根承認告發是實，但只聲辯說贈禮絲毫不影響他的判決。關於這點，誰都可以有他個人的意見，因爲在另一種情況下他本來要作出什麼判決，不會有證據。他被判處罰金四萬鎊；監禁倫敦塔中，期限隨國王的旨意；終生逐出朝廷，不能任官職。這判絕不過執行了極小一部分。並沒有強令他繳付罰款，他在倫敦塔里也只關禁了四天。但是他被迫放棄了官場生活，而以撰寫重要的著作度他的餘年。

在那年代，法律界的道德有些廢弛墮落。幾乎每一個法官都接受饋贈，而且通常雙方的都收。如今我們認爲法官受賄是駭人聽聞的事，但是受賄以後再作出對行賄人不利的判決，這更駭人聽聞。然而在那個時代，饋贈是當然的慣例，做法官的憑不受贈禮影響這一點表現「美德」。培根遭罪本是一場黨派爭哄中的風波，並不是因爲他格外有罪。他雖不是像他的前輩湯瑪斯・莫爾爵士那樣一個德操出眾的人，但是他也不特別奸惡。在道德方面，他是一個中常人，和同時代大多數人比起來不優不劣。

培根過了五年退隱生活後，有一次把一隻雞肚裡塞滿雪做冷凍實驗時受了寒，因此去世。

培根的最重要的著作《崇學論》（*The Advancement of Learning*）在許多點上帶顯著的近代色彩。一般認爲他是「知識就是力量」這句格言的創造者；雖然以前講過同樣話的也許還有人在，他卻從新的著重點來講這格言。培根哲學的全部基礎是實用性的，就是藉助科學發現與發明使人類能控制自然力量。他主張哲學應當和神學分離，不可像經院哲學那樣與神學緊密糅雜在一起。培根信正統宗教；他並非在此種問題上跟政府鬧爭執的那樣人。但是，他雖然以爲理性能夠證明神存在，他把神學中其他一切都看作僅憑啓示認識的。的確，他倒主張如果在沒有啓示協助的理性看來，某個教理顯得極荒謬，這時候信仰勝利最偉大。然而哲學應當只依靠理性。所以他是理性眞理與啓示眞理「二重眞理」論的擁護者。這種理論在西元十三世紀時有一些阿威羅伊派人曾經倡說過，但是受到了教會譴責。「信仰勝利」對正統信徒講來是一句危險的箴言。西元十七世紀晚期，貝勒（Bayle）曾以諷刺口吻使用這箴言，他詳細縷述了理性對某個正統信仰所能講的一切反對話，然後作結論說：「儘管如此仍舊信仰，這信仰勝利越發偉大。」至於培根的正統信仰眞誠到什麼程度，那就無從知道了。

歷來有多少哲學家強調演繹的相反一面即歸納的重要性，在這類稟有科學氣質的哲學家漫長的世系中，培根是第一人。培根也如同大多數的後繼者，力圖找出優於所謂「單純枚舉歸納」的某種歸納。單純枚舉歸納可以借一個寓言作實例來說明。昔日有一位戶籍官須記錄下威爾斯某個村莊裡全體戶主的姓名。他詢問的第一個戶主叫威廉・威廉斯；第二個戶主、第三個、第四個……也叫這名字；最後他自己說：「這可膩了！他們顯然都叫威廉・威廉斯。我來把他們照這登上，休個假。」可是他錯了；單單有一位名字叫約翰・鍾斯的。這表示假如過於無條件地信賴單純枚舉歸納，可能走上岔路。

培根相信他有方法，能夠把歸納作成一種比這要高明的東西。例如：他希圖發現熱的本質，據他設想（這想法正確）熱是由物體的各個微小部分的快速不規則運動構成的。他的方法是作出各種熱物體的一覽表、各種冷物體的表，以及熱度不定的物體的表。他希望這些表會顯示出某種特性，在熱物體總有，在冷物體總無，而在熱度不定的物體有不定程度的出現。憑這方法，他指望得到初步先具有最低級普遍性的一般法則。由許多這種法則，他希望求出有二級普遍性的法則等等依此類推。如此提出的法則必須用到新情況下加以檢驗；假如在新情況下也管用，在這個範圍內便得到證實。某些事例讓我們能夠判定按以前的觀察來講均可能對的兩個理論，所以特別有價值，這種事例稱作「特權」事例。

培根不僅瞧不起演繹推理，也輕視數學，大概以爲數學的實驗性差。他對亞里斯多德懷著惡毒的敵意，但是給德謨克里特非常高的評價。他雖然不否認自然萬物的歷程顯示出神的意旨，卻反對在實地研究各種現象當中摻雜絲毫目的論解釋。他主張一切事情都必須解釋成由致效因必然產生的結果。

培根對自己的方法的評價是，它告訴我們如何整理科學必須依據的觀察資料。他說，我們既不應該像蜘蛛，從自己肚裡抽絲結網，也不可像螞蟻，單只採集，而必須像蜜蜂一樣，又採集又整理。這話對螞蟻未免欠公平，但是也足以說明培根的意思。

培根哲學中一個最出名的部分就是他列舉出他所謂的「幻象」。他用「幻象」來指讓人陷於謬誤的種種壞心理習慣。他舉出四種幻象。「種族幻象」是人性當中固有的幻象；他特別提到指望自然現象中有超乎實際可尋的秩序這種習慣。「洞窟幻象」是個別研究者所特有的私人成見。「市場幻象」是關乎語言虐制人心、心意難擺除話語影響的幻象。「劇場幻象」是與公認的思想體系有關係的幻象；在這些思想體系當中，不待說亞里斯多德和經院哲學家的思想體系就成了他的最值得注意的實例。這些都是學者們的錯誤：就是以爲某個現成死套（例如：三段論法）在研究當中能代替判斷。

儘管培根感興趣的正是科學，儘管他的一般見解也是科學的，他卻忽略了當時科學中大部分正進行的事情。他否定哥白尼學說；只就哥白尼本人講，這還情有可原，因為哥白尼並沒提出多麼牢靠的議論。但是克卜勒的《新天文學》（*New Astronomy*）在西元一六〇九年發表，克卜勒總該讓培根信服才對。吉伯特對磁性的研究是歸納法的光輝範例，培根對他倒讚賞；然而他似乎根本不知道近代解剖學的先驅維薩留斯（Vesalius）的成績。出人意料的是，哈威是他的私人醫生，而他對哈威的工作好像也茫然不知。固然哈威在培根死後才公布他的血液循環發現，但是人們總以為培根會知道他的研究活動的。哈威不很高看培根，說「他像個大法官似的寫哲學」。假使培根原來對功名利祿不那麼關切，他當然會寫得好一些。

培根的歸納法由於對假說不夠重視，以致帶有缺點。培根希望僅只把觀察資料加以系統整理，正確假說就會顯明畢露，但事實很難如此。一般講，設假說是科學工作中最難的部分，也正是少不得大本領的部分。迄今為止，還沒有找出方法，能夠按定規創造假說。通常，有某種的假說是收集事實的必要先決條件，因為在對事實的選擇上，要求有某種方法確定事實是否與題有關。離了這種東西，單只一大堆事實就讓人束手無策。

演繹在科學中起的作用，比培根想的要大。當一個假說必須驗證時，從這假說到某個能由觀察來驗證的結論，往往有一段漫長的演繹程序。這種演繹通常是數理推演，所以在這點上培根低估了數學在科學研究中的重要性。

單純枚舉歸納問題到今天依舊是懸案。涉及科學研究的細節，培根排斥單純枚舉歸納，這完全正確。因為在處理細節的時候，我們可以假定一般法則，只要認為這種法則妥善，就能夠以此為基礎，建立起來多少還比較有力的方法。約翰·史都華·彌爾（John Stuart Mill）設計出歸納法四條規範，只要假定因果律成立，四條規範都能用來有效。但是彌爾也得承認，因果律本身又完全在單純枚舉歸納的基礎上才信得過。科學的理論組織化所做到的事情就是把一切下級的歸納歸攏成少數很概括的歸納——也許只有一個。這樣的概括的歸納因爲被許多的事例所證實，便認爲就它們來講，合當承認單純枚舉歸納。這種事態眞不如意到極點，但是無論培根或他的任何後繼者，都沒從這局面中找到一條出路。

第八章　霍布斯的利維坦

霍布斯（Hobbes，西元一五八八—一六七九年）是一個不好歸類的哲學家。他也像洛克、貝克萊、休姆，是經驗主義者；但霍布斯又和他們不同，他是個讚賞數學方法的人，不僅讚賞純數學中的數學方法，而且讚賞數學應用中的數學方法。他的一般見解寧可說是在伽利略的默化下，而不是在培根的默化下形成的。從笛卡兒到康德，歐洲大陸哲學關於人類認識的本性，有許多概念得自數學；但是大陸哲學把數學看成是不涉及經驗而認識到的。因此大陸哲學也像柏拉圖派哲學一樣，貶低知覺的地位，過分強調純思維的作用。在相反方面，英國經驗主義很少受數學影響，對科學方法又往往有不正確的理解。這兩種缺點霍布斯全沒有。一直到現代，才出現一些其他哲學家，他們雖是經驗主義者，然而也適當著重數學。在這方面，霍布斯的長處很偉大。可是他也有嚴重缺陷，因此便不可能把他眞正列入第一流。他不耐煩做微妙細膩的事情，太偏向快刀斬亂麻。他對問題的解決辦法合乎邏輯，然而是靠刪掉礙手的事實得到的。他有魄力，但是粗率。比較善掄巨斧，不擅長揮舞細劍。儘管如此，他的國家論仍舊值得細心研討；因爲它比以前任何理論，甚至比馬基維利的學說還近代化，所以更有仔細考究的價值。

霍布斯的父親是個教區牧師，性子壞又愚魯無知；他因爲在教堂門口跟鄰教區的一個牧師爭鬧，丟了差事。這以後霍布斯歸伯父撫育。他熟讀古典著作，十四歲時把歐里庇得斯的《米底亞》（*Medea*）翻譯成拉丁文抑揚格詩（晚年，他自誇雖然他絕不引用古典詩人或雄辯家的句子，卻並非由於對他們的作品欠熟悉，這是正當話）。他十五歲的時候入牛津大學，牛津教他學經院派邏輯和亞里斯多德哲學。這兩樣東西到晚年成了勾惹他憎恨的怪物，他斷言在大學裡的歲月沒讓他得到什麼益處；確實，一般大學在他的作品中不斷受到抨擊。西元一六一〇年，當他二十二歲的時候，他做了哈德威克勛爵（後來成爲第二德文郡伯爵）的家庭教師，伴隨後者作「大周遊」①。就在這時候他開始知道伽利略和克卜勒的成就，這對他產生了深刻的影響。他的學生作了他的贊助者，一直到西元一六二八年逝世爲止。霍布斯透過他認識了本·瓊生（Ben Jonson）、培根、徹伯利的赫伯特勛爵（Lord Herbert of Cherbury），及其他不少重要人物。德文郡伯爵死時遺留下一個幼子；伯爵死後，霍布斯有一段時間住在巴黎，在巴黎開始研究幾何學；隨後，他又當了他從前的學生的兒子的家庭教師。霍布斯和他到義大利遊歷，西元一六三六年在義大利訪問了伽利略，西元一六三七年回英國。

《利維坦》（*Leviathan*）②中表達的政治見解是極端的王黨政見，霍布斯抱持這種政

---

①「大周遊」（the grand tour）是從前英國富貴家庭的子弟為完成其教育，到法國及歐洲大陸上其他國家所做的一種周遊旅行。——譯者

②利維坦（Leviathan）是聖經裡記載的一種巨大的水生怪物，在中文本聖經中譯為「鱷魚」。霍布斯用牠比擬國家。——譯者

見已經很久了。當西元一六二八年的國會起草「權利請願書」時，他懷著要顯示民主政體諸種弊害的露骨意圖，發表了一個修昔得底斯的英譯本。西元一六四〇年長期國會開會，勞德（Laud）和斯特拉福（Strafford）被送入倫敦塔，這時候霍布斯大爲恐懼，逃奔至法國。他在西元一六四一年寫成，不過到西元一六四七年才出版的那本書《公民論》（*De Cive*），闡述的理論和《利維坦》中的理論本質上相同。他的這些意見的所由產生，不是實際起來的內戰本身，而是預料到的內戰前景；不過，當他的憂慮實現時，自然使他的信念更加堅定。

在巴黎，他受到許多第一流的數學家和科學家的歡迎。在笛卡兒的《沉思錄》（*Meditations*）出版之前讀過這書的人當中他是一個；他寫出對這書的反對意見，笛卡兒把這些意見連自己的答辯一同付印。他不久又結交大批的英國王黨流亡者，和他們往還。在西元一六四六年到一六四八年這段時間內，他教過未來的查理二世數學。可是當西元一六五一年他發表了《利維坦》，這書誰也不喜歡。書中的理性主義惹惱大多數流亡者，對舊教教會的猛烈攻擊觸怒了法國政府。霍布斯於是悄悄逃回倫敦，歸順克倫威爾，避絕一切政治活動。

不過他在長長的一生中，無論這個時候，或在其他任何時候，總不空自閒過。他就自由意志問題跟布蘭霍爾主教進行了論戰；他自己是嚴格的決定論者。他由於對個人在幾何學方面的能力估計過高，幻想他已經發現怎樣「化圓爲方」③；在這問題上他極愚蠢，與牛津大學的幾

---

③ 從古希臘時代流傳下來的數學「難題」之一，即求作一個正方形，使它的面積與一個已知圓的面積相等。根據近代數學，可以證明這問題用圓規和直尺不可能解決。——譯者

何學教授瓦里斯展開辯論。當然這位教授終於做到讓他顯得無知可笑。

在王政復辟時期，霍布斯受到國王的同黨中較不熱誠的人的抬舉，及國王本人的好待；國王不僅在自己屋牆上懸掛起霍布斯的肖像，還授予他每年一百鎊的恩俸——不過這筆錢國王陛下卻忘記支付。大法官克雷倫敦對在一個有無神論者嫌疑的人身上加的這種恩寵感到憤懣，國會也覺得豈有此理。經過「瘟疫」和「倫敦大火」，喚起了人民的迷信恐懼，這時下院指派委員會檢查無神論著作，特別提到霍布斯的作品。從此以後，關於惹爭論的問題，他寫的什麼東西在英國也得不到印刷許可。連他那本取名《狴希莫司》（*Behemoth*）④的長期國會史，儘管講最正統的主義，也只好在國外印行（西元一六六八年）。西元一六八八年版的霍布斯著作集是在阿姆斯特丹出的。他老年在國外的聲望遠遠凌駕在英國的聲望以上。爲占用餘暇，他八十四歲時用拉丁韻文寫成一部自傳，八十七歲時又出了荷馬作品的英譯本。我沒有能夠發現他在八十七歲以後再寫什麼大書。

現在我們來討論《利維坦》中的學說，霍布斯的聲譽主要就在這本書上。

在這書剛一開頭，他就宣布自己的澈底唯物論。他說，生命無非是四肢的運動，所以機器人具有人造的生命。國家——他稱之爲「利維坦」——是人工技巧創造的東西，事實上是一個模造的人。這話不僅是要作爲一個比喻，他還作了相當詳細的發揮。主權就是人工模擬的靈

---

④ 狴希莫司是聖經中記載的一種「骨頭好像銅管，肢體彷彿鐵棍」的神話動物，譯作「河馬」。——譯者

魂。最初創造利維坦時所憑的協定和盟約代替了神說「我們要造人」時神的命令。

書的第一編論個體的人，以及霍布斯認爲必須有的一般哲學。感覺作用是由對象的壓力引起的；顏色、聲音等等都不在對象中。對象中和我們的感覺相應的性質是運動。他敘述了第一運動定律，然後立即應用於心理學：想像是衰退中的感覺，兩者都是運動。睡眠時的想像作用便是做夢；異教徒的各種宗教是由於不分辨夢境和醒覺生活而產生的（鹵莽的讀者也許要把同樣議論用到基督教上，但是霍布斯謹愼得很，自己不這樣做⑤）。相信夢預示未來，是自欺欺人；信仰巫術和鬼，也是無中生有。

我們的一個個思想的前起後續不是任意形成的，受著定律支配——有時候是聯想律，有時候是和我們的思考中的目的相關的一些定律（這是決定論在心理學上的應用，有重要意義）。

會料得到，霍布斯是一個十足的唯名論者。他說，除名目而外別無普遍的東西，離了詞語，什麼一般概念我們也不能設想。沒有語言，就沒有眞也沒有假，因爲「眞」和「假」都是言語的屬性。

他認爲幾何學是迄今創立的唯一眞正科學。推理帶有計算性質，應當從定義出發。但是定義裡必須避免自相矛盾的概念，在哲學中可經常沒有做到這點。例如：「無形體的實體」就是胡話。如果你提出神即「無形體的實體」當反對理由，這時霍布斯有兩個回答：第一，神非哲

⑤ 在另一個地方他說異教的諸神是人類的恐怖創造的，但我們的神是「原始推動者」。

學的對象；第二，許多哲學家一向認爲神有形體。他說，一般命題的所有錯誤出於悖謬（即自相矛盾）；他舉出自由意志觀念，和乾酪具有麵包的偶性這種想法，作爲「悖謬」的實例（大家知道，按天主教義，麵包的偶性能固屬於非麵包的實體）。

在這段文字中，霍布斯流露出一種舊式的唯理主義。克卜勒得出了一個一般論斷：「行星沿橢圓繞日回轉」；但是其他意見，類如托勒密之說，在邏輯上也不悖謬。霍布斯儘管敬佩克卜勒和伽利略，但是對使用歸納法求得普遍定律這件事，一直沒有正確領會。

霍布斯和柏拉圖相反，他主張理性並非天生的，是靠勤奮發展起來的。

他然後開始論各種激情。「意向」可以定義成動念的微小根芽；它如果趨向什麼，就是**欲望**；如果趨避什麼，是**厭惡**。愛和欲望是一回事，憎和厭惡是一回事。一件事物是欲望的對象，大家說它是「好」的；是厭惡的對象，說它是「壞」的（可以注意到，這兩個定義沒給「好」和「壞」加上客觀性；如果人們的欲望相異，並沒有理論方法調和分歧）。又有種種激情的定義，這些定義大部分立足在人生的競爭觀上；例如：說發笑就是突如其來的大得意。對無形力量的恐懼，如果被公開認可，叫宗教；不被認可，是迷信。因此，斷定何者是宗教何者是迷信，全在立法者。福祉離不開不斷進展；它在於步步成功，不在於已經成功；所謂靜態幸福這種東西是沒有的——當然，天國的極樂不算，這已經超乎我們的理解力了。

意志無非是深思熟慮中最後餘留的欲求或厭惡。也就是說，意志並不是和欲望及厭惡不同的東西，不過是發生衝突的情況中最強的欲望或厭惡罷了。這說法跟霍布斯否定自由意志明顯有連帶關係。

霍布斯與大多數專制政治的擁護者不同，他認爲一切人生來平等。在任何政治也還不存在的自然狀態下，人人欲保持個人的自由，但是又欲得到支配旁人的權力。這兩種欲望都受自我保全衝動主使。由於它們的衝突，發生了一切人對一切人的戰爭，把人生弄得「險惡、殘酷而短促」。在自然狀態下，沒有財產、沒有正義或不義；有的只是戰爭，而「武力和欺詐在戰爭中是兩大基本美德」。

第二編講人類如何結合成若干各自服從一個中央權力的社會，從而免除這些惡弊。這件事被說成是透過社會契約而發生的。據設想，有許多人匯聚起來，同意選擇一個主權者或主權團體，對他們行使權力，結束總體混戰。我以爲這種「盟約」（霍布斯通常如此稱呼）並未被看成是明確的歷史事件；把它這樣看待，與當前的議論的確也不切題。這是一種神話性的解釋，用它來說明爲什麼人類甘受，而且應當甘受因服從權力而給個人自由必然要帶來的種種限制。霍布斯說，人類給自己加上約束，目的在於從我們愛好個人自由和愛好支配旁人因而引起的總體混戰裡得到自我保全。

霍布斯研討人類爲何不能像螞蟻和蜜蜂那樣協作的問題。他說，同蜂房內的蜜蜂不競爭；牠們沒有求榮欲；而且牠們不運用理智批評政府。牠們的協和是天然的協和，但是人類的協和只能是憑依盟約的人爲協和。這種盟約必須把權力交付一個人或一個議會，否則它便無法實施。「盟約離開武力只是空文」（威爾遜總統不幸忘記這點）。這盟約不是後來洛克和盧梭講的那種公民與統治權力者之間的盟約，而是爲服從過半數人要選擇的那個統治權力者、公民們彼此訂立的盟約。公民作出選擇之後，他們的政治權力即告終止。少數派也和多數派同樣受約束，因爲這盟約正是說要服從多數人所選擇的政府。政府一經選定，除這政府認爲宜於許可的那種權利以外，公民喪失掉一切權利。反叛的權利是沒有的，因爲統治者不受任何契約束縛，然而臣民要受契約束縛。

如此結合起來的群眾稱作國家。這個「利維坦」是一個凡間的神。

霍布斯歡喜君主制，不過他的全部抽象議論同樣也適用於一切這樣的政體：其中存在著一個無上權力，不受其他團體的法權的限制。單只議會，他倒能夠容忍，但是他不能容忍國王和議會分領統治權的制度。這和洛克及孟德斯鳩的意見恰相反。霍布斯說，英國內戰之所以發生，正是因爲權力分配到國王、上院和下院的緣故。

這個最高權力，或是一個人或是一個議會，稱作主權者。在霍布斯的體制中，主權者的權力沒有限度。他對一切意見的表達有檢查權。據假想，主權者主要關心的是維持國內和平；所以他不運用檢查權壓抑眞理，因爲與和平牴觸的論調絕不會正確（好個異常實用主義的見解）。財產法應當完全隨主權者的心意；因爲在自然狀態下不存在財產，所以財產是政府創造的，政府可以隨意左右這種創造。

固然也承認主權者可能專制，但是哪怕最壞的專制政治總強似無政府狀態。況且，在許多地方主權者的利害與臣民的利害本相同。臣民愈富足，他愈富足；臣民若守法，他就比較安全等等。反叛是不該的，一則因爲反叛通常要失敗，再則因爲倘若反叛成功，便留下惡例，教別人學反叛。他否認亞里斯多德說的僭主政治與君主政治的區別；按霍布斯的意見，所謂「僭主政治」，無非是講這話的人恰巧厭惡的一種君主政治罷了。

書中舉出君主當政比議會當政可取的種種理由。他承認當君主的私人利益與公眾利益衝突的時候，君主通常要順從他的私利，但是議會也如此。君主可能有寵臣，但是議會的每個議員也難免有嬖人；因此在君主政治下，寵臣嬖人的總數多半還少些。君主能私下聽取任何人進言；議會卻只能聽取議員們的意見，而且還是公開聽取。議會中有某些議員偶然缺席，可以讓別個黨派獲得多數，因而造成政策的改變。不僅如此，假若議會內部分裂，其結果可能就是內戰。霍布斯論斷，因為所有這些理由，君主制最完善。

整個一部《利維坦》中，霍布斯完全沒考慮定期選舉對議會為了議員的私人利益而犧牲公眾利益的傾向可能起的箝制作用。事實上，好像他所想到的不是民主選舉的議會，而是威尼斯大議會或英國上院一類的團體。他把民主政治按古代方式理解為必得一切公民直接參與立法和行政；至少說，這似乎是他的意見。

在霍布斯的體制中，主權者起初一選定，人民便最後退了場。主權者的繼承，如同羅馬帝國在沒有叛亂擾攘時的慣例，須由主權者決定。他承認，主權者通常要選擇自己的一個子女，或者若沒有子女，選擇一個近親，但是他認為任何法律也不該限制他選其他人。

書中有論臣民自由的一章，開頭是這樣一個精闢可佩的定義：對運動不存在外界障礙，是謂自由。按這個意義講，自由與必然是一致的；例如：水在對它的運動沒有障礙時，因而按定義也就是水在自由時，必然流下山崗。人可以自由做他意欲做的事，但是必然得做神意欲做的事。我們的一切意志作用全有原因，從這個意義上講全是必然的。至於談到臣民的自由，在法律不干涉的情況下，他們有自由；這絕不是對主權的限制，因為主權者假使決定要法律干涉，法律本可以干涉。除主權者自願讓出的權利外，臣民沒有和主權者相對抗的權利。大衛使烏利亞被殺⑥，因爲烏利亞是他的臣子，那時他沒有侵害烏利亞；但是大衛侵害了神，因爲他是神的臣子而不遵從神的律法。

據霍布斯的意見，古代的著述家歌頌自由，結果促使人們贊同暴亂和騷動。他主張，這些著述家的意思正確解釋起來，他們所歌頌的自由是主權者的自由，即免於外國統治的自由。國內對主權者的反抗，即便看來好像是極正當的，他也譴責。例如：他認爲聖安布洛斯在帖撒羅尼迦屠殺後無權將狄奧多修斯皇帝開除教籍。他還激烈地指斥箚卡理教皇不該爲扶立丕平，幫他廢了墨洛溫朝末代國王。

不過他承認服從主權者的義務也有一個限度。自我保全權在他看來是絕對的權利，所以臣民有甚至對抗君主的自衛權。這話合邏輯，因爲他把自我保全當成了組織政府的動機。根據這點，他認爲（不過有一些限制）人在受政府召喚上戰場時，有權拒不戰鬥。這是任何現代政府不容許的一種權利。他的利己主義的倫理觀有一個奇妙結論，就是對主權者的反抗只在自衛的情況才算正當；爲保護旁人而進行的反抗卻總有罪。

還有另一個十分合乎邏輯的例外：人對於無能力給予他保護的主權者，沒有任何義務。這樣看來，在查理二世流亡期間霍布斯歸服克倫威爾，便名正言順了。

⑥見《舊約．撒母耳記下》第十一章。——譯者

政黨或現在我們所謂的工會一類的團體，當然不許存在。所有教師都得做主權者的僕役，只講授主權者認爲有用的東西。財產權僅只臣民對其他臣民講有效，對主權者講不成立。主權者握有管制對外貿易的權，他不受民法約束。主權者手中的懲治權並非由什麼正義概念來的，而是因爲他保留了在自然狀態下人人持有的自由：在自然狀態下，誰加害旁人也無法怪罪他。

書中列出國家瓦解的種種有趣的原因（被外國征服除外）。這些原因是：給予主權者的權力太小；容許臣民有私人判斷；凡違反良心的事一律是罪之說；信仰靈感；所謂主權者受民法約束這種理論；承認絕對的私有財產；分割主權；模仿希臘人和羅馬人，俗權與靈權分離；否認主權者有徵稅權；有勢力的臣民得人心；以及與主權者有爭論的自由。關於所有這些原因，在當時近期的英、法歷史中都有豐富的例證。

霍布斯認爲教導人民信服主權者的各種許可權，不應當有很大困難，因爲人民難道沒有被教導信仰了基督教，甚至信仰了違背理性的「化體說」嗎？應該特定出一些日子來學習服從的義務。對民眾的訓導有賴於各大學的正確教學，因此必須加意監督大學。對神的禮拜必須清一色，宗教就是主權者頒定的宗教。

在第二編結尾，他表示希望某個主權者讀到這本書，自立爲一個絕對君主。這願望總還不像柏拉圖的願望：某個國王會變成哲學家那麼偏於空想。霍布斯向君主們擔保，這本書容易讀而且十分有趣。

第三編〈論基督教國〉，說明不存在一統教會，因爲教會必須依附俗界政府。在各個國家，國王應該是教會首領；教皇的「大君權」和教皇無過說是不能承認的。可以想見，這一編中主張非基督徒主權者治下的基督徒臣民，在外表上應該服從，因爲乃縵在臨門廟中難道不無奈屈身嗎？⑦

第四編〈論黑暗的王國〉主要涉及對羅馬教會的批判；羅馬教會把靈權放到俗權之上，霍布斯因此憎惡它。這編的其餘部分是對「空洞哲學」的攻擊，他說的「空洞哲學」通常指亞里斯多德哲學。

現在試論斷我們對《利維坦》一書抱什麼看法。這問題不容易談，因爲書裡的優點和缺點極密切地錯雜在一起。

在政治上，有兩個不同的問題，一個是關於國家的最良好形式的問題，一個是關於國家權力的問題。按照霍布斯的意見，國家的最良好形式是君主制，但這並非他宣導的主義中的重要部分。重要部分是國家權力應當是絕對的這個論點。這種主義，或跟它類似的主義，是文藝復興和宗教改革期間在西歐成長起來的。首先，封建貴族被路易十一、愛德華四世、斐迪南和伊莎貝拉以及後繼的君主們懾服了。然後，在新教國家，宗教改革又使俗界政府能夠占了教會的上風。亨利八世掌中握有以前任何英王不曾享有的大權。但是在法國，宗教改革運動最初卻產

⑦ 參看《舊約·列王紀下》第五章。——譯者

生正相反的效果；夾在吉茲派和餘格諾派[8]中間，歷代國王幾乎毫無實權。在霍布斯寫書前不久，亨利四世和黎歇留奠定了君主專制的基礎，這在法國一直延續到大革命時代。在西班牙，查理五世挫敗了議會，而腓力浦二世除對教會的關係外，也是專制君主。不過在英國，清教徒將亨利八世的事業又一筆勾銷；他們的事業活動引起霍布斯的這種想法：反抗主權者必定產生無政府狀態。

一切社會都面臨著無政府狀態和專制政治兩種危險。清教徒，尤其是獨立教會派，深記專制政治的危險；相反，霍布斯經歷了各種對抗的熱狂主義的鬥爭，因此他讓對於無政府狀態的恐懼纏住了心。在王政復辟後興起，而在西元一六八八年[9]後得勢的自由主義哲學家，這兩種危險都領悟到了；他們對斯特拉福和再洗禮派雙方都厭惡。於是洛克有了權能分立說及「約制與均衡」說。在英國，當國王還有威勢的時期，有過眞正的權能分立；嗣後國會成了太上主宰，最終大權轉到內閣。在美國，國會和最高法院能夠抵制現政府，就這個限度說來目下仍舊存在著約制與均衡。在德國、義大利、俄國和日本，[10]政府更取得了超過霍布斯認爲適度的權

---

⑧ 西元十六、十七世紀時法國的新教徒稱「餘格諾」（the Huguenots）。當時吉茲（Guise）將軍是舊教首領，所以舊教徒稱「吉茲派」。——譯者

⑨ 即英國「光榮革命」的一年。——譯者

⑩ 注意本書是在第二次世界大戰期間寫的。——譯者

力。所以總的說，關於國家權力這一點，世界已經順著霍布斯的心願走下來了；在這以前先有過一段很長的自由主義時期，至少從表面上看，世界是朝相反方向發展的。儘管這次大戰的結局如此，看來很明顯，國家的職權必定繼續擴大，和國家對抗必定變得困難而更困難。

霍布斯所提出的支持國家的理由，即國家是替代無政府狀態的唯一途徑，大體上講是個妥實的理由。不過國家也可能像西元一七八九年的法國和西元一九一七年的俄國那樣，壞得讓人感覺暫時的無政府狀態倒比那樣的國家繼續下去還好。並且，如果政府對反叛不存幾分畏懼，一切政府傾向暴政的趨勢便沒辦法遏制。霍布斯講的那種順從屈服的態度假使庶民眞普遍採取了，政府會比現在更糟。在政治範圍內是這樣：倘若可能，政府要竭力使其個人地位不可動搖；在經濟範圍內是這樣：政府要竭力假公濟私，養肥自己和一派同黨；在知識範圍內是這樣：政府要壓制每一個對政府的權力似乎有威脅的新發現或新學說。我們所以不僅想到無政府狀態的危險，也考慮跟政府的全能化密切連帶著的不公平與僵化的危險，理由正在於此。

把霍布斯和以前的政治理論家們作個對比，他的高明處顯露得清楚極了。他完全擺脫了迷信；他不根據亞當和夏娃墮落人間時的遭遇發議論。他論事清晰而合邏輯；他的倫理學說對也好錯也好，總是完全可以理解的東西，裡面沒使用任何曖昧含混的概念。除開遠比他見識狹隘的馬基維利，他是講政治理論的第一個眞正近代的著述家。他若有錯處，錯也出於過分簡單化，並不是因爲他的思想基礎不現實、偏空想。爲這個緣故，他仍舊値得一駁。

撇開霍布斯的形而上學或倫理學不去批評，有兩點是他的弱點。第一是他總把國民利益作整體看，不言而喻地假定所有公民的大利害是一致的。馬克思把不同階級之間的衝突說成是社會變革的主要原因，霍布斯並不領會這種衝突的重要性。與此相關的一個假定是，君主的利益和臣民的利益大致相同。在戰時，尤其假若戰事激烈，各方的利益化為一致；但是在和平時期，一個階級的利益與另一階級的利益之間，衝突可能大得很。在這種勢態下，要說避免無政府狀態的上策就是提倡君主的絕對權力，這話絕不盡然。在分享權力方面作某種讓步，也許是防止內戰的唯一途徑。根據當時英國的近期歷史，霍布斯本來早該認清這一點了。

在另外一點上霍布斯宣導的主義也過分狹隘，這點涉及不同國家間的關係問題。在《利維坦》中，除談到國與國的不時帶有間歇期的戰爭和征服以外，隻字未表示國家之間有任何關係。按他的原理講，這種事情是由於不存在國際政府而產生的；因為各國間的關係仍舊處在自然狀態即一切人對一切人戰爭的狀態之下。只要國際無政府狀態一天還存在，各個國家的效率提高絕不見得就對人類有利益，因為這一來也就提高了戰爭的凶暴和破壞性。霍布斯所舉的支持政府的一切理由假如妥當，支持國際政府也是妥當的。只要民族國家還存在，而且彼此打仗，唯有效率低下能保全人類。缺乏防止戰爭的任何手段卻改進各個國家的戰鬥素質，是一條通往全球毀滅的道路。

第九章　笛卡兒

勒內・笛卡兒（René Descartes，西元一五九六——一六五〇年），通常都把他看成是近代哲學的始祖，我認爲這是對的。他是第一個稟有高超哲學能力、在見解方面受新物理學和新天文學深刻影響的人。固然，他也保留了經院哲學中許多東西，但是他並不接受前人奠定的基礎，卻另起爐灶，努力締造一個完整的哲學體系。這是從亞里斯多德以來未曾有的事，是科學的進展帶來的新自信心的標誌。他的著作散發著一股從柏拉圖到當時的任何哲學名家的作品中全找不到的清新氣息。從柏拉圖到笛卡兒之間，所有的哲學家都是教師，沾著這行職業素有的職業優越感。笛卡兒不以教師的身分寫哲學，而以發現者和探究者的姿態執筆，渴望把自己的所得傳達給人。他的文章筆調平易不迂腐，不是供學生們念的，而是給一般生活中明白事理的人看的。並且，這還是一種異常出色的文筆。近代哲學的開拓者有這樣可佩的文學感，對近代哲學來講是很可慶幸的。直到康德以前，在歐洲大陸上和在英國，他的後繼者們都保持他的非職業資格，其中有幾人還保持幾分他的筆風特長。

笛卡兒的父親是布列塔尼地方議會的議員，握有一份還相當可觀的地產。笛卡兒在父親死時繼承了遺產，他把地產賣掉，拿錢來投資，得到一筆每年六千或七千法郎的收入。從西元一六〇四年到一六一二年，他在拉夫賴士的耶穌會學校受教育，這學校給他打下的近代數學根底，比當時在大多數大學裡能夠獲得的根底似乎還強得多。西元一六一二年他到巴黎去，感覺巴黎的社會生活煩膩，於是退避到郊區聖日耳曼的一個隱僻處所，在那裡研究幾何學。然而朋友們刺探出他的蹤跡，他爲了確保更充分的安靜，便在荷蘭軍裡入了伍（西元一六一七年）。由於那時候荷蘭正太平無事，他似乎享受了兩年不受干擾的沉思。不過三十年戰爭一起來，他加入了巴伐利亞軍（西元一六一九年）。就在西元一六一九年到一六二〇年之間的冬天在巴伐利亞，他有了《方法論》（*Discours de la Méthode*）中他所描述的那種體驗。因爲天氣嚴寒，他早晨鑽進一個火爐子①，整天待在裡面潛思；據他自己述說，當他出來的時候，他的哲學已經半成。不過這話我們也不必太拘泥字義去理解。蘇格拉底慣常在雪地裡終日沉思，但是笛卡兒的頭腦只當他身暖時才起作用。

西元一六二一年他結束了戰鬥生活；訪問過義大利之後，西元一六二五年定居巴黎。但是朋友們又偏要在他起身以前拜訪他（不到中午，他很少下床），所以在西元一六二八年他加入了正圍攻餘格諾派要塞拉羅歇爾的軍隊。當這段插曲終了時，他決定在荷蘭居住，大概爲逃避迫害的危險。笛卡兒是個懦弱膽小的人，一個奉行教會儀式的天主教徒，但是他同樣犯了伽利略的那種異端。某些人認爲他耳聞到了對伽利略的第一次（祕密）判罪，那是西元一六一六

---

① 笛卡兒的確說是一個火爐子（poêle），但是大多數評注家認為這是不可能的。然而知道舊式巴伐利亞住宅情況的人確切告訴我說，這事情完全可以相信。

年發生的事。不管是否如此，總之他決心不發表他向來致力寫的一部巨著《宇宙論》（*Le Monde*），理由是它裡面含有兩個異端學說：地球自轉和宇宙無限（這本書從來沒有完整地出版，只有其中若干片段在他死後刊行過）。

他在荷蘭住了二十年（西元一六二九－一六四九年），除開有少數幾次短時到法國和一次到英國訪問不算，那都是爲了事務去的。西元十七世紀時荷蘭是唯一有思想自由的國度，它的重要性不可勝述。霍布斯只好拿他的書在荷蘭刊印；洛克在西元一六八八年前英國最險惡的五年反動時期到荷蘭避難；貝勒（《辭典》作者）也迫於必要在荷蘭居住；斯賓諾莎假若在任何旁的國家，恐怕早不許他從事著述了。

我方才說笛卡兒是懦弱膽小的人，但是說他希望不惹麻煩，好清靜無擾地作研究，這或許還比較溫和近情些。他一貫阿諛教士，尤其奉承耶穌會員，不僅當他受制於這些人的時候如此，移住荷蘭以後也如此。他的心理隱晦莫測，不過我總覺得好像是這樣：他是個虔誠的天主教徒，爲了他也爲教會本身，願意促使教會不像在伽利略的事例中所表現的那樣敵視近代科學。認爲他的正統信仰不過是權宜之計的人也是有的；但是，這固然是一種可能對的看法，我以爲這並不是挺可靠的意見。

即便在荷蘭，他也難免要受到惱人的攻擊，不是羅馬教會攻擊他，而是新教中的頑固人物攻擊他。據說他的意見會導致無神論，倘若沒有法國大使和奧倫治公出面干涉，恐怕他早受到迫害了。這回攻擊既然失敗，不幾年後萊登大學當局又發起另一次不那麼直接的攻擊，它不問褒貶一律禁止提笛卡兒。奧倫治公再一次插手干涉，叫萊登大學休要無知。這說明由於教會從屬於國家，而且由於非國際性的教會力量比較薄弱，給新教國帶來如何的利益。

不幸，笛卡兒透過法國駐斯德哥爾摩大使沙尼雨，和瑞典克麗斯婷娜女王開始了書信往返；克麗斯婷娜是一個熱情而博學的貴婦，自以為她既然是君主，有權浪費偉人的時間。他寄贈她一篇關於愛情的論著，這是直到那時候他向來有些忽視的題目。他還送她一個論靈魂的種種熾情的作品，那是他原來為巴拉丁選侯的女兒伊莉莎白公主寫的。為這兩個作品，女王請求笛卡兒親臨她的宮廷；他最後同意了，於是她派一艘軍艦去接他（西元一六四九年九月）。結果原來是她想要每天聽他講課，但是除在早晨五點鐘以外她又騰不出時間。在斯堪地那維亞地方冬日的寒氣裡，這種不習慣的起早，對一個體質孱弱的人就不是挺妙的事。加上，沙尼雨又害了重病，因此笛卡兒去照料他。這位大使健康復原，但是笛卡兒卻病倒了，西元一六五〇年二月長辭人世。

笛卡兒一直未結婚，但是他有一個私生女兒，五歲死去，他講這是他平生最大的悲傷。他永遠衣冠楚楚，佩掛一柄寶劍。笛卡兒不是勤奮的人，他工作的時間很短，也少讀書。他到荷蘭去的時候，隨身沒攜帶多少書籍，但是在帶去的書裡面有聖經和湯瑪斯・阿奎那的著作。笛卡兒的工作彷彿是在短期間精神非常集中下做出來的；但是，也許他為了維持紳士派業餘哲學家的面貌，假裝比實際上工作得少亦未可知，因為否則他的成就似乎讓人很難相信。

笛卡兒是哲學家、數學家，也是科學家。在哲學和數學上，他的工作重要無比；在科學方面，成績雖然也值得稱道，總不如同時代有些人的好。

他對幾何學的偉大貢獻是發明座標幾何，固然還不完全是最後形式的座標幾何。他使用了解析方法，解析方法是先假定問題已然解決，再審查此假定的種種結論；他並且把代數應用到幾何學上。這兩件事在他以前都曾經有人做過；關於前者，甚至在古代人中間也找得到做過的人。他的首創在於使用座標系，就是用平面上一點到兩條固定直線的距離來確定這點的位置。笛卡兒本人並沒發現這個方法的全部力量，但是他的工作足以爲進一步的發展鋪平道路。這絕非他對數學的唯一貢獻，卻是最重大的貢獻。

他講述了自己的大部分科學理論的書是西元一六四四年出版的《哲學原理》（*Principia philosophiae*）。不過還有一些其他重要書籍：《哲學文集》（*Essais philosophiques*）（西元一六三七年）討論幾何學，也討論光學；在他寫的書裡有一本叫《論胚胎的形成》（*De la formation du foetus*）。他歡迎哈威關於血液循環的發現，一直總希望自己在醫學方面作出什麼重大發現（然而沒有實現）。笛卡兒把人和動物的肉體看成機器；動物在他看來是完全受物理定律支配、缺乏情感和意識的自動機。人則不同：人有靈魂，它蘊藏在松果腺②內。在這裡靈魂與「生命精氣」發生接觸，透過這種接觸，靈魂和肉體之間起相互作用。宇宙中的運動總量有一定，所以靈魂影響不了它，但是靈魂能改變生命精氣的運動方向，因而間接地能夠改變肉體其他各部分的運動方向。

笛卡兒的這部分理論被他的學派中的人廢棄了——起先他的荷蘭門徒格令克斯

---

② 位於腦中間的圓錐形小腺狀體。——譯者

（Geulincx），後來馬勒伯朗士和斯賓諾莎，都把它捨掉。物理學家發現了動量守恆，按動量守恆講，在任何已知方向，全宇宙的運動總量是有一定的。這表示根本不會有笛卡兒所想像的精神對物質的那種作用。假定一切物理作用都帶碰撞性質（笛卡兒學派很普遍地這樣假定），動力學定律足夠確定物質的運動，精神的什麼影響完全沒有插足餘地。可是這引起一個困難。我決意要手臂動時手臂就動，然而我的意志是精神現象，我的手臂動卻是物理現象。那麼，假如精神和物質不能相互作用，爲何我的肉體儼然像我的精神支配著它在活動？對這問題，格令克斯發明了一個答案，通稱「二時鐘」說。假定你有兩個都十分準確的鐘；每當一個鐘的針指整點，另一個鐘就要鳴響報時，因此倘若你眼看著一個鐘，耳聽另一個鐘的響聲，你會以爲這個鐘促使那個鐘打點。精神和肉體也如是。各自由神上緊弦，彼此步調取一致。所以當我起意志作用的時候，儘管我的意志並未實在作用於我的肉體，純物理的定律促使我的手臂運動。

這理論當然有種種困難。第一，它甚是古怪；第二，既然物理事件系列由自然法則嚴格決定，那麼精神事件系列和它平行，必定同樣帶決定論性質。這理論假如確實，就該有一種什麼可能有的辭典，裡面把每個大腦事件翻譯成相應的精神事件。一個想像中的計算者可根據動力學定律計算大腦事件，再藉助這「辭典」推斷伴隨的精神事件。即使沒有「辭典」，這位計算者也可以推斷人的所言所行，因爲這兩項全是肉體的運動。這種見解跟基督教倫理及罪業降罰說恐怕很難取得調和。

不過這些結果並不是立刻就可以明瞭的。此一說看來有兩點高明處。第一是，既然靈魂絕不受肉體的作用，所以這理論使靈魂在某個意義上完全不依附於肉體。第二是，它承認了「一實體對另一實體不能起作用」這個一般原理。實體有精神和物質兩個，它們極不相似，起相互作用似乎是不可想像的事。格令克斯的理論否定相互作用的實在，卻說明相互作用的現象。

在力學方面，笛卡兒承認第一運動定律，照這定律講，物體若不受外力影響，要沿直線等速地運動。但是不存在後來牛頓的萬有引力說裡講的那種超距作用。所謂眞空這種東西根本是沒有的，也沒有什麼原子。然而所有相互作用全帶碰撞性質。假使我們的知識眞夠豐富，我們就可以使化學和生物學化爲力學；胚種發育成動物或植物的過程是純粹機械過程。亞里斯多德講的那三樣靈魂是不必要的；三樣裡只有一樣即理性靈魂存在，而且僅存在於人類。

笛卡兒小心翼翼地躲避著神學上的譴責，發展起來一個宇宙演化論，跟柏拉圖時代以前某些哲學家的宇宙演化論不無相像。他說，我們知道世界是如《創世記》中講的那樣創造出來的，但是且看它本可能如何自然生成，也很有意思。笛卡兒作出一個旋渦形成說：在太陽周圍的實空③裡有巨大的漩渦，帶動著行星回轉。這理論精妙倒精妙，但是不能說明行星軌道何以不是圓形的，而是橢圓的。漩渦說在法國得到了一般承認，逐漸地才被牛頓理論奪去它的地位。牛頓的《原理》最早的英文版的編訂者寇次（Cotes）暢論漩渦說開啓無神論的大門，而牛頓的學說需要有神使行星在不朝太陽的方向上運動起來。他認爲根據這點，就該喜歡牛頓。

現在來講就純哲學而論，笛卡兒的兩本最重要的書。這兩本書是《方法論》（西元

③「實空」（plenum）指完全充滿著某種物質的空間，與「真空」相反。——譯者

一六三七年）和《沉思錄》（*Meditations*）（西元一六四二年）。兩書有很多重複，不必要分開談。

在這兩本書中，笛卡兒開始先說明一向被人稱作「笛卡兒式懷疑」的方法。笛卡兒爲了使他的哲學獲得牢固基礎，決心讓自己懷疑他好歹總能懷疑的一切事物。因爲他預料到這個過程可能需要若干時間，所以他決意在這段期間按普通公認的規矩節制自己的行爲舉止；這樣，他的精神就免得受個人關於實踐方面的懷疑所引起的可能後果的妨害。

笛卡兒從關於各種感覺的懷疑入手。他說，我能不能懷疑我正穿著晨衣坐在這兒爐火旁邊？能，我能懷疑；因爲有時候我實際赤身睡在床上（當時睡衣，甚至睡衫還沒有發明），可是我夢見了我在這裡。並且，精神病人往往有幻覺，所以我也可能處在同樣狀況。

不過夢這東西好像畫家，帶給我們實際事物的寫照，至少按夢的各個組成要素講如此（你可能夢到帶翅的馬，但是那無非因爲你見過翅和馬）。所以說，一般有形性質，包括廣延性、大小和數目之類的東西，不像關於個別事物的信念容易懷疑。算術和幾何學討論的不是個別事物，因此就比物理學和天文學確實；甚至對夢中對象來講也適用，夢裡的對象在數目和廣延性方面與眞實對象沒有區別。然而，即便對於算術和幾何，仍可能懷疑。說不定每當我來數一個正方形的邊數或算二加三的時候，神就叫我出錯。也許，甚至在想像中把這種不仁歸給神，理不該當；但是難保沒有一個既神通廣大又狡猾欺詐的惡魔，用盡它的巧計聰明來矇騙我。假使眞有這樣的惡魔，說不定我所見的一切事物不過是錯覺，惡魔就利用這種錯覺當作陷阱，來騙取我的輕信。

不過總還有某樣事我懷疑不得；假使我當眞不存在，任何惡魔，不管多麼狡猾，也無法欺騙我。我可能不具有內體；這是錯覺也難說。然而思維那就另是一回事。「當我要把一切事物都想成是虛假的時候，這個進行思維的『我』必然非是某種東西不可；我認識到『我思故我在』（I think there fore I am）這條眞理十分牢靠、十分確實，懷疑論者的所有最狂妄的假定都無法把它推翻，於是我斷定我能夠毫不猶疑地承認它是我所探求的哲學中的第一原理。」④

這段文字是笛卡兒的認識論的核心，包含著他的哲學中最重要之點。笛卡兒以後的哲學家大多都注重認識論，其所以如此主要由於笛卡兒。「我思故我在」說得精神比物質確實，而（對我來講）我的精神又比旁人的精神確實。因此，出自笛卡兒的一切哲學全有主觀主義傾向，並且偏向把物質看成是唯有從我們對於精神的所知，通過推理才可以認識（倘若可認識）的東西。歐洲大陸的唯心論與英國的經驗論雙方都存在這兩種傾向；前者以此自鳴得意，後者爲這感到遺憾。最近這些年來，稱作工具主義的那派哲學，一直打算擺脫這種主觀主義，但是關於這點目下我且不談。除工具主義是例外，近代哲學對問題的提法有極多是從笛卡兒接受過來的，只是不接受他的解答罷了。

讀者會記起，聖奧古斯丁提出了一個酷似「cogito」的論點。不過他並不特別側重這論

④上面的「我思故我在」（cogito ergo sum）這個論點通稱笛卡兒的「cogito」（我思），藉以得出這論點的方法叫作「笛卡兒式懷疑」。

點，打算用它來解決的問題也只占他的思想的一小部分。所以笛卡兒的創見應該得到承認，固然這主要還不在於創造這個論點，而在於認識到它的重要意義。

現在既然獲得了堅固的基礎，笛卡兒便興工重建知識大廈。已被證明是存在的那個「我」，是由我思維這件事實推知的，所以當我思維的時候「我」存在，而且只有當我思維時「我」才存在。假若我停止思維，「我」的存在便沒有證據了。「我」是一個作思維的東西⑤，即這樣一種實體：其全部本性或本質在於思維作用，而且爲了它存在並不需要有場所或物質事物。因此，靈魂與肉體全然兩樣，而且比肉體容易認識；縱然沒有肉體，靈魂也會一如現狀。

笛卡兒然後自問：「cogito」這樣明白，是什麼緣故呢？他的結論是，那無非因爲它清晰而判然。所以他採取以下的原理當作一般準則：**凡我們能夠設想得很清晰、很判然的一切事物都是眞的**。不過他也承認，要想知道這種事物究竟是哪些個，往往有困難。

「思維作用」一詞，笛卡兒按極廣的意義來使用它。他說，所謂作思維的東西，就是這種東西：它懷疑、理解、設想、肯定、否定、意欲、想像和感覺——因爲在夢裡起的那種感覺也是思維作用的一種。由於思維是精神的本質，精神必定永遠在思維，即使熟睡時也如此。

笛卡兒現在繼續談我們關於物體的知識這個問題。他以蜂巢裡取出來的一塊蜂蠟作爲實

---

⑤ 笛卡兒所使用的「東西」（英語：thing；法語：chose；拉丁語：res）一詞相當於一般說的「實體」。——譯者

例。各種感官覺得有些事情很明顯：這塊蜂蠟有蜜的味道、花的香氣，有某種感覺得到的顏色、大小、形狀，生硬冰冷，敲一敲發響聲。可是你如果把它放在火近旁，儘管蜂蠟照舊是蜂蠟，這些性質卻發生了變化；可見方才感官所覺得的並不是蜂蠟本身。蜂蠟本身是由廣延性、柔軟性和可動性構成的，這些非想像力所理解，而精神則理解。蜂蠟這件東西本身無法感覺得到，因爲它均等地含蘊在蜂蠟對各種感官顯示的一切現象之中。對蜂蠟的知覺作用「不是看、觸或想像，而是精神的洞觀」。我沒有看見蜂蠟，正如我若看見大街上有帽子和外衣上身，不等於我看見街上有行人。「我純憑位於我的精神中的判斷力，理解我本以爲我用眼睛看見的東西。」感官認識是混雜的，動物一樣也持有；但是現在我剝下了蜂蠟的衣裳，憑精神感知它赤裸的本相。我通過感官看見蜂蠟，由這件事確實斷定我自己存在，但不能斷定蜂蠟存在。認識外界事物不可靠感官，必須憑精神。

由此又轉而考察各類觀念。笛卡兒說，最常見的錯誤就是以爲自己的觀念與外界事物相像（「觀念」這個詞照笛卡兒的用法包括感官知覺）。觀念似乎有三類：(1)生的觀念，(2)非固有的、從外界得來的觀念，(3)自己創造的觀念。第二類觀念我們當然假定它與外界對象相像。所以要假定這點，一部分因爲「自然」教導我們如此想，一部分因爲這種觀念是不涉及意志（即通過感覺作用）而來的，因此，設想有某個外在事物把它的影像印在我心上，似乎也合理。但這兩點是充分理由嗎？在這個情況，我說「受自然的教導」，意思無非是說我有相信它的某種傾向，並不是說我藉自然之光看到這點。藉自然之光所看到的無法否定，但是單單是傾向，那也可能傾向於錯的事情。至於說感官觀念不隨意，這根本不成理由，因爲夢雖然出於內部，卻也不隨意。可見，假定感官觀念來自外界的理由不能令人信服。

況且，同是一個外界對象，往往有兩種不同的觀念，例如：感官所覺得的太陽和天文學家所相信的太陽。這兩種觀念不會都像太陽，根據理性知道，直接來自經驗的那個觀念，在兩者當中一定是和太陽比較不像的。

但是這種種理由並未解決對外界存在質疑的懷疑論調。唯有首先證明神存在，才能夠做到這一步。

笛卡兒對神存在的一些證明並不怎麼獨出心裁，大體說都是從經院哲學來的。這些證明萊布尼茲敘述得比較好，所以我想先略去不談，等講到萊布尼茲的時候再討論。

神的存在既然證明之後，其餘的事情便暢行無阻了。因爲神性善，祂不會像笛卡兒爲當作懷疑的理由而想像的那個好欺詐的惡魔一般作爲。那麼，既然神給了我如此強烈的心向相信物體存在，假使物體並不存在，祂豈不欺哄人；所以物體存在。不僅如此，神必定還給予了我糾正錯誤的能力。我在應用「清晰、判然的就是眞的」這條原理時運用這種能力。因此我便能夠懂得數學；我如果記住，我必須單憑精神去認識關於物體的眞理，不應當精神、肉體連用，我又能夠懂得物理學。

笛卡兒的認識論的建設性部分遠不如在前的破壞性部分有味。建設性部分利用了如「結果絕不能比其原因多具備完善性」之類各色各樣的經院哲學準則，這種東西不知怎麼回事會逃過了起初的批判性考察。儘管這些準則比人自己的存在確實少帶自明性，卻沒舉任何理由就承認了，而自身的存在倒大吹大擂地證明了一陣。柏拉圖、聖奧古斯丁和聖托馬斯的著作含有《沉思錄》中大部分肯定性的東西。

「批判的懷疑」方法在哲學上非常重要，儘管笛卡兒本人只是三心二意地應用這方法的。按邏輯講，顯然懷疑要在某處止住，這方法才能夠產生積極結果。假若邏輯知識和經驗知識雙方都得有，就必須有兩種懷疑止點：無疑問的事實和無疑問的推理原則。笛卡兒的無疑問的事實是他自己的思維，按最廣的意義使用「思維」這個詞。「我思」是他的原始前提。這裡「我」字其實於理不通；他該把原始前提敘述成「思維是有的」這個形式才對。「我」字在語法上雖然便當，但是它表述的不是已知事項。等他再往下講「我是一個作思維的東西」，這時他已經在漫無批判地應用經院哲學傳下來的範疇工具。他在什麼地方也沒證明思維需要有思維者，而且除按語法上的意義來講，並沒有理由相信這點。可是，不把外界對象而把思維看成是原始的經驗確實項，這一決斷非常重要，對後來的一切哲學有深刻影響。

笛卡兒的哲學在另外兩點上也重要。第一，它完成了，或者說極近乎完成了由柏拉圖開端而主要因爲宗教上的理由經基督教哲學發展起來的精神、物質二元論。松果腺裡的那種奇妙事務被笛卡兒的信徒們拋棄了，且不去管它；笛卡兒體系提出來精神界和物質界兩個平行而彼此獨立的世界，研究其中之一能夠不牽涉另一個。精神不推動肉體，這是個新穎想法；按明白形式說出於格令克斯，但是潛在上出於笛卡兒。有了這想法便能夠講肉體不推動精神，此其一利。關於肉體感到渴的時候爲什麼精神覺得「難過」，《沉思錄》中有不少議論。笛卡兒主義的正確解答是：肉體和精神好似兩個鐘，每當一個鐘指示出「渴」，另一個鐘指示出「難過」。然而從宗教觀點看，這理論有一個嚴重的不利；這就轉入上面我提及的笛卡兒哲學的第二特徵。

笛卡兒哲學在關於物質界的全部理論上，是嚴格的決定論。活的有機體完全和死物一樣受物理定律支配；不再像亞里斯多德哲學，需要有「隱德來希」（entelechy）或靈魂來解釋有機體的生長和動物的運動。笛卡兒本人只承認了一個小小例外：人的靈魂通過意志作用，雖然不能改變生命精氣的運動量，能夠改變它的運動方向。不過這一點違反他的體系的精神，也證實和力學定律牴觸，因此被人拋棄了。結果是，物質的一切運動由物理定律決定，又由於平行關係，精神事件也必是同樣有定的。這一來，笛卡兒派關於自由意志問題就感到棘手。而對笛卡兒的科學比對他的認識論更注意的人，不難把動物是自動機之說加以推廣：何不對於人也一樣講法，將這個體系作成首尾一貫的唯物論，簡化這體系？在西元十八世紀，實際走了這一步。

笛卡兒身上有著一種動搖不決的兩面性：一面是他從當時代的科學學來的東西，另一面是拉夫賴士學校傳授給他的經院哲學。這種兩面性讓他陷入自相矛盾，但是也使他富於豐碩的思想，非任何完全邏輯的哲學家所能及。自圓其說也許會讓他僅僅成爲一派新經院哲學的創始者，然而自相矛盾，倒把他造就成兩個重要而背馳的哲學流派的源泉。

第十章　斯賓諾莎

斯賓諾莎（Spinoza，西元一六三二—一六七七年）是偉大哲學家當中人格最高尚、性情最溫厚可親的。按才智講，有些人超越了他，但是在道德方面，他是至高無上的。因此，他在生前和死後一個世紀以內，被看成是壞得可怕的人，這是當然的後果。他生來是個猶太人，但是猶太人把他驅逐出教。基督教徒對他同樣恨之入骨；儘管他的全部哲學貫徹著「神」這個觀念，正統信徒仍舊斥責他講無神論。萊布尼茲受到他很多益處，卻對這一點諱莫如深，小心避免說一句稱頌斯賓諾莎的話；關於他跟這位異端猶太人私交的深淺，他甚而竟至於扯謊。

斯賓諾莎的生平很單純。他一家是原先為逃避異端審判所，從西班牙（也許從葡萄牙）到荷蘭去的。他本身受了猶太教學問的教育，但是覺得正統信仰再無法守下去。有人願每年給他一千弗羅林，求他隱匿仕自己的懷疑；等他一回絕，又圖謀殺害他；謀殺失敗了，這時候斯賓諾莎便被人用《申命記》中的樣樣詛咒咒罵個遍，更用以利沙對小孩們發的詛咒咒罵[1]；那些小孩子結果被母熊撕裂了，可是並沒有母熊侵襲斯賓諾莎。他先在阿姆斯特丹，後來在海牙過

---

① 見《舊約．列王記下》第二章，第二十三—二十四節。——譯者

著平靜的日子，靠磨鏡片維持生活。他的物質欲望簡單而不多，一生當中對金錢表現出一種稀有的淡漠。少數認得他的人，縱或不贊成他的信念，也都愛戴他。荷蘭政府素常有自由主義精神，對他關於神學問題的意見抱寬容態度；只不過有一度他因爲站在德威特家②方面反對奧倫治公族，在政治上聲譽不佳。他在四十四歲③的壯年因爲肺結核死去。

他的主要著作《倫理學》（*Ethics*）是死後出版的。未討論這書以前，必須先就他的其他兩部作品——《神學政治論》（*Tractatus Theologico-Politicus*）和《政治論》（*Tractatus Politicus*）略說幾句。前書是聖經批評與政治理論的一個奇妙融會；後一本書只講政治理論。在聖經批評方面，特別在給《舊約》各卷所定的寫定時期比傳統說法定的時期遠爲靠後這一點上，斯賓諾莎開了一部分現代意見的先河。他始終努力想證明聖經能夠解釋得和有寬宏開明精神的神學相容。

儘管斯賓諾莎與霍布斯兩人在氣質方面有天地般的懸殊，斯賓諾莎的政治學說大致講和霍布斯一脈相承。他認爲在自然狀態下無「是」也無「非」，因爲所謂「非」便是說違反法律。他認爲主權者無過；教會應當完全從屬於國家，在這點上他跟霍布斯意見一致。斯賓諾莎反對

---

② 嚴．德威特（Jan de Witt，西元一六二五—一六七二年）：荷蘭著名政治家，與斯賓諾莎交好。——譯者

③ 斯賓諾莎的生卒日期為西元一六三二，一一，二四—一六七七，二，二一，死時四十四歲已過，原書誤作四十三歲。——譯者

一切叛亂，哪怕是反抗壞政府的叛亂也罷；他舉出英國的種種苦難爲例，當作暴力抗擊威權而產生的弊害的證據。但是他把民主制看成是「最自然的」政體，這與霍布斯的意見相左。斯賓諾莎還有一個地方與霍布斯有分歧：他認爲臣民不應當爲主權者犧牲所有權利。特別是，他認爲意見上的自由很要緊。我不十分懂得，他把這點與宗教問題應由國家裁決這個意見怎樣調和起來。依我想，他講應由國家裁決，意思是說宗教問題不應當由教會決斷，該由國家決斷；在荷蘭，國家比教會寬容得多。

斯賓諾莎的《倫理學》討論三個不同主題。它先從形而上學講起，再轉論各種熾情和意志的心理學，最後闡述 種以前面的形而上學和心理學作基礎的倫理觀。形而上學是笛卡兒哲學的變體，心理學也帶霍布斯遺風，但是倫理觀獨創一格，是書中最有價值的地方，斯賓諾莎對笛卡兒的關係，和普羅提諾對柏拉圖的關係在某些點上頗相似。笛卡兒是一個多方面的人，滿懷求知的好奇心，但是沒有很大的道德熱忱。他雖然創造了一些企圖支持正統信仰的「證明」，但是正好像卡爾內亞德利用柏拉圖，他也未嘗不可被懷疑論者利用。斯賓諾莎固然不乏對科學的興趣，甚至還寫過一個關於虹的論著，但是他主要關心宗教和道德問題。他從笛卡兒及其同時代一些人接受了一套唯物主義的和決定論的物理學，在這個框架以內，努力給虔誠心念和獻身於「善」的生活找一席之地。這眞是件宏偉的壯舉，甚至在認爲它沒有成功的人們中間也引起欽佩。

斯賓諾莎的形而上學體系是巴門尼德所創始的那樣類型的體系。實體只有一個，就是「神即自然」；任何有限事物不獨立自存。笛卡兒承認有神、精神和物質三個實體；固然，甚至依他講，神在某個意義上也比精神和物質更稱得起實體；因爲神是創造精神和物質的，要想毀滅它們就能把它們毀滅。但是除開對神的全能的關係之外，精神和物質是兩個獨立實體，分別由思維和廣延性這兩種屬性限定。斯賓諾莎絕不同意這種看法。在他看來，思維和廣延性全是神的屬性。神還具有無限個其他屬性，因爲神必定處處都是無限的；然而這些旁的屬性我們不明了。個別靈魂和單塊物質在斯賓諾莎看來是形容詞性的東西；這些並非實在，不過是「神在」④的一些相。基督教徒信仰的那種個人永生絕無其事，只能夠有愈來愈與神合一這種意義的非個人永生。有限事物由其物理上，或邏輯上的境界限定，換句話說，由它非某某東西限定：「一切確定皆否定。」完全肯定性的「存在者」（神）只能有一個，它必定絕對無限。於是斯賓諾莎便進入了十足不沖淡的泛神論。

按斯賓諾莎的意見，一切事物都受著一種絕對的邏輯必然性支配。在精神領域中既沒有所謂自由意志，在物質界也沒有什麼偶然。凡發生的事俱是神的不可思議的本性的顯現，所以各種事件照邏輯講就不可能異於現實狀況。這說法在罪惡問題上惹起一些困難，讓批評者們毫不遲疑地指點出來。有一位批評者說，按照斯賓諾莎講，萬事皆由神定，因而全是善的，那麼，

④ 原文「the divine Being」，照字面譯是「神性的存在者」，即神；現參酌中文裡的「敬神如在」這句舊話，簡譯「神在」，一方面保存原文的字面意義，另一方面可以和前面的「實在」對應。英文中「Being」（存在者）一字，開頭字母若大寫，即指神，故在下面的「存在者」之後，用括弧加添一「神」字。——譯者

他憤憤地問，尼祿竟然殺死母親，這難道也善嗎？莫非說亞當吃了蘋果也叫善？斯賓諾莎回答，這兩件行爲裡肯定性的地方是善的，只有否定性的地方惡；可是只有從有限創造物的眼光來看，才存在所謂否定。唯獨神完全實在，在神講，沒有否定；因此我們覺得是罪的事，當作整體的部分去看它，其中的惡並不存在。這個學說固然大多數神祕論者曾經以各種不同形式主張過，很明顯和正統教義的罪業降罰說無法取得調和。它和斯賓諾莎完全否認自由意志有密切關聯。斯賓諾莎儘管絲毫不愛爭論，但是他秉性誠實，自己的意見無論當時代的人覺得多麼荒謬駭人，他也不隱諱，所以他的學說受人憎恨原是不足怪的。

《倫理學》這本書裡的講法仿照幾何學的體例，有定義、有公理、有定理；公理後面的一切都認爲由演繹論證作了嚴格的證明。因此他的這本書也就難讀了。現代一個做學問的人，不能設想他聲稱要確立的那些東西會有嚴格「證明」，對證明的細節勢必感覺不耐煩，事實上這種細節也不值得掌握。讀一讀各命題的敘述，再研究一下評注就夠了，評注中含有《倫理學》的不少精粹。但是假若怪斯賓諾莎用幾何方法，那也表明缺乏認識。主張一切事情全可能證明，這是斯賓諾莎哲學體系的精髓命脈，不僅在形而上學上如此，在倫理學上也一樣；所以證明萬不可不提。我們不能接受他的方法，那是因爲我們無法接受他的形而上學。我們不能相信宇宙各部分的相互連繫是邏輯的連繫，因爲我們認爲科學法則要靠觀察來發現，僅靠推理是不成的。但在斯賓諾莎講，幾何方法非用不可，而且和他的學說中最根本的部分是血肉相連的。

現在來講斯賓諾莎的情感理論。這一部分放在關於精神的本性與起源的形而上學討論後面，這個討論到後來推出「人的精神對神的永恆無限的本質有適當認識」這個可驚的命題。但是《倫理學》第三卷中講的那種種熾情惑亂了我們的心，蒙蔽住我們對整體的理智識見。據他講，「各物只要它是自在的，都努力保持自己的存在。」因此起了愛、憎和紛爭。第三卷裡講述的心理學完全是利己主義的心理學。「凡設想自己的憎惡對象遭毀壞者，會感覺愉快。」「我們若設想有誰享受某物，而此物僅只一人能夠占有，我們會努力使這人不能獲有此物。」但是就在這一卷中，也有些時候斯賓諾莎拋掉數學論證化的犬儒態度外貌，道出這樣的話：「憎受到憎回報則增強，但反之能夠被愛打消。」按斯賓諾莎的意見，「自我保全」是各種熾情的根本動機；但是我們自身當中的實在、肯定性的東西，乃是把我們與整體統合起來的東西，並不是保全外表分離狀態的東西，我們一體會到這一點，自我保全就改變性質。

《倫理學》最末兩卷分別題爲〈論人的奴役或情感的力量〉和〈論理智的力量或人的自由〉，最有趣味。我們所遭的事在多大程度上由外界原因決定，我們相應地受到多大程度的奴役；我們有幾分自決，便有幾分自由。斯賓諾莎和蘇格拉底、柏拉圖一樣，相信一切不正當行爲起因於知識上的錯誤：適當認識個人環境的人，他的行動作風就英明得當，遇到對旁人來說算是不幸的事，他甚至仍會快樂。斯賓諾莎不講忘我無私；他認爲在某個意義上「自利」，特別說「自我保全」，主宰著人的一切行爲。「任何一種德性，我們不能設想它先於這種保持自己存在的努力。」但是賢達的人會選擇什麼當作自利的目標，他的想法與一般利己主義者的想法是不同的：「精神的最高的善是關於神的知識，精神的最高德性是認識神。」情感若是由不適當的觀念產生的，叫「熾情」；不同人的熾情可能衝突，但是遵從理性過生活的人們會協和共處。快樂本身是善的，但是希望和恐懼是惡的，謙卑和懊悔也是惡的：「凡追悔某個行爲者，雙重地悲慘或軟弱。」斯賓諾莎把時間看成非實在的東西，所以他認爲與已成過去或尚未到來的事件有著本質關聯的一切情感都違反理性。「只要精神在理性的指示下理解事物，無論那觀念是現在事物、過去事物或未來事物的觀念，精神有同等感動。」

這是一句嚴酷的話，卻正是斯賓諾莎哲學體系的本質所在，宜暫且細講一講。按照一般人的意見，「結局好的全叫好」；宇宙假如漸漸轉佳，我們認爲強似逐步惡化，即便這兩種情況中的善惡總和相等。我們對現時的災禍比對成吉思汗時代的災禍更加關心。依斯賓諾莎說這不合理。凡發生的事情任何一件，正如同神所看到的，是永恆的超時間世界的一部分；對神來講，年月日期毫無關係。賢達者在人類的有限性容許的限度以內，努力照神的看法，sub specie Äternitatis（在永恆的相下）看世界。你也許要反駁說，我們對未來的不幸比對過去的災禍多關心，這樣做肯定是不錯的，因爲未來的不幸或許還有可能避免，而過去的災禍，我們已無能爲力。對這套道理，斯賓諾莎的決定論給出回答。我們皆因無知，才以爲我們能夠改變未來；要發生的事總要發生，未來像過去一樣定不可移。「希望」和「恐懼」所以受譴責，正爲這個理由：二者都依靠把未來看得不確實，所以都是因爲缺乏智慧而產生的。

我們如果盡個人的能力所及，得到與神的世界像類似的世界象，這時我們便把一切事物當成整體的部分、當成對整體的善來講不可缺少，這樣來看。所以說「關於惡的知識是不適當的知識」。神沒有關於惡的知識，原因是無惡可知；只由於把宇宙各部分看得好像眞獨立自存，結果才生出惡的假象。

斯賓諾莎的世界觀意在把人從恐懼的壓制下解放出來。「自由人最少想到死；所以他的智慧不是關於死的默念而是關於生的沉思。」斯賓諾莎的為人極澈底實踐這句箴言。他在生活的最末一天，完全保持鎮靜，不像〈斐多〉篇裡寫的蘇格拉底那樣情緒激昂，卻如同在任何旁的日子，照常敘談他的對談者感興趣的問題。斯賓諾莎和其他一些哲學家不同，他不僅相信自己的學說，也實踐他的學說；我沒聽說他有哪一次，儘管遇上非常惹人生氣的事，曾陷入自己的倫理觀所譴責的那種激憤和惱怒裡。在與人爭論當中，他謙和明理，絕不進行非難，但是竭盡全力來說服對方。

我們所遭遇的事只要是由我們自身產生的，就是善的；只有從外界來的事，對我們講才惡。「因為一切事情凡其致效因是人的，必然是善的，所以除非通過外界原因，否則惡不能降臨於人。」所以很明顯，宇宙整體遭不到任何惡事，因為它不受外界原因的作用。「我們是萬有自然的一部分，所以我們遵從自然的理法。如果我們對這點有清晰、判然的理解，我們的本性中由理智限定的那一部分，換句話說即我們自身當中較良好的部分，必定會默受臨頭的事，並且努力堅守此種默受。」人只要不由本願地是大整體的一部分，就受著奴役；但是只要人藉理解力把握了整體的唯一實在，人即自由。《倫理學》的最末一卷發揮這個學說的種種內在含義。

斯賓諾莎並不像斯多噶派，反對所有的情感；他只反對「熾情」這種情感，也就是讓我們自己顯得在外界力量之下處於被動狀態的那些情感。「某個情感是熾情，我們對它一形成清晰、判然的觀念，就不再是熾情。」理解一切事物都是必然的，這可以幫助精神得到控制情感的力量。「凡清晰、判然地理解自己和自己的情感者，愛神；愈理解自己和自己的情感，愈愛神。」由這個命題，我們初次接觸到「對神的理智愛」，所謂智慧便是這種愛。對神的理智愛是思維與情感的合一：我認爲不妨說，就是眞思維結合把握眞理時的歡悅。眞思維中的一切歡悅都是對神的理智愛的一部分，因爲它絲毫不含否定的東西，所以眞正是整體的一部分，不像那種在思維中彼此分離以致顯得惡的片段事物，僅在外表上是整體的一部分。

我方才說對神的理智愛包含歡悅，但這也許是個誤解，因爲斯賓諾莎說神不爲快樂或痛苦任何情感所動，而且又說「精神對神的理智愛即神對自己的無限愛的一部分」。可是我仍舊覺得「理智愛」中總有某種東西不純然是理智；也許其中的歡悅被看成是什麼比快樂高超的事情。

據他說，「對神的愛必定占精神的首要地位。」到此爲止，我把斯賓諾莎的證明都略去了，但這一來對他的思想我描述得就不夠完整。因爲上述命題的證明很短，我現在全部照引下來；讀者然後可以想像著對其他命題補出證明。上述命題的證明如下：

「因爲這種愛（據卷五，命題十四）與身體的一切感觸相連繫，並且（據卷五，命題十五）受所有這些感觸培養；所以（據卷五，命題十一）它必定占精神的首要地位。Q. E. D.⑤」

---

⑤ Q. E. D.是拉丁文「quod erat demonstrandum」（此即所欲證）三詞的縮寫，是幾何證明中習慣用的符號。——譯者

在以上的證明中提到的幾個命題：卷五，命題十四說：「精神能使得身體的一切感觸或事物的意象和神的觀念相關聯」；卷五，命題十五前面徵引過了，即「凡清晰、判然地理解自己和自己的情感者，愛神；愈理解自己和自己的情感，愈愛神」；卷五，命題十一說：「意象所關聯的對象愈多，它就愈頻繁出現，或愈經常活現，並且愈多占據精神。」

上面引的「證明」或不妨這樣來講：對我們所遭遇的事每增加一分理解，都在乎把事件和神的觀念關聯起來，因爲實際上一切事物都是神的一部分。把一切事物當作神的一部分這樣理解，就是對神的愛。等到所有的對象和神關聯起來，神的觀念便充分占據精神。

可見「對神的愛必定占精神的首要地位」這句話，從根本講並不是一句道德上的勸善話；這話說明隨著我們獲得理解，不可避免地定要發生的事。

據他講，誰也不會憎惡神，但在另一方面，「愛神者不會努力讓神回愛他。」歌德對斯賓諾莎甚至還談不上開始了解就崇仰斯賓諾莎，他把這個命題當成是克己自制的一例。這命題絕非什麼克己自制，乃是斯賓諾莎的形而上學的邏輯結論。他沒說人不應當希求神愛他；他說愛神的人不會希求神愛他。這從證明來看很明白；證明說：「因爲假令有人這樣努力，那麼（據卷五，命題十七，系理）就是說此人欲他所愛的神不是神，因此（據卷三，命題十九）即是說他欲感受痛苦，（據卷三，命題二十八）這不合道理。」卷五，命題十七是已經提過的那個命題，它說神沒有熾情、快樂或痛苦；上面引的系理推斷神對誰也不愛、也不憎。在這裡，其中的含義又不是道德教訓，而是邏輯必然性：誰愛神又希圖神愛他，他就是希圖感受痛苦，「這不合道理」。

神不會愛任何人這句話，不可當成與神用無限理智愛愛自己這話有矛盾。神可以愛自己，因爲這件事辦得到，不涉及錯誤信念；再說，無論如何，理智愛究竟是極特殊的一種愛。

講到這裡，斯賓諾沙告訴我們，他現在給我們指出了「矯治各種情感的全部方劑」。主方劑是關於情感的本性及情感和外界原因的關係的清晰、判然的觀念。對神的愛和對人的愛相比，更有一利：「精神上的不健康與不幸，一般能夠追溯到過分地愛某種難免多起變化的東西。」但是清晰、判然的知識「產生對永恆不變的事物的愛」，這種愛不帶有對變化無常的對象的愛所具有的這種激盪煩擾的性質。

固然死後人格殘存這事情是妄念，但人的精神中仍舊有某種東西永恆不滅。精神只有當肉體存在時才能夠想像什麼、記憶什麼，但是在神內有一個觀念將這個或那個人體的本質在永恆的形式下表現出來，這觀念便是精神的永恆部分。對神的理智愛被個人體驗到時，它就含在精神的這個永恆部分中。

福祉由對神的理智愛而成，它並不是對德性的報償，而是德性本身；不因爲我們克制情慾，所以我們享有福祉，倒因爲我們享有福祉，我們才克制住情慾。

《倫理學》用這些話結尾：

「賢達者，只要他被認爲是賢達者，其靈魂絕少擾動，他卻按照某種永恆的必然性知自身、知神、知物，絕不停止存在，而永遠保持靈魂的眞正恬然自足。我所指出的達成這種結果的道路，即使看起來萬分艱難，然而總是可以發現的道路。既然這條道路很少爲人找到，它確實艱難無疑。假若拯救之事近在手邊，不費許多勞力可以求得，如何會幾乎被所有人等閒忽略？不過一切高貴的事都是既稀有同樣也是艱難的。」

給斯賓諾莎這位哲學家的地位作批評的估價，必須把他的倫理學和他的形而上學區分開，研究一下摒棄了後者，前者還有多少東西可以保存下來。

斯賓諾莎的形而上學是所謂「邏輯一元論」的最好實例；「邏輯一元論」即主張宇宙整體是單一實體，它的任何部分按邏輯講不能獨自存在，這樣一種理論。此種見解最後依據的信念是，一切命題有一個單獨的主語和一個單獨的謂語，由這我們得出結論：「關係」和「複多」必定是架空不實在的。斯賓諾莎以爲宇宙和人生的本質能夠從一些不證自明的公理照邏輯演繹出來；我們對待事情也該像對待二加二等於四這個事實一樣，抱承受默認的態度，因爲它們同樣都是邏輯必然性的結果。這套形而上學全部信不得；它和現代邏輯與科學方法根本牴觸。事實必須靠觀察來發現，憑推理是不行的。如果我們推斷未來推斷得成功，作這推斷時藉助的原理並不是邏輯必然的原理，而是經驗資料顯示出來的原理。而且斯賓諾莎所依據的實體概念是今天無論科學和哲學都不能接受的概念。

但是談到斯賓諾莎的倫理學，我們覺得，或至少在我覺得，即便摒棄了形而上學基礎，有些東西還是可以接受的，固然並非全部可以接受。大致講，斯賓諾莎企圖說明，即使承認了人類能力的限度，怎樣還可能過崇高的生活。他本人因爲主張必然論，把這種限度說得比實際上更狹窄；但是在毫無疑問存在人力限度的情況下，斯賓諾莎的處世箴言大概是最好不過的了。譬如拿「死」來說，凡是人辦得到的事情沒有一件會使人長生不死，所以爲我們必不免一死而恐懼、而悲嘆，在這上面耗費時間徒勞無益。讓死的恐懼纏住心，是一種奴役；斯賓諾莎說得對，「自由人最少想到死」。但是甚至在這事情上，該如此對待的不過是就一般講的死；由於個別病症而致的死亡，在可能範圍內應當進行醫療防止才是。就是在這個情況下，應避免的仍是某種焦慮或恐懼；必須冷靜地採取各種必要手段，而我們的心思這時候應當盡可能轉到旁的事情上去。其他一切純粹個人的不幸都適用同樣道理。

但是你所愛的人們遭的不幸又當如何對待呢？試想一想歐洲或中國的居民在現時期⑥往往會遇到的一些事。假定你是猶太人，你的家族被屠殺了。假定你是個反納粹的地下工作者，因爲抓不著你，你的妻子被槍斃了。假定你的丈夫爲了某種純屬虛構的罪，被解送到北極地方強迫勞動，在殘酷虐待和飢餓下死掉了。假定你的女兒被敵兵強姦過後又弄死了。在這種情況下，你也應該保持哲學的平靜嗎？

如果你信奉基督的教訓，你會說：「父啊！赦免他們，因爲他們所做的他們不曉得。」⑦我曾經認識一些教友派信徒，他們眞可能深切、由衷地講出這樣的話，因爲他們講得出來，我對他們很欽佩。但是，人在表示欽佩之前必須確實知道，這不幸是如理所當然地深深被感受到了。斯多噶派哲學家當中有些人說：「哪怕我一家人受罪，對我有什麼關係？我照舊能夠道德

---

⑥ 本書是在第二次世界大戰期間寫的。——譯者

⑦ 這是耶穌被釘死在十字架上臨前說的話。見《新約·路加福音》，第二十三章，三十四節。——譯者

高尚」，這種人的態度大家無法接受。基督教的道德信條「要愛你們的敵人」[8]是好的，但是斯多噶派的道德信條「莫關心你的朋友」卻是壞的。而且基督教道德信條諄諄教誨的並不是平靜，而是甚至對最惡的人有熱烈的愛。這信條無可反對，只不過對我們大多數人來講太難，眞心實踐不了。

對這種災殃的原始的反應是復仇。麥可達夫聽說他的妻子兒女被馬克白殺了，當時他決心要殺死這個暴君。[9]傷害如果很嚴重，而且是在利害不相干者當中引起道德憎憤的一種傷害，在這個情況下復仇反應仍然受大多數人的讚美。這種反應我們也無法完全非難，因爲它是產生懲罰的一個動力，而懲罰有時候是必要的。況且，從精神健康的角度來看，復仇衝動往往十分強烈，假若不給它發洩出路，一個人的整個人生觀可能會變得畸形而多少有些偏狂。這話雖不是放之四海而皆準的，但是在多數情況下是確實的。然而在另一方面，我們也必須說復仇心是很危險的動機。社會只要認可復仇心，就等於允許人在自己的訟案中自當法官，這正是法律打算防止的事情。而且復仇心通常又是一種過火的動機；它追求超出適當分寸施加懲罰。例如：虐傷罪本不該用虐傷來懲罰，但是因復仇欲而發瘋的人，會認爲讓自己所恨的對象無痛苦地死去，未免太便宜了他。不僅如此，在這點上斯賓諾莎正說得對：受一個單獨的熾情主宰的生活

⑧ 見《新約．馬太福音》，第六章，四十四節。——譯者

⑨ 暴君馬克白和麥可達夫是莎士比亞的著名悲劇《馬克白》（*Macbeth*）中的兩個主要人物。——譯者

是與一切種類的智慧皆難相容的狹隘生活。所以說這種復仇並不是對傷害的最好反應。

斯賓諾莎會說出基督徒所說的話，還會說出超乎這以外的一些話。在他看來，一切罪惡起因於無知；他會「赦免他們，因爲他們所做的他們不曉得」。但是他會要你避開他所認爲的罪惡本源——眼界狹隘，他會勸你即使遇到頂大的不幸，也要避免把自己關閉在個人悲傷的天地裡；他會要你把罪惡和它的原因關聯起來，當作整個自然大法的一部分來看，藉以理解這罪惡。前面說過，他相信「憎」能夠被「愛」克服，他說：「憎受到憎回報則增強，但反之能夠被愛打消。爲愛所澈底戰勝的憎，轉化成愛；這種愛於是比先前假使沒有憎還大。」我但願眞能夠相信這說法，可是我做不到；不過，心懷憎恨的人若完全在不肯以憎恨相還的那人掌握之下，這種例外情況不算。在這種情況下，因未受懲報而感到的驚訝可能還有勸善規過的效力。但是只要惡人有勢力，你對他盡情表白不恨他也無大用，因爲他會把你的話歸到不良動機上。再說憑不抵抗主義，你又不能剝奪他的勢力。

問題在斯賓諾莎，就比在對宇宙的終極善性不抱信仰的人容易處理。斯賓諾莎認爲，你如果把你的災難照它的實質來看，作爲那上起自時間的開端，下止於時間盡頭的因緣環鍊一部分來看，就知道這災難不過是對你的災難，並非對宇宙的災難，對宇宙講，僅是加強最後和聲的暫時不諧音而已。這說法我不能接受；我以爲個別事件是什麼就是什麼，不因爲納入整體而變得不同。各個殘酷行爲永久是宇宙的一部分；後來發生的任何事絕不能使這行爲變惡爲善，也不能把「完善性」賦予包含著它的那個整體。

話雖如此，假若你合該不得不忍受比人的通常命運壞（或在你看來壞）的什麼事，斯賓諾莎講的想整體，或總之去想比你個人的悲痛更遠大的事情，這樣一條做人原則仍舊是有用的原則。甚至也有些時候，我們細想人類的生活連同其中含有的全部禍害和苦難，不過是宇宙生活裡的滄海一粟，讓人感到安慰。這種思想可能還不足構成宗教信仰，但是在這痛苦的世界上，倒是促使人神志清醒的一個助力，是救治完全絕望下的麻木不仁的解毒劑。

第十一章　萊布尼茲

萊布尼茲（Leibniz，西元一六四六—一七一六年）是一個千古絕倫的大智者，但是按他這個人來講卻不值得敬佩。的確，在一名未來的雇員的推薦書裡大家希望提到的優良品質，他樣樣具備：他勤勉、儉樸、有節制，在財務上誠實。但是他完全欠缺在斯賓諾莎身上表現得很顯著的那些崇高的哲學品德。他的最精湛的思想並不是會給他博來聲望的一種思想，那麼他就把這類思想的記載束之高閣不發表。他所發表的都是蓄意要討王公後妃們嘉賞的東西。結果，便有了兩個可以認爲代表萊布尼茲的哲學體系：他公開宣揚的一個體系講樂觀、守正統、玄虛離奇而又淺薄；另一個體系是相當晚近的編訂者們從他的手稿中慢慢發掘出來的，這個體系內容深奧，條理一貫，富於斯賓諾莎風格，並且有驚人的邏輯性。杜撰所謂現世界即一切可能有的世界當中最善的世界這一說的，是流俗的萊布尼茲（F. H. 布萊德雷給這說法加上一句譏誚的案語：「因此這世界中的一切事情都是註定的惡事」）；伏爾泰勾畫成邦格樂思博士①的嘴臉來嘲弄的，也是這個萊布尼茲。忽略這個萊布尼茲，可說不合歷史事實，但是另一個萊布尼

---

① 邦格樂思博士（Doctor Pangloss）是伏爾泰所作的《老實人》（*Candide*）中的人物。——譯者

茲在哲學上重要得多。

萊布尼茲在三十年戰爭結束前兩年生於萊比錫，他的父親在當地做道德哲學教授。在大學裡他學法律，西元一六六六年在阿爾特道夫大學獲得博士學位；這大學提出給他一個教授職，他說他另有「很不同的打算」，拒絕了這個位置。西元一六六七年他到美因茲大主教手下工作，這大主教也像旁的西德意志君主，正爲對路易十四的恐懼所苦。萊布尼茲得到大主教的贊同，竭力去遊說這位法國國王進軍埃及，不攻德意志，但是碰上一句彬彬有禮的話提醒他：自從聖路易②時代以來，對異教徒的聖戰已經過時。他的計畫公眾一直不知曉，等到拿破崙親自遠征埃及失敗，過四年後即西元一八〇三年占領漢諾威時，才發現了這計畫。西元一六七二年，萊布尼茲爲這項計畫的關係到巴黎去，在那裡度過此後四年的大部分時間。他在巴黎的種種接觸，對於他的才智發展非常重要，因爲那時候的巴黎在哲學和數學兩方面都冠絕世界。正是在巴黎，西元一六七五年到一六七六年之間他發明了無窮小演算法③，當時他並不知道牛頓關於同一問題的在前但未發表的成績。萊布尼茲的著作最早發表在西元一六八四年，牛頓的在

② 聖路易（St · Louis）即路易九世（Louis Ⅸ，西元一二一五—一二七〇年；在位西元一二二六—一二七〇年）。他參加過兩次十字軍，遠征埃及時於西元一二五〇年兵敗被俘。西元一二五四年回國。西元一二七〇年再次東征，死於軍中。——譯者

③ 無窮小演算法（infinitesimal calculus）是微積分（differential and integral calculus，或簡稱calculus）的老名字。——譯者

西元一六八七年。結果惹起的一場發明優先權的爭執是很不幸的事，對全體有關者都不光彩。

萊布尼茲關於金錢方面有些小氣。每當漢諾威宮廷有哪個年輕的貴女結婚，他照例送給人家一套他所謂的「結婚禮物」，就是一些有益的格言，末了有一句忠告：勸她既然得到了丈夫，就不要廢止洗東西。④新娘子是不是感激，歷史沒有記載。

在德國，萊布尼茲所學的是一種新經院主義的亞里斯多德哲學，他整個晚年保持著幾分這種思想。但是在巴黎，他知道了笛卡兒主義和伽桑地的唯物論，兩者都對他起了影響；他說此時他捨棄了「無聊的學派」，意思指經院哲學。在巴黎，他認識了馬勒伯朗士和冉森派教徒阿爾諾（Arnauld）。對他的哲學最後的重大影響是斯賓諾莎的影響；他在西元一六七六年過訪斯賓諾莎，和他處了一個月，經常談論，並且獲得《倫理學》的一部分原稿。萊布尼茲到晚年附和對斯賓諾莎的攻訐，還說跟他只見過一面，斯賓諾莎講了一些有趣的政治逸話，這樣來盡量縮小與他的接觸。

他和漢諾威王室的關係是從西元一六七三年開始的，他畢生一直在這王室供職。自西元一六八〇年以後，他作窩爾芬比特的王室圖書館長，又受正式聘任編修布倫斯威克⑤史。截至

---

④ 這是一句猥褻的玩笑話。可見萊布尼茲雖然是一個「大智者」，但是他的性格和風度非常庸俗。他本人終生獨身。——譯者

⑤ 布倫斯威克（Brunswick）是德意志北部的一個公國；漢諾威王室是由它傳下來的一支。——譯者

他逝世的時候，已經寫到西元一〇〇九年；這部書到西元一八四三年才出版。他曾費一些時間推行一項基督教各宗派再統合的計畫，但是這計畫終歸流產。他爲了得到布倫斯威克公族與埃思特家族⑥有親緣的證據，出遊了義大利。儘管他有這些個功勞，在喬治一世⑦當上英王的時候，他卻被留在漢諾威，主要原因是他與牛頓的爭執已經讓英國對他無好感。然而，英王太子妃站在他一邊反對牛頓，這是他對所有與他通信的人都說過的。儘管有她的青睞，萊布尼茲還是在沒人理睬下冷落地死去。

萊布尼茲的流俗哲學在《單子論》（*Monadology*）和《自然與聖寵的原理》（*Principles of Nature and of Grace*）中見得到，這兩本書裡有一本（不確知哪一本）是爲瑪律波羅（Marlborough）的同僚薩瓦親王倭伊根（Eugenè）寫的。《辯神論》（*Théodicée*）敘述了他的神學樂觀主義的基礎思想，是他爲普魯士的夏洛蒂王后寫的。我先從這些作品中發揮的哲學講起，然後再轉過來談他擱置未發表的內容比較充實的東西。

一如笛卡兒和斯賓諾莎，萊布尼茲也讓他的哲學立基在「實體」概念上，但是關於精神和物質的關係以及實體的數目，他和這兩人的意見根本不同。笛卡兒承認神、精神和物質三個

---

⑥ 埃思特家族（the Este Family）：是義大利最古老的貴族家系之一。——譯者

⑦ 喬治一世（George I，西元一六六〇—一七二七年）：本來是漢諾威選侯，在西元一七一四年即萊布尼茲逝世前兩年當了英國國王。——譯者

實體；斯賓諾莎單承認神。在笛卡兒看來，廣延性是物質的本質；在斯賓諾莎說來，廣延性和思維都是神的屬性。萊布尼茲主張廣延性不會是某一個實體的屬性。他的理由是，廣延性含有「複多」的意思，所以只能夠屬於若干個實體並成的集團。各單個實體必定是無廣延的。結果，他相信有無限個實體，他稱之爲「單子」。這些單子可說各具有物理質點的若干性質，不過也只是抽象看來如此；事實上，每個單子是一個靈魂。否認廣延性是實體的屬性，自然要推出這個結論；剩下的唯一可能有的本質屬性似乎就是思維了。這樣，遂令萊布尼茲否認物質的實在性，代以一族無限個靈魂。

各實體不能起相互作用，這學說是笛卡兒的弟子們發展起來的，被萊布尼茲保留下來，而且由它推出了種種奇妙的結論。他認爲任何兩個單子彼此絕不能有因果關係；縱然有時看起來好像有因果關係，那是皮相欺人。照他的說法，單子是「沒窗戶的」。這引起兩點困難：一點屬於動力學，按動力學來看，物體特別在碰撞現象裡彼此似乎有影響；另一點關於知覺，知覺好像是被知覺的對象對知覺者的一種作用。我們暫不去管動力學上的困難，只論知覺問題。萊布尼茲主張一切單子反映宇宙，這並非因爲宇宙對單子發生影響，而是因爲神給了它一種性質，自發地產生這樣的結果。一個單子中的變化和另一個單子中的變化之間有一種「前定的和諧」，由此生出相互作用的外貌。這顯而易見是二時鐘說的引申。兩臺鐘因爲各走得很準確，在同一時刻報時；萊布尼茲有無限個鐘，所有的鐘經造物主安排定在同一瞬間報時，這不是由於它們彼此影響，而是因爲這些鐘各是一套完全準確的機械。有些人以爲「前定的和諧」太古怪，萊布尼茲對他們指出，它讓神存在有了何等高妙的證據。

諸單子形成一個等級體統，其中有些單子在反映宇宙反映得清晰、判然方面勝過旁的單子。所有單子在知覺上都有某種程度的模糊，但是模糊的大小隨該單子的品級高下而異。人的肉體完全由單子組成，這些單子各是一個靈魂，各自永生不死，但是有一個主宰單子，它構成誰的肉體的一部分，就是那人的所謂固有靈魂。這個單子不僅在比其他單子具有較清晰的知覺這個意義上居主宰，在另一個意義上也居主宰。（在普通狀況下）人體的種種變化是為了主宰單子而起的：當我的手臂活動時，這活動所完成的目的是主宰單子（即我的心靈）中的目的，不是組成我的手臂的那些單子中的目的。常識以為我的意志支配我的手臂，事情的眞相就是如此。

感官所覺得的，物理學中所假定的空間，不是實在空間，但是有一個實在的對偶，即諸單子按照它們反映世界時的立足點依三度秩序的排列。各個單子按本身特有的透視法看世界；就這個意義講，我們能夠把單子粗略地說成具有一個空間位置。

我們承認了這種講話法，便能說所謂眞空這種東西是沒有的；每一個可能的立足點由一個現實的單子占著，而且僅由一個單子占著。單子沒有兩個是恰恰相同的；這是萊布尼茲的「不可識別者的同一性」原理。

萊布尼茲跟斯賓諾莎對比之下，他很著重他的體系中所容許的自由意志。他有一條「充足理由原理」，按這原理講，什麼事情沒理由絕不發生；但是若談到自由動原，它的行動的理由「有傾向力而無必然性」。人的所作所為總有動機，但是人的行為的充足理由卻沒有邏輯必然性。至少說，萊布尼茲在他寫的流俗作品中這樣講。但是，後文要提到，他還有另一套理論，阿爾諾認為它荒謬絕倫，萊布尼茲發覺這點之後就把它祕而不宣了。

神的行為有同樣一種自由。神永遠懷著最良善的意圖而行動，但是神所以如此並沒受一點邏輯強制。萊布尼茲和湯瑪斯．阿奎那有同見，認為神不能做違反邏輯定律的行為，但是神能夠敕命做從邏輯上講是可能的任何事情。神因此便有很充裕的選擇自由。

萊布尼茲把關於神存在的各種形而上學證明發展成了最後形式。這些證明歷史悠久：從亞里斯多德開端，甚至可說從柏拉圖開端；由經院哲學家作了一番形式化，其中之一，即本體論論證，是聖安瑟勒姆首創的。這個證明雖然被聖托馬斯否定了，笛卡兒卻又使它復活。萊布尼茲的邏輯技能高強無比，他把神存在的論證敘述得比向來更勝一籌。我所以在講他的時候要探討這些論證，理由也就在這裡。

在細考究這些論證之前，我們先宜知道現代的神學家已經不再信賴它們了。中世紀神學原是希臘才智的衍生物。《舊約》中的神是一位權能神，《新約》裡的神也是個慈悲神；但是上自亞里斯多德，下至喀爾文，神學家的神卻是具有理智力量的神：他的存在解決了某些啞謎，否則在對宇宙的理解方面，這些啞謎會造成種種議論上的困難。在幾何命題證明似的一段推理的終了出現的這位神明，沒讓盧梭滿意，他又回到和福音書中的神比較類似的神概念。大體說，近代的神學家，特別那些奉新教的神學家們，在這點上追隨了盧梭。哲學家一向比較保守；儘管康德聲稱他已經把屬於形而上學一類的神存在論證一舉澈底摧毀了，但在黑格爾、洛策⑧和布萊德雷的學說中，這種論證依舊存留著。

萊布尼茲的神存在論證計有四個，即：(1)本體論論證，(2)宇宙論論證，(3)永恆眞理說論證，(4)前定和諧說論證，它可以推廣成意匠說論證，也就是康德所謂的物理神學證明。下面順次來講這些論證。

本體論論證依據存在與本質的區別。據主張，任何一個通常的人或事物，一方面它存在，另一方面它又具有某些性質，構成他或它的「本質」。哈姆雷特固然不存在，他也有某種本質：他性情憂鬱、優柔寡斷、富於機智等等。我們若描述一個人，不管這描述多麼周詳細膩，此人究竟是實有的，或是虛構的人物，仍是問題。用經院哲學的話來表達，是這樣說法：就任何有限的實體來講，它的本質不蘊含它的存在。但是，神定義成最完善的「有」，按神這個情況說，聖安瑟勒姆（還有笛卡兒也承襲他）主張本質蘊含著存在，理由是：占盡其他一切完善性的「有」，他假若存在，勝似不存在，由此可見這個「有」若不存在，他就不是可能範圍內最好的「有」了。

這個論證，萊布尼茲既不全盤承認也不全盤否定；據他說，它需要再補充上一個證明，證明如此定義的神是可能的。他爲神觀念是可能的寫出了一個證明，在海牙會見斯賓諾莎的時候，給斯賓諾莎看過。這個證明把神定義成最完善的「有」，也就是一切完善性的主語，而

⑧ 洛策（Rudolph Hermann Lotze，西元一八一七—一八八一年）：德國哲學家、生理學家。——譯者

「完善性」定義成這樣一種「單純性質，它是肯定的、絕對的，它把它所表現的不論什麼東西毫無限度地表現出來」。萊布尼茲輕而易舉地證明了照以上定義的任何兩個完善性不會互不相容。他下結論：「所以，一切完善性的主語即最完善的『有』是有的，或者說是能夠設想的。由此又可見神存在，因為『存在』就列為『完善性』之一。」

康德主張「存在」不是謂語，來反駁這個論證。另外有一種反駁出自我的「摹述論」。在現代人看來，這論證似乎不大信得過。但是確信它一定有謬誤雖說不難，要準確發現謬誤在什麼地方卻並不那麼簡單。

宇宙論論證比本體論論證言之動聽。它是「初因」論證的一種，而「初因」論證本身又是從亞里斯多德對不動的推動者的論證蛻化出來的。「初因」論證很簡單；它指出，一切有限事物有原因，這原因又先有原因等等依此類推。據主張，這一系列前因不會無窮盡，系列的第一項本身必定沒有原因，因為否則就不成其為第一項。所以一切事物有一個無因的原因，這分明是神。

在萊布尼茲，這論證取的形式略有不同。他議論，天地間一切個別事物是「偶發的」，換句話說，從邏輯上講它本來也可能不存在；不僅按各個別事物來說是這樣，對整個宇宙也可以這樣講。即使我們假定宇宙一向始終是存在的，在宇宙內部也並沒有任何東西說明它為什麼存在。但是照萊布尼茲的哲學講，一切事物總得有個充足的理由；因此宇宙整體必須有個充足理由，它一定在宇宙以外。這個充足理由便是神。

這個論證比簡單直截的「初因」論證高明，不那麼容易駁倒。「初因」論證依據的是一切序列必有首項這個假定，而這個假定是不對的；例如：眞分數序列沒有首項。然而萊布尼茲的論證卻不依賴宇宙必定曾有一個時間上的開端這種見解。只要承認萊布尼茲的充足理由原理，這論證就妥當牢靠；但是這條原理一被否定，它即垮臺。萊布尼茲所謂「充足理由原理」到底確切指什麼意思，是個議論紛紜的問題。古兌拉⑨主張，它的意思是：一切眞命題是「分析」命題，即這樣的命題：它的矛盾命題是自矛盾的（self-contradictory）。但是這個解釋（萊布尼茲未發表的作品裡有它的佐證）即使正確，也屬於祕不外傳的學說。在他發表的著作中，他主張必然命題與偶然命題有差別，只有前者由邏輯規律推得出來，而所有斷言「存在」的命題是偶然命題，唯獨斷言神存在的例外。神雖必然存在，他並沒受邏輯的強制去創造世界；相反，這是自由選擇，雖是他的善性所激使的，但非由善性必然註定的。

很明白，康德說得對，這個論證依附於本體論論證。假如世界的存在要用一個必然的「有」的存在才能夠說明，那麼必定有一個「有」，其本質包含著存在，因爲所謂必然的「有」指的就是這個意思。但是假使眞可能有一個「有」，其本質包含著存在，則不靠經驗單憑理性便能規定這樣的「有」，於是它的存在可以從本體論論證推出來；因爲只關係到本質的一切事情能夠不假借經驗認識到——這至少是萊布尼茲的見解。所以和本體論論證對比之下宇

⑨ 古兌拉（Louis Alexandre Couturat，西元一八六八—一九一四年）：法國數學家、哲學家；以利用符號邏輯研究數學的基礎及對萊布尼茲的研究著名。——譯者

宙論論證表面上的似乎更有道理，乃是錯覺。

永恆眞理說論證稍有點難敘述得確切。粗略地講，這個論證是這樣：像「正下著雨」一類的命題，有時眞有時假，但是「二加二等於四」永遠是眞的。不牽涉存在而只關係到本質的一切命題，或者永遠眞，或者絕不眞。永遠眞的命題叫「永恆眞理」。這個論證的要領是：眞理是精神的內容的一部分，永恆的眞理必是某個永恆的精神的內容一部分。在柏拉圖的學說中已經有過一個和這論證不無相似的論證：他從相的永恆性來演繹永生。但在萊布尼茲，這論證更有發展，他認爲偶然眞理的終極理由須在必然眞理中發現。這裡的議論和宇宙論論證情況一樣：對整個的偶發世界，總得有一個理由，這理由本身不會是偶發的，必須在諸永恆眞理當中尋求。但是存在的東西其理由本身必定存在；所以永恆眞理按某個意義說一定是存在的，而且只能在神的精神中作爲思維而存在。這論證其實不過是宇宙論論證的改頭換面。可是，它卻難免更多招來一個反駁：眞理很難講「存在」於理解它的那個精神中。

萊布尼茲所敘述的那種前定和諧說論證，只對於承認他所謂的沒窗戶的單子全反映宇宙之說的人來講，才算有正當根據。這個論證是：因爲所有的「鐘」毫無因果上的相互作用而彼此步調一致，必定曾經有一個單獨的外界「原因」，把鐘都做了校準。不用說，這裡的難題正是纏住全部單子論的那個難題：假如諸單子絕不起相互作用，其中任何一個怎樣知道還有旁的單子？顯得好像是反映宇宙似的那種事，僅只是個夢也難說。事實上，如果萊布尼茲講得對，這眞的僅只是個夢，但是他不知怎麼竟發現全體單子在同時做同樣的夢。這當然是空中樓閣，假使以前沒有一段笛卡兒主義的歷史，絕不會看來似乎還可信。

不過萊布尼茲的論證能夠免於依附他的獨特的形而上學，轉化成所謂的「意匠說論證」。這個論證主張，我們一考察既知的世界，便發現有些事情解釋成盲目的自然力的產物無法說得過去，把它們看成是一個慈悲意旨的證據，這要合理得多。

這個論證沒有形式邏輯上的毛病；它的前提是經驗性前提，它的結論據稱是按經驗推理的普通規範得出來的。所以是否該承認它，這個問題不取決於一般形而上學問題，而取決於比較細節上的考慮。這論證與其他論證有一個重要區別，就是（它假若靠得住）所證明的神不一定具備所有通常的形而上學屬性。他未必全知，也未必全能；他也許不過比我們人類英明而有力千百倍罷了。世間的萬惡可能由於他的權能有限。有些近代的神學家在作出他們的神觀時，利用了以上幾點可能性。但是這種空論離開萊布尼茲的哲學太遠了，現在必須言歸正傳，講他的哲學。

他的哲學有一個最典型的特徵，即可能的世界有許多之說。一個世界如果與邏輯規律不矛盾，就叫「可能的」世界。可能的世界有無限個，神在創造這現實世界之前全都仔細思量了。神因爲性善，決定創造這些可能的世界當中最好的一個，而神把善超出惡最多的那個世界看成是最好的。他本來可以創造一個不含一點惡的世界，但是這樣的世界就不如現實世界好。這是因爲有些大善與某種惡必然地密切關聯著。舉個平凡的實例看，在大熱天裡當你渴極的時候，喝點涼水可以給你無比的痛快，讓你認爲以前的口渴固然難受，也值得忍受，因爲若不口渴，隨後的快活就不會那麼大。對神學來說，要緊的不是這種實例，是罪與自由意志的關係。自由意志是一宗大善，但是按邏輯講來，神不可能賦予人自由意志而同時又敕命不得有罪。所以儘管神預見到亞當要吃掉蘋果，儘管罪勢不免惹起罰，神決定予人自由。結果產生的這個世界雖然含有惡，但是善超出惡的盈餘比其他任何可能的世界都多。因此它是所有可能的世界當中頂好的一個，它含有的惡算不得神性善的反對理由。

這套道理明顯中了普魯士王后的心意。她的農奴繼續忍著惡，而她繼續享受善，有一個偉大的哲學家保證這件事公道合理，真令人快慰。

萊布尼茲對罪惡問題的解決辦法，和他的大部分旁的流俗學說一樣，在邏輯上講得通，但是不大能夠服人。摩尼教徒盡可反脣相譏，說這世界是所有可能的世界裡最壞的世界，其中存在的善事反而足以加深種種惡。他盡可說世界是邪惡的造物主創造的，這位造物主容許有自由意志，正是為了確保有罪；自由意志是善的，罪卻惡，而罪中的惡又超過自由意志的善。他盡可接著說，這位造物主創造了若干好人，為的是讓惡人懲治他們；因為懲治好人罪大惡極，於是這一來世界比本來不存在好人的情況還惡。我這裡不是在提倡這種意見，我認為它是想入非非；我只是說它並不比萊布尼茲的理論更想入非非。大家都願意認為宇宙是善的，對證明宇宙善的不健全議論寬容不究，而遇到證明宇宙惡的不健全議論就要仔細考較。不必說，實際上這世界有善有惡，倘若不否認這件明白事實，根本不會產生「罪惡問題」。

現在來講萊布尼茲的祕傳哲學。在祕傳哲學中我們見到他的學說的一個解釋，這解釋假使當初人普遍知道了，他的那些流俗論調就大大更難讓人承認；而且，流俗論調中許多顯得牽強或玄虛的東西，在祕傳哲學中也有它的說明。有件事值得注意，他故意留給後世研究哲學的人一種錯誤印象，以致整理他的浩繁的原稿為他出選集的編訂者們，大都歡喜選那種符合他的體系的公認解釋的東西；可是有些文章足以證明他並不是他想讓人家認為的那樣，而是一個遠為深奧的思想家，他們把這些文章倒當成是不重要的，捨棄不收。為了解萊布尼茲的祕傳學說我們必須依據的原稿，大部分由路易·古兌拉編成了兩部文集，最早在西元一九〇一年或西元一九〇三年出版。有一篇文稿，萊布尼茲在它的開頭甚至冠以如下的案語：「這裡我有了極大的進步。」但是儘管如此，在萊布尼茲死後將近兩個世紀中間，沒一個編訂者認為這篇稿子值得付印。他寫給阿爾諾的信件裡含有他的一部分深奧的哲學；這些信固然在西元十九世紀發表了，但是最早認識到其重要性的是我。⑩阿爾諾對待這些信的態度讓人喪氣。他在信中寫著：「在這些思想中，我發現極多令我吃驚的東西；如果我料得不錯，這種東西幾乎所有的人會感覺荒謬之至，所以我真不懂，明明全世界人都要排斥的一個作品，要它能有什麼用。」這種敵視性的意見無疑使萊布尼茲從此以後對他個人在哲學問題上的眞實思想採取保密方針。

「實體」概念在笛卡兒、斯賓諾莎和萊布尼茲的哲學中是基本的概念，它是從「主語和謂語」這個邏輯範疇蛻化出來的。有些單詞能當主語也能當謂語；例如：我們能夠說「天空呈藍色」和「藍色是一種顏色」。另外有些單詞——固有名稱是其中最明顯的實例——絕不能充作謂語，只能充作主語或一個關係的各個項之一。這種單詞據認為指**實體**。實體不僅具有這個邏

⑩ 羅素在西元十九世紀末，早在路易·古兌拉之前，對萊布尼茲的「祕傳哲學」作過研究，西元一九〇〇年出版了《萊布尼茲哲學述評》（*A Critical Exposition of the Philosophy of Leibniz*）一書。——譯者

輯特性，此外，它只要不被神的全能所毀滅（依我們推斷，絕不會發生這種事），恆常存在。一切眞命題或者是一般命題，像「人皆有死」，在這種情況，它陳述一個謂語蘊含另一個謂語；或者是個別命題，像「蘇格拉底有死」，在這種情況，謂語包含在主語裡面，謂語所表示的性質是主語所表示的實體的概念的一部分。發生在蘇格拉底身上的任何一件事，都能用一個以「蘇格拉底」作主語、以敘述這事情的詞語作謂語的語句來斷言。這些謂語總括起來，構成蘇格拉底這個「概念」。所有這些謂語按下述意義來講必然地屬於蘇格拉底：對某一實體，如果這些謂語不能夠眞地斷言，這實體就不是蘇格拉底，而是其他某人。

萊布尼茲堅信邏輯不僅在它本門範圍內重要，當作形而上學的基礎也是重要的。他對數理邏輯有研究，研究成績他當初假使發表了，會重要之至；那麼，他就會成爲數理邏輯的始祖，而這門科學也就比實際上提早一個半世紀問世。他所以不發表的原因是，他不斷發現證據，表明亞里斯多德的三段論之說在某些點上是錯誤的；他對亞里斯多德的尊崇使他難以相信這件事，於是他誤認爲錯處必定在自己。儘管如此，他畢生仍舊懷著希望，想發現一種普遍化的數學，他稱之爲「Characteristica Universalis」（萬能算學），能用來以計算代替思考。他說：「有了這種東西，我們對形而上學和道德問題就能夠幾乎像在幾何學和數學分析中一樣進行推論。」「萬一發生爭執，正好像兩個會計員之間無須乎有辯論，兩個哲學家也不需要辯論。因爲他們只要拿起石筆，在石板前坐下來，彼此說一聲（假如願意，有朋友作證）：我們來算算，也就行了。」

萊布尼茲拿「矛盾律」和「充足理由律」這兩個邏輯前提作爲他的哲學的基礎。二定律都依據「分析」命題這個概念。所謂「分析命題」就是謂語包含在主語中的命題，例如：「所有白種人是人」。矛盾律說一切分析命題皆眞。充足理由律（限於祕傳體系中的充足理由律）說，所有眞命題是分析命題。這話甚至對必須看成是關於事實問題的經驗命題也適用。如果我作一次旅行，「我」的概念必定自永久的往昔已經包含這次旅行的概念，後者是「我」的謂語。「我們可以說，一個具有個體性的實體即完全的有，它的本性就是有一個這樣完全的概念：它足以包含這概念作爲屬性而歸的那個主語的所有謂語，並且足以使這些謂語由它推得出來。例如：『國王』這個性質是屬於亞歷山大大帝的，如果把它從主語抽離開，對表示某個人來講不夠確定，而且不包含同一主語的其他性質，也並不包含這位君王的概念所含有的一切；然而神由於看到亞歷山大這個個體概念即個體性，同時就在其中看到能夠眞正歸之於他的一切謂語的根據和理由，例如：他是否要征服大流士和鮑盧斯⑪，甚至先驗地（不是憑經驗）知道他的死是老病善終或是被毒殺，這些事我們只能從史書知道。」

關於他的形而上學的基礎，在給阿爾諾的一封信裡有一段最明確的申述：

「考察我對一切眞命題所持的概念，我發現一切謂語，不管是必然的或偶然的，不論是過去、現在或未來的，全包含在主語的概念中，於是我更不多求。……這命題非常重要，值得完全確立，因爲由此可知每一個靈魂自成一個世界，與神以外的其他一切事物隔絕獨立；它不僅

---

⑪ 鮑盧斯（Porus或Poros，死於西元前三二一年？）：印度國王。——譯者

是永生的，還可說是無感覺的，但它在自己的實體中保留下它所遭的所有事情的痕跡。」

他然後說明實體彼此不起作用，但是通過各從自己的立足點反映宇宙而取得一致。所以無從有相互作用，是因爲關於各個主語發生的一切事情是它自己的概念的一部分，只要這實體存在便永久決定了。

這個體系顯然和斯賓諾莎的體系同樣帶決定論性質。阿爾諾對（萊布尼茲曾說過的）這句話表示憎惡：「關於各人的個體概念，把凡是對此人會發生的一切事情一舉包括無遺。」這種見解與基督教的有關罪和自由意志的教義分明不能相容。萊布尼茲發覺它遭到阿爾諾的白眼對待，於是小心避免讓它公開。

確實，對於人類來講，由邏輯認識到的眞理和由經驗認識到的眞理是有區別的。這種區別出在兩方面。第一，儘管亞當遭遇的一切事情可以由他的概念推出來，但是假如亞當存在，我們憑經驗才能夠發現他存在。第二，任何個體實體的概念都無限地複雜，爲演繹他的謂語而必須作的分析，唯有神辦得到。然而這兩點區別只不過由於我們人的無知和智力上的限制；對神來講是不存在的。神就「亞當」這個概念的全部無限複雜性把握住這概念。因此神能明瞭關於亞當的所有眞命題，明瞭它們是分析命題。神還能夠先驗地確知亞當是否存在。因爲神知道他自己的善性，由此可知他要創造最好的可能的世界；而神又知道亞當構成或不構成這個世界的一部分。所以，並不因爲我們人類無知，就可以眞正逃脫決定論。

不過，此外還有一點，奇妙得很。萊布尼茲在大多場合下把創世這件事描述成神需要行使意志的自由行爲。按照這一說，要決定現實存在什麼，憑觀察是決定不成的，必須通過神的善性進行。神的善性促使他創造最好的可能的世界，除開神的善性之外，爲什麼某個事物存在而另一個事物不存在，並沒有先驗的理由。

但是在未披露給任何人的文稿中，關於爲什麼有些事物存在，而另一些同樣可能的事物不存在，往往又有一種完全不同的理論。據這個見解，一切不存在的東西都爲存在而奮鬥，但並非所有可能的東西能夠存在，因爲它們不都是「共可能的」（compossible）。或許，A存在是可能的，B存在也是可能的，但是A和B雙方存在就不可能；在這種情況，A和B不是「共可能的」。兩個或多個事物在它們全都可能存在的情況下才是「共可能的」。看樣子萊布尼茲好像懸想了有著許多皆力求存在的本質棲居的「地獄邊土」（Limbo）⑫裡的一種鬥爭；在這場鬥爭中，結合成一個個共可能者集團，最大的共可能者集團就好像政治鬥爭中的最大壓力集團一樣，獲得勝利。萊布尼茲甚至利用這個概念當作**定義**存在的方法。他說：「存在者可以定義成比跟自己不相容的任何東西能夠和更多的事物相容的那種東西。」換句話說，假設A與B不相容，而A與C及D及E相容，但是B只與F和G相容，那麼**按定義**A存在，而B不存在。他說：「存在者就是能夠和最多數事物相容的有。」

在這個敘述中完全沒有提神，明明也沒有創世行爲。爲了決定什麼存在，除純邏輯以

---

⑫「地獄邊土」位於天國和地獄之間，照經院神學的講法，它是未受洗禮的嬰兒死後靈魂居住的地方。——譯者

外，不必要有任何東西。A和B是否共可能這個問題，在萊布尼茲講是個邏輯問題，也就是A和B雙方存在含不含矛盾？可見，在理論上，邏輯能夠解決哪個共可能者集團最大的問題，這集團結果就要存在。

然而，也許萊布尼茲的意思並不是眞說上面的話是存在的**定義**。假使這原來僅是個判斷標準，那麼藉助他所說的「形而上學的完善性」，這標準能夠與他的流俗意見取得調和。他所使用的「形而上學的完善性」一詞似乎指存在的量。他說，形而上學的完善性「無非是嚴格理解下的積極實在性的大小」。他一貫主張神創造了盡可能多的東西；這是他否定眞空的一個理由。有一個（我一直弄不懂的）普遍信念，以爲存在比不存在好；大家根據這點訓教兒童應該對父母感恩。萊布尼茲顯然抱著這種見解，他認爲創造一個盡可能充盈的宇宙乃是神的善性的一部分。由這點豈不就推出現實世界便是最大的共可能者集團所構成的。那麼，倘若有一個十分有本領的邏輯家，僅從邏輯就能決定某個可能的實體存在或不存在，這話說來還是不假。

就萊布尼茲的隱祕的思想來說，他是利用邏輯作爲解決形而上學的關鍵的哲學家一個最好的實例。這類哲學從巴門尼德開端，柏拉圖應用相論來證明種種邏輯範圍外的命題，把它又推進一步。斯賓諾莎屬於這一類，黑格爾也在這類之內。但是在根據構句法給實在世界作出推論方面，他們兩人誰也不像萊布尼茲做得那麼鮮明清楚。這種議論方式由於經驗主義的發展，已經落得聲名掃地。由語言對非語言的事實是否可能作出什麼妥當的推論，這是我不願武斷論定的問題；但是的確在萊布尼茲及其他的**先驗**哲學家的著作中所見到的那種推論是不可靠的，因爲那種推論全基於有缺陷的邏輯。已往的所有這類哲學家都假定主語、謂語式邏輯，這種邏輯或者完全忽視「關係」，或者提出謬誤的論證，來證明「關係」是非實在的。萊布尼茲把主語、謂語式邏輯和多元論撮合起來，犯了一個特別的矛盾，因為「有許多單子」這個命題並不屬於主語、謂語形式。要想不自相矛盾，相信一切命題屬於這種形式的哲學家應當像斯賓諾莎那樣，是一元論者。萊布尼茲排斥一元論主要由於他對動力學感興趣，並且他主張廣延性含有「重複」的意思，故不會是單一實體的屬性。

萊布尼茲的文筆枯澀，他對德國哲學的影響是把它弄得迂腐而枯燥無味。他的弟子武爾夫在康德的《純粹理性批判》出版以前一直稱霸德國各大學，把萊布尼茲的學說中最有意思的什麼東西全拋棄了，做出一種死氣沉沉的學究思想方式。在德國以外，萊布尼茲哲學的影響微乎其微；和他同時代的洛克統治著英國哲學，而在法國，笛卡兒繼續做他的南面王，一直到伏爾泰使英國的經驗主義時興起來，才把他推翻。

然而萊布尼茲畢竟還是個偉大人物，他的偉大現在看來比已往任何時代都明顯。按數學家和無窮小演算法的發明者來講，他卓越非凡，這且不談；他又是數理邏輯的一個先驅，在誰也沒認識到數理邏輯的重要性的時候，他看到了它的重要。而且他的哲學裡的種種假說雖然離奇縹緲，但是非常清晰，能夠嚴密地表述出來。甚至他講的單子，對知覺問題提示出了可能的看法，仍舊能夠有用處，只不過單子無法看成是沒窗戶的罷了。依我個人說，他的單子論裡面我認為最精彩的地方是他講的兩類空間：一類是各個單子的知覺中的主觀空間，另一類是由種種單子的立足點集合而成的客觀空間。我相信這一點在確定知覺與物理學的關係方面還是有用的。

第十二章　哲學上的自由主義

在政治和哲學中自由主義的興起，爲研究一個非常重要的很一般性的問題供給了材料，這問題是：政治社會情勢向來對有創見的卓越思想家們的思想有什麼影響，反過來問，這些人對以後的政治社會發展的影響又是怎樣？

有兩種正相反的錯誤都很常見，我們必得警惕。一方面講，對書本比對實際事務熟悉的先生們，總愛把哲學家的影響估計得過高。他們一見某個政黨標榜自己受了某某人的教訓的感召，就以爲它的行動可以歸之於某某人，然而往往是哲學家因爲倡議了政黨橫豎總會要做的事，才得到政黨的歡呼喝彩。直到最近，寫書的人差不多全都過分地渲染同行前輩的作用。但是反過來說，由於抗逆老的錯誤，又產生了一種新的錯誤，這種新錯誤就是把理論家看成幾乎是環境的被動產物，對事態發展可說根本沒什麼影響。按照這個見解，思想好比是深水流表面上的泡沫，而那水流是由物質的、技術的原因來決定的；河裡的水流並非對旁觀者顯示出水流方向的水泡所造成的，社會變革同樣也不是由思想引起的。在我看來，我相信眞理在這兩極端當中。在思想與實際生活之間也像在一切旁的地方，有交互的相互作用；要問哪個是因哪個是果，跟先有雞、先有蛋的問題同樣無謂。我不打算抽象討論這個問題來浪費時間，但是我要從歷史上來考察這個一般性問題的一個重要事例，即西元十七世紀末到現在，自由主義及其支派的發展。

初期的自由主義是英國和荷蘭的產物，帶有一些明確的特徵。它維護宗教寬容；它本身屬於新教，但不是熱狂的新教派而是廣教派[①]的新教；它認爲宗教戰爭是蠢事。它崇尚貿易和實業，所以比較支持方興未艾的中產階級而不支持君主和貴族；它萬分尊重財產權，特別若財產是所有者個人憑勢力積蓄下來的，尤其如此。世襲主義雖然沒有摒棄，可是在範圍上比以前多加了限制；特別，否定王權神授說而贊同這樣的意見：一切社會至少在起初都有權選擇自己的政體。無疑問，初期自由主義的趨向是一種用財產權調劑了的民主主義。當時存在著一種信念（最初未完全明白表示），認爲所有人生來平等，人們以後的不平等是環境的產物。因此便十分強調先天特質的相反一面即後天教育的重要。又存在著反政府的某種偏見，因爲幾乎到處的政府全在國王或貴族掌握中，這些人對商人的需要或者不大了解，或者難得重視；但是由於希望不久就會得到必要的了解與重視，所以制止住了這種偏見。

初期的自由主義充滿樂觀精神、生氣勃勃，又理性冷靜，因爲它代表著一種增長中的勢力，這種勢力看起來多半不經很大困難就會取勝，而且一勝利就要給人類帶來非同小可的恩惠。初期自由主義反對哲學裡和政治裡一切中世紀的東西，因爲中世紀的學說曾用來認可教會和國王的權力，爲迫害找根據，阻礙科學的發展；但是它同樣反對按當時講算是近代的喀爾文

① 英國教會內部對教會政治、禮拜形式及信條等主張寬容和自由的一派。——譯者

派和再洗禮派的熱狂主義。它想使政治上及神學上的鬥爭有一個了結，好爲了像東印度公司和英格蘭銀行、萬有引力說與血液循環的發現等這類激奮人心的企業和科學事業解放出精力。在整個西方世界，頑固不化逐漸讓位給開明精神，對西班牙威勢的恐懼漸趨終了，所有的階級一天比一天興旺，一些最高的希望似乎由無比清明的見識作了保證。一百年間，沒發生任何事情在這些希望上面投下陰影。後來，這些希望本身終於惹起了法國大革命，大革命直接產生拿破崙，由拿破崙又演到神聖同盟。經過這種種事件，自由主義必須定一定喘息，緩一口氣，然後西元十九世紀的復甦的樂觀精神才可能出現。

我們在開始詳細講論之前，最好把西元十七世紀到十九世紀自由主義運動的大體形式作個考察。這形式起初很簡單，後來逐漸變得複雜而又複雜。全運動的顯著特色按某個廣的意義來講是個人主義；但是「個人主義」這個詞若不進一步確定其含義，是一個含混的字眼。亞里斯多德以前的希臘哲學家連他在內，在我用「個人主義者」一詞要指的意義上都不是個人主義者。他們把人根本作爲社會的一員看待；例如：柏拉圖的《理想國》不圖說明什麼是良好的個人，而求清楚描述一個良好的社會。從亞歷山大時代以後，隨著希臘喪失政治自由，個人主義發展起來了，犬儒派和斯多噶派是其代表。照斯多噶派哲學講，一個人在不管什麼樣的社會狀況下都可以過善的生活。這也是基督教的見解，特別在它得到國家的控制權以前。但是在中世紀，雖然說神祕論者使基督教倫理中原有的個人主義風氣保持活躍，不過包括多數哲學家在內，大部分人的見解處在教理、法律和風俗的堅強統一體支配之下，因而人們的理論信念和實踐道德受到一個社會組織即天主教會的控制：何者眞、何者善，不該憑個人的獨自思考斷定，得由宗教會議的集體智慧來斷定。

這個體制中的第一個重大裂口是基督新教打開的，它主張教務總會也可能犯錯誤。這樣，決定眞理不再是社會性事業，成了個人的事。由於不同的個人得出不同的結論，結果便是爭鬥，而神學裡的定案不再從主教會議中去找，改在戰場上謀求。因爲雙方哪一方也不能把對方根絕，所以事情終於明顯，必須找出方法調和思想上、倫理上的個人主義和有秩序的社會生活。這是初期自由主義力圖解決的一個主要問題。

在這同時，個人主義滲入了哲學裡面。笛卡兒的基本確實項「我思故我在」使認識的基礎因人而異，因爲對每個人來講，出發點是他自己的存在，不是其他個人的存在，也不是社會的存在。他強調清晰、判然的觀念可靠，這也異曲同工，因爲透過內省我們才以爲發現自己的觀念是否清晰、判然。笛卡兒以來的哲學，大部分或多或少都有這種思想上的個人主義一面。

不過這個總的立場也有各種式樣，在實際上有很不同的結果。典型的科學發現者的思考方式帶有的個人主義，分量或許算最少了。他如果得出一個新的理論，那完全因爲這理論在他看來是正確的；他不向權威低頭，因爲假使如此，他會繼續承認前人的理論。同時，他依據的是一般公認的眞理標準；他希望不仗自己的威望而憑在旁人個人覺得可信的道理，讓旁人信服。在科學中，個人與社會之間的任何衝突按本質講都是暫時的衝突，因爲籠統地說，科學家們全承認同樣的知識標準，所以討論和研究到末了通常能達成意見一致。不過這是近代的事態發展；在伽利略時代，亞里斯多德與教會的威信依然被認爲和感覺提供的證據至少一樣有力。這說明科學方法中的個人主義成分儘管不顯著，仍舊是固有的。

初期自由主義在有關知識的問題上是個人主義的，在經濟上也是個人主義的，但是在情感或倫理方面卻不帶自我主張的氣味。這一種自由主義支配了西元十八世紀的英國，支配了美國憲法的創制者和法國百科全書派。在法國大革命期間，它的代表者是比較穩健的各黨派，包括吉倫特黨；但是隨這些黨派的覆滅，它在法國政治中絕跡了一代之久。在英國，拿破崙戰爭後，它隨邊沁派及曼徹斯特學派的興起再度得勢。自由主義在美國一向成功最大，在美國因爲沒有封建制度和國家教會的阻礙，從西元一七七六年到現在，或者至少到西元一九三三年②，這一種自由主義一直占優勢。

有一個新的運動逐漸發展成了自由主義的對立面，它出盧梭開端，又從浪漫主義運動和國家主義獲得力量。在這個運動中，個人主義從知識的領域擴張到了熾情的領域，個人主義裡的無政府主義的各個方面明顯化了。卡萊爾和尼采所發揚的英雄崇拜是這流哲學的典型。有各色各樣的成分聚結其中。有對初期工業制社會的厭惡，對它所產生的醜象的憎恨和對它的殘酷暴行的強烈反感。有對中世紀的鄉愁式的懷戀，由於憎惡近代，把中世紀理想化了。又有一種成分，就是企圖把維護教會與貴族的日漸衰落的特權，和保衛工資收入者反抗工廠主的壓榨這兩樣事結合起來。還有這種成分：在國家主義的名義下，在保衛「自由」的戰爭之光榮顯赫這個

---

②西元一九三三年羅斯福就任總統後推行「新政」，當時採取的種種緊急措施作者認為可視為違反自由主義精神。——譯者

旗號下，激烈維護反叛權。拜倫是這個運動的詩人；費希特、卡萊爾、尼采是它的哲學家。

但是，由於我們不能人人過英雄領袖的生涯，我們不能人人讓我們的個人意志伸張，所以這種哲學也像其他各種的無政府主義一樣，一經採用，不可避免地要造成那最成功的「英雄」的獨裁統治。而等他的暴政一確立起來，他對旁人就要壓制他賴以取得權力的那種自我主張倫理觀。因此，這種人生論全部是自我反駁的，就是說採納它付諸實踐，結果要實現迴然不同的局面：個人受到苛酷鎮壓的獨夫專制國家。

還有另外一派哲學大體上講是自由主義的一個旁支，那就是馬克思的哲學。我在後文裡要討論馬克思，目前只需把他記住就是了。

關於自由主義哲學的最早的詳徹論述，見於洛克的著作；洛克在近代哲學家當中固然絕不算頂深刻的人，卻是影響最大的人。在英國，洛克的見解與大多數智力發達的常人的見解十分協調，因此除開在理論哲學中，很難追尋它的影響；反之在法國，洛克的見解在實踐方面引起了反抗現存政體，在理論方面造成了與風靡的笛卡兒主義的對立，因此它明顯地對形成事態過程起了不小的作用。這是下述普遍原理的一個實例：政治、經濟先進的國家裡發展起來的哲學，在它的出生地無非是流行意見的一個澄清和系統化，到別的地方可能成爲革命熱血的源泉，最後會成爲現實革命的源泉。調節先進國政策的一些原則傳揚到比較落後的國家，主要是透過理論家。在先進的國家，實踐啓發理論；在落後的國家，理論鼓起實踐。移植來的思想所以很少像在舊土一樣成功，這點差別也是其中一個理由。

未講論洛克的哲學以前，我們先來回顧在西元十七世紀的英國對形成他的見解有影響的一些景況。

內戰時期國王與國會的爭鬥，使英國人從此永遠愛好折中和穩健，害怕把任何理論推到它的邏輯結論，這種根性支配英國人一直到現代。長期國會力爭的方針大計，最初得到絕大多數人的擁護。國會方面希圖廢止國王核准貿易獨占的許可權，並且讓他承認國會的課稅專權。國會希求在英國國教會內部，給受到大主教勞德迫害的一些意見和宗教儀式以自由；主張國會應當按一定期間開會，不可只在國王感到它的協助缺少不得的偶爾時機才召開。國會反對肆意逮捕，反對法官一味奉迎國王的意願。但是有不少的人雖然願意為這些目標進行鼓動，卻不肯對國王興兵動武，這在他們看來是叛逆和瀆神的行為。等到實際上戰爭一爆發，勢力的分劃就比較接近相等了。

從內戰爆發到克倫威爾立為護國主為止的政治發展，所經歷的過程現在已經盡人皆知，但在當時卻是史無前例的。國會一黨包括長老會派和獨立教會派兩派；長老會派希求保留國家教會，但是把主教取消；獨立教會派在主教問題上和長老會派意見一致，但是主張各聖會應當不受任何中央教會統治機關的干涉，有自由選擇各自的神學。長老會派人士大體說比獨立教會派人士屬於較上層的社會階級，他們的政治見解比較溫和。他們希望一旦國王因為遭受挫敗有了和解心，便與國王諒解和好。不過由於兩點情況，他們的政策根本行不通：第一，國王在大主教問題上發揮出一種殉教者的頑強精神；第二，事實證明國王難以擊敗，還是仗著克倫威爾的「新型軍」才做成這件事，而新型軍是由獨立教會派人組成的。結果，國王的軍事抵抗被粉碎時，仍舊不能使他同意締結條約，可是長老會派在國會軍裡喪失了兵力優勢。保衛民主以致把大權送進了少數人的掌握，而這少數人運用起他們的權力來，可完全不理會什麼民主和議會政治。查理一世先前企圖逮捕五議員③的時候，曾引起全國嘩然，他的失敗使他落得尷尬出醜。但是克倫威爾沒有這種困難。通過「普來德大清洗」（Pride's Purge），他革掉大約百十個長老會派議員，一時獲得唯命是從的多數。最後，等他決定索性把國會取消，那時「狗也沒叫一聲」——戰爭已經讓人覺得好像只有武力要緊，產生了對憲政形式的藐視。此後在克倫威爾的生前期間，英國的政治是軍事獨裁，爲國民中日益增加的多數人所憎恨，但是在唯獨他的黨羽才有武裝的時期，不可能擺脫開。

查理二世自從在橡樹裡隱避④和在荷蘭流亡後，王政復辟時下定決心再也不踏上旅途了。這迫使他接受了某種緩和。他不要求有權徵收未經國會認可的賦稅。他同意了「人身保護條例」，這法令剝奪掉國君任意逮捕的許可權。偶爾他也能憑仗路易十四的財政援助，鄙薄國會的課稅權，不過大體上講他總是個立憲君主。查理一世的敵派原來所希求的對王權的種種限制，在王政復辟時大部分得到承認，爲查理二世所遵守，因爲事實已經證明，做國王的會在臣

③ 西元一六四二年一月三日，查理一世親自率衛隊到國會，企圖逮捕皮姆（Pym）等五名議員，但是他們已經躲避開了。——譯者

④ 西元一六五一年查理二世所率領的軍隊在武斯特（Worcester）被克倫威爾擊潰，他在逃跑的路上經過巴斯寇布（Boscobel）時，曾隱藏在橡樹裡。——譯者

民手裡吃苦頭。

詹姆士二世和他的哥哥⑤不同，完全缺乏陰險狡詐的手腕。儘管他打算無視國會，給予非國教會派寬容，以便和他們取得和解，但由於他的頑迷的舊教信仰，倒讓自己成了國教會派和非國教會派的共同敵人。外交政策也起了作用。斯圖亞特王室的國王爲避免在戰時必要有的徵稅（這會使王室依賴國會），先對西班牙，後對法國奉行媚外政策。法蘭西日益增強的國力，惹起英國人對大陸上這個主導國家的牢固不變的仇視，而「南特敕令」的撤回⑥，又使新教徒的感情激烈地反對路易十四。最後，在英國幾乎人人想除掉詹姆士。但是幾乎人人也同樣決心避免再回到內戰和克倫威爾專政的年月。既然沒有合憲法的方法除掉詹姆士，必須來一次革命，但是這革命必須很快地結束，不讓破壞勢力有一點機會得逞。國會的權利必須一舉而永久確保下來。詹姆士王必須退位，但是君主政體必須保全；不過這種君主制應該不是王權神授說的君主制；而是一種依賴立法裁可、因而依賴國會的君主制。由於貴族階級和大企業聯合一致，所有這些瞬息間都做到了，沒有必要發一槍一炮。各樣非妥協態度經過人們的嘗試而失敗以後，折中與穩健得到了成功。

⑤ 指查理二世。——譯者

⑥ 西元一六八五年路易十四撤回亨利四世在西元一五九八年所發布的許可信仰自由的「南特敕令」，舊教掌握了實權。——譯者

新王⑦是荷蘭人，帶來了他本國著稱的商業上和神學上的英明睿智。英格蘭銀行創立起來了；國債成了牢固的投資，不再會有君主一時興起拒絕兌付的危險。「信教自由令」雖然讓舊教徒和非國教會派仍舊要受種種資格限制，卻結束了實際的迫害。外交政策變得堅定地反法蘭西，除開一些短暫的中斷期之外，一直維持到拿破崙覆敗時為止。

---

⑦ 即詹姆士的女婿荷蘭執政者威廉（William，西元一六五〇－一七〇二年），稱威廉三世（William Ⅲ，西元一六八八－一七〇二年）。——譯者

第十三章　洛克的認識論

約翰・洛克（John Locke，西元一六三二—一七〇四年）是一切革命當中最溫和又最成功的西元一六八八年英國革命①的宣導者。這個革命的目的雖然有限，可是目的都完全達到了，以後在英國至今也不感覺有任何革命的必要。洛克忠實地表達出這個革命的精神，他的著作大部分就是在西元一六八八年後幾年以內問世的。他的理論哲學要著《人類理智論》（*Essay Concerning Human Understanding*）西元一六八七年完稿，西元一六九〇年出版。他的《論寬容的第一書簡》（*First Letter on Toleration*）最初是西元一六八九年在荷蘭用拉丁文發表的，早在一六八三年洛克就爲慎重計退避到那個國家了。《論寬容》的後續二書簡在西元一六九〇年和一六九二年發表。他的兩篇《政治論》（*Treatises on Government*）在西元一六八九年獲得了印行許可，隨後立即出版。他的《論教育》（*Education*）一書是西元一六九三年刊行的。洛克雖然長壽，但他的有影響的作品的寫成和出版全部限於西元一六八七年到一六九三年這少數幾年。成功的革命對它的信仰者是鼓舞的。

① 即通常所謂的英國「光榮革命」。——譯者

洛克的父親是個清教徒，參加國會一方作過戰。在克倫威爾時代，洛克正上牛津大學，這大學在哲學主張方面仍舊是經院派本色；洛克既憎惡經院哲學，又憎惡獨立教會派的狂熱。他受到笛卡兒很深的影響。洛克做了醫生，他的恩主就是德萊頓筆下的「阿契托弗」②——沙夫次伯利勛爵。西元一六八三年沙夫次伯利倒敗時，洛克隨同他逃亡荷蘭，③在那裡居留到光榮革命的時候。革命之後，除有幾年他是在商業部供職不算，他獻身於著述事業和因爲他的書而起的無數場論爭。

在西元一六八八年革命前的年月裡，洛克如不冒重大危險，不管在理論方面或在實際事情上都不能參與英國政治，他撰作《人類理智論》度過了那些年頭。這是洛克的最重要的一部書，而且就是他的名聲穩穩倚靠著的那本書；但是他對政治哲學的影響十分重大、十分長遠，所以必須把他看成不但是認識論中經驗主義的奠基者，同樣也是哲學上的自由主義的始祖。

洛克是哲學家裡面最幸運的人。他本國的政權落入了和他抱同樣政見的人的掌握，恰在

---

② 德萊頓（John Dryden，西元一六三一—一七〇〇年）：英國王政復辟時代的詩人、批評家。他在西元一六八一年發表了一篇政治諷刺詩〈阿布薩倫與阿契托弗〉（*Absalom and Achitophel*），詩中狡黠陰險的阿契托弗影射著沙夫次伯利勛爵。——譯者

③ 這裡的說法恐與事實不符。據一般記載，沙夫次伯利於西元一六八二年的政治陰謀敗露後逃往國外，十二月初到達阿姆斯特丹，翌年一月即去世。洛克在沙夫次伯利逃亡後仍留英國，西元一六八三年離去，西元一六八四年初才到達荷蘭。——譯者

這時候他完成了自己的理論哲學著作。在實踐和理論兩方面，他主張的意見這以後許多年間是最有魄力威望的政治家和哲學家們所奉從的。他的政治學說，加上孟德斯鳩的發展，深深地留在美國憲法中，每逢總統和國會之間發生爭論，就看得見這學說在起作用。英國憲法直到大約五十年前爲止，拿他的學說作基礎；西元一八七一年法國人所採訂的那部憲法也如此。

在西元十八世紀的法國，洛克的感召力其大無比，從根本上說是伏爾泰帶來的；因爲伏爾泰青年時代在英國度過一些時候，他在《哲學書簡》（*Lettres philosophiques*）中向自己的同胞解說了英國思想。當時philosophes（哲人們）[4]及穩健派改革家信奉洛克，過激派革命者信奉盧梭。洛克的法國信徒是否正確不談，總相信洛克的認識論同他的政治學說是有密切關聯的。

在英國，這種關聯倒不那麼明顯。他的兩個最著名的信徒：貝克萊在政治上不重要，休姆是一個在他的《英國史》（*History of England*）中發表反動見解的托利黨員。但是康德時代以後，德國的唯心論開始影響英國思想，哲學和政治之間又有了一種關聯：大致講，追隨德國人的哲學家們爲保守黨，而邊沁派是急進派，則屬於洛克的傳統。不過這種相互關係也不是一成不變的；例如：T. H. 格林[5]是自由黨人，卻是個唯心論者。

---

④ 法語中「philosophe」一字有時特指西元十八世紀法國的「啓蒙思想家」，例如：伏爾泰、盧梭、孔多塞、孔狄亞克等人，和英語中的「philosopher」（哲學家）含義不同。——譯者

⑤ 格林（Thomas Hill Green，西元一八三六—一八八二年）：英國新康德派和新黑格爾派的哲學家。——譯者

不但洛克的正確意見在實際事情上有用，而且連他的種種錯誤在實際事情上也有用處。比如，我們來看他的主性質與次性質之說。主性質照他定義就是和物體不可分離的那些性質，依他列舉，有充實性、廣延性、形狀、運動或靜止，及數目。次性質即其他各種性質：顏色、聲音、氣味等。他主張，主性質實際就在物體裡；反之，次性質僅只在知覺者中。假使沒眼睛，就無所謂顏色；沒有耳朵，就談不到聲音，諸如此類。洛克的次性質看法是有充分理由的——黃疸病⑥、藍色眼鏡等等。但是，貝克萊指出，這套道理對主性質也適用。自從貝克萊以來，關於這一點洛克的二元論在哲學上已經過時了。儘管如此，一直到現代有量子論興起時爲止，它支配著實際的物理學。不但物理學家們或明說或默認，總拿它當假定，而且它到底成爲許多極重大的發現的一個根源，有了豐碩的結果。主張物理世界僅是由運動著的物質構成的這種理論，是一般承認的聲學、熱學、光學、電學理論的基礎。這個理論不管在理論上錯誤到何等地步，按實效講是有用的。這一點正是洛克學說的特點。

《人類理智論》中所表現的洛克哲學，通體上有某種優點，也有某種劣點。優點和劣點同樣都有用：那種劣點從理論上的觀點來看才算劣點。洛克一貫通情達理，一貫寧可犧牲邏輯也不願意發奇僻的悖論。他發表了一些一般原理，讀者總不會看不出，那都是可能推出來怪結論的；但是每當怪結論好像就要露頭的時候，洛克卻用溫和的態度迴避開。對一個邏輯家來說，

⑥ 患黃疸病的人看一切東西都是黃的。——譯者

這是惹人惱火的；在務實的人看來，這是判斷力健全的證據。既然世界實際上是什麼就是什麼，可見從牢靠的原理出發，進行妥當的推論，不會推出錯誤來；但是一條原理盡可以十分近乎正確，在理論方面值得尊重，然而仍可能產生我們感覺荒謬的實際結論。於是在哲學中運用常識這件事便有了理由，但也只是表明只要我們的理論原則的結論，依據我們感覺無可爭辯的常識來斷定是不合理的，這些原則便不會十分正確。理論家或許反駁說，平常見識和邏輯一樣談不上絕對無誤。不過，儘管貝克萊和休姆作了這種反駁，它和洛克的思想氣質總是完全不相合的。

少獨斷精神爲洛克的特質，由他傳留給整個自由主義運動。有不多幾個確實項：自己存在、神存在、數學是眞理，他從前人繼承過來。但是他的學說與前輩們的學說只要有所不同，旨趣總是在於說：眞理難明，一個明白道理的人是抱著幾分懷疑主張己見的。這種精神氣質顯然和宗教寬容，和議會民主政治的成功，和自由放任主義以及自由主義的整個一套準則都有連帶關係。儘管洛克是虔心深厚的人，是一個信啓示爲知識之源的熱誠的基督教信徒，他仍舊給聲言的啓示加上一重理性保證。有一回他說：「僅只有啓示的證據，便是最高的確實性」，但是另有一回，他說：「啓示必須由理性裁斷。」因此，終究理性還是高於一切。

書裡的〈論熱忱〉一章，在這方面頗有啓發性。「熱忱」一詞在當時的含義和現在不同；它指相信宗教領袖或他的門徒受到個人啓示。它是干政復辟時代被擊敗的各宗派的特徵。如果有許許多多這樣的個人啓示，彼此都不一致，這時候所謂眞理，或人認作的眞理，便成爲純個人的眞理，喪失其社會性。洛克把愛眞理這件事看得萬分重要；愛眞理和愛某個被宣稱爲眞理的個別學說是大不相同的事。他說，愛眞理的一個確實的標誌是「抱任何主張時不懷有超出這主張依據的證明所能保證的自信。」他說，動輒唐突指教人，這種態度表現缺乏愛眞理精神。「熱忱拋開理性，要不藉理性來樹立啓示；這一來它實際把理性和啓示都取消，換上人自己腦子裡的毫無根據的空想。」帶有憂鬱或自負的人往往容易「確信與神直接交通」。因而千奇百怪的行動和意見都獲得了神明的裁可，這慫恿了「人的懶惰、無知和虛榮」。洛克拿上面已經引過的「啓示必須由理性裁斷」那條大原則結束這一章。

洛克用「理性」所指的意思，必得從他的全書去推量。不錯，確有叫〈論理性〉的一章，但是這一章主要是想證明理性不是由三段論推理作成的，全章大意總括成這句話：「神對人類向來並不那麼吝嗇：把人僅只造成兩足動物，留待亞里斯多德使他有理性。」按洛克對「理性」一詞的用法，理性包括兩部分：其一，關於我們確實知道哪些事物的一種考察；其二，對某些主張的研究：這些主張雖然只有蓋然性而沒有確實性作爲支持，但是在實踐上以承認它爲聰明。他說：「蓋然性的根據有二，即與我們自己的經驗一致，或旁人的經驗的證據。」他說起，暹羅王當歐洲人對他提到冰的時候，就不再相信他們對他所講的事了。

在〈論同意的程度〉一章中他說，對任何主張，我們給予它的同意程度應當取決於支持它的蓋然性的根據。他在指出我們常常須根據缺乏確實性的蓋然性而行動之後說，這點的正當運用就是「相互間的寬厚和容忍。人們縱非全體，也是絕大部分都不可避免地總要抱有種種意見，而並沒有確鑿無疑的證據證明這些意見是正確的；而人們如果在旁人剛一提出自己不能當即回答、指明其缺陷的議論，便棄捨個人先前的主張，這也要招致無知、輕浮或愚昧等嚴厲的非難；所以既然如此，依愚見一切人似乎宜在意見紛紜當中維持平和，守人情與友愛的共同義務，因爲我們依理無法指望有某人竟欣然卑屈地放棄個人的見解，盲目順從人類理智所不承認的威信，這樣來採納我們的見解。因爲人的意見不管怎樣常常錯誤，但是除理性之外不會順從任何嚮導，也不能盲目屈服在他人的意志和指示之下。假如你願意某人轉信你的意見，而他是一個未表同意之前先要考究的人，你就得容他有暇時把你的話再推敲一遍，讓他回想起從記憶中消失的事情，審查各個詳情細節，看優點究竟在哪一方；假如他認爲我們的議論不夠重要，不重新再費那許多苦心，那也無非是在同樣情況下我們自己時常採取的態度；假若旁人竟要給我們指定哪些點我們必須研究，我們也會怫然不悅的；假如他是一個不問證據、一味相信旁人意見的人，我們又怎能設想他會捨棄那歲月和習俗在他的心中深深種下的、使他認爲不證自明、確鑿無疑的信念；或者捨棄他認爲就是得自神本身或得自神的使者的印象的那些主張？試想我們又怎能指望如此固定下來的意見竟會在一個生人或論敵的議論或威信之前退避三舍？假若他猜疑你懷有私心或企圖，尤其如此；人發覺自己遭受恶待時，總要產生這念頭。我們正應該悲憫我們相互間的無知，在一切溫和而正派的說服中除去這種無知，不可因爲旁人不肯放棄自己的意見，接受我們的意見（或至少說我們強要他接受的意見），就立刻以爲旁人頑固不化而惡待旁人；在這種場合，幾乎可以肯定，我們不接受旁人的一些意見時，其頑固也不亞於旁人。因爲哪裡有這樣一個人：持有無可爭辯的證據證明他所主張的一切全正確、他所非難的一切全錯誤；或者，哪裡有這樣一個人：能說他把所有他個人的意見或旁人的意見全澈底研究過了？在我們所處的這個匆促無常的行動和盲目的狀態中，沒有認識而往往只有極少的根據也必須相信，這點就應當使我們多勤於精心培養自己的知識而少約束別人。……我們有理由認爲，人假使自己多知道一些事理，對他人就少顯一分神氣」。⑦

到此我只談了《人類理智論》的末尾各章，在這幾章裡，洛克由前面他對人類認識的本性與界限所作的理論考察汲取道德教訓。現在該來研究在上述這個比較純粹的哲學問題上，他要講的一些話。

一般說，洛克對形而上學是蔑視的。關於萊布尼茲的一些思想，他寫信給一個朋友說：「你我都玩夠了這類無聊的鬧耍。」「實體」概念在當時的形而上學中占統治地位，洛克卻認爲它含混無用，但是他並沒有大膽把它完全否定。他承認支持神存在的種種形而上學證明是站得住的，可是他並不在這些證明上大做文章，對它們似乎有點不很愜意。每當他表述新的思想，不僅僅在重複傳統東西的時候，他總是從具體細節而不從大的抽象概念進行思考。他的哲學好像科學工作，是片段累積成的，不像西元十七世紀的大陸哲學那些個大系統那麼莊嚴巍峨，渾然一體。

洛克可以看作是經驗主義的始祖，所謂經驗主義即這樣一種學說：我們的全部知識（邏輯和數學或許除外）都是由經驗來的。因此，《人類理智論》第一卷就是要一反柏拉圖、笛卡兒及經院哲學家，論述沒有天生的觀念或天賦的原則。在第二卷中他開始詳細說明經驗如何產生

⑦《人類理智論》，第四卷，第十六章，第四節。

不同種類的觀念。他在否定了天生的觀念之後，說：

「那麼我們且設想心靈比如說是白紙，沒有一切文字、不帶任何觀念；它何以裝備上了這些東西呢？人的忙碌而廣大無際的想像力幾乎以無窮的樣式在那張白紙上描繪了的龐大蓄積是從何處得來的？它從哪裡獲有全部的推理材料和知識？對此我用一語回答，從經驗：我們的一切知識都在經驗裡紮著根基，知識歸根結蒂由經驗而來。」（第二卷，第一章，第二節）

我們的觀念出於兩個來源：（一）感覺作用，（二）對我們自己的心靈的活動的知覺，這可以稱作「內感」。既然我們只能藉助觀念進行思考，既然所有觀念都是從經驗來的，所以顯然我們的任何知識不能先於經驗。

他說，知覺作用是「走向認識的第一步和第一階段，是認識的全部材料的入口」。在現代人來看，會覺得這幾乎是不必說的道理，因爲至少在英語國家中，這已經成爲有教育者的常識的一部分。但是在洛克時代，心靈據設想先驗地認識一切種類的事物，他宣導的認識完全依賴知覺作用，還是一個革命性的新說。在〈泰阿泰德〉篇中，柏拉圖曾著手批駁認識與知覺作用的同一化；從柏拉圖時代以來，幾乎所有的哲學家，最後直到笛卡兒和萊布尼茲，都論說我們的最可貴的知識有許多不是從經驗來的。所以洛克的澈底經驗主義是一個大膽的革新。

《人類理智論》第三卷討論言語，主要是企圖說明形而上學家提出的所謂關於宇宙的知識，純粹是詞句上的東西。第三章〈論一般名詞〉在共相問題上採取了極端的唯名論立場。凡存在的一切事物都是殊相，然而我們卻能構成類如「人」這種適用於許多殊相的一般觀念，給這些一般觀念我們可以加上名稱。一般觀念的一般性完全在乎它適用於，或可能適用於種種特殊事物；一般觀念作爲我們心中的觀念，就其本身的存在而言，和其他一切存在的事物是同樣特殊的東西。

第三卷第六章〈論實體的名稱〉是要駁斥經院哲學的本質說。各種東西**也可能**具有實在的本質，那便是它們的物理構造，但是這種構造大致說來是我們不知曉的，也不是經院哲學家所談的「本質」。我們所能知道的那種本質純粹是詞句問題；僅在於給一般名詞下定義而已。例如：議論物體的本質只是廣延性呢，或者是廣延性加上充實性呢，等於議論字眼：我們把「物體」一詞照這樣定義或照那樣定義均無不可，只要我們死守住定義，絕不會出任何弊病。判然不同的各品類並不是自然界中的事實，而是語言上的事實；不同的各品類乃是「連帶有不同名稱的不同的複合觀念」。固然，自然界中有著各種相異的東西，但是這差異是通過連續的漸次推移表現出來的：「人藉以區分各品類的品類界限原是人定的。」他繼而舉出一些怪物實例，就這些怪物說是否算人尚有疑問。這種觀點在達爾文令一般人信服而採納了漸變進化論之前，向來不是普遍承認的。只有自己讓經院哲學家折磨苦了的那些人，才會領略到它清除了多少形而上學的破爛廢品。

經驗主義和唯心主義同樣都面臨著一個問題，迄今哲學一直沒找到滿意的解答；那就是說明我們對自身以外的事物和對我們自己的心靈活動如何有認識的問題。洛克探討了這個問題，但是他發表的意見十分明顯讓人不能滿意。在有一處⑧，據他講：「因爲心靈在其一切思維與

⑧《人類理智論》，第四卷，第一章。

推理方面，除只有自己默省或能默省的各個觀念而外別無直接對象，所以很明白，我們的認識只和這些觀念有關。」又說：「認識即關於二觀念相符或不符的知覺。」由這點似乎可以直接推斷，關於其他人的存在或物質界的存在，我們無法知道，因爲這兩樣即使存在，也不僅僅是我的心靈中的觀念。這麼一來，就認識而論，我們每個人必定被關閉在自身範圍以內，與外界割斷一切接觸。

可是這是悖論，而洛克跟悖論總不願有半點瓜葛。因此，他在另一章中又敘述了和前一個學說完全矛盾的不同的說。他講，關於實在的存在，我們有三類知識。我們對自身存在的知識是直覺知識，我們對神存在的知識是論證知識，我們對呈現於感官的事物的知識是感覺知識（第四卷，第三章）。

在以下一章裡，他多少察覺到這種自相矛盾。他提出，有某人也許說：「假若認識在於觀念之間的相符，那麼熱狂者和理智清醒的人就處在同一個等位上了。」他答道：在觀念與事物相符方面並不如此。他於是轉而議論一切單純觀念必定與事物相符，因爲「我們已經說明了，心靈絕不能給自己作出」任何單純觀念，這種觀念全是「事物按自然方式作用於心靈上的產物」。談到關於實體的複合觀念，「我們關於實體的一切複合觀念必定是（而且只能是）由已發現共存於自然界中的那種單純觀念所組成的」。我們除了(1)憑直覺，(2)憑理性，考察兩個觀念相符或不符，(3)「憑感覺作用，感知個別事物的存在」，之外，不能有任何知識（第四卷，第三章，第二節）。

在所有這些話裡，洛克假定以下的事情爲已知。他稱之爲感覺的某種精神現象在本身以外具有原因，而這種原因至少在一定程度上和在某些方面與其結果——感覺是相像的。但是遵照經驗主義的原則來講，這點怎麼可能知道呢？我們經驗到了感覺，但沒經驗到感覺的原因；即使我們的感覺是自發產生的，我們的經驗也會完全一樣。相信感覺具有原因，更甚的是相信感覺和它的原因相似，這種信念倘若要主張，就必須在和經驗完全不相干的基礎上去主張。「認識即關於二觀念相符或不符的知覺」這個見解正是洛克有資格主張的見解，而他所以能逃避開這見解必然帶來的悖論，憑藉的卻是那麼嚴重的一種矛盾，只由於他堅決固守常識，才讓他看不見這種矛盾。

這個難題到如今一直是經驗主義的麻煩。休姆把感覺具有外部原因這個假定拋棄，從而除掉了它；但是每當他一忘記自己的原則，連他也保留這個假定，這原是極常有的事。他的那條基本準則：「沒有任何觀念不具有前行印象」是從洛克接手過來的，可是這條準則只在我們認爲印象具有外部原因的限度內才似乎有道理，因爲「印象」一詞本身就讓人情不自禁地聯想到外部原因。而如果休姆達到了某個程度的首尾一貫，這時候他就悖理得荒唐。

至今還沒有人創造成功一種既可信賴同時又自圓其說的哲學。洛克追求可信，以犧牲首尾一貫而達到了可信。大部分的偉大哲學家一向做得和洛克正相反。不能自圓其說的哲學絕不會完全正確，但是自圓其說的哲學滿可以全盤錯誤。最富有結果的各派哲學向來包含著顯眼的自相矛盾，但是正爲了這個緣故才部分正確。我們沒有任何理由設想一個自圓其說的體系就比像洛克的那種顯然有些錯誤的體系含有較多的眞理。

洛克的道德原則，一部分就它的本身講，一部分當作邊沁的前驅看，都很有意思。我所說的他的道德原則，並不指他實際爲人的道德性向，而是指關於人如何行事和應當如何行事，他的一般理論。洛克如同邊沁，是一個滿懷親切感情的人，然而他卻認爲一切人（包括他自己）在行爲上必定總是完全被追求個人幸福或快樂的欲望所驅使。略引幾段話可以說明這點。

「事物或善或惡，那是僅就快樂或痛苦而言。凡易於讓我們產生快樂或增大快樂，或者減少痛苦的事物，我們稱之爲『善』。」

「激起欲望的是什麼？我答道，是幸福，僅是幸福。」

「充量的幸福就是我們有分領受的最大快樂。」

「追求眞幸福的必要〔乃是〕一切自由的基礎。」

「捨善從惡〔是〕明顯的錯誤判斷。」

「控制我們的熾情〔即是〕正當地改善自由。」⑨

這些話裡面最末一句看來似乎是依據來世報賞懲罰之說的。神制定下了某些道德規律；恪守這些規律的人進天堂，干犯規律的人保不住要入地獄。因此，有遠慮的快樂追尋者便要有道德。隨著罪爲地獄之門這種信念的衰微，就比較難提出一個支持有德生活的純利己的理由了。

⑨ 以上所引各句都見於第二卷，第二十章。

邊沁是自由思想家，把人間的制法者換到神的位置上：調和公眾利益和私人利益是法律和社會制度的任務，因而在每個人追求個人幸福的時候，也應當強使他爲總體幸福盡一份力。但是這還不如藉助天堂地獄做到的公私利益的調和圓滿，不僅因爲制法者不總是英明或有道德的，而且因爲人間政府也不是全知的。

洛克也只好承認一件明顯的事：人並非總按照依理來推測多半會確保他有最大快樂的方式行動的。我們對現時的快樂比對將來的快樂更重視，對最近將來的快樂比對邈遠將來的快樂更重視。也不妨說（洛克未這樣說）利息利率就是未來快樂一般折扣的一個數量標度。假令一年後花用一千鎊的預想和現下花用一千鎊的念頭同樣愉快，那麼我就不必要因爲延擱了我的快樂而讓人付我錢。洛克承認，虔誠的信徒也時常犯按自己的信條說來使他們有入地獄危險的罪。大家全知道一些人遲遲不去見牙醫，假使他們在從事對快樂的合理追求，本來是不會遲延那麼久的。可見，即使求快樂或避免痛苦是我們的動機，那也必須追補一句：依快樂或苦痛在未來的遠近爲準，快樂削減它的魅力，苦痛喪失它的可怕。

因爲按洛克的意見，自我利益和全體利益一致只是就長遠而言，所以要緊的是人應該盡可能以自己的長遠利益爲指南。也就是說，人當有遠慮。遠慮是仍待宣導的唯一美德，因爲一切失德都是失於遠慮。強調遠慮，是自由主義的特色。它和資本主義的興盛有連帶關係，因爲有遠慮的人發財致富，而沒遠慮的人貧困下去，或貧困如故。這又和新教中的某些種虔誠有關係：爲進天堂而講善德和爲投資而儲蓄，在心理上是極其類似的。

公私利益的調和這種信念，是自由主義的特色，在洛克講的它所具有的神學基礎崩潰後仍然長時存在。

洛克講，自由依靠追求眞幸福的必要以及控制我們的熾情。這個意見是他從自己的以下學說推出來的：公私利益固然在短時期內未必一致，長遠下去是合一的。由這個學說可見，假若有一個社會，由一律是既虔誠又有遠慮的公民組成的，那麼給他們以自由，他們都會按促進公益的方式行動。那樣，就不必要有約束他們的人間法律，因爲神律已經夠了。一個從來善良而現在動念要做劫路強盜的人，會對自己說：「我也許逃得過人間法官，但是我在天曹法官的手下難逃懲罰。」因此他會放棄他的惡孽陰謀，好像確信要被員警捉獲般地去過善良的生活。所以，在遠慮和虔誠普遍存在的情況下，法的自由才可能完全實現；在其他場合，缺少不了刑法加給人的約束。

洛克一再申述道德是可能論證的，但是他沒把這想法充分發揮到可望做到的程度。最重要的一段文字是：

「**道德可能論證**。在權能、善性和智慧方面是無限的，而且我們是它的創造物並依賴著它——這樣一個太上存在者[⑩]的觀念，和作爲有理解力、有理性的存在者的我們自身這種觀念，都是在我們心中明白有的觀念，所以我以爲，如果加以適當的考察和探索，會做成我們的義務與行動規則的那種基礎，使得道德列置在可能論證的諸科學當中。在下述這點上我不懷疑：凡

---

⑩ 指上帝。——譯者

是對這些科學當中之一和另一，同樣無偏頗、同樣注意去研究的人，我們由自明的命題，借如同數學裡的推理一樣無爭辯餘地的必然推理，可以使他明白是非的尺度。和數目及廣延性的關係一樣，其他樣態間的關係也會確實被感察到：那麼我就不了解，假若想出考核或探索這些樣態間的相符或不符的恰當方法，爲什麼它們不也是可能論證的。『無占有，則無不義』，這是個和幾何中任何證明同樣確實的命題：因爲占有觀念就是對某事物有權利，而加上『不義』這名稱的觀念即侵犯或破壞那種權利，顯而易見，這兩個觀念如此確立起來，再把這兩個名稱跟它們連結上之後，我就可以如同確知三角形具有共等於二直角的三個角一樣，確知這個命題是眞的。又如，『任何政治也不許可絕對自由』：政治這個觀念就是根據某些要求人遵奉的規則或法律建立社會，而絕對自由觀念乃是任何人爲所欲爲。我能夠像確信數學中任何命題的正確性一樣確信這命題的正確性。」⑪

這段話讓人迷惑不解，因爲起初似乎把道德律說得依據神命，但是在舉的例子裡又隱示道德律是分析命題。據我想，實際上洛克認爲倫理學中有些部分是分析命題，其他一些部分則依據神命。另外一個讓人惶惑不解的地方是，所舉的例子似乎根本不是倫理命題。

還有一個難點，我們總能希望考察一下。神學家們一般主張神命不是隨心所欲的，而是在神的善性和智慧下感發出來的。這便要求先於神命，必須有某種「善」的概念，促成了神不發

⑪《人類理智論》，第四卷，第三章，第十八節。

其他神命，獨獨發出那些神命。這種概念會是什麼，從洛克的著作裡是不可能發現到的。他所講的是，有遠慮的人如此這般地行動，因爲否則神會降罰給他；但是關於爲什麼某些行動應當受懲罰，而不是相反的行動該受懲罰，洛克讓我們完全蒙在鼓裡。

洛克的倫理學說當然是無法給它辯護的。把遠慮看成是唯一美德的學說體系中就有某種招人厭感的地方，撇開這點不說，對他的理論還有一些比較非感情的反對理由。

首先，說人只希求快樂，這是因果倒置。不管我可巧希求什麼，得到它我就要感覺快樂；但是通常，快樂由於欲望，不是欲望由於快樂。像被虐狂者⑫那樣，希求痛苦也是可能有的；在這種情況，滿足欲望仍舊有快樂，然而快樂裡混合著它反面的東西。即使按洛克自己的學說講，人也不就是希求快樂，因爲最近的快樂比渺遠的快樂更是人所希求的。假如道德眞像洛克和他的門徒努力以求的那樣，能由欲望的心理學推演出來，就不會有理由非難把遙遠快樂打折扣，或有理由把遠慮當一個道德義務來堅持主張了。簡括說來，洛克的議論是：「我們只希求快樂。但是實際上，有許多人並不就是希求快樂，而是希求最近的快樂。這件事違反我們講的他們就是希求快樂的學說，所以是不道德的。」幾乎所有的哲學家在他們的倫理學體系中都首先立下錯誤的一說，然後再主張「不道德」便是照足以證明這一說錯誤的那種做法去行動，可是假使該學說當眞正確，這件事根本就辦不到。在這種類型中，洛克便是一個實例。

⑫「被虐狂」據說是一種性心理變態，以受異性的痛苦虐待為樂。——譯者

第十四章　洛克的政治哲學

第一節　世襲主義

西元一六八八年英國革命剛過後，在西元一六八九年和一六九〇年，洛克寫了他的兩篇〈政治論〉，其中特別第二篇在政治思想史上非常重要。

這兩篇論著中頭一篇是對世襲權力說的批評。它是給羅伯特·費爾默爵士①的《先祖論即論國王之自然權》（*Patriarcha: or The Natural Power of Kings*）一書作的答辯，那本書出版於西元一六八〇年，不過是在查理一世治下寫成的。羅伯特·費爾默爵士是一位王權神授說的赤誠擁護者，殊不幸活到了西元一六五三年，因爲處決查理一世和克倫威爾的勝利，他想必感到刻骨傷心。但是，《先祖論》的撰寫雖說不比內戰早，倒還在這些慘痛事以前，所以書中自然要表現理會到顛覆性學說的存在。那種學說，如費爾默所說，在西元一六四〇年就不新鮮。事實上，新教的和舊教的神學家們，雙方在個別跟舊教徒君主及新教徒君主的爭執中，都曾經激烈主張臣民有反抗無道昏君的權利，他們寫的東西供給了羅伯特爵士豐富的論戰材料。

---

① 羅伯特·費爾默爵士（Sir Robert Filmer，西元一五八九—一六五三年）：英國政治思想家。——譯者

羅伯特・費爾默爵士的爵士封號是查理一世授予的，他的家宅據說遭國會黨人搶掠過十次。他以爲諾亞上航地中海，將非洲、亞洲和歐洲各分派給含、閃和雅弗②，未見得不實有其事。他主張，依照英國憲法說，上院無非是向國王進忠言，下院的許可權更小；他講，獨有國王制定法律，因爲法律全然是由他的意志發出來的。據費爾默說，爲王的完全不受一切人間的管制，而且不能以他的先人的法令束縛他，甚至不能以他自己的法令束縛他，因爲「人給自身定法律，是萬不可能有的事」。

這些見解表明，費爾默屬於神授權說派中頂極端的一流人物。

《先祖論》開篇是駁擊這樣一種「俗見」：「人類稟受天賦，生來就有免於一切隸屬的自由，得隨意選擇自己所好的政治形式，任何一個人對他人的支配權，最初都是按照群眾的裁奪授予的。」費爾默說：「這一說起初是在講所③中謀劃出來的。」依他說，眞相全非如此；那是這樣：原來神把王權授給了亞當，王權由亞當下傳給他的歷代繼承人，最後到了近世各個君主手裡。他確斷地說，現下當國王的「或者就是，或者該看成是，最初爲全人類生身父母的那

② 含、閃、雅弗是諾亞的三個兒子。見《舊約・創世記》，第五章，第三十二節。——譯者

③ 指中世紀時講授邏輯、形而上學、神學的場所。——譯者

兩位元始先祖④的隔代繼承人」。看來，我們的元祖⑤並未充分欣賞他作世間一統王的特權，因爲「求自由的欲望乃是亞當墮落的第一個原因」。求自由的欲望是羅伯特・費爾默爵士認爲邪惡的一種感情。

查理一世的要求，他那一方的大軸主角們的要求，比以前的時代會容許給國王的還有過之而無不及。費爾默指出，英格蘭耶穌會士帕森斯（Parsons）和蘇格蘭喀爾文派信徒布肯南（Buchanan），雖然在旁的事情上幾乎意見從不一致，卻雙雙主張君王亂政可以由臣民廢黜。不用說，帕森斯心裡想著奉新教的伊莉莎白女王，布肯南心裡想著蘇格蘭的舊教徒女王瑪麗。布肯南的學說由成功認可了⑥，但是帕森斯的學說由於他的同僚坎平⑦處死刑而被駁倒。

還在宗教改革以前，神學家們就往往相信限制王權是好事。這是大半個中世紀內，遍及歐洲如火如荼的教會與國家的鬥爭的一部分。在這場鬥爭中，國家靠武裝力量，教會憑仗聰明和神聖。教會在兼有這兩美的期間，鬥爭勝利；等它一鬧得只有聰明時，就落了敗局。但是虔心深誠的名士們所發的反對國王權力的言論，在記載上還留著，那固然本意是爲了教皇的利益，

④ 指亞當與夏娃。——譯者
⑤ 指亞當。——譯者
⑥ 指瑪麗女王被伊莉莎白處死。——譯者
⑦ 坎平（Edmund Campion，西元一五三九—一五八一年）：英國耶穌會士，因反對英國國教會，被處絞刑。——譯者

用來支持臣民的自治權也無不可。費爾默說：「陰險狡猾的經院學者們，定要把國王猛貶到教皇的下位，認爲最穩妥的手段莫過於將臣民抬舉到國王之上，好讓教皇權代替王權。」他引述神學家貝拉民（Bellarmine）的話，貝拉民講俗權是由人授給的（即是說，非由神授給的），「只要臣民不把它授給國君，這權力就在臣民中間」；依費爾默說，這一來貝拉民「讓神成了一個民主階層的一手創造者」。這在他覺得其荒謬絕倫，有如說神是布林什維主義的一手創造者，讓現代的富豪財閥聽來的感覺一樣。

費爾默講政治權力的由來本末，不從任何契約講起，也不從關於公益的什麼理由出發，卻完全追溯到父親對兒女的威權。他的見解是：帝王威權的本源在兒女服從父母；《創世記》中的那些先祖們就是君主；做國王的是亞當的後代繼承人，最低限度也該把他們以這等人看待；國王的當然權利與父親的當然權利一樣；在本性上，兒子永遠脫不開父權，即便兒子長大成人，而父親已老朽不堪。

整個這套說法，在現代人想來，覺得眞荒誕離奇，難相信它還是鄭重主張的說法。我們不習慣從亞當與夏娃的故事追政治權利的老根。我們認爲，兒子或女兒夠二十一歲時，親權應該完全終止，這之前親權必須受國家以及兒輩們漸次獲得的獨立發言權很嚴格的限制，這都是明白的道理。我們承認，做母親的和父親至少有相等的權利。但是，撇開這種種理由不談，除了在日本外，現代人哪個也不會想起來假定政治權力在什麼地方應當和父母對兒女的支配權等量齊觀。確實，在日本仍然信奉著和費爾默學說酷似的一說，所有教授及中小學教師必須講授這說法。天皇的血統可以上溯到太陽女神，他便是這女神的後代繼承人；其他日本人也是女神的苗裔，然而屬於她的家系裡的末支。因此天皇是神，凡違抗天皇就叫瀆神。這一說大體上是西元一八六八年[8]的杜撰，但現下在日本託稱是自從開天闢地口傳下來的。

硬栽給歐洲一個同樣的說法，這個打算——費爾默的《先祖論》即其中一部分——失敗了。什麼緣故？承認這種說法，是絕不違反人性的事；例如：除日本而外，古代的埃及人，被西班牙征服以前的墨西哥人、祕魯人，都信奉過這說法。在人類演進的某個階段，這種說法自然而然。斯圖亞特朝的英國已經過了這個階段，但是現代的日本沒有過。

在英國神授權學說的失敗，由於兩大原因。一是教派雜多；二是君主、貴族和上層資產階級之間的權力爭鬥。談到宗教，從亨利八世在位的時代以後，英王為英國教會的首腦，這教會既反對天主教，又反對大部分新教宗派。英國教會自誇是折中派；欽定英譯本聖經的序文開頭是：「我英倫教會自從最初編纂通用祈禱書以來，一向在兩極端之間保守中庸，是為其英明所在。」總的說來，這個折中投合了大多數人的心意。瑪麗女王和詹姆士二世國王竭力要把國民拖向羅馬一邊，內戰中的勝利者們竭力要把國民拖到日內瓦[9]去，但是這些個打算都終於失敗，到西元一六八八年以後，英國教會的勢力就不可動搖了。然而，它的反對派也存留下來。尤其是，非國教派信徒們是一些銳氣勃勃的人，而且在勢力正不斷增長的富商與銀行家中間為

---

[8] 明治元年。——譯者

[9] 日內瓦在宗教改革運動中占領導地位，一般把它看成是新教的大本營。——譯者

數很多。

國王的神學立場有些獨特，因爲他不但是英國國教會的首領，也是蘇格蘭教會的首領。在英格蘭，他得信賴主教，排斥喀爾文派教義；在蘇格蘭，他得排斥主教，信仰喀爾文派教義。斯圖亞特朝的國王們有純正堅定的宗教信仰，因此他們便不可能抱這種陰陽兩面的態度，讓他們在蘇格蘭比在英格蘭更傷腦筋。但是從西元一六八八年以後，爲了政治上的便宜，國王們默許同時奉兩種宗教。這有礙宗教熱忱，也使人難以把他們看成神化的人物了。反正，無論天主教徒或非國教派信徒，都不能默認代表君主政治的任何宗教主張。

國王、貴族和富裕中產階級三方面，在不同時代結成不同的聯盟。在愛德華四世和路易十一世治下，國王與中產階級聯合反對貴族；在路易十四時代，國王聯合貴族對抗中產階級；在西元一六八八年的英國，貴族跟中產階級合起來反國王。國王若有另外兩派之一和他一氣，他勢力強大；如果兩派聯合起來反對他，他就勢孤力薄了。

特別因爲以上種種緣故，洛克要摧毀費爾默的議論毫無困難。

在說理方面，洛克當然是輕而易舉的。他指出，即便要講的是親權，那麼母親的權力也應當和父親的相等。他力言長子繼承法的不公道，可是假使要拿世襲作君主制的基礎，那是避免不了的。所謂現存的君主們從某種實際意義上講是亞當的後代繼承人，洛克嘲弄這種說法的無知可笑。亞當只能有一個後代繼承人，可是誰也不曉得是哪一個。他問道，費爾默是不是要主張，假若能發現那個眞繼承人，現有的全體君主都該把王冠奉置在他的足前？倘若承認了費爾默講的君主制基礎，所有國王，至多除一個而外，全成了篡位者，完全無資格要求**現實**治下的臣民服從。他說，何況父權也是一時的權力，而且不及於生命和財產。

照洛克講，其餘的基本根據且不談，即憑以上這種理由，就不能承認世襲制為合法政治權力的基礎。因而在第二篇政治論中，他要尋求比較守得住的基礎。

世襲主義在政治裡差不多已成泡影。在我一生當中，巴西、中國、俄國、德國和奧地利的皇帝絕跡了，換上一些不志在建立世襲朝代的獨裁者。貴族階級除在英國外，在歐洲各處都喪失了特權，在英國也無非一種歷史性的形式罷了。在大多數國家，這一切還是很近的事，而且和各種獨裁制的抬頭大有關係，因為傳統的權力體制已被一掃而光，為成功地實行民主所必需的習性還未暇成長起來。倒有一個大組織從來不帶一點世襲因素，就是天主教會。各種獨裁制假若存留下去，可以預料要逐漸發展一種政治形式，和教會的類似。就美國的大公司說已經發生了這種情況，那些大公司擁有和政府的權力幾乎相當的權力，或者說在珍珠港事變以前一直是擁有的。

奇怪的是，民主國家政治上摒棄世襲主義，這在經濟範圍內幾乎沒有起絲毫影響（在極權主義國家，經濟權力已併入政治權力中）。我們仍舊認為理所當然，人應該把財產遺留給兒女；換句話說，雖然關於政治權力我們摒棄世襲主義，在經濟權力方面卻承認世襲主義。政治朝代消滅了，但是經濟朝代活下去。現下我既不是發議論贊成，也不是發議論反對這樣地不同對待這兩種權力；我僅僅是指出存在著這事情，而且大多數人都沒有察覺。讀者試想一想，由大宗財富產生的對他人生命的支配權要世襲，這在我們覺得多麼自然，你就更能了解，像羅伯特·費爾默爵士那種人在國王權力問題上如何會採取同樣的看法，而和洛克抱一致思想的人們所代表的革新又是如何之重大了。

要想了解費爾默的理論如何會得到人的相信，洛克的反對理論如何會顯得有革命性，我們只消細想一下當時對王國的看法和現在對地產的看法是一樣的。土地所有主持有種種重要的法權，主要的是選定誰待在該土地上的權力。所有權可以透過繼承來傳讓，我們覺得繼承到了地產的人，便對法律因而容許給他的一切特權有了正當要求資格。然而其實這人的地位同羅伯特．費爾默爵士為其要求而辯護的那些君主們的地位一樣。如今在加利福尼亞州有許多龐大地產，其所有權是西班牙工所實際賜予，或僞託是他所賜予。他所以有資格作出那樣的賜予，無非是（一）因爲西班牙信奉和費爾默的見解類似的見解，（二）因爲西班牙人在交戰中能夠打敗印第安人。然而我們還是認爲受到他的賜予的那些人的後代繼承人有正當的所有權。恐怕到將來，這事情會跟費爾默在今天顯得一樣荒誕吧。

第二節　自然狀態與自然法

在第二篇〈政治論〉一開始，洛克說他既然說明了從父親的威權追尋政治威權的由來行不通，現在要提出他所認爲的統治權的眞根源。

他假定在人間的一切政治之先，有一個他所謂的「自然狀態」，由此說起。在這個狀態中有一種「自然法」，但是自然法系由一些神命組成，並不是人間的哪個立法者加給人的。至於在洛克看來，自然狀態到底有幾分只是一個說明性的假說，究竟他有幾分設想它曾經在歷史上存在過，不得而知；但是我覺得好像他每每把這狀態認成是實際出現過的一個時代。有個社會契約設立了民政政治，人類藉助於該契約脫出了自然狀態。這事情他也看成或多或少是歷史事實。但是目下我們要說的是自然狀態。

關於自然狀態及自然法，洛克要講的話大多並不新穎，不過是中世紀經院派學說的舊調重彈。聖湯瑪斯．阿奎那這樣講：

「人制定的每一宗法律，有幾成出於自然法，便恰帶有幾成法律性質。但是它若在哪一點上與自然法牴觸，它立即不成其爲法律；那純粹是對法律的歪曲。」⑩

在整個中世紀，大家認爲自然法譴責「高利貸」，即有息放款。當時教會的產業差不多全在於土地，土地所有主向來總是借債的人，不是放債的人。但是等新教一興起，新教所得的支援——特別是喀爾文派得到的支援——主要來自富裕中產階級，這班人卻是放債的，不是借債的。因此，首先喀爾文，然後旁的新教宗派，最後天主教會，都認可了「高利貸」。這一來，對自然法也有了另一種理解，但是誰也不懷疑存在這種東西。

自然法的信仰消滅後仍存在的許多學說，是從這個信仰發源的；例如：自由放任主義和人權說。這兩個學說彼此有關係，二者都起源於清教徒主義。有陶奈所引證的兩段話可以說明這點。西元一六〇四年英國下院的一個委員會發表：

---

⑩ 陶奈在《宗教與資本主義的興起》（*Religion and Rise of Capitalism*）一書中所引的話。

「全體自由臣民，關於自己的土地，又關於在自己所專務而賴以爲生的職業中自由發揮勤奮一事，天生持有繼承權。」

又在西元一六五六年約瑟・李寫道：

「每人藉自然與理性之光的燭照，都要做有利於個人最大利益的事，這是無法否認的金科玉律。……私人的騰達向上就會是公眾的利益。」

若不是因爲有「藉自然與理性之光的燭照」幾個字，這滿可說是西元十九世紀時寫的呢。我重說一遍，洛克的政治論中新穎的東西絕無僅有。在這點上，洛克和憑思想而博得了名聲的人大都相似。一般講，最早想出新穎見解的人，遠遠走在時代前面，以致人人以爲他無知，結果他一直湮沒無聞，不久就被人忘記了。後來，世間的人逐漸有了接受這個見解的心理準備，在此幸運的時機發表它的那個人便獨攬全功。例如：達爾文就是如此；可憐的孟伯竇勛爵⑪成爲笑柄。

關於自然狀態，洛克還不及霍布斯有創見；霍布斯把它看成是這樣一種狀態：裡面存在著一切人對一切人的戰爭，人生是險惡、粗卑而短促的。但是霍布斯被人認爲是個無神論者。洛克由前人接受下來的自然狀態與自然法之說，脫不開它的神學根據；現代的自由主義多除掉神

---

⑪ 孟伯竇勛爵（Lord Monboddo），本名詹姆士・伯奈特（James Burnett，西元一七一四—一七九九年）：蘇格蘭法官、人類學家；在達爾文之前主張人類可能是由猿猴演變來的。——譯者

學根據來講這一說，這樣它就欠缺清晰的邏輯基礎。

相信太古時候曾有個幸福的「自然狀態」這種信念，一部分來自關於先祖時代的聖經故事，一部分來自所謂黃金時代這個古典神話。一般人相信太古壞的信念，是隨著進化論才有的。

以下是洛克著作中見得到的最近乎是自然狀態的定義的一段話：

「眾人遵循理性一起生活，在人世間無有共同的長上秉威權在他們之間裁決，這眞正是自然狀態。」

這不是寫蠻民的生活，這是寫有德行的無政府主義者們組成的空想社會，這幫人是絕不需要員警和法院的，那是因爲他們永遠遵從「理性」，理性跟「自然法」就是一個東西，而自然法本身又是由那些大家認爲發源於神的行爲規律組成的（例如：「不可殺人」⑫是自然法的一部分，而交通規則卻不是）。

再引證一些話，可以使洛克的意思顯得更清楚些。

「〔他說〕爲正確地理解政治權力，並且追溯到它的本源，我們必須考察人類天然處於何種狀態；那狀態即是：在自然法的限度內，人有完全自由規定自己的行動，處理自己的財物和人身；不請求許可，也不依從任何旁人的意志。」

---

⑫基督教的「十誡」之一，見《舊約·出埃及記》，第二十章，第十三節。——譯者

「那也是平等的狀態，其中一切權力和支配權都是相互的，誰也不比誰多持有；有件事最明白不過：同樣品類的被造物，無分彼此地生來就沐浴著完全同樣的自然恩惠，就運用同樣的官能，那麼相互之間也應當平等，無隸屬服從關係；除非他們全體人的上神主宰明顯宣示意志，將其中一人拔舉在他人之上，作出明白清楚的任命，授予他對統治與主權的不容置疑的權利。」

「但是儘管這〔自然狀態〕是自由的狀態，卻並非狂縱狀態：該狀態下的人雖持有處理自己的人身或財物的難抑制的自由，然而他卻沒有自由戕害自身，甚至沒有自由殺害他所占有的任何被造物，除非有比單純保存它更高尚的某種用途要求這樣做。自然狀態有自然法支配它，這自然法強制人人服從；人類總是要向理性求教的，而理性即該自然法，理性教導全人類：因爲人人平等獨立，任何人不該損害他人的生命、健康、自由或財物。」⑬〔因爲我們全是神的財產〕⑭

不過，情況馬上顯出來好像這樣：大多數人處於自然狀態時，仍會有若干人是不依照自然法生活的，於是自然法在一定限度內提供抵制這般罪犯的可行手段。據他講，在自然狀態下，

---

⑬ 比較美國的《獨立宣言》。

⑭ 「他們是神的財產，他們是神賜造的東西，造出來在神嘉許的期間存續，而非在他人嘉許的期間存續。」

每個人可以保衛他自己以及爲他所有的東西。「凡流人血的，他的血也必被人所流」⑮是自然法的一部分。一個賊正動手偷我的財物時，我甚至可以把他殺死，這個權利在設立政治之後還是存在的，固然，若存在政治，假如賊跑掉，我必須捨棄私自報復而訴之於法律。

自然狀態有個重大缺陷，當存在這種狀態期間，人要保衛他的權利必須依賴自己，所以人人是自己的訟案中的法官。對這個弊害，政治正是救治手段，但它不是自然的手段。據洛克說，人脫離自然狀態，是靠一個創立政府的契約。並不是任何契約都結束自然狀態，唯有組成一個政治統一體的契約如此。各獨立國政府現下彼此間正處於自然狀態之中。

在一段大概針對著霍布斯的文字中，洛克講自然狀態和戰爭狀態不是一回事，倒比較近乎它的反面。洛克在以盜賊可視爲對人開戰爲根據，說明了殺賊的權利之後，說道：

「於此就看到一種明白的區別，『自然狀態與戰爭狀態的區別』，這兩個狀態儘管有些人把它們混爲一談，但是相去之遠猶如一個和平、親善、相互扶助和保護的狀態，與一個敵對、仇惡、暴力和相互破壞的狀態彼此相去之遠一樣。」

大概自然法應該看成比自然狀態範圍要廣，因爲前者管得著盜賊和殺人犯，而在後者裡面卻沒有那種罪犯。至少說，這看法指出了一條路子，解決洛克的一個顯明的矛盾，那就是他有時候把自然狀態描繪成人人有德的狀態，又有些時候討論在自然狀態下爲抵禦惡人侵犯，依正理可採取什麼做法。

⑮ 見《舊約．創世記》，第九章，第六節。——譯者

洛克所說的自然法有些部分眞令人驚訝。例如：他說正義戰爭中的俘虜依自然法爲奴隸。他還說，天生來每人有權懲罰對他本身或他的財產的侵襲，甚至爲此可以傷人性命。洛克沒附加任何限制，所以我如果抓到一個幹偷雞摸狗之事的人，依自然法顯然我有理由把他槍斃。

在洛克的政治哲學中，財產占非常顯著的地位，而且據他講，財產是設立民政政治的主要原因：

「人類結合成國家，把自己置於政治之下，其偉大的主要目的是保全他們的財產；在自然狀態中，爲保全財產，有許多事情闕如。」

這套自然狀態與自然法之說，全部是在某個意義上清楚明瞭，但在另一個意義上甚是莫名其妙。洛克所想的是什麼，這倒明瞭；但是他如何會有了這種想法，那就不清楚了。由前文知道，洛克的倫理學是功利主義的倫理學，但是當他考察「權利」問題的時候，他卻不提出功利主義的意見。類似這樣的事情在法學家們所講授的全部法哲學中俯拾即是。法權可以下定義：籠統說來，一個人若能夠求法律保護不受損害，就謂之享有法權。人對自己的財產一般講有法權，但他假若持有（譬如說）違禁的大量古柯鹼，他對偷他的古柯鹼的人沒有法律救濟權。但是立法者總得決定創立什麼法權，於是自然就倚賴「自然」權利的概念，把這種權利作爲法律應確保的權利。

現在我打算盡可能地用非神學的語言講一講類似洛克的那種理論。如果假定倫理學以及把行爲分成「是」與「非」的分類，從邏輯上講先於現實法律，那麼便可能用不包含神話性歷史的說法來重新敘述這理論。爲把自然法推論出來，我們不妨這樣提問題：在不存在法律和政治的情況下，某甲做了哪些類反對某乙的事，某乙便有正當理由對某甲報復？又在各種具體情況下，哪類報復算得正當？一般認爲，任何人爲對抗旁人的懷有殺心的襲擊而自衛，必要時甚至於把襲擊者殺死，也無可指責。他可以同樣保衛他的妻子兒女，或者簡直可以保衛一般大眾裡的任何一員。在這種事情上，假使尚未召來員警的援助以前，被襲擊者會死掉（這也是多半會發生的事），那麼，存在著禁殺人的法律與題毫不相干。所以我們就得仰賴「自然」權利。人也有權保衛個人的財產，雖然關於在正當範圍內可以加給盜賊如何程度的傷害，意見不一。

在國與國之間的關係上，就像洛克所說的，「自然」法是適用的。在什麼情勢下戰爭謂之正當？只要任何國際政府還不存在，這問題的答案就不是法學上的答案，而純粹是倫理上的答案。回答這個問題，必定要和就無政府狀態下的個人說來一樣回答法。

法的理論總要以個人的「權利」應受國家保護這種見解作依據。換句話說，人如果蒙受據自然法的原則有正當理由進行報復的那類傷害，成文法應當規定報復該由國家來實行。假如你見某人襲擊你的弟兄，要殺害他，如果用其他辦法救不了你的弟兄，你有權把這人殺死。在自然狀態下，若有人殺害你的弟兄已遂，你有權殺死他——至少洛克認爲如此。但是如果有法律在，你喪失這個權利，因爲它由國家接過去了。假如你爲了自衛或保衛旁人而殺人，你總得向法庭證明這是殺人的理由。

那麼，僅就道德律獨立在成文法規之外來說，不妨把「自然法」看作就等於道德律。好法律同壞法律假如要有什麼區別，非有這種道德律不可。對洛克來說，問題簡單，因爲道德律已由神制定下了，在《聖經》裡找得到。這個神學根據一撤掉，問題就比較棘手。但是只要認為正當行為與不正當行為之間有道德上的區別，我們可以這樣講：在沒有政府的社會裡，由自然法來決定哪種行為在道德上算正當，哪種行為不正當；成文法在可能範圍內應該以自然法為指標，傳自然法的精神。

個人有某種不可侵奪的權利之說，按其絕對形式講，與功利主義是矛盾的，那就是，與所謂正當行為即最有助於促進總體幸福的行為這個學說是矛盾的。但是為了要某個學說成為法的適當依據，它並不是非在一切可能有的情況下都正確不可，只需要在絕大多數的場合是對的。我們都能夠設想一些場合，那時殺人可說是正當的，但這種場合究屬罕見，不能成為反對殺人犯法的理由。同樣，從功利主義的觀點看，給每個人保留一定的個人自由範圍，也許是要得的（我並不說一定要得）。假若如此，縱然人權難免有例外情況，人權說也是相應法律的適當根據。功利主義者總得從人權說的實際效果著眼，來研討看成是法的根據的人權說，不能夠自始便非難人權說違反自己的倫理學。

第三節　社會契約

在西元十七世紀的政治思想中，關於政府的起源，主要有兩類理論。一類理論我們已有羅伯特．費爾默爵士為實例：這類理論主張，神把權力賦給了某些人，這些人或他們的後代繼承人構成合法政府，所以反抗它不僅是大逆，而且是瀆神。這種見解是遠古以來人心所認可的：

差不多在一切初期的文明各國中，爲王的都是神聖人物。國王們自然把它看成是個絕妙的好理論。貴族們有支持它的動機，也有反對它的動機。於這理論有利的是，它強調世襲主義，而且對抵制驟然興起的商人階級這件事給予莊嚴的支持。若中產階級比起國王來，是貴族所更爲懼怕或憎恨的，這種動機便占優勢。如果事情適相反，尤其是假若貴族自己有獲得大權的希望，他們就往往反對國王，因而排斥各種王權神授說。

另一類主要理論——洛克是其代表者——主張民政政治是契約的結果，並非由神權確立的東西，而是純粹現世的事情。有的著述家把社會契約看成是歷史事實，有的看成法律擬制⑯；對所有這些人來說，重要的問題是爲統治權力找出一個現世的起源。事實上，除這個想像的契約外，他們再想不出什麼可替代神授權說的東西。除謀反者而外，人人感覺必須爲服從政府這件事找出某種根據，他們認爲只是說對大多數人來說政治的權力有方便是不夠的。政治在某個意義上必須有一種強人服從的**權利**，若不說那是神命，似乎只好說是契約授予的權利了。因此，政治是由契約設立的這個學說，幾乎在所有反對王權神授說的人當中都得人心。在湯瑪斯·阿奎那的思想中這個理論略露眉目，但是在格老修斯的著作裡見得到最早對它的鄭重發揮。

契約論可能成爲一種爲專制政治辯解的理論。例如：霍布斯認爲公民之間有一個契約，把

---

⑯ 舊法學名詞，指為了事件便於解決，在法律上假定某事物為事實，而不問它是否真實。——譯者

全部權力移交給選定的主權者，但是該主權者並非契約的一方，因此勢必獲得無限制的權力。這種理論起初本來就可以成爲克倫威爾極權國家的口實；王政復辟之後，它給查理二世找到根據。然而在洛克講的那種契約論中，政府爲契約的一方，如果不履行這契約中的義務，可以有正當理由反對它。洛克學說在本質上或多或少是民主的，但是民主成分受到一個（暗示而未明言的）見解的限制，那就是沒有財產的人不應當算公民。

現在我們看關於當前這個問題，洛克是要講些什麼。

首先有一個政治權力的定義：

「所謂政治權力，我以爲即制定法律的權利，爲了規定與保護財產而制定法律，附帶著死刑，下而至於一切輕緩刑罰，以及爲執行這種法律和爲防禦國家不受外侮而運用社會力量的權利，而這一切無非爲了公益。」

據他講，在自然狀態下，每個人是自己的訟案中的法官，由此生出種種不便當，政治是其救治手段。但是若君主是爭執的當事者，這就不成其爲救治手段，因爲君主既是法官又是原告。爲了這些理由，所以產生一個意見，認爲政府不可是專制的政府，而且司法部門應該獨立在行政部門以外。這種議論在英國在美國都有了遠大前途，但是目前我們暫且不談。

洛克說，每人天生就有權懲治對他本身或他的財產的侵襲，甚至致人死命。在人們把這個權利轉移給社會或法律的場合，而且只在這種場合，才有政治社會。

君主專制不算是一種民政政治，因爲不存在中立威權，裁定君主和臣民之間的爭執；實際上，君主在對臣民的關係上依然處於自然狀態。希望一個生性粗暴的人因爲做國王就會有道德，是沒有用的。

「在美洲森林裡要驕橫為害的人，在王座上大概也不會善良很多；在王座上，恐怕他將找出學問、宗教為他對臣民所做的一切事情辯護，凡有膽敢提出懷疑的人，利劍立刻叫他們噤聲。」

君主專制正好像人們對臭貓和狐狸有了防護，「卻甘心被獅子吞噬，甚至可以說以此為安全」。

市民社會勢必要服從過半數，除非大家同意需要更多的人數（例如：就像在美國，要修改憲法或批准條約時）。這聽起來好像民主，但是必須牢記洛克首先認為婦女和窮人是被排斥在公民權利以外的。

「政治社會的發端有賴於各個人同意聯合組成單一的社會。」據他（有些不大認眞地）主張，這種同意必是在某個時代實際有過的，雖然他承認除了在猶太人中間，各處政治的起源都在有史以前。

設立政治的市民契約只約束訂立這契約的那些人；父親所訂的契約，兒子必得重新承認（由洛克的原則如何推出來這點，顯而易見，但此話卻不太現實。有哪個美國青年到了二十一歲，宣稱「我不要受創建這合眾國的那個契約的約束」，他就會惹來一身麻煩）。

據他講，依據契約的政府，其權力絕不越出公益範圍以外。方才我引證了一句關於政治權力的話，話尾是「而這一切無非為了公益」。洛克好像沒想起來問一問，這公益是要誰來判定的。顯然，如果由政府判定，政府就總下有利於自己的決定。大概洛克會說，該讓公民中過半數人判定。但是有許多問題得迅速決定，不容先查明選民的意見；其中和戰問題或許是最重要的了。在這樣的事情上，唯一的救治手段是給予輿論或輿論代表者們某種許可權（例如：彈劾權），有權事後懲辦那些做出不孚人望的行爲的行政官吏。但是這常常是個很不夠的手段。

我在上文引證了一句話這裡必須再引一遍：

「人類結合成國家，把自己置於政治之下，其偉大的主要目的是保全他們的財產。」

和這個原則取一致，洛克宣稱：

「最高權力若不經本人同意，不得從任何人取走其財產的任何部分。」

更讓人驚詫的是這個講法：軍隊長官對部下兵士們儘管操生殺大權，卻沒有拿走金錢的權力（據此說來，在任何軍隊裡，懲辦輕微的違犯軍紀，處罰款是不對的，卻許可透過鞭打一類的體傷來懲罰。這說明洛克讓他的財產崇拜帶到了何等荒謬的地步）。

課稅問題依我們想總會給洛克作梗，他卻絲毫無睹。他講，政府的經費須由公民負擔，但是要經公民同意，就是說有過半數人的同意。但請問，倒是爲什麼有過半數人的同意便夠了？他說過，必須有個人的同意，政府才有正當理由拿走人的財產的任何部分。據我想，各人默然同意照過半數人的決定課稅，這一點被洛克假定爲包含在各人的公民身分中，而公民身分又被假定是由己自願的。不必說，這一切有的時候和事實完全相反。關於自己應屬於哪個國家，大部分人都沒有有效的選擇自由，至於想不屬於任何國家，如今誰也沒有這個自由。舉個例，假使你是和平主義者，不贊成戰爭。隨你住在什麼地方，政府總要爲軍事用項拿走一些你的財產。有什麼正當道理能使你不得不接受這點呢？我可以想像許多個答案，但是我認爲哪個答案和洛克的原則也不是一致的。他未經適當考慮就橫加上服從過半數的準則，而且除神話性的社會契約外，他也沒提出從他的個人主義的前提到這準則的任何過渡。

社會契約按這裡所要求的意義講，總是一種架空懸想的東西，即使在從前某個時代實際有過一個契約創建了我們說的那個政府。美國是一個切題的實例。當初制定美國憲法時，人們是有選擇自由的。即使在當時，有不少人投了反對票，這些人因此便不是契約的當事者。當然，他們本來可以離開那個國家，由於留下沒走，結果被視爲就得受他們未曾同意的契約的約束。但是實際上離開自己的國家通常是難事。談到憲法既制定之後出生的人，所謂他們的同意，更加不著邊際了。

與政府相對抗的個人權利這個問題，是個很難講的問題。民主主義者認爲如果政府代表著過半數人，它有權強制少數，這太輕率了。在某個限度以內，這話定然不假，因爲強制乃是政治少不得的要素。但是多數派的權神授說如果強調得過分，會成爲和君權神授說幾乎一樣暴虐的東西。洛克在《政治論》裡關於這問題沒有怎麼談論，但是在他的《論寬容的書簡》中考察得相當詳盡，他主張凡信仰神的人，絕不該因爲他的宗教見解的緣故而被治罪。

契約創立了政治之說，當然是進化論以前的講法。政治如同痲疹和百日咳，必是逐漸發展起來的，固然它也和這兩種病一樣，可能突然傳入像南洋群島那樣的新地域。人們沒研究過人類學以前，完全不知道政治的萌芽裡所涉及的那種種心理過程，完全不知道促成人們採納後來才知有益的那些制度風習的種種離奇古怪的理由。但是社會契約說當作一個法律擬制，給政治找根據，也有幾分道理。

第四節　財產

由我們以上就洛克對財產的意見所講的話看來，可能覺得彷彿洛克擁護大資本家，既反對比他們社會地位高的人，也反對比他們社會地位低的人，然而這可說只是部分眞實。在洛克的著作中，見得到預兆高度資本主義的學說的論調，也見得到隱隱預示較近乎社會主義的見解的論調，不調和地並存著。和在大部分其他問題上一樣，在這個問題上單方面引證他的話容易歪曲他的意思。

下面我寫出關於財產問題洛克的一些主要論斷，以在書中出現的先後爲序。

首先，據他講每個人對他個人勞力的產品持有私人所有權，或者至少說，應當持有這種權。在工業生產前時代，這準則還不像到後來那麼不現實。城市生產在當時主要是自己保有工具、自售產品的手藝人做的。至於農業生產，洛克所隸屬的那個學派認爲「小農自耕制」算是最好的制度。他講，人能夠耕多少田地，他就可以保有多少田地，但不得更多。他好像隨隨便便地不理會在歐洲的所有國家，若不經一次流血革命，這個方案可說簡直就沒有實現的可能。到處農田大部分屬於貴族們所有，他們從農民那裡強徵固定一部分（往往一半）農產品，或強徵可能隨時變動的地租。前一種制度盛行於法國和義大利，後一種制度盛行於英國。比較靠東方，到俄國和普魯士，勞動者是農奴，他們爲地主幹活，實際上沒有一點權利。這種舊制度在法國因爲法國大革命而結束，在北義大利和西德意志，由於法國革命軍的侵略宣告終了。在普魯士廢止農奴制度，是被拿破崙戰敗的結果；在俄國，是克里米亞戰爭失敗的結果。但是在這兩個國家，貴族仍保持了地產。在東普魯士，這種制度雖然受到納粹的嚴厲管制，一直留存到現在；⑰在俄國和現今的立陶宛、拉脫維亞、愛沙尼亞，由於俄國革命，貴族被剝奪了土地。在匈牙利、羅馬尼亞和波蘭，他們留存下來；在東波蘭，貴族們在西元一九四〇年被蘇聯政府「清算」。不過蘇聯政府竭盡了一切能事在俄國全境改行集體耕作制，不改行小農自耕制。

在英國，向來的發展比較複雜。在洛克的時代，農村勞動者的處境因爲存在著公有地而有所緩和：農村勞動者對公有地保有重要的權利，因此便能夠自產相當大一部分糧食。這種制度乃是中世紀的遺制，近代頭腦的人是不以爲然的，他們說從生產的觀點看，這種制度不經濟。於是有了一個圈占公有地運動，從亨利八世年間開始，在克倫威爾統治時代繼續下去，但是直到西元一七五〇年左右才雷厲風行起來。從那時以後，大約九十年之間，一塊又一塊的公有地被圈起來，移交給當地的地主。每圈一回，就需要國會有個法令，於是操縱國會兩院的貴族們無情地運用他們的立法權肥己，而把農業勞動者推到饑饉的邊緣。逐漸，由於工業的發達，農業勞動者的境況有了改善，因爲否則防止不了他們往城市遷移。現在，由於有勢埃德喬治所創立的稅制，結果貴族迫不得已放棄了他們的大半農業財產。但是那些也擁有城市財產或工業財產的貴族們，卻一直能夠緊握住他們的不動產。迄今沒發生急劇的革命，卻有一種現今還在進行著的漸次過渡。目前，那些仍舊富有的貴族們，其財富來源都是仰賴城市財產或工業財產。

---

⑰ 指第二次世界大戰後期。——譯者

這段漫長的發展過程，除在俄國外，可以看作符合洛克的原則。事情怪的是，他雖然能夠提出需要有那麼多革命然後才可以付諸實施的學說，然而卻沒絲毫徵象表現出他認爲當時存在的制度不公平，或察覺這制度與他宣導的制度不同。

勞動價值說——即生產品的價值取決於耗費在該產品上的勞動之說——的創立，有人歸之於馬克思，有人歸之於李嘉圖；不過這種學說在洛克的思想中就有了，而洛克所以產生這種思想又是由於有上溯至阿奎那的一系列前人。陶奈總結經院派的學說時講：

「這種議論的精髓就是，製造貨品的工匠，或運輸貨品的商人，於理可以要求報酬，因爲他們全在自己的職業中出勞力，滿足公共的需要。萬難容赦的罪過是投機者和經紀人的罪過，因爲這般人是靠榨取公眾必需品牟奪私利的。阿奎那教義的眞傳是勞動價值說，經院派學者中最末一人是馬克思。」

勞動價值說有兩面，一是倫理的一面，另一面是經濟的一面。換句話說，它可以是主張生產品的價值**應當**與耗費在這產品上的勞動成正比，也可以是主張**事實**上這勞動規制著價格。後一說不過大致上正確，這是洛克所承認的。他講，價值的十分之九由於勞動；但是關於其餘十分之一，他毫無表示。他說，給一切東西加上價值差異的是勞動。他舉印第安人所占據的美洲的土地爲實例，這些土地因爲印第安人不事開墾，幾乎不具有絲毫價值。他好像並不領會，土地這東西只要一有人**願意**在它上面勞動，尚未實際勞動之前，它就可以獲得價值。假如你保有一塊荒地，人家在上面發現石油，你沒在這土地上幹半點活也能賣一個好價錢。他不想這種情況，卻只想到農業，在他那個時代自然如此。他贊成的小農自耕制對於像大規模開礦那樣的事情是用不上的，因爲這類事情需要高價設備和大批的工人。

人對自己勞動的產品持有權利這條原則，在工業文明裡不管用。假定你在造福特汽車的一道工序裡工作，那麼總產額中哪一部分出於你的勞動，讓人該如何估計呢？又假定你受鐵道公司聘用管運輸貨物，有誰能斷定你對生產這貨物應視爲有多大貢獻？由於這種種理由，所以想防止剝削勞動的那班人才放棄了各自的產品各自有權的原則，贊同偏社會主義化的組織生產與分配的方法。

向來宣導勞動價值說，通常是出於對某個被看成掠奪性的階級的敵意。經院學者只要主張它，便是由於反對高利貸者，那種人大多是猶太人。李嘉圖主張它以反對地主，馬克思反對的是資本家。然而洛克好像是對任何階級不抱敵意，在一種眞空中主張這理論的。他唯一的敵意是對君主的，但是這跟他對於價值問題的意見沒關係。

洛克的見解有的眞古怪，我不知道怎麼能把它說得近乎道理。他說，人不可有自己和家人尚未及吃完就非爛不可的那麼多的李子；但是以合法手段能弄到多少黃金、多少塊鑽石，卻是可以的，因爲黃金和鑽石是不腐爛的。他沒想到持有李子的人，在李子未腐爛以前未嘗不可把它賣掉。

洛克把貴金屬的不腐壞性看得甚了不起，他講，貴金屬是貨幣的來源，也是財產不均的來源。他好像以一種空想的學究風度悲嘆經濟上的不平等，但是他當然並不認爲還是以採取那種可能防止經濟不平等的措置爲明智。想必他和當時的所有人一樣，深深感到富人主要作爲藝術、文事的獎勵者給文明帶來的利益。在現代美國也存在著這種態度，因爲美國的科學和藝術大大依賴富豪的捐助。在一定程度上，文明是社會不公推進的。這件事實是保守主義中極其體面之處的根據。

第五節　約制與均衡說

政治的立法、行政和司法幾種職權應分離之說，是自由主義的特色；這學說是在英國在反對斯圖亞特王室的過程中興起的，至少關於立法部門和行政部門，是由洛克闡明的。他講，立法部門和行政部門必須分離，以防濫用權力。當然不言而喻，他說到立法部門，指的是國會，他說行政部門，就指國王；不管他在邏輯上想要指什麼意思，至少在情緒上他指的是這個。因此，他把立法部門看成是良善的，而行政部門則通常是惡劣的。

他說立法部門應當高於一切，只不過它必須能由社會罷免。言外之意，立法部門得像英國下院那樣，不時透過民眾投票來選舉。立法部門要能夠由民眾罷免這個條件，認眞來講，對於在洛克時代英國憲法容許給國王和上院的作爲立法權一部分的那種職分是個譴責。

洛克說，在一切組織得良好的政府中，立法部門和行政部門是分離的。於是就發生這個問題：在它們起衝突的時候該怎麼辦？據他說，行政部門如果不按適當時間召集立法官員，它就是與人民開戰，可以透過暴力把它拆除。這顯然是在查理一世治下發生的事情讓人聯想起的一種意見。從西元一六二八年到一六四〇年，查理一世竭力要排除國會，獨自掌權。洛克感覺這種事情必須制止，必要時訴之於內戰。

他說：「暴力只可用來反對不公不法的暴力。」只要不存在一個什麼團體，有法權宣判在什麼時候暴力「不公不法」，這條原則在實際事情上就毫無用處。查理一世打算不經國會同意徵收造艦稅⑱，這件事被他的反對者們斷言爲「不公不法」，而他斷言它又公又法。只有內戰的軍事結局證明了他對憲法的解釋是錯誤解釋。美國的南北戰爭也發生了同樣事情。各州有退出聯邦的權利嗎？那誰也不知道；只有北軍的勝利才解決了這個法律問題。我們從洛克及當時大多數寫書的人見得到一個信念：任何正直的人都能知道什麼事是公正合法的；這種信念完全沒把雙方的黨派偏見的力量估計在內，也沒考慮到不論在外界或在人良心當中都難建立一個對議論紛紜的問題能夠下權威性裁斷的法庭。在實際事情上，這種糾紛問題假如十分重大，並不由正義和法律解決，而完全由實力解決。

洛克也有些承認這一事實，固然他是用隱話承認的。他說，在立法部門和行政部門的爭執中有某些案件在蒼天底下沒有法官。由於蒼天不下明白的判決，所以這實際上就是說只能憑打仗取得解決。因爲據認爲當然蒼天要把勝利給予較好的義舉。任何劃分政治權力的學說總離不了這類的見解。這種學說若體現在憲法中，那麼避免不時打內戰的唯一辦法就是行使妥協和常識。但是妥協和常識乃是人的習性，成文憲法是體現不了的。

---

⑱ 戰時對海港及沿海城市所課的一種國防稅；西元一六三四年至一六三六年查理一世在平時對內陸城市也課了這種稅。——譯者

出人意料的是，儘管司法組織在洛克時代是個議論得火熱的問題，關於司法組織他卻一言未發。一直到光榮革命時爲止，法官總是隨時能夠被國王解職的；因此當法官的都要判國王的敵對者有罪，而把國王的同黨無罪開釋。革命之後，法官被定爲非有國會兩院的敕語奉答文不得免職。大家以爲這樣一來法官的判決就會遵照法律來下了；事實上，在牽涉宗派性的案件裡，這無非讓法官的偏見代替了國王的偏見。不管怎樣，凡約制與均衡原則得勢的地方，司法部門就和立法及行政部門並列，成爲政府的第三個獨立分支。最可注目的實例是美國最高法院。

約制與均衡說的歷史很有趣。

在它的發祥國英國，是打算拿它來限制國王權力的，因爲國王在革命以前向來完全控制行政部門。可是，逐漸行政部門成了依屬國會的部門，因爲一個內閣若沒有下院中多數的支持，便不可能繼續下去。這樣，行政部門雖形式上不然，實際上成了國會選定的一個委員會；結果是立法權和行政權漸漸愈來愈不分。過去五十來年中間，由於首相有解散國會之權以及政黨紀律日益嚴格化，出現又一步發展。現下國會中的多數派決定哪個政黨執政，但是既決定這點之後，國會實際上不能再決定別的任何事情。動議的法案只要不是由政府提出的，幾乎沒有成立過。因而，政府又是立法部門又是行政部門，它的權力不過由於時而必要有大選才受到限制。當然，這種制度跟洛克的原則完全背道而馳。

在法國，因爲孟德斯鳩極力鼓吹這個學說，它爲法國大革命當中比較溫和的各黨派所信奉，但是雅各賓黨人一勝利，就被掃除得暫時無聲無息。拿破崙自然要它無用，不過在王政復辟時它復活了，拿破崙三世一抬頭又隨之湮滅。西元一八七一年這學說再一次復活，而且促成通過一部憲法，其中規定總統幾乎無權，政府不能解散議會。結果就是讓國民議會無論和政府對比起來或和選民對比起來都有了很大的許可權。權力的劃分有甚於近代英國，但是還夠不上依洛克的原則應有的劃分，因爲立法部門凌駕於行政部門之上。這次大戰之後法國憲法會成什麼樣子，未可逆料。

洛克的分權主義得到了最充分應用的國家是美國；在美國，總統和國會彼此完全獨立，最高法院又獨立在總統和國會以外。無意之中，美國憲法把最高法院定爲立法部門的一個分支，因爲只要最高法院講不成爲法律的就不算法律。最高法院的許可權在名義上僅是解釋性的許可權，這實際上使那種許可權更增大，因爲這一來便難於指責那些想當然是純法律性的決定了。這部憲法自來僅有一度惹起了武裝衝突，這一點十足說明了美國人在政治上的賢達。

洛克的政治哲學在工業革命以前大體上一直適當合用。從那個時代以來，它愈來愈無法處理各種重大問題。龐大的公司所體現的資產權力漲大得超乎洛克的任何想像以外。國家的各種必要職權——例如在教育方面的職權——大大增強。國家主義造成了經濟權力和政治權力聯盟，有時兩者融爲一體，使戰爭成爲主要的競爭手段。單一的個體公民已經不再有洛克的思想中他所具有的那種權力和獨立。我們的時代是個組織化時代，時代的衝突是組織和組織間的衝突，不是各個人之間的衝突。如洛克所說，自然狀態還存在於國與國之間。先必須有一個新的國際性「社會契約」，我們才能領受從政治可以指望到的福惠。國際政府一旦創立起來，洛克的政治哲學有不少又適用了，雖然其中關於私有財產的那一部分不會這樣。

第十五章　洛克的影響

從洛克時代以來到現代，在歐洲一向有兩大類哲學，一類的學說與方法都是從洛克得來的，另一類先來自笛卡兒，後來自康德。康德自己以爲他把來自笛卡兒的哲學和來自洛克的哲學綜合起來了；但是，至少從歷史觀點看，這是不能承認的，因爲康德的繼承者們屬於笛卡兒派傳統，並不屬於洛克派傳統。繼承洛克衣缽的，首先是貝克萊和休姆；其次是法國的philosophes（哲人）中不屬於盧梭派的那些人；第三是邊沁和哲學上的急進主義者；第四是馬克思及其門徒，他們又取大陸哲學成分，作了一些重要的添補。可是，馬克思的體系是雜採各家的折中體系，關於這體系的任何簡單說法，幾乎必錯無疑；所以，我想把馬克思暫擱一邊，等到後面再詳細論他。

在洛克當時，他的主要哲學對手是笛卡兒主義者和萊布尼茲。說來全不合道理，洛克哲學在英國和法國的勝利大部分要歸功於牛頓的威望。就哲學家的身分講，笛卡兒的威信在當時由於他在數學和自然哲學方面的業績而有所提高。但是他的漩渦說作爲對太陽系的解釋，斷然比不上牛頓的引力定律。牛頓派宇宙演化論的勝利減低了大家對笛卡兒的尊崇，增高了他們對英國的尊崇。這兩個原因都促使人心偏向洛克。在西元十八世紀的法國，知識分子正在反抗一種老朽、腐敗、衰竭無力的君主專制，他們把英國看成是自由的故鄉，所以洛克的政治學說就讓他們對他的哲學先偏懷好感。在大革命臨前的時代，洛克在法國的影響由於休姆的影響而更加增強，因爲休姆一度在法國居住過，熟識不少第一流的savants（學者）。

把英國影響傳到法國去的主要人物是伏爾泰。

在英國，一直到法國大革命時爲止，洛克哲學的信奉者對他的政治學說從來不感興趣。貝克萊是一個不很關心政治的主教；休姆是把鮑令布盧克①奉爲表率的托利黨員。在他們那個時代，英國的政局平靜無波，哲學家可以不操心世界情勢，樂得講理論立學說。法國大革命改變了這種情況，迫使最優秀的人物反對現狀。然而，純哲學中的傳統依舊沒中斷。雪萊爲了《無神論的必要》（*Necessity of Atheism*）被逐出牛津的校門，那作品充滿了洛克的影響。②

到西元一七八一年康德的《純粹理性批判》一書發表時爲止，可能看起來一直好像笛卡兒、斯賓諾莎和萊布尼茲的老哲學傳統漸漸要被新的經驗主義方法明確地壓倒。不過這種新方法卻從未在德國各大學中盛行，而且自西元一七九二年以後，大家把法國大革命裡各種恐怖慘事的責任都歸給了它。類如柯勒律治這般中途變卦的革命派，得到了康德做他們反對法國無神論的精神後盾。德國人在抵抗法國人之際，滿願有一種德國哲學支持他們。甚至法國人，在拿破崙敗亡後，對反雅各賓主義的任何武器也盡歡迎。這種種因素都於康德有利。

---

① 鮑令布盧克（Henry St. John Bolingbroke，西元一六七八—一七五一年）：英國托利黨政治家。——譯者

② 例如：試看雪萊的論斷：「某個命題一呈示於心，心就感知構成該命題的那些觀念的相符與不符。」

康德有如達爾文，引起了一個當初他會深惡痛絕的運動。康德是個自由主義者、民主主義者、和平主義者，但自稱發展他的哲學的那些人滿不是這種人。或者說，假使他們還自名爲自由主義者，他們就是另一號的自由主義者。在盧梭和康德以後，歷來有兩派自由主義，這兩派不妨區分爲「冷頭腦派」和「柔心腸派」。「冷頭腦派」經由邊沁、李嘉圖和馬克思，按邏輯的階段發展到史達林；「柔心腸派」按另外一些邏輯階段，經過費希特、拜倫、卡萊爾和尼采，發展到希特勒。自然，這個說法過於簡括，不夠十分正確，但是也可算一種幫助記憶的指掌圖。思想演進的階段向來帶有一種簡直可以說是黑格爾辯證法的性質：各種學說透過一些似乎都很自然的步驟，發展成了其對立面。但是這種發展從來不是完全出於思想的內在活動；它一向爲外界狀況及外界狀況在人情感中的反映所左右。可以用一個最顯著的事實說明實情如此。自由主義思想在美國沒經過這個發展的任何一段，到今天還保持洛克所講的那個樣子。

擱下政治不談，我們來考察考察哲學上的兩個學派的不同點，這兩派大體可以區分爲大陸派和英國派。

首先是方法的不同。英國哲學比起大陸哲學來，明細而帶片段性；自己每承認某個一般原理，就著手審查這原理的種種應用，按歸納方式去證明它。所以，休姆在宣布沒有任何觀念不具有前行的印象以後，隨即進而研究以下的異議：假定你眼下看見兩種彼此相似而不全同的色調，並且假定你從未見過一種恰恰介乎二者之間的色調，你是不是仍舊能想像這樣一種色調？他對這問題不下論斷，而且以爲即使下一個違反他的一般原理的論斷，也不會成爲他的致命傷，因爲他的原理不是邏輯性的而是經驗性的。再舉一個對比的反例，萊布尼茲想要確立他的單子論時，他大致是這樣議論的：凡複雜的東西都必是由一些簡單部分組成的；簡單的東西不會有廣延；所以說萬物全是由不具有廣延的各部分組成的。但是不具有廣延的東西非物質。所以，事物的終極組成要素不是物質的，而若不是物質的，便是精神的。因此，桌子實際是一堆靈魂。

這裡，方法的不同可以這樣來刻畫其特徵：在洛克或休姆，根據對大量事實的廣泛觀察，得出一個比較有限的結論；相反，萊布尼茲在針尖似的邏輯原則上按倒金字塔式矗立起一個演繹巨廈。在萊布尼茲，假若原則完全正確而步步演繹也澈底牢靠，萬事大吉；但是這個建築不牢穩，哪裡稍有一點裂罅，就會使它坍倒瓦解。反之，洛克和休姆不然，他們的金字塔基底落在觀測事實的大地上，塔尖不是朝下，是朝上的；因此平衡是穩定的，什麼地方出個裂口可以修繕而不至於全盤遭殃。康德打算吸取一些經驗主義的東西，此後上述方法上的差別照舊存在：一方從笛卡兒到黑格爾，另一方從洛克到約翰・斯圖亞特・穆勒，這種差別保持不變。

方法上的差別是和其他種種差別相關聯的。先說形而上學。

笛卡兒提出了一些關於神存在的形而上學證明，其中最重要的證明是西元十一世紀時坎特伯里大主教聖安瑟勒姆首創的。斯賓諾莎有一個泛神論的神，那在正統教徒看來根本不是神；不管是不是神，反正斯賓諾莎的議論本質上是形而上學的議論，而且能夠歸源於每個命題必有一個主語和一個謂語之說（固然，他也許沒領會到這一點）。萊布尼茲的形而上學也出於同一個根源。

在洛克，他所開創的哲學方向尚未得到充分發展；他承認笛卡兒的關於神存在的證明妥實有據。貝克萊創造了一個全新的證明；但是休姆——到休姆，這種新哲學臻於完成——完全否定了形而上學，他認爲在形而上學所處理的那些題目上面下推理工夫，什麼也發現不了。這種見解在經驗主義學派中持續存在，而相反的見解，略經修改，則持續存在於康德和他的弟子們的學說中。

在倫理學方面，這兩派有同樣的區分。

由前文知道，洛克認爲快樂就是善，這是整個西元十八、十九世紀在經驗主義者中間流行的意見。相反，經驗主義者的敵派蔑視快樂，以爲快樂卑下，他們有種種顯得較崇高的倫理體系。霍布斯重視權力，斯賓諾莎在一定程度上跟霍布斯意見一致。斯賓諾莎的思想中對倫理學有兩個不能調和的意見，一個是霍布斯的意見，另一個意見是，善就在於和神有神祕的合一。萊布尼茲對倫理學無重大貢獻，但是康德把倫理學擺到首位，由倫理前提得出他的形而上學。康德的倫理學之所以重要，是因爲它是反功利主義的、先驗的和所謂「高貴的」。

康德講，你若因爲喜歡你的弟兄而待他好，你不算有什麼道德價值：一個行爲，由於道德律吩咐做而做它，才有道德價值。雖說快樂並非善，然而善良人受苦還是不公的事——康德這樣主張。既然在今世這種事屢見不鮮，所以定有另一個世界，善良人死後得善報，而且定有一位神在死後生活中主持正義。他否定關於神和永生的一切老式形而上學證明，卻認爲他的新式倫理學證明是沒有反駁餘地的。

康德對實際事務的見解是慈祥而人道的，他自己是這樣一個人，但是否定幸福是善的人大多數卻不能這樣說。號稱「高貴的」那種倫理，和認爲我們應盡力讓人幸福些這個較世俗的意見比起來，跟改善世界的打算具有較少的關係。這本不足怪。幸福若是別人的，比幸福是自己的，就容易蔑視。一般講，幸福的代替品是某種英雄品質。這使權力欲有了無意識的發洩出路，給殘酷行爲造成豐實的藉口。再不然，所崇尚的也許是強烈的感情；在浪漫主義者，便是如此。這造成對憎恨和復仇心之類的熾情的寬容；拜倫筆下的英雄算得典型，他們絕不是有模範行爲的人物。對促進人類幸福最有貢獻的人——或許可以想見——是認爲幸福重要的人，不是那些把幸福和什麼更「崇高的」東西相比之下鄙視幸福的人。而且，一個人的倫理觀通常反映這人的性格，人有慈善心便希望大家全幸福。因此，認爲幸福是人生目的的人，往往是比較仁慈的，而提出其他目的的人，不知不覺地常常受殘忍和權力欲的支配。

這些倫理學上的差別，通常和政治學上的差別有連帶關係，固然也不盡如此。前文講過，洛克在個人意見上抱試探態度，根本沒有權威主義氣派，他願意讓每個問題憑自由討論來解決。結果是，以他本人和他的信奉者來講，都信仰改革，然而是一種逐步的改革。由於他們的思想體系是由片段組成的，是對許多不同問題個別考察的結果，他們的政治見解自然也往往帶有這種性質。他們規避一整塊雕成的大綱領，寧願就事論事，研究各個問題。他們在政治上如同在哲學上一樣，帶著試探和嘗試的精神。在另一方面，他們的敵派認爲自己能「全部識透這可悲的事態格局」，所以更大大願意「把它猛然打碎，重新塑造得比較貼合心意」③。他們

③ 以上所引的這兩句是波斯天文學家兼詩人莪瑪・亥亞謨（Omar Khayyám，死於西元一一二三年？）的四行詩中的句子。——譯者

可能作為革命者來做這件事，再不然，可能作為想要當政者權力增強的那種人來做這件事；或此或彼，他們追求宏大目標時，總不避諱暴力，他們責斥愛好和平為卑鄙可恥。

從現代觀點看，洛克及其信奉者的重大政治缺點是財產崇拜。但是據這理由批評他們的人，卻常常是為了比資本家更有害的階級，例如：君主、貴族和軍閥的利益而作這種批評的。貴族地主按照遠古傳下來的慣例不費勞力坐享收入，他們並不認為自己是斂財鬼，而不從錦繡如畫的外表下察看底細的人也不把他們這樣看待。反之，實業家從事有意識的獵求財富，所以在他們的活動多少還有些新穎的時代，引起了一種對地主的紳士派勒索所感不到的憤懣不平。這話是說，中產階級作家和讀他們的作品的人情況如此；農民們並不是這樣，就像法國大革命和俄國革命中所表現的。不過農民是不會說話的。

洛克學派的反對者大多讚賞戰爭，以為戰爭英勇壯烈而意味著蔑棄舒適和安逸。反之，採取功利主義倫理觀的人往往把大多數戰爭看成是蠢事。至少在西元十九世紀，這點又使他們和資本家連成一氣，因為資本家由於戰爭妨害貿易，也厭惡戰爭。資本家的動機當然是純粹自私自利，但是由此卻產生比軍閥及其文字幫手們的意見和公眾利益較為一致的意見。是的，資本家對戰爭的態度向來也搖擺不定。西元十八世紀時英國打的仗除美國獨立戰爭以外，總的講是賺錢事，得到了實業家的支持；但是從西元十九世紀初一直到末年，實業家贊成和平。在現代，到處大企業和民族國家發生了密切的關係，以致形勢大變。但是即使現在，無論在英國或在美國，大企業一般是厭惡戰爭的。

開明的自私自利當然不是最崇高的動機，但是那些貶斥它的人常常有意無意地另換上一些比它壞得多的動機，例如：憎恨、嫉妒、權力欲等等。總的講，根源出於洛克的宣導開明自利的學派，和藉英雄品質與自我犧牲的名目鄙視開明自利的那些學派比起來，對增加人類的幸福多作了貢獻，對增加人類的苦難少起些作用。初期工業社會的那種種慘事我並沒忘記，但是那到底在這制度內部減緩下來了。而且我再拿以下的事情同那些慘事來作個對比看：俄國農奴制、戰爭的禍害及戰爭的遺患——恐懼和憎恨，以及舊制度已喪失了活力時還企圖維持舊制度的人必然有的蒙昧主義。

第十六章　貝克萊

喬治・貝克萊（George Berkeley，西元一六八五—一七五三年）因爲否定物質存在而在哲學上占重要地位，在這個否定裡，他有許多巧妙的議論作爲根據。他主張物質對象無非由於被感知才存在。那樣說來，譬如一棵樹，假若沒人瞧著它豈不就不再存在了；對這個異議，他的回答是：神總在感知一切；假使果眞沒有神，那麼我們所當成的物質對象就會過一種不穩定的生活，在我們一瞧它的時候突然存在；但事實上，由於神的知覺作用，樹木、岩塊、石頭正如同常識認爲的那樣連續存在著。在他認爲，這是支持上帝存在的有力理由。有一首羅諾爾・納克斯（Ronald Knox）寫的五行打油詩，附帶一首和韻，說明貝克萊的物質對象理論：

曾有個年輕人開言道：「上帝
一定要認爲太稀奇，
　假如他發覺這棵樹
　存在如故，
那時候卻連誰也沒在中庭裡。」

答

敬啓者：
　　您的驚訝眞稀奇：
咱時時總在中庭裡。
　　這就是爲何那棵樹
　　會存在如故，
因爲注視著它的是
　　您的忠實的
上帝。

貝克萊是個愛爾蘭人，在二十二歲作了都柏林大學三一學院的特別研究員。他曾由斯威夫特[1]引薦，進宮參謁；斯威夫特的瓦妮薩[2]把她的財產一半遺贈給了他。他制定了一個在百慕達群島建立學院的計畫，抱這個目的去往美國；但是在羅德島度過三年（西元一七二八－

---

① 斯威夫特（Jonathan Swift，西元一六六七－一七四五年）：英國諷刺作家，《格列佛遊記》的作者。——譯者

② 一個熱戀斯威夫特的女子，本名Esther Vanhomrigh，「瓦妮薩」（Vanessa）是斯威夫特在作品中對她的暱稱。——譯者

一七三一年）之後，他就回國，放棄了那個計畫。有一行聞名的詩句：

> 帝國的路線取道向西方，

作者便是他，爲這個緣故，加利福尼亞州的貝克萊城是因他命名的。西元一七三四年他當了克羅因③的主教。他晚年丟開了哲學，去弄焦油水，這種東西他認爲有種種神奇的藥性。關於焦油水，他寫道：「此乃是開懷解愁但不令人酣醉的杯中物」——這是後來庫柏（Cowper）加給茶而爲大家比較熟悉的一種情趣。

他的最優秀的著作全部是他還十分年輕時寫的：寫《視覺新論》（*A New Theory of Vision*）是在西元一七〇九年，《人類認識原理》（*The Principles of Human Knowledge*）在西元一七一〇年，《海拉司和費羅諾斯的對話》（*The Diaiogues of Hylas and Philonous*）在西元一七一三年。他二十八歲以後的作品就不那麼重要了。他寫得一手極有魅力的文章，筆調秀美動人。

他否定物質的議論發表在《海拉司和費羅諾斯的對話》裡面，講得頭頭是道，娓娓動聽。這些篇對話我打算只考察第一篇連同第二篇的開頭部分，因爲這以下所講的一切在我看來

③ 克羅因（Cloyne）是愛爾蘭近南海岸的一個小鎮。——譯者

是不那麼重要的。在這本著作中我將要討論的那一部分，貝克萊提出了支持某個重要結論的一些正確道理，只不過這些道理並不十分支持他自以爲在證明的那個結論。他以爲他是在證明一切實在都是屬於心的；其實他所證明的是，我們感知的是種種性質，不是東西，而性質是相對於感知者講的。

下面我開始先把對話中我以爲重要之點直述出來，不加批評；然後再轉入評論；末了我想把這裡論到的問題就個人所見談一談。

對話中的登場人物是兩個人：海拉司代表受過科學教育的常識；費羅諾斯，那就是貝克萊。

海拉司講了幾句親切話以後說，關於費羅諾斯的見解，他耳聞到一些奇怪的傳言，意思是講費羅諾斯不信有物質實體。他高叫：「難道還有什麼能夠比相信**物質**這種東西不存在更荒誕離奇、更違背常識，或者是比這更明顯的一套懷疑論嗎？」費羅諾斯回答說，他並不否定可感物的實在性，換句話說不否定由感官直接感知的東西的實在性；但是，我們並沒看見顏色的起因，也沒聽到聲音的起因。感官是不作推論的，關於這點兩人意見一致。費羅諾斯指出：憑看，我們只感知光、色和形狀；憑聽，只感知聲音，如此等等。所以，除各種可感性質而外沒有任何可感的東西，而可感物無非是一些可感性質，或是種種可感性質的組合罷了。

費羅諾斯現在著手證明「可感物的**實在性**就在於被感知」，這和海拉司的意見：「**存在**是一回事，**被感知**是另一回事」形成對比。感覺資料是屬於心的，這是費羅諾斯通過詳細考察各種感覺來證明的一個論點。他由冷熱說起。他說，強熱是一種苦痛，苦痛必是在某個心中。

所以，熱是屬於心的；冷也是一樣的道理。這一點又藉關於溫水的著名議論加以補證。假若你的手一隻熱、一隻涼，你把兩隻手一齊放進溫水中，一隻手感覺水涼，另一隻手感覺水熱；但是水不可能同時又熱又涼。這駁倒了海拉司，於是他承認「冷熱不過是存在於我們心中的感覺」。但是他滿懷希望地指出，仍舊有其他的可感性質。

費羅諾斯然後講起滋味。他指出甜味是一種快樂，苦味是一種苦痛，快樂和苦痛是屬於心的。同樣的道理用到氣味上也合適，因為氣味不是快感的就是不快的。

海拉司奮力拯救聲音，他說聲音為空氣中的運動，真空中沒聲音，由這件事實即可明瞭。海拉司講，我們必須「把我們所感知的那種聲音和聲音本身區別開；或者說，把我們直接感知的聲音和我們身外存在的聲音區別開」。費羅諾斯指出，海拉司所謂的「實在的」聲音，既然是一種運動，可能看見、觸到也難說，但是一定聽不見；所以這不是我們從知覺中所知道的那種聲音。聽了這番話，海拉司現在承認「聲音在心外也沒有實在存在」。

他們於是談到顏色，這回海拉司很自信地開言：「對不起，論顏色那可大不一樣。莫非還有什麼事會比我們在對象上看見顏色更明白？」他主張，在心外存在的實體具有在其上所見到的顏色。但是費羅諾斯要了結這種意見並無困難。他從夕陽下的雲彩說起，這種雲是紅中透金黃的；他指出，一塊雲逼近來看就不帶這種顏色。他接著談到使用顯微鏡因而造成的差異，談到一切東西在有黃疸病的人看來都是黃的。他說，極渺小的蟲子一定比我們能看見更小得多的對象。於是海拉司說顏色不在對象中，在光裡面；他講，顏色乃是一種稀薄的流動實體。如同聲音問題一樣，費羅諾斯指出，照海拉司的說法，「實在的」顏色就是和我們看見的紅與藍不同的什麼東西，這說不過去。

話到這裡，關於一切次性質，海拉司都認輸了，但是他繼續說各種主性質，特別是形象和運動，卻是外界的無思維實體固有的。對這點費羅諾斯回答說，物體離我們近時顯得大，離我們遠時顯得小，而某個運動可能在這人看來覺得快，那人看來覺得慢。

說到這裡，海拉司企圖改弦更張，換一個新方針。他說他犯了錯誤，沒把對象和感覺區別開；「感知」這件行爲他承認是屬於心的，但是所感知的東西不然；例如：顏色「在心以外某個無思維的實體中有實在存在」。對這點費羅諾斯回答：「所謂感官的什麼直接對象——即什麼表象或諸表象的組合——存在於無思維的實體內，換句話說存在於一切心的外面，這話本身就是一個明顯的矛盾。」可以看出，到這裡議論變成爲邏輯性的，不再是經驗性的了。隔幾頁之後，費羅諾斯講：「凡直接感知的東西全是表象；任何表象能夠在心外存在嗎？」

對實體進行了形而上學的討論之後，海拉司回過來討論視覺，論點是他在某個距離外看得見東西。費羅諾斯回答說，這話對於夢裡見到的東西同樣說得過，可是個個都承認夢中的東西是屬於心的；況且，距離不是憑看感知的，而是經驗的結果，是判斷出來的；一個生來瞎眼，但現在初次能看東西的人，視覺對象對於他就不會顯得有距離。

在第二篇對話的開頭，海拉司極力主張腦子裡的某些痕跡爲感覺作用的起因，但是費羅諾斯回駁他說：「腦子既然是可感物，只存在於心中。」

這本對話的其餘部分不那麼有意思，沒必要再講了。

現在我們給貝克萊的主張作一個分析批判。

貝克萊的議論分兩部分。一方面，他議論我們沒感知到物質實體，只感知到顏色、聲音等等；又議論這些都是「屬於心的」，或「在心中」。他的說理關於頭一點完全有折服人的力量，但是關於第二點，毛病在於「屬於心的」這話沒有任何定義。事實上他信賴慣常的見解，以爲一切事物必定或是物質的或是心靈的，而且任何事物不兼是二者。

當他講我們感知的不是「東西」或「物質實體」，而是性質，而且沒有理由認爲常識看作是全屬於一個「東西」的各種性質固有在某一個與它們各個全有區別的實體內，這時候他的論法是可以接受的。但是等他接下去說可感性質（包括主性質）是「屬於心的」，那些議論便屬於很不相同的種類，而確實性程度也大有出入了。有些議論是打算證明邏輯必然性的，另外一些議論是比較經驗性的議論。先來說前一類議論。

費羅諾斯講：「凡直接感知的東西全是表象；任何表象能夠在心外存在嗎？」這恐怕就需要對「表象」一詞作個長長的討論。假使認爲思維和知覺作用是由主體與客體間的關係構成的，那麼便能夠把心看成等於主體，而主張心「中」什麼也沒有，只在心「前」有客體。貝克萊討論了這樣一種意見，即我們必須把「感知」這個行爲和被感知對象區別開，前者屬於心而後者則否。他反對這意見的那些道理是含混的，而且也必然如此，因爲像貝克萊那種相信有心靈實體的人，並沒有駁它的確實手段。他說：「所謂感官的什麼直接對象存在於無思維的實體內，換句話說存在於一切心的外面，這話本身就是一個明顯的矛盾。」在這裡有一個謬誤，類似以下的謬誤：「沒有舅舅，就不可能存在外甥；那麼，甲君是外甥，所以甲君按邏輯必然性講有舅舅。」若已知甲君是外甥，這當然是邏輯必然的，但是從分析甲君而可能知道的任何事情都推不出這種邏輯必然性。所以說，如果某物是感覺的對象，就有某個心和它有著關係；但是由此並不見得此物若不作感覺的對象，本來就存在不了。

關於設想的東西，有一個略爲類似的謬誤。海拉司斷言，他能夠設想一座房子，是誰也不感知、不在任何心中的。費羅諾斯反駁說，凡海拉司所設想的東西，總在他自己心中，所以那座假想的房子歸根到底還是屬於心的。海拉司本該這樣回答：「我說的不是我在心中有房子的心像；我講我能夠設想一座誰也不感知的房子，這時我實在說的是我能夠理解『有一座誰也不感知的房子』這個命題，或更好不如說『有一座誰也不感知、誰也不設想的房子』這個命題。」這個命題完全由可理解的詞構成，而且各詞是正確地組合在一起的。這命題是眞命題或是假命題，我不知道；但是我確實相信絕不能指明它是自相矛盾的。有些極類似的命題能夠證明。例如：二整數相乘這種乘法的可能數目是無限的，因此有若干個從來也沒想到過。貝克萊的議論假使正確，會證明不可能有這種事。

這裡包含的謬誤是一個很常見的謬誤。我們用由經驗得來的概念，能夠構成關於一些「類」的命題，類中的分子一部分或全部是未被經驗到的。舉個什麼十分尋常的概念，譬如「小石子」吧；這是一個來自知覺的經驗概念。但是並不見得一切小石子都被感知到，除非我們把被感知這件事實包括在我們的「小石子」的定義中。只要我們不這樣做，「未被感知的小石子」這個概念在邏輯上就無可非議，儘管要感知這概念的一個實例照邏輯講是不可能的。

議論概括說來如下。貝克萊講：「可感對象必是可感覺的。甲是可感對象。所以甲必是可感覺的。」但是，假如「必」字指邏輯必然性，那麼甲如果必是可感對象，這議論才站得住。

這議論並不證明，從甲是可感覺的這個性質以外甲的其他性質能推出甲是可感覺的。例如：它並不證明，與我們所見的顏色本質上就區分不開的顏色不可以不被看見而存在。我們根據生理上的理由盡可相信沒這種顏色存在，但是這種理由是經驗性的；就邏輯而論，沒有理由說，不存在眼睛和腦子，就沒有顏色。

現在來談貝克萊的經驗論據。首先，把經驗論據和邏輯論據撮合一起，就是有弱點的表示，因爲後者如果站得住，前者便成了多餘的。④我假如主張正方形不會是圓的，我並不要引據任何已知城市裡的廣場沒一個是圓的這件事實。不過，由於我們已經否定了邏輯論據，就必須按經驗論據的是非曲直考察一下經驗論據。

第一個經驗論據是個奇怪的論據：那是說熱不會是在對象中，因爲「最強熾的熱〔是〕極大的苦痛」，而我們無法設想「任何無知覺的東西能夠有苦痛或快樂」。「苦痛」一詞有雙重意義，貝克萊正利用這點。這詞可以指某個感覺的苦痛的性質，也可以指具有這種性質的那個感覺。我們說一條折斷的腿很痛，並不暗含著這條腿在心中的意思；同樣，容或是熱引起苦痛，因而我們說熱是苦痛時應該指的也無非是這個意思。所以，貝克萊的這種論據是個蹩腳論據。

關於冷、熱的手放進溫水的議論，嚴格說來，恐怕只證明在該實驗中我們所感知的不是熱

---

④ 例如：「我昨晚沒喝醉。我只喝了兩杯；再說，我是個絕對戒酒者，這是大家都知道的。」

和冷，而是較熱和較冷。絲毫也不證明這些事情是主觀的。

關於滋味，又重複快樂和苦痛論證：甜是快樂，苦是苦痛，因此兩者都是屬於心的。並且他又極力說，人在健康時覺得甜的東西，生病時也許覺得苦。關於氣味，使用了非常類似的論據：因爲氣味不是快感的就是不快的，「它不能存在於有知覺的實體即心以外的任何實體中。」在這裡，在所有的地方，貝克萊都假定，不是物質所固有的東西，必是心靈實體固有的，任何東西也不能既是心靈的又是物質的。

關於聲音的論證，是個ad hominem（對人）論證⑤。海拉司說聲音「實在地」是空氣裡的運動，而費羅諾斯反駁說，運動能夠看見、觸到，卻不能聽見，因此「實在的」聲音是聽不見的。這不好算公正的議論，因爲運動的知覺表象依貝克萊講也和其他知覺表象一樣是主觀的東西。海拉司所要求的運動總得是不被感知的和不能感知的。然而，這論證倒也指明，聽見的那種聲音跟物理學看作是聲音原因的空氣運動不能當成一回事，就這點來說，論證還是正確的。

海拉司放棄了次性質之後，還不願放棄主性質，即廣延性、形象、充實性、重量、運動和靜止。議論當然集中在廣延性和運動上。費羅諾斯說，假如東西有實在的大小，同一個東西絕不會在同時大小不同，然而東西離近時比離遠時顯得大。假如運動實際在對象裡，何至於同一個運動可以在一個人看來快，另一個人看來慢？我以爲，應該承認這種議論證明被感知空間

⑤ 所謂「對人論證」指在議論中避開主題，利用對方個人的性格、感情、言行等來證明自己的見解。例如：在這裡費羅諾斯避不討論海拉司的論點，只是貶斥「實在的」聲音聽不見，就算了事。——譯者

的主觀性。但這種主觀性是物理的主觀性：對照相機來講也同樣說得過，因此並不證明形狀是「屬於心的」。在第二篇對話中，費羅諾斯把以前進行的討論總結成下面的話：「除各種神靈以外，我們所認識的或設想的一切都是我們自己的表象。」當然，他不該把神靈算作例外，因爲認識神靈和認識物質完全一樣，是不可能的。事實上，這兩種情形的論據幾乎相同。

現在試談一談由貝克萊開創的那種議論，我們能得出什麼肯定的結論。

我們所認識的東西是可感性質的簇：例如：一張桌子是由它的外觀形狀、軟硬、叩時發的響聲和氣味（假設有氣味）組成的。這些性質在經驗中有某種鄰接，以致常識把它們看成屬於同一個「東西」，但是「東西」或「實體」概念在感知到的各種性質之外絲毫未添加什麼旁的性質，所以是不必要的。到此爲止，我們一直站在堅固的基礎上。

然而現在我們必須自問，所謂「感知」指什麼意思。費羅諾斯主張，談到可感物，其實在性就在於它被感知；但是他並沒說出他所講的知覺是什麼意義。有一個理論認爲知覺是主體與知覺對象間的關係，他是否定的。既然他以爲「自我」是實體，他本來滿可以採納這一說；可是，他決定不要它。對否定「實體的自我」觀念的人說來，這個理論是講不通的。那麼，把某物叫做「知覺對象」，指什麼意思？除說該某物存在以外，還有什麼別的意義嗎？我們能不能把貝克萊的斷語倒過來，不說實在性在於被感知，而說被感知就在於是實在的？不管怎樣，總之貝克萊認爲存在不被感知的東西這件事照邏輯講是可能的，因爲他認爲某些實在的東西，即精神實體，是不被感知的。於是看來很明白，我們講某事件被感知到，除指它存在以外，還指別的意思。

這別的意思是什麼呢？感知到的事件和未感知的事件有一個明顯的差別：前者可以記起，但是後者記不起。還有什麼其他差別嗎？

有一整類的作用，多少可說是我們自然而然稱之爲「心靈的」那種現象所獨具的，追憶即其中之一。這些作用和習慣有關係。被火燒過的孩子怕火；被火燒過的火鉤子不怕。不過，生理學家把習慣以及類似的事情作爲神經組織的特性處理，他們沒有必要背棄物理主義的解釋。按物理主義的用語，可以說一個事件如果有某種的作用，就是「被感知到」了；按這個意義，我們就是這樣說似乎也無不可：水道「感知到」把它沖深的雨水，河谷是對以前的洪流傾瀉的一個「記憶」。習慣和記憶如果用物理主義的說法來講，就是死物也並不完全沒有；在這點上，活物與死物的差別無非是程度上的差別。

照這個看法，說某個事件被「感知到」，也就是說它具有某種的作用，無論在邏輯上或在經驗上，都沒有理由設想一切事件全具有那種的作用。

認識論提出一種不同的觀點。在認識論裡我們並不從已完成的科學出發，而從我們對科學的信賴所依據的不管什麼知識出發。貝克萊的做法正是這樣。這時不必要預先給「知覺對象」下定義。方法概略說來如下。把我們覺得是不經推論而知的各個命題蒐集一起，於是發現這些命題大部分與某個時日的個別事件關聯著。我們將這些事件定義成「知覺對象」。這樣，知覺對象就是我們不假推論而知的那些事件；或者把記憶考慮在內，至少說這種事件在過去某時曾是知覺對象。於是我們面臨一個問題：我們從自己的知覺對象能推斷其他什麼事件嗎？關於這點，有四種立場可能採取，前三種立場是唯心論的三種形式。

(1)我們可以全盤否定從自己目下的知覺對象和記憶對其他事件的一切推論的妥實性。凡是把推論侷限於演繹的人，誰也必定抱這個看法。任何事件，任何一組事件，從邏輯上講都能夠單獨自立，因此任何一組事件都不足爲其他事件存在的論證的證據。所以，如果把推論侷限於演繹，既知的世界就只限於我們自己的生命史中我們感知的事件，或者，假如承認記憶，限於曾經感知的事件。

(2)第二種立場是一般所理解的唯我論，這種立場容許從自己的知覺對象作某種推論，但限於對個人生命史中的其他事件作推論。例如：試看這樣的意見：在醒覺生活中的任何時刻，總有一些可感對象我們沒注意到。我們看見許多東西，卻沒暗自默念我們看見了這些東西；至少說，好像如此。在一個我們完全覺察不到運動的環境裡定睛來看，我們能夠陸續注意到各色各樣的東西，於是我們覺得應相信這些東西在我們注意到以前，原來就是可見的；但是在我們未注意到之前，它們並非認識論的論據資料。從我們所觀察到的東西作這種程度的推論，是人人不假思索地在做的，即使那些極希望避免把我們的認識過分擴張得越出經驗以外的人也在做。

(3)第三種立場（例如：艾丁頓⑥好像採取這種立場）是：對和我們自己經驗中的事件類似的其他事件，能夠作推論，因此譬如說我們當然可以相信存在著我們沒看見而別人看見的顏色、別人感覺的牙疼、別人享到的樂和受到的苦等等，但是我們卻全然不可推論誰也沒經驗到

⑥ 艾丁頓（Sir Arthur Stanley Eddington，西元一八八二－一九四四年）：英國天文學家、物理學家。——譯者

的、不構成任何「心」的一部分的事件。這個意見可以據以下理由給它辯護：對自己觀察範圍以外的事件作一切推論都是靠類推作的，誰也沒經驗到的事件同自己的論據資料不夠類似，不足以保證作類推推論。

(4)第四種立場是常識和傳統物理學的立場，按這種立場，除自己的和旁人的經驗以外，還有誰也不經驗的事件，例如：在自己睡著而臥室一片漆黑的時候這間臥室中的家具。G. E. 莫爾⑦曾指責唯心論者以火車乘客待在車內時不能看見車輪爲理由主張火車在停站當中才具有車輪。根據一般常識，人不相信每當你一瞧，車輪突然存在，而誰也不視察它的時候就懶得存在。這種觀點如果是科學上的觀點，則以因果律作爲對未感知事件的推論的基礎。

目前我不打算就這四種觀點下斷論。這斷論即使下得了，也只有把非論證性推論及蓋然性理論加以細膩研究，才能夠下。我眞打算做的是指出向來討論這些問題的人所犯的某種邏輯錯誤。

由上文知道，貝克萊以爲有邏輯上的理由證明唯有心和精神的事件能存在。這個意見也是黑格爾和他的繼承者們根據別的理由所抱的意見。我認爲這是個根本的錯誤。像「曾有過一個時代，在這個星球上生命尙未存在」這樣的命題，眞也好、假也好，猶如「永遠沒人算過的乘法計算是有的」一樣，根據邏輯理由是駁斥不了的。所謂被察覺，即所謂成爲知覺對象，無非

---

⑦莫爾（George Edward Moore，西元一八七三—一九五八年）：英國哲學家，新實在論的先驅之一，羅素早年的哲學觀點一度和他大體一致。——譯者

是說具有某種的作用，從邏輯上講並沒有理由說一切事件都會有這種的作用。

然而還有另一種議論，雖然沒把唯心論確立爲一種形而上學，如果正確，倒把唯心論當作實踐上的方針確立起來。據說無法驗證的命題不具有意義；驗證要靠知覺對象；所以，關於現實的，或可能有的知覺對象以外任何事情的命題都是無意義的。我以爲嚴格解釋起來，這種意見會使我們侷限於上述四種理論中第一種理論，不允許談我們沒親自明白注意到的任何東西。假若如此，它就是一個在實踐中誰也無法抱的意見，在一個據實際理由而主張的理論，這是個缺陷。關於驗證，以及驗證與認識的關係，全部問題困難而複雜；所以我目前姑置不論。

上述各理論中，第四種理論承認有誰也不感知的事件，這理論也能用乏力的議論爲它辯護。可以主張因果性是先驗知道的，假如不存在未被感知的事件，無從有因果律。與此相反，可以強調因果性不是先驗的，凡是能夠觀察到的不管什麼規律性，必定和知覺對象關聯著。看來，好像凡是有理由相信的不管什麼物理學定律，都可以藉知覺對象表述出來。這種表述也許古怪而繁複，也許欠缺直到最近人們仍認爲物理定律應有的特徵——連續性，然而總不好說做不到。

我的結論是，以上講的四種理論哪一種也沒有先驗的缺點。然而，卻可能有人說一切眞理都是實用主義的，這四種理論並沒有實用主義上的差別。假若此話有理，我們就能夠採納個人所好的隨便哪個理論，各理論之間的差別不過是語言上的差別。我無法接受這個意見；但這也是後文討論的問題。

尚待考問一下，是否能給「心」和「物質」二詞規定什麼意義。人人知道，「心」是唯心論者以爲捨此無他的東西，「物質」是唯物論者也以爲如此的東西。我想讀者還知道唯心論者是善良人，唯物論者是惡人。⑧但或許除此以外還有的可說。

我個人給「物質」下的定義也許似乎不圓滿。我願意把「物質」定義成滿足物理學方程式的那種東西。也可能並沒有什麼東西滿足這種方程式；假若那樣，不是物理學錯了，便是「物質」概念錯了。如果我們摒棄掉實體，「物質」就得是邏輯結構了。至於它能不能是由事件（一部分是可以推斷的）所組成的什麼結構，這是個難問題，然而絕不是無法解決的問題。

至於「心」，當排除掉實體之後，「心」必定是種種事件所成的某種集團或結構。這種集團的劃分必定是由我們願意稱作「心的」那類現象所特有的某種關係完成的。我們不妨拿記憶當作典型的關係。我們或許可以把「心的」事件定義成進行記憶的事件或被記憶的事件——固然這未免有些過於簡單化。於是某已知的心的事件所隸屬的「心」，就是藉記憶鎖鍊向後或向前與這已知事件連接起來的那些事件的集團。

按上述定義可知一個「心」和一塊物質各都是事件集團。沒有理由說一切事件都會屬於這類或那類事件集團，而且也沒有理由說某些事件不會同屬這兩個集團；因此，某些事件可以既不是心的，也不是物質的，而另一些事件可以既是心的，又是物質的。關於這一點，只有詳細的經驗上的考察能夠下決斷。

⑧這裡羅素說的是譏誚話；因為在西方一般人心目中有個固定觀念：「唯物論者」＝「無神論者」＝「惡人」。——譯者

第十七章　休姆

大衛・休姆（David Hume，西元一七一一—一七七六年）是哲學家當中一個最重要的人物，因爲他把洛克和貝克萊的經驗主義哲學發展到了它的邏輯終局，由於把這種哲學作得自相一致，使它成了難以相信的東西。從某種意義上講，他代表著一條死胡同：沿他的方向，不可能再往前進。自從他著書以來，反駁他一向是形而上學家中間的一種時興消遣。在我來說，我覺得他們的反駁沒有一點是足以讓人信服的；然而，我還是不得不希望能夠發現比休姆的體系懷疑主義氣味較差的什麼體系才好。

休姆的主要哲學著作《人性論》（*Treatise of Human Nature*）是西元一七三四年到一七三七年間，他在法國居住的時候寫的。前兩卷出版於西元一七三九年，第三卷出版於一七四〇年。當時他很年輕，還不到三十歲；他沒有名氣，而且他的各種結論又是幾乎一切學派都會不歡迎的那種結論。他期待著猛烈的攻擊，打算用堂堂的反駁來迎擊。殊不料誰也不注意這本書；如他自己說的，「它從印刷機死產下來」。他接著說：「但是，我因爲天生就性情快活樂天，不久便從這個打擊下恢復過來。」他致力散文的寫作，在西元一七四一年出版了第一集散文。西元一七四四年，他企圖在愛丁堡大學得到一個教授職位未成；在這方面既然失敗，他先做了某個狂人的家庭教師，後來當上一位將軍的祕書。他有這些保證書壯了心氣，再度大膽投身於哲學。他略去《人性論》裡的精華部分以及他的結論的大多數根據，簡縮了這本書，結果便是《人類理智研究》（*Inquiry into Human Understanding*）一書，該書長時期內比《人性論》著名得多。把康德從「獨斷的睡夢」中喚醒過來的就是這本書；康德好像並不知道《人性論》。

休姆還寫了一本《自然宗教對話錄》（*Dialogues Concerning Natural Religion*），他在生前未予發表。按照他的指示，這書在西元一七七九年作爲遺著出版。他寫的《論奇蹟》（*Essay on Miracles*）成了名作，裡面主張奇蹟這類事件絕不會有適當的歷史證據。

在西元一七五五年和以後若干年間出版的他的《英國史》（*History of England*），熱衷證明托利黨員勝過輝格黨員，蘇格蘭人優於英格蘭人；他不認爲對歷史值得採取哲學式的超然態度。西元一七六三年他訪問巴黎，很受philosophes（哲人們）器重。不幸，他和盧梭結下友誼後，和他發生了著名的口角。休姆倒表現得忍讓可佩，但是患有被害妄想狂的盧梭堅持跟他一刀兩斷。

休姆曾在一篇自擬的訃聞即如他所稱的「誄詞」裡，敘述自己的性格：「我這個人秉質溫和，會克制脾氣，性情開朗，樂交遊而愉快；可以有眷愛，但幾乎不能存仇恨；在我的一切情感上都非常有節度。即便我的主情——我的文名欲，也從來沒使我的脾氣變乖戾，儘管我經常失望。」所有這些話從我們對他所知的一切事情都得到了印證。

休姆的《人性論》分爲三卷，各討論理智、情感和道德。他的學說中新穎重要的東西在第一卷裡，所以下面我僅限於談第一卷。

他開始先講「印象」和「觀念」的區別。它們是兩類知覺，其中**印象**是具有較多的力量和猛烈性的知覺。「我所謂的觀念，意思指思考和推理中的印象的模糊心像。」觀念，至少就單純觀念的情況說，和印象是類似的，但是比印象模糊。「一切單純觀念都有一個單純印象，和它相似；而一切單純印象都有一個相應的觀念。」「我們的所有單純觀念在首次出現時全是由單純印象來的，這種單純印象與該單純觀念相應，而該單純觀念確切代表這種單純印象。」

在相反方面，複合觀念未必和印象相似。我們沒見過帶翅的馬而能想像帶翅的馬，但是這個複合觀念的**構成要素**全是由印象來的。印象居先，這件事的證據出於經驗；例如：生來瞎眼的人便沒有顏色觀念。在種種觀念當中，保持原印象的相當大程度生動性的觀念屬於**記憶**，其他觀念屬於**想像**。

書中有一節（第一卷，第一編，第七節）「論抽象觀念」，開頭一段話和貝克萊的下述學說顯著一致：「一切一般觀念無非是附加在某個名詞上的個別觀念，該名詞讓這種觀念得到比較廣泛的意義，使它在相應的時候回想起和自己類似的其他個體。」休姆主張，當我們持有「人」的觀念時，這觀念具有「人」的印象所具有的一切個別性質。「心若不對量或質的程度各形成精確概念，就不能形成量或質的任何概念。」「抽象觀念不管在代表〔印象〕時如何變得一般，本身總是個體的。」這理論是一種近代的唯名論，它有兩個缺點，一個是邏輯上的缺點，一個是心理學上的缺點。先說邏輯上的缺點。休姆講：「當我們在若干對象中間發現了類似點時，我們把同一個名稱加到所有這些對象上。」一切唯名論者都會同意。但是實際上，像「貓」之類的通名，和共相貓一樣不實在。唯名論對共相問題的解決，就這樣由於應用自己的原則時不夠澈底而歸於失敗；錯在把這種原則只用到「事物」上，而不同時用到言語上。

心理學上的缺點至少就休姆方面說比較嚴重。他所講的整套理論，把觀念看成印象的摹本，其弊病就在於忽略**含混性**。例如：我見到過一朵什麼顏色的花，後來想起它的心像時，這心像缺乏精密性，意思是說有好幾種彼此非常類似的色調，它可能是其心像，用休姆的術語講即「觀念」。「心若不對量或質的程度各形成精確概念，就不能形成量或質的任何概念」，這話是不對的。假如你見到過一個身高六尺一寸的男人。你保留下對他的心像，但是這心像對於再高一寸或更矮一寸的人多半也會合適。含混性和一般性不同，但是具有若干同樣的特徵。休姆由於沒注意到含混性，陷入不必要的難局，例如關於下述這件事的難局：是否有可能想像一種從未見過的色調，介乎見過的兩種極相似的色調中間。如果這兩種色調充分相似，你所能形成的任何心像會同樣適用於這兩種色調以及中間的色調。休姆說觀念來自觀念所**確切**代表的印象，這時候他逸出了心理學的眞實情況以外。

正如貝克萊從物理學中驅走了實體概念，休姆從心理學中驅走了**實體**概念。他說，並不存在「自我」這種**印象**，因此也沒有「自我」這種觀念（第一卷，第四編，第六節）。「就我而論，當我極密切體察我稱之爲**我自己**的時候，我總要碰上一種什麼特別知覺，冷或熱、明或暗、愛或憎、苦或樂的知覺。在任何時候我從不曾離了知覺而把握住**我自己**，除知覺而外我從不能觀察到任何東西。」他含著譏諷的意味承認，也許有些哲學家能感知他們的自我；「但是撇開若干這類的形而上學家不談，對人類中其餘的人我可以大膽斷言，自我無非是一簇或一組不同的知覺，以不可思議的快速彼此接替，而且處於不絕的流變和運動中。」

對自我觀念的這種否認非常重要。我們來確切看看它主張什麼，有幾分站得住腳。首先，自我這種東西即便有，也從未感知到，所以我們不能有自我觀念。假如這個議論可以被承認，就必須仔細地敘述一下。誰也感知不到自己的腦子，然而在某種重要的意義上，人卻有腦子這個「觀念」。這類「觀念」是知覺的推論，不屬於邏輯意義的基礎觀念之類；它是複合觀念和描述性的——假如休姆講的一切單純觀念出於印象這個原理正確，事實必當如此；而假如否定了這條原理，我們勢不得不回到「生得」觀念說。使用現代的用語，可以這樣講：關於未感知事物或事件的觀念，永遠能夠藉感知的事物或事件來定義，因此，用定義來代替被定義的名詞，我們永遠能夠不引入任何未感知事物或事件而敘述我們從經驗所知的事情。就我們目前的問題來說，一切心理的知識都能不引入「自我」而敘述出來。並且，如此定義的「自我」，只可能是一簇知覺，不是新的單純「東西」。我想在這點上澈底的經驗主義者誰也必定和休姆有同見。

但是並不見得單純自我是不存在的；只可說它存在與否我們不能知道，而自我除開看作一簇知覺，不能組成我們的知識的任何部分。這結論剔除掉「實體」的最後殘存的使用，在形而上學上很重要。在神學裡，它廢除了關於「靈魂」的一切假想知識，在這點上很重要。在對認識的分析上也重要，因爲它指明主體和客體這範疇並不是基本的東西。在這個自我問題上，休姆比貝克萊有了重大的進展。

整本《人性論》中最重要部分是稱作「論知識和蓋然性」的一節。休姆所謂的「蓋然性」不指數理概率論中所包含的那類知識，例如：用兩個骰子擲出雙六的機會等於三十六分之一。這種知識本身在任何專門意義上都不是蓋然的；它具有知識所能具有的限度之內的確實性。休姆討論的是靠非論證性推論從經驗的資料所得到的那種不確實的知識。這裡面包括有關未來的我們全部知識以及關於過去和現在的未觀察部分的全部知識。實際上，一方面除去直接的觀察結果，另一方面除去邏輯和數學，它包括其餘一切。通過對這種「蓋然的」知識進行分析，休姆得出了一些懷疑主義的結論，這些結論既難反駁、同樣也難接受。結果成了給哲學家們下的一道戰帖，依我看來，到現在一直還沒有夠上對手的應戰。

休姆開始先區分出七種哲學關係：類似、同一、時間和地點關係、量或數的比率、任一性質的程度、相反和因果關係。他說，這些關係可以分爲兩類，即僅依存於觀念的關係，和觀念雖毫無變化而能使其改變的那種關係。屬第一類的是類似、相反、性質的程度和量或數的比率。但是空間時間關係和因果關係則屬於第二類。只有第一類關係給人**確實**的知識；關於其他各種關係我們的知識僅是蓋然的。唯獨代數和算術是我們能進行一長串的推理而不失確實性的科學。幾何不如代數和算術那樣確實，因爲我們不能確信幾何公理正確無誤。有許多哲學家設想，數學中的觀念「必須憑靈魂的高級能力所獨有的純粹而理智的觀點去理解」，這是錯誤的。休姆說，只要一記起「我們的一切觀念都是照我們的印象摹寫出來的」，這種意見的錯誤立現。

不僅僅依存於觀念的三種關係，是同一、空間時間關係和因果關係。在前兩種關係，心不超越直接呈現於感官的東西以外（休姆認爲，空間時間關係能夠感知，而且能形成印象的一部分）。唯有因果關係使我們能夠從某個事物或事件推論其他某個事物或事件：「使我們由一對象的存在或作用確信它隨後有，或以前有其他什麼存在或作用，產生這種關聯的唯因果關係而已。」

休姆主張沒有所謂因果關係的印象，由此主張產生一個困難。單憑觀察甲和乙，我們能感知甲在乙上方，或在乙右方，但是不能感知「因爲甲，結果乙」。以往，因果關係向來或多或少被比作和邏輯中的根據和論斷的關係一樣，但是休姆正確認識到這個比法是錯誤的。

在笛卡兒哲學中，也和經院學者的哲學中一樣，原因和結果間的關聯被認爲正如邏輯關聯一樣是必然的。對這見解的第一個眞正嚴重的挑戰出於休姆，近代的因果關係哲學便是自休姆開始的。他和直到柏格森爲止，連柏格森也在內的幾乎所有哲學家相同，以爲因果律就是說有「因爲甲，結果乙」這樣形式的命題，其中甲和乙是兩類事件；此種定律在任何發達的科學中都見不到，這件事實好像哲學家們並不知曉。但是哲學家向來所講的話，有很多能夠轉換說法，使之可以適用於實際出現的那種因果律；所以，我們目下可以不理睬這一點。

休姆開始先講，使得一個對象產生另一對象的力量，不是從這二對象的觀念發現得到的，所以我們只能由經驗認識原因和結果，不能憑推理或內省來認識。他說，「凡發生的事物必有原因」這句話並不是像邏輯中的命題那樣具有直觀確實性的話。照他的講法：「如果我們就對象本身考察各對象，絕不超越關於這些對象我們所形成的觀念去看，那麼並沒有意味著其他對象存在的對象。」據此休姆主張，必定是經驗使人有了關於原因和結果的知識，但不會僅是彼此成因果關係的甲乙二事件的經驗。必定是經驗，因爲這關聯非邏輯關聯；而由於我們單只從甲中發現不了任何東西會促使甲產生乙，所以不會僅是甲和乙二個別事件的經驗。他說，必要的經驗是甲類事件和乙類事件經常連結這個經驗。他指出，在經驗中當兩個對象經常相連時，我們事實上的確從一個去推論另一個（他說的「推論」，意思指感知一個就使我們預料到另一個；他並不指形式的或明確的推論）。「大概，必然的關聯有賴於推論」，倒過來講則不對。換句話說，見甲使人預料到乙，於是讓我們相信甲乙之間有必然的關聯。這推論不是由理性決定的，因爲假使那樣便要求我們假定自然的齊一性，可是自然的齊一性本身並不是必然的，不過是由經驗推論出來的。

休姆於是有了這種見解：我們說「因爲甲，結果乙」，意思只是甲和乙事實上經常相連，並不是說它們之間有某種必然的關聯。「除一向永遠相連在一起的某些對象的概念以外，我們別無原因和結果的概念。……我們無法洞察這種連結的理由。」

休姆拿「信念」的一個定義支持他的理論，他認爲信念就是「與當前的印象有關係或者相聯合的鮮明的觀念」。如果甲和乙在過去的經驗裡一向經常相連，由於聯合①，甲的印象就產生乙的這種鮮明觀念，構成對乙的信念。這說明爲什麼我們相信甲和乙有關聯：甲的知覺表象和乙的觀念就是關聯著，因此我們便以爲甲和乙關聯著，雖然這個意見實在是沒有根據的。「各對象間並沒有發現得到的一體關聯；我們所以能夠從一個對象的出現推論另一個對象會被經驗到，除根據作用在想像力上的習慣以外，也沒根據其他任何原理。」在我們看來的各對象間的必然關聯，其實只是那些對象的諸觀念之間的關聯，休姆多次反覆了這個主張；心是由習

①association，在心理學上也譯「聯想」。——譯者

慣決定的，「予我以必然性觀念的，正是這種印象，也即是這種決定。」使我們產生「因爲甲，結果乙」這個信念的各事例的反覆，並沒賦予該對象什麼新東西，但是在心中造成觀念的聯合；因而「必然性不是存在於對象中而是存在於心中的東西」。

現在談談我們對休姆的學說應如何來看的問題。這學說有兩部分，一個是客觀部分，另一個是主觀部分。客觀部分講：在我們斷定「因爲甲，結果乙」的場合，就甲和乙而論，實際發生了的事情是，一向屢次觀察到二者相連，也就是說甲後面一向立即跟著有乙，或很快地跟著有乙；我們完全沒有理由說甲後面一定跟著有乙，或在將來的時候會跟著有乙。而且無論甲後面如何經常地跟著有乙，我們也沒有任何理由設想其中包含有超乎「先後順序」以外的什麼關係。事實上，因果關係能用「先後順序」來定義，它並不是獨立的概念。

休姆的學說的主觀部分講：因爲屢次觀察到甲和乙連結，結果就：因爲（有）甲的印象，結果（有）乙的觀念。但是，假如我們要按這學說的客觀部分的提法來定義「因爲……，結果……」，那麼必須把以上的話改一個說法。在以上的話裡代入「因爲……，結果……」的定義，變成爲：

「一向屢次觀察到：屢次觀察到的二對象甲和乙連結的後面一向屢次跟著有這種場合：甲的印象後面跟著有乙的觀念。」

我們不妨承認，這段陳述是眞實的，但是它很難說具有休姆劃歸他的學說的主觀部分的那個範圍。他三番五次地主張，甲和乙屢次連結並不成爲預料兩者將來也會相連的理由，只不過是這種預料的原因。也就是說，屢次連結這件事的經驗屢次和一種聯合習慣相連。但是，假若承認休姆學說的客觀部分，過去在這種情況下屢次形成了聯合這件事實便不成爲設想這種聯合將會繼續，或設想在類似情況下將形成新的聯合的理由。實際是，在有關心理方面，休姆逕自相信存在有一般講他所指責的那種意義的因果關係。試舉一個實例。我看見一個蘋果，預料我如果吃它，我就會經驗到某種滋味。按照休姆的意見，沒有理由說我總得經驗到這種滋味：習慣律能說明我的這種預料的存在，卻不足以作它的根據。然而習慣律本身就是一個因果律。所以，我們如果認眞對待休姆的意見，必須這樣講：儘管在過去望見蘋果一向和預料某種滋味相連，沒有理由說要繼續這樣相連。也許下次我看見蘋果我會預料它吃起來像烤牛肉味道。當下，你也許認爲未必有這回事；但是這並不成爲預料五分鐘後你會認爲未必有這回事的理由。休姆的客觀學說假若正確，我們在心理界的預料也和在物理界一樣沒有正當理由。休姆的理論無妨戲謔地刻畫如下：「『因爲甲，結果乙』這個命題意思指『因爲〔有〕甲的印象，結果〔有〕乙的觀念』」。當作定義來說，這不是個妙作。

所以我們必須更仔細地考究一下休姆的客觀學說。這學說有兩部分：(1)當我們說「因爲甲，結果乙」的時候，我們有權說的僅只是，在過去的經驗裡，甲和乙一向屢次一起出現或很快地相繼出現，甲後面不跟著有乙或甲無乙伴隨的事例，一回也沒觀察到過。(2)不管我們觀察到過如何多的甲和乙連結的事例，那也不成爲預料兩者在未來某時候相連的理由，雖然那是這種預料的原因，也就是說，一向屢次觀察到它和這種預料相連。學說的這兩個部分可以敘述如下：(1)在因果關係中，除「連結」或「繼起」而外，沒有不可以下定義的關係；(2)單純枚舉歸納不是妥實的論證形式。一般經驗主義者向來承認這兩個論點中的頭一個，否定第二個。我所謂他們向來否定第二個論點，意思是說他們向來相信，若已知某種連結的爲數相當龐大的一堆事例，這種連結在下次事例中出現的可能性就會過半；或者，即使他們並沒有恰恰這樣主張，他們也主張了具有同樣結論的某一說。

目前，我不想討論歸納，那是個困難的大題目；現在我願意講，即便承認休姆的學說的前半，否定歸納也要使得關於未來的一切預料，甚至連我們會繼續抱預料這個預料，都成爲不合理的東西。我的意思並非僅僅說我們的預料也許錯誤；這一點是無論如何總得承認的。我說的是，哪怕拿明天太陽要出來這類的我們最堅定的預料來講，也沒有分毫理由設想它會被證實比不會被證實的可能性大。附加上這個條件，我回過來再說「因果」的意義。

和休姆意見不同的人主張「因果」是一種特殊的關係，有這種關係，就必然有一定的先後順序，但是有一定的先後順序，卻未必有這種關係。重提一下笛卡兒派的時鐘說：兩個完全準確的鐘錶盡可一成不變地先後報時，然而哪個也不是另一個報時的原因。一般說，抱這種見解的人主張，固然在大多數情況我們不得不根據事件的經常連結，多少帶危險性地推斷因果關係，我們有時候能夠感知因果關係。關於這點，我們看看對休姆的見解有哪些贊同理由，有哪些反對理由。

休姆把他的議論簡括成以下的話：

「我認識到，在這本論著內至此我已經持有的，或今後有必要提出的一切奇僻悖論當中，要算目前這個奇論最極端了，全仗牢實的證明與推理，我才能夠希望它爲人所承認而打破人們的根深蒂固的偏見。在我們對這學說心悅誠服之前，我們必須如何經常地向自己重複這些話：任便兩個對象或作用，不論彼此多麼有關係，僅只單純的看見它們，絕不能使我們得到兩者之間的力量或關聯的觀念，**此**其一；這種觀念係由於兩者結合的反覆而產生的，**此**其二；這種反覆在對象方面既毫無所揭露，也毫無所引起，卻靠它所顯示的常例轉變只對心靈發生影響，**此**其三；所以這種常例轉變與靈魂因而感覺到，但在外界從物體卻感知不到的力量和必然性是同一個東西。」

通常人指責休姆抱有一種過分原子論式的知覺觀，但是他倒也承認某種關係是能感知的。他說：「我們不可把我們所作關於**同一性**，關於**時間**與**地點**的關係的觀察的任何部分理解成推理；因爲在這些觀察中，心靈都不能超越過直接呈現於感官的東西。」他說，因果關係的不同處在於它使我們超越感覺印象以外，告訴我們未感知的存在。這話作爲一個論點來說，似乎欠妥。我們相信有許多我們不能感知的時間和地點的關係：例如我們認爲時間向前和向後延展，空間延展到居室的四壁以外。休姆的眞正論點是，雖然我們有時感知到時間和地點的關係，我們卻從來沒感知因果關係，所以即使承認因果關係，它也必是從能感知的各種關係推斷出的。於是論爭便化成一個關於經驗事實的論爭：我們是否有時感知到一種能稱作因果關係的關係呢？休姆說「否」，他的敵手們說「是」，不容易理解雙方任何一方怎樣能提出證據來。

我想休姆一方的最有力的論據或許從物理學中因果律的性質可以得到。好像，「因爲甲，結果乙」這種形式的單純定則，在科學中除當作初期階段的不成熟提法而外，是絕不會容許的。在很發達的科學裡，代替了這種單純定則的因果律十分複雜，誰也無法認爲它是在知覺中產生的；這些因果律顯然都是從觀察到的自然趨勢作出的細密推論。我還沒算上現代量子論，現代量子論更進一步印證以上結論。就自然科學來講，休姆完全正確：「因為甲，結果乙」這類的說法是絕不會被認可的，我們所以有認可它的傾向，可以由習慣律和聯想律去解釋。這兩個定律本身按嚴密形式來講，便是關於神經組織——首先關於它的生理，其次關於它的化學，最終關於它的物理——的細膩說法。

不過休姆的反對者，縱然全部承認以上關於自然科學所講的話，也許仍不承認自己被澈底駁倒。他也許說，在心理學內不乏因果關係能夠被感知的事例。整個原因概念多半是從意志作用來的，可以說在某個意志作用和隨之而起的行動之間，我們能夠感知一種超乎一定的先後順序以上的關係。突然的疼痛和叫喊之間的關係也不妨說如此。不過，這種意見據生理學看來就成了很難說得過去的意見。在要動胳臂的意志和隨之而起的動作之間，有一連長串由神經和肌肉內的種種作用構成的因果仲介。我們只感知到這過程的兩末端，即意志作用和動作，假若我們以為自己看出這兩個末端間的直接因果關聯，那就錯了。這套道理雖然對當前的一般問題不是能作出最後定論的，但是也說明了：我們若以為感知到因果關係便料想眞感知到，那是輕率的。所以，權衡雙方，休姆所持的在因果當中除一定的先後繼起而外沒有別的這種見解占優勢。不過證據並不如休姆所想的那麼確鑿。

休姆不滿足於把因果關聯的證據還原成對事件的屢次連結的經驗；他進而主張這種經驗並不能成為預料將來會有類似連結的理由。例如：（重提以前的一個實例）當我看見蘋果的時候，過去的經驗使我預料它嘗起來味道像蘋果，不像烤牛肉；但是這個預料並沒有理性上的理由。假使眞有這種理由，它就得是從以下原理出發的：「我們向來沒有經驗的那些事例跟我們已有經驗的那些事例類似。」這個原理從邏輯上講不是必然的，因爲我們至少能設想自然進程會起變化。所以，它應當是一條有蓋然性的原理。但是一切蓋然的議論都先假定這條原理，因此它本身便不能藉任何蓋然的議論來證明，任何這種議論甚至不能使它帶有蓋然眞確性。「未來和過去類似這個假定，不以任何種的論據爲基礎，完全是由習慣來的。」②結論是一個澈底懷疑主義的結論：

「一切蓋然的推理無非是感覺作用的一種。不獨在詩和音樂中我們必須遵循自己的趣味和感情，在哲學裡也一樣。我如果確信一個什麼原理，那不過是一個觀念，比較強力地印在我的心上。我如果認爲這套議論比那套議論可取，這只是我由個人對於這套議論的感染力優越所持的感情作出決定而已。諸對象沒有可以發現的一體關聯；而且我們從一個對象出現對另一個對象存在所以能得出任何推論，根據的也不是旁的什麼原理，無非是作用於想像力的習慣罷了。」③

休姆對通常認爲的知識進行研究的最後結果，並不是據我們料想他所期求的那種東西。他的著作④的副題是「在精神學科中導入實驗推理法之一探」。很明顯，他初著手時有一個信念：科學方法出眞理、全部眞理，而且只出眞理；然而到末了卻堅信因爲我們一無所知，所

② 第一卷，第三編，第四節。

③ 第一卷，第三編，第八節。

④ 指《人性論》。——譯者

謂信念絕不是合理的東西。在說明了支持懷疑主義的種種論據之後（第一卷，第四編，第一節），他不接著批駁這些論據，倒進而求助於人天生的盲從輕信。

「自然藉一種絕對的、無法控制的必然性，不但決定了我們呼吸和感覺，也決定了我們作判斷。我們只要醒著，就無法阻止自己思考；在光天化日之下把眼睛轉向四周的物體，無法阻止自己看見這些物體；同樣，由於某些對象和現在的印象慣常關聯著，我們也忍不住對這些對象有一個較鮮明、較完全的觀察。凡是曾費苦心反駁這種絕對懷疑論的人，他實際是作了沒有敵手的爭辯，努力靠議論確立一種能力，而自然在以前已經把這種能力灌注在人心中而且使它成為無可避免的能力了。那麼，我所以如此仔細地發揮那個荒誕學派⑤的議論，其用意也不過是讓讀者理解我的以下這個假說是正確的：**關於原因與結果我們的一切推論無非是由習慣來的；信念與其說是我們天性中思考部分的行為，不如說是感覺部分的行為比較恰當。**」

他繼續寫道（第一卷，第四編，第二節）：「懷疑主義者縱使斷言他不能用理性為他的理性辯護，他仍舊繼續推理、相信；同樣，儘管他憑什麼哲學的議論也不能冒稱主張關於物體存在的原理是眞實的，卻也必須同意這條關於物體存在的原理。……我們盡可問，**什麼促使我們相信物體存在？**但是問**是不是有物體**，卻徒勞無益。在我們的一切推論中，這一點必須認為是不成問題的。」

---

⑤指「絕對懷疑論」。——譯者

以上是「論關於各種感覺的懷疑主義」這一節的開端。經過一段長長的討論之後，這一節用以下結論收尾：

「關於理性和感覺雙方的這種懷疑主義的疑惑，是一種永遠不能根治的痼疾，一種不管我們如何驅逐它，而且有時也好像完全擺脫了它，但偏偏每時每刻又來侵犯我們的痼疾。……唯有不關心和不留意可以作我們的一點救藥。因爲這個理由，我完全信賴這兩點；而且認爲不論此刻讀者的意見如何，一小時以後他一定會相信外部世界和內部世界雙方都是存在的。」

研究哲學對某種氣質的人說來是個愜意的消度時間的方法，除此以外沒有研究它的理由──休姆這樣主張。「在一切生活事件中，我們仍應當保持我們的懷疑主義。我們如果相信火使人溫暖，或相信水讓人精神振作，那無非因爲不這樣想我們要吃太大的苦頭。不，如果我們是哲學家，那就只應當是依據懷疑主義的原則，出於我們感覺照那樣想的一種傾向。」假如他放棄了思索，「我**感覺**我在快樂方面有損失；這就是我的哲學的來源」。

休姆的哲學對也好、錯也好，代表著西元十八世紀重理精神的破產。他如同洛克，初著手時懷有這個意圖：明理性、重經驗，什麼也不輕信，卻追求由經驗和觀察能得到的不拘任何知識。但是因爲他具有比洛克的智力優越的智力，作分析時有較大的敏銳性，而容納心安理得的矛盾的度量比較小，所以他得出了從經驗和觀察什麼也不能知曉這個倒楣的結論。所謂理性的信念這種東西是沒有的；「我們如果相信火使人溫暖，或相信水讓人精神振作，那無非因爲不這樣想我們要吃太大的苦頭。」我們不得不抱有信念，但是任何信念都不會根據理性。而且，一個行爲方針也不會比另一個方針更合理，因爲一切方針同樣都以不理性的信念爲基礎。不過這個最後結論休姆似乎並沒有得出來。甚至在他總結第一卷的各個結論的那一章，懷疑主義最甚的一章中，他說道：「一般講，宗教裡的錯誤是危險的；哲學裡的錯誤只是荒謬而已。」他完全沒資格講這話。「危險的」是個表示因果的詞，一個對因果關係抱懷疑的懷疑論者不可能知道任何事情是「危險的」。

實際上，在《人性論》後面一些部分，休姆把他的根本懷疑全忘到九霄雲外，寫出的筆調和當時任何其他開明的道德家會寫出的筆調幾乎一樣。他把他推薦的救治方劑即「不關心和不留意」用到了自己的懷疑上。從某種意義上講，他的懷疑主義是不真誠的，因爲他在實踐中不能堅持它。可是，它倒有這樣的尷尬後果：讓企圖證明一種行爲方針優於另一種行爲方針的一切努力化爲泡影。

在這樣的自我否定理性精神的後面跟隨著非理性信念大爆發，是必不可免的事。休姆和盧梭之間的爭吵成了象徵：盧梭癲狂，但是有影響；休姆神志正常，卻沒有追隨者。後來的英國經驗主義者未加反駁就否定了他的懷疑論；盧梭和他的信徒們同意休姆所說的任何信念都不是以理性爲基礎的，然而卻認爲情勝於理，讓感情引導他們產生一些和休姆在實踐上保持的信念迥然不同的信念。德國哲學家們，從康德到黑格爾，都沒消化了休姆的議論。我特意這樣講，儘管不少哲學家和康德有同見，相信《純粹理性批判》對休姆的議論作了解答。其實，這些哲學家們——至少康德和黑格爾——代表著一種休姆前形式的理性主義，用休姆的議論是能夠把他們駁倒的。憑休姆的議論駁不倒的哲學家是那種不以合理性自居的哲學家，類如盧梭、叔本華和尼采。整個西元十九世紀內以及二十世紀到此爲止的非理性的發展，是休姆破壞經驗主義的當然後果。

所以，重要的是揭示在一種完全屬於，或大體屬於經驗主義的哲學的範圍之內，是否存在對休姆的解答。若不存在，那麼神志正常和精神錯亂之間就沒有理智上的差別了。一個相信自己是「水煮荷包蛋」的瘋子，也只可能以他屬於少數派爲理由而指責他，或者更不如說（因爲我們不可先假定民主主義），以政府不跟他意見一致爲理由而指責他。這是一種無可奈何的觀點，人不得不希望有個什麼逃避開它的方法才好。

休姆的懷疑論完全以他否定歸納原理爲根據。就應用於因果關係而言，歸納原理講：如果一向發現甲極經常地伴隨有乙，或後面跟著有乙，而且不知道甲不伴隨有乙或後面不跟著有乙的任何實例，那麼大概下次觀察到甲的時候，它要伴隨有乙或後面跟著有乙。要想使這條原理妥當，那麼必須有相當多的實例來使得這個蓋然性離確實性不太遠。這個原理，或其他推得出這個原理的任何一個原理，如果是對的，那麼休姆所排斥的因果推理便妥實有據，這固然並不在於它能得出確實性，而在於它能得出對實際目的說來充分的蓋然性。假如這個原理不正確，則一切打算從個別觀察結果得出普遍科學規律的事都是謬誤的，而休姆的懷疑論對經驗主義者說來便是逃避不開的理論。當然，若不犯循環論法，這原理本身從觀察到的齊一性是推論不出來的，因爲任何這種推論都需要有這個原理才算正當。所以，它必定是一個不基於經驗的獨立原理，或由這種獨立原理推出來的原理。在這個限度內，休姆證明了純粹經驗主義不是科學的充足基礎。但是，只要承認這一個原理，其他一切都能按照我們的全部知識基於經驗這個理論往下進行。必須承認，這是嚴重違反純粹經驗主義，非經驗主義者的人或許問，如果一種違反是許可的，爲什麼旁的違反就得禁止。不過這些都是由休姆的議論非直接引起的問題。他的議論所證明的是——我以爲這證明無法辯駁——歸納是一個獨立的邏輯原理，是從經驗或從其他邏輯原理都推論不出來的，沒有這個原理，便不會有科學。

第二篇　從盧梭到現代

第十八章　浪漫主義運動

從西元十八世紀後期到今天，藝術、文學和哲學，甚至於政治，都受到了廣義上所謂的浪漫主義運動特有的一種情感方式積極的或消極的影響。連那些對這種情感方式抱反感的人對它也不得不考慮，而且他們受它的影響常常超過自知的程度以上。在這一章裡我想主要就一些不確定算是哲學上的事情，簡單講一講浪漫主義觀點；因爲這種觀點乃是我們眼下要涉及的一段時期中大部分哲學思想的文化背景。

浪漫主義運動在初期跟哲學並不相干，不過很快就和哲學有了關係。通過盧梭，這運動自始便和政治是連在一起的。但是，我們必須先按它的最根本的形式來考察它，即作爲對一般公認的倫理標準和審美標準的反抗來考察，然後才能了解它在政治上和哲學上的影響。

這運動中的頭一個大人物是盧梭，但是在有些地方他只是表現了已然存在的潮流傾向。在西元十八世紀的法國，有教養人士極其讚賞他們所謂的la sensibilité（善感性），這個詞的意思指容易觸發感情，特別是容易觸發同情的一種氣質。感情的觸發要做到澈底如意，必須又直接又激烈而且完全沒有思想的開導。善感的人看見一個困窘的小農家庭會動心落淚，可是對精心擘劃的改善小農階級生活狀況的方案倒很冷淡。窮人想當然比有錢人要多具備美德；所謂賢哲，認爲就是一個從腐敗的朝廷裡退出來，在恬淡的田園生活中享受清平樂趣的人。這種態度作爲一時的心境來說，幾乎在歷代詩人的作品中都找得到。《皆大歡喜》（*As You Like It*）裡的流亡公爵表達了這種態度，不過他一有辦法便回到他的公爵領地；唯獨抑鬱多愁的傑克斯①是眞心歡喜那森林生活。甚至浪漫主義運動所反對的一切人當中的十足典型波普也說：

> 誰把願望和心計
> 囿於幾塊祖留的田畝，
> 甘心在自己的地上呼吸鄉土氣，
> 誰便有幸福。

在培養善感性的那些人的想像中，窮人總都有幾塊祖留的田畝，靠自己的勞動產品過生活，無需乎對外交易。是的，他們總是在淒慘的境況裡把這些田畝逐漸失掉，因爲上年紀的父親不能再勞動，嬌媚的女兒又在害著癆傷症，奸惡的受抵押人或混帳的領主不是正準備攫走田畝，就是準備著奪去女兒的貞操。在浪漫主義者看來，窮人絕不是都市裡的，絕不是工業界的；「無產階級」是個西元十九世紀的概念，也許是同樣浪漫化了的，卻完全是另一種東西。

盧梭講求已經存在的善感性崇拜，使它有了一個要不然就不會具有的幅度和範圍。他是

①《皆大歡喜》是莎士比亞的一個喜劇；傑克斯（Jacques）是劇中人物之一。——譯者

個民主主義者，不但按他的學說來講是，按他的趣味來講也是。他一生在長時期中是一個四處漂泊的窮漢，接受一些論窮困程度不過稍亞於他的人的好意照顧。他在行動上常常用糟到家的忘恩負義來回報這種關懷，但是在情感上，他的反應卻是最熱忱的善感性崇拜者所能想望的一切。他因為有流浪人的好尙，覺得巴黎社交界的種種拘束讓人厭膩。浪漫主義者們跟他學會了輕蔑習俗束縛——最初是服裝和禮貌上的、小步舞曲和五步同韻對句上的習俗束縛，然後是藝術和戀愛上的習俗束縛，最後及於傳統道德的全領域。

浪漫主義者並不是沒有道德；他們的道德見識反倒銳利而激烈。但是這種道德見識依據的原則卻和前人向來以為良好的那些原則完全不同。從西元一六六〇年到盧梭這一段時期，充滿了對法國、英國和德國的宗教戰爭和內戰的追憶。大家深深意識到混亂擾攘的危險，意識到一切激烈熱情的無政府傾向，意識到安全的重要性和為達到安全而必須作出的犧牲。謹慎被看成是最高美德；理智被尊為對付破壞性的熱狂之輩頂有力的武器；優雅的禮貌被歌頌成抵擋蠻風的一道屏障。牛頓的宇宙井然有序，各行星沿著合乎定則的軌道一成不變地繞日回轉，這成了賢良政治的富於想像性的象徵。表現熱情有克制是教育的主要目的，是上流人最確實的標記。在法國大革命當中，浪漫主義前的貴族們默不作聲地死去；羅蘭夫人和但敦是浪漫主義者，死時伴隨有華美的詞句。

到盧梭時代，許多人對安全已經厭倦，已經開始想望刺激了。法國大革命和拿破崙讓他們把刺激足足嘗個飽。當西元一八一五年政治界回歸平靜的時候，這又是那麼死氣沉沉，那麼僵硬刻板，與一切蓬勃生活那麼敵對的一種平靜，只有喪魂落魄的保守派耐得住。因此，像太陽王②治下的法國與法國大革命時代前的英國特有的那種在思想上默認現狀不存在了。西元十九世紀時對神聖同盟體制的反抗分兩種。一方面，有既是資本家的又是無產階級的工業主義對君主制和貴族政治的反抗；這種反抗幾乎完全沒沾到浪漫主義，而且在許多方面又返回西元十八世紀。這種運動以哲學上的急進派、自由貿易運動和馬克思派社會主義爲代表。與此完全不同的是浪漫主義的反抗，它有的地方是反動的，有的地方是革命的。浪漫主義者不追求和平與安靜，但求有朝氣而熱情的個人生活。他們對工業主義毫無好感，因爲它是醜惡的，因爲苦心斂財這件事他們覺得與不朽人物是不相稱的，因爲近代經濟組織的發展妨害了個人自由。在革命後的時代，他們透過民族主義逐漸進到政治裡：他們感覺每個民族有一個團體魂，只要國家的疆界和民族的界限不一樣，團體魂就不可能自由。在西元十九世紀上半期，民族主義是最有聲勢的革命原則，大部分浪漫主義者熱烈支持它。

浪漫主義運動的特徵總的說來是用審美的標準代替功利的標準。蚯蚓有益，可是不美麗；老虎倒美，卻不是有益的東西。達爾文（非浪漫主義者）讚美蚯蚓；③布雷克讚美老虎。④浪漫主義者的道德都有原本屬於審美上的動機。但是爲刻畫浪漫主義者的本色，必須不

② 太陽王（le Roi Soleil）是路易十四的別號。——譯者

③ 達爾文對蚯蚓的習性及其改良土壤的作用作過詳細的考察和報告。——譯者

④ 布雷克（William Blake，西元一七五七－一八二七年）：英國版畫家、詩人。他有一首詩題名〈虎〉（*The Tiger*），歌頌暴力的美。——譯者

但考慮審美動機的重要，而且考慮趣味上的變化，這種變化使得他們的審美感和前人的審美感不同。關於這方面，他們愛好哥德式建築就是一個頂明顯的實例。另外一個實例是他們對景色的趣味。約翰生博士（Dr. Johnson）對佛里特街⑤比對任何鄉村風光更喜愛，並且斷言凡是厭膩倫敦的人一定厭膩生活。盧梭以前的人假使讚賞鄉間的什麼東西，那也是一派豐饒富庶的景象，有肥美的牧場和哞哞叫著的母牛。盧梭是瑞士人，當然讚美阿爾卑斯山。在他的門徒寫的小說及故事裡，見得到洶湧的激流、可怕的懸崖、無路的森林、大雷雨、海上風暴和一般講無益的、破壞性的、凶猛暴烈的東西。這種趣味上的變化多少好像是永久性的：現在差不多人人對尼加拉瀑布⑥和大峽谷⑦比對碧草蒽蘢的牧原和麥浪起伏的農田更愛好。關於人對風景的趣味，遊客旅館本身供給了統計上的證據。

浪漫主義者的性情從小說來研究最好不過了。他們喜歡奇異的東西：幽靈鬼怪、凋零的古堡、昔日盛大的家族最末一批哀愁的後裔、催眠術士和異術法師、沒落的暴君和東地中海的海盜。菲爾丁（Fielding）和斯摩萊特（Smollett）寫的是滿可能實際發生的情境裡的普通

---

⑤ 佛里特街（Fleet Street）是倫敦的一條街道，為新聞業及出版業中心，約翰生博士早年進行事業活動的地方。——譯者

⑥ 世界最大的瀑布，在美國紐約州與加拿大的國境線上。——譯者

⑦ 美國亞桑那州西北部科羅拉多河的大峽谷，長三二二公里以上，深六一〇～一八三〇公尺。——譯者

人物，反抗浪漫主義的那些現實派作家都如此。但是對浪漫主義者來說，這類主題太平凡乏味了；他們只能從宏偉、邈遠和恐怖的事物領受靈感。那種多少有點靠不住的科學，如果帶來什麼驚人的事情，倒也可以利用；但是主要講，中世紀以及現在的中古味挺重的東西最使他們歡喜。他們經常跟過去的或現在的現實完全斷絕了關係。在這點上，《老舟子吟》（*The Ancient Mariner*）是典型，而柯勒律治的《忽必烈》（*Kubla Khan*）也很難說是馬可波羅寫的那位歷史君主。浪漫主義者的地理很有趣：從上都[8]到「荒涼的花剌子模海岸」[9]，他們注意的盡是遙遠的、亞細亞的或古代的地方。

浪漫主義運動儘管起源於盧梭，最初大體是德國人的運動。德國的浪漫主義者們在西元十八世紀末都還年輕，也正是當年輕的時候他們在自己的看法上表現出最富有特色之處。那些沒有幸運夭折的人，到末了讓個性泯沒在天主教的齊一模式中（一個浪漫主義者如果原來從出生是個新教徒，他可以成爲天主教徒；但若不是這樣，就不大能當天主教徒，因爲他必須把天主教信仰和反抗結合起來）。德國浪漫主義者對柯勒律治和雪萊起了影響；與德國的影響無關，浪漫主義觀點在西元十九世紀初葉在英國流行開。在法國，自王政復辟以後，直到維克

---

⑧《忽必烈》中歌詠的上都（Xanadu），是元朝的一個都市。——譯者

⑨花剌子模（Chorasmia）為古時裡海以東一個地區，即原蘇聯烏茲別克中部及土庫曼北部一帶，原是古波斯的一個省，西元十二世紀時大致相當於花剌子模帝國。——譯者

托・雨果，浪漫主義觀點大盛，固然那是一種弱化的浪漫主義觀點了。在美國，從梅爾維爾（Melville）、梭羅（Thoreau）和布魯克農場⑩可以見到近乎純粹的浪漫主義觀點；稍有緩和的，從愛默生（Emerson）和霍桑（Hawthorne）也見得到。雖然浪漫主義者傾向於舊教，但是在他們的看法上的個人主義方面，總有一種什麼牢固不拔的新教成分，而且在塑造風俗、輿論和制度方面，他們取得的永久性成功幾乎完全限於新教國家。

英國的浪漫主義的端倪在諷刺作家的作品裡見得到。在謝立丹（Sheridan）的《情敵》（*Rivals*）（西元一七七五年）中，女主角決意寧爲愛情嫁一窮漢，而不嫁給一個有錢男人來討好她的監護人和他的父母；然而，他們選中的那個富人化個假名，僞充貧窮向她求愛，贏得了她的愛情。珍・奧斯汀（Jane Austen）在《諾桑覺寺》（*Northanger Abbey*）和《理性與感性》（*Sense and Sensibility*）（西元一七九七—一七九八年）中嘲笑了浪漫主義者。《諾桑覺寺》裡有這麼一個女主角：她被西元一七九四年出版的瑞德克里弗夫人（Mrs. Radcliffe）寫的超浪漫主義的《烏鐸爾佛的奧祕》（*Mysteries of Udolpho*）引入了迷途。英國第一個好的浪漫主義作品就是柯勒律治的《老舟子吟》——姑且撇開布雷克不談，因爲他是一個孤獨的、

⑩ 布魯克農場（Brook Farm）是西元一八四一年美國的超絕論者喬治・瑞普萊（George Ripley）夫婦在波士頓附近創建的一個空想社會主義實驗社會，至西元一八四七年失敗。當時霍桑是參加者之一，愛默生也贊同它。——譯者

瑞典寶利⑪教派的信徒，難說是任何「運動」的一部分。《老舟子吟》發表在西元一七九九年⑫；柯勒律治不幸由魏志伍德家⑬供給了錢，翌年進了哥廷根大學，沉溺在康德哲學裡，這並沒使他的詩進一步工練。

在柯勒律治、華茲渥斯（Wordsworth）和騷濟（Southey）成了反動者之後，對法國大革命和拿破崙的憎恨暫時遏制住英國的浪漫主義。但是不久拜倫、雪萊和濟慈使它又復活了，且多少可說支配了整個維多利安時代。

瑪麗・雪萊⑭的《科學怪人》（*Frankenstein*）是在阿爾卑斯山的浪漫情調的景色中與拜倫談話的靈感啓發下寫成的，其內容幾乎可以看成是一部寓言體的、預言性的浪漫主義發展史。法蘭克斯坦的怪物並不像俗語中把他說的那樣，是不折不扣的怪物，他最初也是個溫良和善的生靈，渴望人間的柔情；但是，他打算得到一些人的愛，而他的醜陋倒激起那些人的恐

---

⑪ 瑞典寶利（Emanuel Swedenborg，西元一六八八—一七七二年）：瑞典哲學家、神祕主義者。他的宗教學說的信奉者總稱為「新耶路撒冷教會」。——譯者

⑫ 應作西元一七九八年。——譯者

⑬ 魏志伍德（Josiah Wedgwood，西元一七三〇—一七九五年）：英國著名的陶器業者。他的兒子湯瑪斯・魏志伍德繼承到大筆遺產後資助了一些文人學者。——譯者

⑭ 瑪麗・雪萊（Mary Shelley，西元一七九一—一八五一年）：本名瑪麗・葛德汶（Mary Godwin），詩人雪萊的第二任妻子，西元一八一六年和雪萊一起在瑞士認識了拜倫。——譯者

懼，於是逼得他凶暴憤恨起來。這怪物隱著身形觀察一家善良的貧苦小農，暗中幫助他們勞動。最後他決意讓他們知道他：

「我愈多見他們，我要求得到他們的庇護和照顧的欲望愈強；我的心渴望爲這些溫良可親的人所認識，爲他們所愛；看見他們把和美的容顏含情對著我，便是我的極度奢望了。我不敢想他們會懷著輕蔑和恐懼躲開我。」

然而，他們眞這樣躲開了。於是他首先要求創造他的人創造一個類似他自己的女性，等這件事一遭到拒絕，他便致力把法蘭克斯坦愛的所有人一個一個殺害，不過，甚至在這時候，當他完成了全部殺害，眼盯著法蘭克斯坦的屍首，那怪物的情操依然是高貴的：

「這也是我的犧牲者！殺害了他，我罪惡滿盈；我此身的這位可憐的守護神受傷到底了！哦，法蘭克斯坦！你這寬宏大量、捨己爲人的人啊！我現在求你饒恕我又有什麼用？是我，毀滅了你所愛的一切人，因而無可挽救地毀滅了你。天哪！他冰涼了，他不能回答我的話……當我把我的可怕的罪孽總帳瀏覽一遍時，我不能相信我還是從前那個在思想中對善德的美和尊嚴曾充滿著崇高超絕的幻想的生靈。但事實正是如此；墮凡的天使成了惡毒的魔鬼。然而連神和人的那個仇敵在淒苦悲涼當中也有朋友夥伴；可是我孤單。」

這種心理如果剝除掉浪漫主義形式，毫無不現實的地方，要想找類似的實例也不必要去搜尋重洋大盜或汪達爾人⑮的國王。舊德國廢皇在竇恩⑯對來訪的某個英國人慨嘆英國人不再喜歡他了。伯特博士在他寫的一本講少年犯的書裡⑰，提到有個七歲男孩把另一個男孩弄到攝政王運河⑱裡淹死。這孩子的理由是無論他一家人或他的同年輩的孩子們，對他全不表示愛。伯特博士以好意對待他，結果他成了一個有身分的公民；可是並沒有一個伯特博士來擔任改造法蘭克斯坦的怪物。

可怪罪的倒不是浪漫主義者的心理，而是他們的價值標準。他們讚賞強烈的熾情，不管是哪一類的，也不問它的社會後果如何。浪漫愛情，尤其在不如意的時候，其強烈足以博得他們的讚許；但是最強烈的熾情大部分都是破壞性的熾情：如憎惡、怨憤和嫉妒、悔恨和絕望，羞憤和受到不正當壓抑的人的狂怒，黷武熱和對奴隸及懦弱者的蔑視。因此，爲浪漫主義所鼓舞的，特別是爲拜倫式變種的浪漫主義所鼓舞的那類人，都是猛烈而反社會的，不是無政府的叛逆者，便是好征服的暴君。

---

⑮ 西元五世紀時掠奪羅馬，破壞其文化的一個野蠻民族。——譯者

⑯ 竇恩（Doorn）是荷蘭中部位於特雷赫（Utrecht）東南的一個村，威廉二世退位後居住在那裡。——譯者

⑰ 伯特（Sir Cyril Lodowic Burt，西元一八八三－一九七一年）：英國心理學家、倫敦大學教授（西元一九二四－一九五〇年）；這裡提到的書即西元一九二五年出版的《少年犯》（*The Young Delinquent*）。——譯者

⑱ 倫敦的一條運河。——譯者

浪漫主義觀點所以打動人心的理由，隱伏在人性和人類環境的極深處。出於自利，人類變成了群居性的，但是在本能上一直依然非常孤獨；因此，需要有宗教和道德來補充自利的力量。但是爲將來的利益而捨棄現在的滿足，這個習慣讓人煩膩，所以熾情一激發起來，社會行爲上的種種謹愼約束便難於忍受了。在這種時刻，推開那些約束的人由於內心的衝突息止而獲得新的元氣和權能感；雖然他們到末了也許會遭遇大不幸，當時卻享受到一種登仙般的飛揚感，這種感受偉大的神祕主義者是知道的，然而僅僅有平凡德性的人卻永遠不能體驗。於是他們天性中的孤獨部分再度自現，但是如果理智尚存在，這自現必定披上神話外衣。神祕主義者與神合爲一體，在冥想造物主時感覺自己免除了對同儕的義務。無政府的叛逆者做得更妙：他們感覺自己並不是與神合一，而就是神。所謂眞理和義務，代表我們對事情和對同類的服從，對於成了神的人來講不復存在；對於旁人，眞理就是**他**所斷定的，義務就是**他**所命令的。假使我們當眞都能孤獨地過生活而且不勞動，大家全可以享受這種自主狀態的銷魂之樂；既然我們不能如此，這種樂處只有瘋子和獨裁者有分了。

孤獨本能對社會束縛的反抗，不僅是了解一般所謂的浪漫主義運動的哲學、政治和情操的關鍵，也是了解一直到如今這運動的後裔的哲學、政治和情操的關鍵。在德國唯心主義的影響下，哲學成了一種唯我論的東西，把自我發展宣布爲倫理學的根本原理。關於情操，在追求孤獨這件事與熾情和經濟的必要之間，須作一個可厭的折中。D. H. 勞倫斯（Lawrence）的小說《愛島的人》（*The Man Who Loved Islands*）裡的主人翁鄙夷這種折中愈來愈甚，最後凍餓而死，但他是享受著完全孤獨而死去的；可是如此程度的言行一致那些頌揚孤獨的作家們從來也沒有達到過。文明生活裡的康樂，隱士是無從獲得的，想要寫書或創作藝術作品的人，他在工作期間要活下去，就必須受人服侍。爲了依舊感覺孤獨，他必須能防止服侍他的人侵犯他的自我，假如那些人是奴隸，這一點最能夠圓滿完成。然而熱烈的愛情卻是個較爲困難的問題。一對熱情戀人只要被看作是在反抗社會桎梏，便受人的讚美；但是在現實生活中，戀愛關係本身很快地就成爲一種社會桎梏，於是戀愛的對手倒被憎恨上了，如果愛情堅強，羈絆難斷，就憎恨得更加厲害。因此，戀愛才至於被人理解爲一場戰鬥，雙方各在打算破入對方的「自我」保護牆把他或她消滅。這種看法透過斯特林貝利（Stringberg）的作品，尤其還透過勞倫斯的作品，已經眾所周知了。

按這種情感方式講，不僅熱烈的愛情，而且連和別人的一切友好關係，只限於在能把別人看成是自己的「自我」的客觀化的情況下才可能存在。若別人是血緣親屬，這看法就行得通，關係愈近愈容易做到。因此，人們強調氏族，結果像托勒密家系[19]，造成族內通婚。這對拜倫起了怎樣的影響，我們知道；[20]華格納在齊格蒙德和齊格琳德的戀愛中[21]也流露出類似的感

---

⑲ 托勒密家系（the Ptolemys）是亞歷山大大帝死後統治埃及的一個王朝（西元前三二三年—西元前三〇年）；托勒密二世娶了他的親姊。——譯者

⑳ 參照本書第三三八頁。——譯者

㉑ 華格納（Wilhelm Richard Wagner，西元一八一三—一八八三年）：德國作曲家、近代歌劇的創始者。齊格蒙德（Siegmund）和齊格琳德（Sieglinde）是華格納所作歌劇《尼伯龍根的指環》（*Der Ring des*

情。尼采喜歡他的妹妹勝過其他一切女子（固然沒有醜事），他寫給她的信裡說：「從你的一切所言所行，我眞深切感覺我們屬於一脈同根。你比旁人對我了解得多，因爲我們是出於一個門第的。這件事和我的『哲學』非常調和。」

民族原則是同一種「哲學」的推廣，拜倫是它的一個主要宣導者。一個民族被假定成一個氏族，是共同祖先的後嗣，共有某種「血緣意識」。馬志尼經常責備英國人沒給拜倫以正當的評價，他把民族設想成具有一個神祕的個性，而將其他浪漫主義者在英雄人物身上尋求的無政府式的偉大歸給了民族。民族的自由不僅被馬志尼看成是一種絕對的東西，而且比較穩重的政治家們也這樣看了。這一來在實際上便不可能有國際合作了。

對血統和種族的信仰，當然和反猶太主義連在一起。同時，浪漫主義觀點一半因爲是貴族觀點，一半因爲重熱情、輕算計，所以萬分鄙視商業和金融。於是浪漫主義觀點宣稱反對資本主義，這和代表無產階級利益的社會主義者反對資本主義完全不同，因爲前一種反對的基礎是厭惡經濟要務，這種反對又由於聯想到資本主義世界由猶太人統治著而進一步增強。拜倫很難得偶爾也屈尊去注意像什麼經濟權力那種庸俗事，那時就表達出上述看法：

誰掌握世界的平衡？誰統治

Nibelungen）中的兩個神話人物，他們是兄妹，兩人結婚，生了著名的英雄齊格飛（Siegfried）。——譯者

不論是保皇黨的還是自由黨的國會？
誰使西班牙的沒有內衣的愛國者驚醒？
（這使舊歐洲的雜誌全都嘰嘰喳喳起來）。
誰使舊世界和新世界處於痛苦
或歡樂之中？誰使政治都變得油嘴滑舌？
誰使拿破崙的英雄事業變成幽靈？——
猶太人羅斯柴爾德[22]和他的基督教友培林[23]。

詩句也許不大鏗鏘悅耳，但是感情十足是現代感情，所有拜倫的信徒向來都發出了迴響共鳴。

浪漫主義運動從本質上講目的在於把人的人格從社會習俗和社會道德的束縛中解放出來。這種束縛一部分純粹是給相宜的活動加的無益障礙，因為每個古代社會都曾經發展一些行

---

[22] 羅斯柴爾德（Meyer Anseln Rothschild，西元一七四三—一八一二年）：德籍猶太人，國際金融資本家，在歐洲各國擁有龐大的勢力。——譯者

[23] 培林（Francis Baring，西元一七四〇—一八一〇年）：英國大銀行家，當時公認為全歐第一鉅賈，曾任東印度公司主席。這首詩是拜倫的《唐璜》（*Don Juan*）裡的一節。中譯引自：《唐璜》，朱維琪譯，上海文藝出版社，一九五九年版，第七四七頁。——譯者

爲規矩，除了說它是老傳統而外，沒有一點可恭維的地方。但是，自我中心的熱情一旦放任，就不易再叫它服從社會的需要。基督教多少算是做到了對「自我」的馴制，但是經濟上、政治上和思想認識上的種種原因刺激了對教會的反抗，而浪漫主義運動把這種反抗帶入了道德領域裡。由於這運動鼓勵一個新的狂縱不法的自我，以致不可能有社會協作，於是讓它的門徒面臨無政府狀態或獨裁政治的抉擇。自我主義在起初讓人們指望從別人得到一種父母般的溫情；但是，他們一發現別人有別人的自我，感到憤慨，求溫情的欲望落了空，便轉成爲憎恨和凶惡。人不是孤獨不群的動物，只要社會生活一天還存在，自我實現就不能算倫理的最高原則。

第十九章　盧梭

尙・雅克・盧梭（Jean Jacques Rousseau，西元一七一二—一七七八年）雖然是個西元十八世紀法語意義上的philosophe（哲人），卻不是現在所說的「哲學家」那種人。然而，他對哲學也如同對文學、趣味、風尙和政治一樣起了有力的影響。把他作爲思想家來看不管我們對他的功過有什麼評價，我們總得承認他作爲一個社會力量有極重要的地位。這種重要地位主要來自他的打動感情及打動當時所謂的「善感性」的力量。他是浪漫主義運動之父，是從人的情感來推斷人類範圍以外的事實這派思想體系的創始者，還是那種與傳統君主專制相反的僞民主獨裁的政治哲學的發明人。從盧梭時代以來，自認爲是改革家的人向來分成兩派，即追隨他的人和追隨洛克的人。有時候兩派是合作的，許多人便看不出其中有任何不相容的地方。但是逐漸他們的不相容日益明顯起來了。在現時，希特勒是盧梭的一個結果；羅斯福和邱吉爾是洛克的結果。

盧梭的傳記他自己在他的《懺悔錄》（*Cofessions*）裡敘述得十分詳細，但是一點也不死心塌地尊重事實。他樂於白表爲大罪人，往往在這方面渲染誇大了；不過，倒也有豐富的外在證據說明他欠缺一切平常道德。這件事並不使他苦惱，因爲他認爲他永遠有著一副溫情心腸，然而溫情心腸卻從來沒阻礙他對最好的朋友有卑鄙行動。下面我僅就爲了理解他的思想和影響而必須知道的事情講一講他的生平。

盧梭生於日內瓦，受的是正統喀爾文派信徒的教育。他的父親因爲窮困，兼做鐘錶匠和舞蹈教師兩種職業；他在嬰兒時代就死了母親，由一個姑母把他撫養長大。他十二歲時輟了學，在各種行業裡當學徒，但是行行他都憎恨，於是在十六歲的時候從日內瓦逃到了薩瓦①。因爲沒有生活能力，他去到一個天主教神父那裡，揚言想要改宗。正式改宗式是在都靈的一個公教要理受講所中舉行的，過程歷時九天。他把他的動機說成是完全爲了報酬：「我不能假裝不知道我就要做的神聖行爲其實是盜賊行爲。」不過這話是他又改奉新教以後寫的；有理由認爲若干年間他是一個信心眞誠的天主教徒。西元一七四二年他公開宣稱過他在西元一七三〇年所住的房子曾經仗某主教的祈禱而奇蹟似的逃過了一場火災。

他腰揣著二十法郎被趕出了都靈的公教要理受講所之後，當上一個叫德．維齊麗夫人的貴婦的男僕，可是那夫人三個月後就死了。她死的時候，人家發現盧梭保有一個原來屬於她的飾紐，這其實是他偷來的。他一口咬定是某個他喜歡的女僕送給他的；旁人聽信他的話，女僕受了處罰。他的自解很妙：「從來也沒有比在這個殘酷時刻邪惡更遠離我了；當我控告那可憐的姑娘時，說來矛盾，卻是實情：我對她的愛情是我所做的事的原因。她浮現在我的心頭，於是我把罪過推給了第一個出現的對象。」這是照盧梭的道德觀講，怎樣以「善感性」代替一切平常道德的好實例。

① 薩瓦（Savoy）在法國東南部，鄰近瑞士和義大利的國境。——譯者

在這次事件之後，他得到了德．瓦朗夫人的接濟；她和他一樣是由新教改宗的，是一個爲了在宗教上的功勞而從薩瓦王領受年金的嫵媚貴婦。有九個或十個年頭，他在她家裡度過大部分時光；甚至她做了他的姘婦後，他也叫她「mama」（媽媽）。有一段時間他和她的雜役共用著她；大家生活得和睦之至，雜役一死，盧梭感覺悲傷，卻轉念安慰自己：「算了，反正我總會撈到他的衣裳。」

他早年曾是個流浪漢，徒步周遊，盡可能地謀一個朝不保夕的生計，如此度過了許多時期。在這種插曲當中，有一回，他的一個共同浪遊的朋友的癲癇病在里昂大街上發作了；正當發作時，盧梭趁著人群聚起來，拋下了他的朋友。另一回，有個人自稱是前往聖墓途中的希臘正教修道院院長，他當了那人的祕書；又有一回，他混充詹姆士二世的黨徒②，自稱是名叫達丁的蘇格蘭人，跟一個有錢的貴婦人鬧了一次桃色事件。

不過，在西元一七四三年，他憑一個顯赫貴婦的幫助，當上法國駐威尼斯大使的祕書，那是個叫孟泰居的酒棍，他給盧梭委派了工作，卻忽略了付給他薪金。盧梭把工作做得很好，那場勢在難免的紛爭並不是他的過錯。他去巴黎爭取得到公斷；人人承認他理直，但是長期沒作任何處置。儘管最後他領到了他應得的欠薪，這次遷延的苦惱跟盧梭轉向憎惡法國的現存政體也有關係。

---

② 指英國「光榮革命」後擁護亡命法國的詹姆士二世復位的一派人。——譯者

他和黛蕾絲・勒・瓦色同居大約就在這時候（西元一七四五年），黛蕾絲是他在巴黎的旅館中的傭人。他此後終生和她一起生活（不排斥其他豔事）；他跟她有了五個孩子，他全部送進育嬰堂。向來誰也不明白，是什麼東西引動他接近她。她又醜又無知；她讀寫全不通（他教她寫字，卻不教她閱讀）；她不曉得十二個月分的名稱，不會合計錢數。她的母親貪得無厭；兩人一同把盧梭及他的全體朋友們當收入之源來利用。盧梭聲言（不管是眞情還是假話）他對黛蕾絲從來沒有半點愛情；她晚年貪酒，曾追逐過少年養馬夫。大概他喜歡的是這種優越感：感覺在財力上和智力上都毫無疑問比她優越，而且她是澈底依賴著他的。他與大人物爲伍總不自在，從心底歡喜貧賤愚直的人；在這點上，他的民主感情完全是眞誠的。儘管他至終沒和她結婚，他把她幾乎當妻子般看待，所有贊助盧梭的名媛貴婦都不得不容忍她。

他在寫作方面的首次成功，在人生路上到來得頗遲。狄戎學院懸賞徵求關於藝術與科學是否給予了人類恩澤這一問題的最佳作。盧梭持否定主張，獲得獎金（西元一七五〇年）。他主張科學、文學和藝術是道德的最惡的敵人，而且由於讓人產生種種欲望，還是奴役的根源；因爲像美洲蠻人那種素常裸體的人，鎖鍊如何加得上身？可以想見，他贊成斯巴達，反對雅典。他七歲時讀過普魯塔克的《名人傳》（*Lives*），受了很大感染；他特別仰慕萊庫格斯的生平。盧梭和斯巴達人一樣，把戰爭中的勝利看成是價值的標準；可是他仍舊讚美「高貴的蠻人」，雖然老於世故的歐洲人在戰爭中是打得敗他們的。他認爲，科學與美德勢不兩立，而且一切科學的起源都卑鄙。天文學出於占星術迷信；雄辯術出於野心；幾何學出於貪婪；物理學出於無聊的好奇；連倫理學也發源於人類的自尊；教育和印刷術可悲可嘆；文明人以別於未化蠻人的一切一切全是禍患。

盧梭既然憑這篇論文獲得了獎金，驟而成名，便照論文中的處世法生活起來。他採取了樸素生活，把錶賣掉，說他不再需要知道時刻了。

這頭一篇論文裡的思想，在第二篇論文〈論人間不平等的起源和基礎〉（*Discourse on Inequality*）（西元一七五四年）中精心作了發揮，不過這篇論文卻沒有得到獎金。他認為「人天生來是善的，讓種種制度才把人弄惡」——這是跟原罪和透過教會得救之說正對立的一說。盧梭同那個時代大部分政治理論家一樣，也談自然狀態，只不過帶著幾分假定口吻，把它說成是「一種不復存在、或許從未存在過、大概將來也絕不會存在的狀態，不過為適當判斷現今的狀態，對它仍需要有正確的觀念。」自然法應當從自然狀態推出來，但是只要我們對自然人無知，便不可能確定原來給自然人所規定的或最適合自然人的法。我們所能知道的只是服從自然法的那些人的意志必定自覺到他們在服從，而自然法必定直接出於自然之聲。盧梭並不反對關於年齡、健康、智力等的自然不平等，只反對由傳統慣例所認可的特權造成的不平等。

市民社會及由此而起的社會不平等的根源，從私有制中找得到。「第一個圈出了一塊土地，想起說『這是我的』，而且發覺大家愚蠢得信他的話的那人，是市民社會的真正創始者。」他接著說，一次可悲的革命帶來了冶金術和農耕；五穀是我們的災難的象徵。歐洲因為有最多的五穀，有最多的鐵，是最不幸的大陸。要消除這個禍患，只需拋棄掉文明，因為人性本善，野蠻人在吃過飯以後與自然萬物和平相處，跟所有族類友好不爭（我自加的重點）。

盧梭把這篇論文送給伏爾泰，伏爾泰回覆說（西元一七五五年）：「我收到了你的反人類的新書，謝謝你。在使我們都變得愚蠢的計畫上面運用這般聰明伶巧，還是從未有過的事。讀尊著，人一心想望四腳走路。但是，由於我已經把那種習慣丟了六十多年，我很不幸，感到不可能再把它撿回來了。而且我也不能從事探索加拿大的蠻人的工作，因爲我遭罹的種種疾患讓我必需一位歐洲外科醫生；因爲在那些地帶正打著仗；而且因爲我們的行爲的榜樣已經使蠻人壞得和我們自己不相上下了。」

盧梭與伏爾泰終於失和倒不在意料之外；不可思議的是他們竟沒有早些反目。

盧梭既然成了名，在西元一七五四年他的故鄉城市記起他來，邀請他到那裡去。他答應了，可是因爲只有喀爾文派信徒才能做日內瓦市民，於是他再改宗恢復原信仰。他先已養成了自稱日內瓦清教徒與共和主義者的習慣，再改宗後便有心在日內瓦居住。他把他的〈論不平等〉題獻給日內瓦市的長老們，可是長老們卻不高興；他們不希望被人看成僅僅是和普通市民平等的人。他們的反對並不是在日內瓦生活的唯一障礙；還有一層障礙更爲嚴重，那就是伏爾泰已經到日內瓦去住了。伏爾泰是劇作家，又是個戲迷，但是由於清教徒的緣故，日內瓦禁止一切戲劇上演。當伏爾泰一心想使這禁令撤銷的時候，盧梭加入了清教徒一方的戰團。野蠻人絕不演戲；柏拉圖不贊成戲劇；天主教會不肯給戲子行婚配禮或埋葬式；波須埃③把戲劇叫作「淫慾煉成所」。這個攻擊伏爾泰的良機不可失，盧梭自扮演了禁慾美德鬥士的角色。

③ 波須埃（Jacques Bénigne Bossuet，西元一六二七—一七〇四年）：法國神學家、演說家。——譯者

這並不是這兩位大名士的第一次公開不和。第一次是因爲里斯本地震（西元一七五五年）惹起的；關於那回地震，伏爾泰寫了一首對神意統轄世界這件事表示懷疑的詩。盧梭激憤了，他評論道：「伏爾泰外表上似乎一貫信仰神，其實除魔鬼外從來什麼人他也不信，因爲他的僞神乃是個據他說從惡作劇找尋一切樂趣的害人神祇。一個榮享各種福惠的人，卻在個人幸福的頂峰打算藉自己未遭受的一場重禍的悲慘可怕的影像使他的同類滿懷絕望，就這人來說此種論調的荒謬尤其令人作嘔。」

至於盧梭方面，他不明白有任何理由對這回地震如此大驚小怪。不時有一定數目的人喪命，這完全是件好事情。況且，里斯本的人因爲住七層高的房子所以遭了難；假使他們照人的本分，散處在森林裡，他們本來是會逃脫災難免受傷害的。

有關地震的神學問題和演戲的道德問題，在伏爾泰和盧梭之間造成了激烈的敵意，所有 philosophes（哲人們）都各袒護一方。伏爾泰把盧梭當成一個撥弄是非的瘋子；盧梭把伏爾泰說成是「那種鼓吹不敬神的喇叭手，那種華麗的天才，那種低級的靈魂」。不過，高雅的情操不可不有所表現，於是盧梭寫信給伏爾泰說（西元一七六〇年）：「實際上，因爲你一向那麼願意我恨你，我所以恨你；但我是作爲一個假使當初你願意人愛你、本來更配愛你的人那樣恨你的。在我的心對你充溢著的一切情緒當中，只剩下對你的華麗天才我們不得不抱的景仰，以及對你的作品的愛好了。如果說除你的才能外，你沒有一點我可尊敬的地方，那非我之過。」

現在我們來講盧梭一生中最多產的時期。他的長篇小說《新愛洛綺思》（*La nouvelle*

Héloïse）出版於西元一七六〇年；《愛彌兒》（*Emile*）和《社會契約論》（*The Social Contract*）都是在西元一七六二年問世的。《愛彌兒》是一本根據「自然」原則論教育的著作；假使裡面不包含「一個薩瓦牧師的信仰自白」（*The Confession of Faith of a Savoyard Vicar*），當局本來會認爲是無害的書，可是那一段「自白」提出了盧梭所理解的自然宗教的原理，是新舊教雙方正統信仰都惱火的。《社會契約論》更帶危險性，因爲它提倡民主，否定王權神授說。這兩本書雖然大大振揚了他的名聲，卻給他招來一陣風暴般的官方譴責。他只好逃離法國。日內瓦萬萬容不得他；④伯恩拒絕作他的避難所。最後弗里德里希大王可憐他，准許他在納沙泰爾⑤附近莫底埃居住，該地是這位「聖王」的領地的一部分。在那裡他住了三年；但是在這段時期終了（西元一七六五年），莫底埃的鄉民在牧師率領下，控告他放毒，並且打算殺害他。他逃到了英國去，因爲休姆在西元一七六二年就提出來願爲他效力。

在英國最初一切順利。他在社會上非常得志，喬治三世還給予了他一份年金。他幾乎每天和柏克（**E. Burke**）見面，可是他們的交情不久就冷到讓柏克說出這話的程度：「除虛榮心而外，他不抱任何原則，來左右他的感情或指導他的理智。」休姆對盧梭的忠誠最長久，說他非

---

④ 日內瓦市議會命令將這兩種書焚毀，並且指示，若盧梭來到日內瓦，應予逮捕。法國政府發出逮捕他的命令；索保恩大學和巴黎的高等法院譴責了《愛彌兒》。

⑤ 納沙泰爾（Neuchatel）在瑞士西部邊境。——譯者

常喜愛他，可以彼此抱著友誼和尊重終生相處。但是在這時候，盧梭很自然地患上了被害妄想症，終究把他逼得精神錯亂，於是他猜疑休姆是圖害他性命的陰謀的代理人。有時候他會醒悟這種猜疑的荒唐無稽，他會擁抱休姆，高叫：「不，不！休姆絕不是賣友的人！」對這話休姆（當然弄得非常窘）回答道：「Quoi, mon cher Monsieur!（什麼，我親愛的先生！）」但是最後他的妄想得勝了，於是他逃走了。他的暮年是在巴黎在極度貧困中度過的，他死的時候，大家懷疑到自殺上。

兩人絕交以後，休姆說：「他在整個一生中只是有所**感覺**，在這方面他的敏感性達到我從未見過任何先例的高度；然而這種敏感性給予他的，還是一種痛苦甚於快樂的尖銳的感覺。他好像這樣一個人，這人不僅被剝掉了衣服，而且被剝掉了皮膚，在這種情況下被趕出去和猛烈的狂風暴雨進行搏鬥。」

這話是關於他的性格有幾成和真相一致的最善意的概括。

盧梭的業績中有許多東西不管在別的方面如何重要，但與哲學思想史無涉。他的思想只有兩個部分我要稍許詳細說一說；那兩個部分是：第一，他的神學；第二，他的政治學說。

在神學上他作了一個大多數新教神學家現已承認的革新。在他之前，自柏拉圖以來的每一個哲學家，倘若他信仰神，都提出支持其信仰的理智論據。⑥這些論據在我們看來或許顯得

---

⑥ 巴斯卡爾必須除外。「心自有理性所不知的理」完全是盧梭的筆調。

不大能夠服人，我們可能感覺只要不是已經深信該結論眞實的人，誰也不會覺得這些論據有力。但是提出這些論據的哲學家確實相信它們在邏輯上站得住，是應當使任何有充分哲學素質而無偏見的人確信神存在的那種論據。敦促我們信奉神的現代新教徒，大部分都輕視老的「證明」，把自己的信仰基礎放在人性的某一面——敬畏情緒或神祕情緒、是非心、渴念之情等等上面。這種爲宗教信仰辯護的方式是盧梭首創的；因爲已經家喻戶曉，所以現代的讀者如果不費心思把盧梭和（譬如說）笛卡兒或萊布尼茲加以比較，多半會認識不到他有創見。

盧梭給一個貴族婦人寫信說：「啊，夫人！有時候我獨處書齋，雙手緊扣住眼睛，或是在夜色昏暗當中，我認爲並沒有神。但是望一望那邊：太陽在升起，衝開籠罩大地的薄霧，顯露出大自然的絢爛驚人的景色，這一霎時也從我的靈魂中驅散全部疑雲。我重新找到我的信念、我的神，和我對他的信仰。我讚美他、崇拜他，我在他面前匍匐低頭。」

另有一次他說：「我信仰神和我相信其他任何眞理是同樣堅定的，因爲信與不信斷不是由我做主的事情。」這種形式的議論帶私人性質，是其缺點；盧梭不由得不相信某件事，這並不成爲另一人要相信那件事的理由。

他的有神論態度是十分斷然的。有一次在一個宴會上因爲聖朗貝爾（Saint Lambert）（客人之一）對神的存在表示了懷疑，他威脅要離席。盧梭怒聲高叫：「Moi, Monsieur, je crois en Dieu!（我嗎，先生，我是信神的！）」羅伯斯庇爾在所有事情上都是他的忠實信徒，在這方面也步他的後塵。「Fête de l'Etre Suprême」（太上主宰節）⑦想必會得到當年盧梭的衷心讚許。

《愛彌兒》第四卷裡有一段插話「一個薩瓦牧師的信仰自白」，是盧梭的宗教信條最明白而正式的聲明。雖然這段自白自稱是自然之聲向一個為了引誘未婚女子這種完全「自然的」過錯⑧而蒙汙名的善良牧師所宣明的話，可是讀者很詫異，他發覺自然之聲一開始講話，滿口是出自亞里斯多德、聖奧古斯丁、笛卡兒等人的議論的大雜燴。的確，這些議論都剝除了嚴密性和邏輯形式；這是以為這一來講這些議論便有了口實，而且也容許那位可敬的牧師說他絲毫也不把哲學家的智慧放在心上了。

〈信仰自白〉的後半部分不像前半部分那麼促人想起以前的思想家。該牧師在確信神存在以後，接著討論為人之道。他講：「我並不從高超的哲學中的原理推出為人之道，可是我在內心深處發現為人之道，是『自然』用不可抹除的文字寫下的。」由此他接著發揮這種見解：良知在一切境況下總是正當行為的不誤嚮導。他結束這部分議論時說：「感謝上天，如此我們

---

⑦ 羅伯斯庇爾為反對天主教教義及法國大革命中艾貝爾派的無神論，根據盧梭的《社會契約論》中的宗教思想，於西元一七九四年五月七日提出了「太上主宰信仰法令」；六月八日他主持了一個盛大的新宗教儀式，即所謂「太上主宰節」。——譯者

⑧ 他在別處敘述一個薩瓦教士說的話：「Un prêtre en bonne règle ne doif faire des enfants qu'aux femmes mariées」（一個規矩端正的教士只應當跟已婚婦女生孩子）。

便擺脫了整個這套可怕的哲學工具；我們沒有學問也能做人；由於免去了在研究道德上面浪費生命，我們在人的各種意見所構成的廣大無際的迷宮中便用較低代價得到一個較為可靠的嚮導。」他主張，我們的自然感情指引我們去滿足公共利益，而理性則激勵自私心。所以我們要想有道德，只需不遵循理性而順從感情。

這位牧師把他的教義稱作自然宗教，自然宗教是用不著啓示的；假使大家傾聽了神對內心所說的話，世界上本來就只有一種宗教。即使神特別對某些人作了默示，那也只有憑人的證明才能夠知道，而人的證明是可能錯誤的。自然宗教有直接啓示給各個人的優點。

有一段關於地獄的奇文。該牧師不知道惡人是不是要受永罰苦難，他有幾分傲然地說，惡人的命運並不引起他的很大關心；但是大體上，他偏於這個看法：地獄的痛苦不是永綿不盡的。不管盡不盡，反正他確信得救不侷限於任何一個教會的成員。

使法國政府和日內瓦市議會那樣深感震驚的，大概就是否定啓示和地獄了。

排斥理性而支持感情，在我認為不是進步。實際上，只要理性似乎還站在宗教信仰的一邊，誰也不想到這一招。在盧梭當時的環境裡，像伏爾泰所主張的那種理性是和宗教對立的，所以，要轟走理性！何況理性是奧妙難懂的東西；野蠻人甚至吃過了飯都不能理解本體論證明，然而野蠻人卻是一切必要智慧的寶庫。盧梭的野蠻人——那不是人類學家所知道的野蠻人——乃是個良夫慈父；他沒有貪婪，而且抱有一種自然仁慈的宗教信仰。這種野蠻人倒是個方便人，但是假如他能理解了那位好牧師信仰神的種種理由，他知道的哲學想必要比我們料想他那樣純樸天眞的人所能知道的多一些。

撇開盧梭的「自然人」的虛構性質不談，把關於客觀事實的信念的依據放在內心情感上，這做法有兩點缺陷。一點是：沒有任何理由設想這種信念會是眞實的；另一點是：結果產生的信念就會是私人信念，因爲心對不同的人訴說不同的事情。有些野蠻人憑「自然之光」相信吃人是他們的義務，甚至伏爾泰筆下的野蠻人，雖然理性之聲使他們認爲只應當吃耶穌會士，也不算滿愜意的。對於佛教徒，自然之光並不啓示上帝存在，但的確宣示吃動物的肉是不對的。但是即使心對所有的人訴說了同樣事情，那也不足以成爲我們自己的情感以外存在著什麼事物的證據。不管我或者全人類如何熱烈想望某種事物，不管這種事物對人的幸福多麼必要，那也不成其爲認定這種事物存在的理由。保證人類要幸福的自然律是沒有的。人人能了解，這話是符合我們的現世生活的，但是由於一種奇妙的牽強附會，恰恰就是我們今生的苦痛被說成了來世生活較好的道理。我們切不可把這種道理運用到其他方面。假若你向一個人買了十打雞蛋，頭一打全是臭的，你總不會推斷下餘九打一定其好無比；然而，這卻是「內心」當作對我們在人世間的苦痛的安慰而鼓勵人作的那種推理。

在我來說，我寧願要本體論證明、宇宙論證明以及老一套貨色裡的其他東西，也不喜歡發源於盧梭的濫弄感情的不邏輯。老式的議論至少說是正經的，如果確實，便證明了它的論點；如果不確實，也容許任何批評者證明它不確實。但是新派的內心神學免掉議論；這種神學是駁不了的，因爲它並不自稱證明它的論點。其實，爲承認這種神學而提出的唯一理由就是它容許我們沉溺在愉快的夢想中。這是個不足取的理由，假如在湯瑪斯．阿奎那和盧梭之間我必得選一個，我會毫不猶豫地選擇那位聖徒。

盧梭的政治學說發表在西元一七六二年出版的他的《社會契約論》裡。這本書和他的大部分作品在性質上大不相同；書中沒有多少濫弄感情，而有大量周密的理智議論。它裡面的學說雖然對民主政治獻嘴皮殷勤，倒有爲極權主義國家辯護的傾向。但是日內瓦和古代共同促使他喜歡城邦，而不喜歡法國和英國之類的大帝國。在裡封上他把自己稱爲「日內瓦公民」，而且他在引言中說：「我生爲自由邦的公民，自主國的一員，所以我感覺，不管我的意見對公眾事務起的影響多麼微弱，由於我對公眾事務有投票權，研究這些事務便成了我的本分。」書中屢次以頌揚口吻提到普魯塔克的《萊庫格斯傳》（*Life of Lycurgus*）裡所寫的那樣的斯巴達。他說民主制在小國最理想，貴族政治在半大不大的國家最理想，君主制在大國最理想。但是必須知道，依他的意見小國尤爲可取，這一部分也是因爲小國比較行得通民主政治。他說到民主政治，所指的意思如同希臘人所指的，是每一個公民直接參政；他把代議制政體稱作「選舉制貴族政治」。因爲前者在大國不可能實現，所以他對民主政治的讚揚總暗含著對城邦的讚揚。對城邦的這種愛好，依我看來在大部分關於盧梭政治哲學的介紹文字裡都強調得不夠。

雖然這書整個地說遠遠不像盧梭的大多數作品華麗浮誇，但是第一章就是以一段極有力的辭藻起首的：「人生來自由，而處處都在枷鎖中。一個人自認爲是旁人的主子，但依舊比旁人更是奴隸。」自由是盧梭思想的名義目標，但實際上他所重視的，他甚至犧牲自由以力求的是平等。

他的社會契約概念起初好像和洛克的類似，但不久就顯出比較近乎霍布斯的概念。在從自然狀態向前發展的過程中，個人不能再自己維持原始獨立的時候到來了；這時爲了自我保全就有了聯合起來結成社會的必要。然而我如何能夠不傷我的利益而保證我的自由呢？「問題是找出這樣一種結社：它要用全部群力去防禦和保護每個結社成員的人身和財物，而且其中每個人雖然與所有人聯合起來，卻仍舊可以單獨服從自己，和以前還是一樣自由。這就是以社會契約爲其解決辦法的那個根本問題。」

該契約即是「每個結社成員連同自己的一切權利完全讓渡給全社會；因爲首先，由於每個人絕對地獻出自己，所有人的境況便都相同了；既然如此，誰也沒有興趣讓自己的境況給別人造成負擔。」這種讓渡應當是無保留的：「假若個人保留下某些權利，由於沒有共同的長上在個人和公眾之間作出裁決，每個人既然在某一點上是自己的法官，會要求在所有各點上如此；自然狀態因而會繼續下去，這種結社必然會成爲不起作用的或暴虐專橫的。」

這話含有完全取消自由和全盤否定人權說的意思。的確，在後面一章中，把這理論作了某種緩和化。那裡說，雖然社會契約賦予國家對它的一切成員的絕對權力，然而人仍有他做人的自然權利。「主權者不能給國民強加上任何於社會無益的束縛，它甚至連想要這樣做也不可能想。」但是什麼於社會有益或無益，主權者是唯一的判定者，可見，這樣給集體暴政只加上了極薄弱的對立障礙。

必須注意，在盧梭，「主權者」指的不是君主或政府，而是作爲集體和立法者的社會。

社會契約能夠用以下的話來敘述：「我們每人把自己的人身及全部力量共同置於總意志的最高指導之下，而我們以法人的資格把每個成員理解爲整體的不可分割的一部分。」這種結社行爲產生一個道德的、集合的團體，該團體在被動的場合稱「國家」，在主動場合稱「主權者」，在和其他與己類似的團體的關係上稱「列強之一」。

以上對社會契約的表述裡出現的「總意志」這個概念，在盧梭的體系中占非常重要的地位。關於這個概念，下面我即將還有話要講。

據主張，主權者不必向國民作任何保證，因爲它既然是由組織它的那些個人構成的，不能有同他們的利害相反的利害。「主權者僅僅憑它實際是什麼，就一定應當是什麼。」這個論調對不注意盧梭的頗特殊的術語用法的讀者來說是容易造成誤解的。主權者並不是政府，政府他承認可能是專制的；主權者是個多少有些形而上的實體，是國家的任何有形機關未充分體現的。所以，即使承認它完美無缺，也沒有想來會有的實際後果。

主權者的這種永遠正確的意志即「總意志」。每個公民作爲公民來說分擔總意志，但是作爲個人來說，他也可以有與總意志背馳的個別意志。社會契約不言而喻誰拒不服從總意志，都要被逼得服從。「這恰恰是說他會被逼得自由。」

這種「被逼得自由」的概念非常玄妙。伽利略時代的總意志無疑是反哥白尼學說的；異端審判所強迫伽利略放棄己見時，他「被逼得自由」了嗎？莫非連罪犯被關進監獄時也「被逼得自由」了？想想拜倫寫的海盜吧：

在藍色深海的歡樂的波濤上，
我們的思想也無邊無際，我們的心懷
也自由得如大海一樣。

這人在土牢裡會更「自由」嗎？事情怪就怪在拜倫筆下的高貴海盜是盧梭的直接結果，然而在上面這段文字裡盧梭卻忘掉了他的浪漫主義，講起話來像個強詞奪理的員警。深受盧梭影響的黑格爾，採納了他對「自由」一詞的誤用，把自由定義成服從員警的權利，或什麼與此沒大差別的東西。

盧梭沒有洛克及其門徒所特有的對私有財產的那種深切尊重。「國家在對它的成員的關係上，是他們的全部財產的主人。」他也不相信像洛克和孟德斯鳩所鼓吹的那種權能分立。不過在這點上，也和在其他若干點上一樣，他後來的詳細討論和前面的一般原則是不盡一致的。在第三卷第一章裡他說，主權者的職責限於制定法律，行政部門即政府，是設立在國民和主權者之間來確保二者相互呼應的中間團體。他接著說：「假若主權者欲執掌政務，或行政長官想立法，或者假如國民拒絕服從，混亂就要代替秩序，於是……國家陷入專制政治或無政府狀態。」如果考慮到用字上的差別，在這句話裡他似乎和孟德斯鳩意見一致。

我現在來講總意志說，這學說很重要，同時也含糊不清。總意志不等於過半數人的意志，甚至和全體公民的意志也不是一回事。好像把它理解為屬於國家這東西本身的意志。如果我們採取霍布斯的市民社會即是一個人這種看法，我們必須假定它賦有人格的種種屬性，包括意志在內。可是這樣一來我們就面臨一個困難，即要斷定這意志的有形表現是什麼，關於這件事盧梭未加以說明。據他講，總意志永遠正當，永遠有助於公共利益；但是，並不見得人民的評議同樣正確，因為全體人的意志與總意志常常有很大分歧。那麼，我們怎麼能知道總意志是什麼呢？在同一章內，有一段像是解答似的話：

「在供給人民適當資料進行評議時，若公民彼此不通聲氣，則諸細小分歧的總和永遠會產生總意志，所作的決定也永遠是好的。」

盧梭心中的想法好像是這樣：每個人的政治意見都受自私自利心的支配，但是自私自利心由兩部分組成，一部分是個人所特有的，而另一部分是社會的全體成員共有的。如果公民們沒有彼此幫襯的機會，他們個人的利益因爲你東我西，便會抵消，會剩下一個結果，就代表他們的共同利益，這個結果即總意志。盧梭的概念或許可以借地球引力來說明。地球的每一個質點朝自己吸引宇宙中每一個其他質點；在我們上面的空氣吸引我們向上，而在我們下面的大地吸引我們向下。然而所有這些「自私的」引力只要相異就彼此抵消了，剩下的是一個朝向地心的合引力。在幻想上不妨把這理解爲當作一個社會看待的地球的作用，理解爲地球的總意志的表現。

說總意志永遠正當，無非是說因爲它代表各色公民的自私自利心當中共通的東西，它必定代表該社會所能做到的對自私自利心的最大集體滿足。這樣解釋盧梭的意思，比我向來能想出的其他任何解釋⑨似乎都更符合他的原話。

依照盧梭的看法，實際上對總意志的表現有礙的是國家內部存在著下級社團。這些社團

⑨ 例如：「全體人的意志與總意志之間常常有很大差別：後者只考慮公共利益；前者注意私人利益，無非是諸個別意志的總和；但是從這些個別意志中除去彼此對消的盈餘或不足，剩下那些差別的總和即總意志。」

要各有自己的總意志，和整體社會的總意志可能牴觸。「那樣就可以說，不再是有多少人投多少張票，而是有多少社團便只投多少票。」由此得出一個重要結論：「所以，若要總意志得以表現，必要的是在國家內部不可有部分性社會，而且每個公民應只想自己的思想：這眞是偉大的萊庫格斯所確立的崇高無倫的制度。」在一個註腳中盧梭引了馬基維利的話來支持自己的意見。

我們看這樣的制度實際上會必然造成什麼情況。國家要禁止教會（國家教會除外）、政黨、工會以及有相同經濟利害的人們所組成的其他一切組織。結果顯然就是個體公民毫無權力的一體國家即極權國家。盧梭似乎領會到禁止一切社團也許難辦，所以又添上一句補充的話：假如下級社團非有不可，那麼愈多愈好，以便彼此中和。

他在書的後一部分中討論到政府時，認識到行政部門必然是一個有自己的利益和總意志的社團，這利益和總意志多半會和社會的利益和總意志矛盾。他說，大國的政府雖然需要比小國的政府強有力，但是也更需要通過主權者制約政府。政府的一個成員具有三種意志：他的個人意志、政府的意志及總意志。這三者應當合成crescendo（漸強音），但事實上通常合成diminuendo（漸弱音）。並且，「事事都協同從獲有支配他人之權的人身上奪走正義感和理性。」

因而，儘管「永遠堅定、不變和純潔的」總意志無過無誤，所有那些如何躲避暴政的老問題依然存在。關於這類問題盧梭要講的話，不是偷偷重複孟德斯鳩的說法就是堅持立法部門至上；立法部門若是民主的立法部門，就等於他所說的主權者。他最初所提的，他說得儼然解決了種種政治問題的那些一般大原則，等他一俯就細節問題時便無影無蹤，原來那些原則對解決細節問題是毫無貢獻的。

由於此書受了當時反動派的譴責，結果現代的讀者本指望書中會見到比它實際含有的學說遠爲澈底的革命學說。可以拿關於民主政治的言論來說明這一點。我們已經講過，盧梭使用民主政治一詞時他所指的意思是古代城邦的直接民主制。他指出，這種民主制絕不能完全實現，因爲國民無法總是聚集起來，總是忙於公務。「假使眞有由眾神而成的國民，他們的政府就會是民主的。這樣完美的政府不是人類分內的東西。」

我們所說的民主政治，他稱作「選舉制貴族政治」；他說，這是一切政體之中最好的，但不是適於一切國家。氣候必須既不很熱也不很冷；物產不可超出必要量過多，因爲若超出過多，奢華惡習勢在難免，這種惡習限於君主和他的宮廷比彌漫在全民中要好。由於有這些限制，給專制政體便留下廣大的存在範圍。然而，他提倡民主政治，儘管有種種限制，當然是讓法國政府對此書恨入骨髓的一個原因；另一個原因大概是否定王權神授說，因爲把社會契約當作政治起源的學說暗含著否定王極神授的意思。

《社會契約論》成了法國大革命中大多數領袖的聖經，但是當然也和《聖經》的命運一樣，它的許多信徒並不仔細讀它，更談不上理解它。這本書在民主政治理論家中間重新造成講形而上的抽象概念的習氣，而且透過總意志說，使領袖和他的民眾能夠有一種神祕的等同，這是用不著靠投票箱那樣世俗的器具去證實的。它的哲學有許多東西是黑格爾爲普魯士獨裁制度辯護時盡可以利用的。[10]它在實際上的最初收穫是羅伯斯庇爾的執政；俄國和德國（尤其後者）的獨裁統治一部分也是盧梭學說的結果。至於未來還要把什麼進一步的勝利獻給他的在天之靈，我就不敢預言了。

---

⑩ 黑格爾選中了總意志與全體人的意志的區別，特別加以稱頌。他說：「盧梭當初假使把這點區別總放在心上，他對國家理論本來會有更充實的貢獻。」（《大邏輯學》，第一六三節。）

第二十章　康德

第一節　德國唯心論總論

西元十八世紀的哲學處於英國經驗主義派的支配之下，洛克、貝克萊和休姆可以看成是這派的代表人物。在這些人身上存在著一種他們自己似乎一向不知道的矛盾，即他們的精神氣質和他們的理論學說的傾向之間的矛盾。按精神氣質來講，他們是有社會心的公民，絕不一意孤行，不過分渴望權勢，贊成在刑法許可的範圍內人人可以為所欲為的寬容社會。他們都和藹可親，是通達世故的人，溫文爾雅、仁慈厚道。

但是，雖然他們的性情是社會化的，他們的理論哲學卻走向主觀主義。主觀主義並不是一個新傾向；在古代晚期就存在過，在聖奧古斯丁身上最為堅斷；到近代，笛卡兒的cogito（我思）使它復活了，而在萊布尼茲的無窗單子說裡便達到了暫時的頂點。萊布尼茲相信，即使世界的其他部分絕滅了，他自己經驗裡的一切也會不改變；儘管如此，他還是致力於舊教教會與新教教會的再統一。類似的自相矛盾也出現於洛克、貝克萊和休姆。

在洛克，自相矛盾還是在理論上。由前面的一章我們知道，洛克一方面講：「因為心靈在其一切思維與推理方面，除只有自己默省或能默省的各個觀念而外別無直接對象，所以很明白，我們的認識只和這些觀念有關。」又說：「認識即關於二觀念相符或不符的知覺。」然而，他仍主張我們有三類關於實在的存在的知識：關於我們自己的存在，直覺知識；關於神的存在，論證知識；關於呈現於感官的事物，感覺知識。他主張，**單純**觀念是「事物按自然方式作用於心靈上的產物」。這點他怎樣知道的，他不解釋；這主張的確超出「二觀念相符或不符」以外了。

貝克萊朝著結束這種自相矛盾走了重要的一步。在他說來，只存在心及其表象；外部的**物理世界**廢除了。但是他仍舊未能理解他由洛克繼承下來的認識論原理的**全部**後果。假使他完全前後一貫，他就會否定關於神的知識和關於他自己的心而外的一切心的知識了。作爲一個教士和過社會生活的人，他的感情阻止他作這樣的否定。

休姆在追求理論一貫性上毫無所懼，但是他感不到讓他的實踐符合他的理論的衝動。休姆否定了自我，並且對歸納和因果關係表示懷疑。他認可貝克萊廢除物質，但是不認可貝克萊以神的表象爲名所提出的代替品。固然，他和洛克一樣，不承認任何不具有前行印象的單純觀念，而且無疑他把「印象」**想像**成因爲心外的什麼東西，結果直接使心有的一種心的狀態。然而他無法承認這是「印象」的**定義**，因爲他對「因爲……，結果……」這個概念是有異議的。我很懷疑他或他的門徒是不是曾經清楚認識到關於印象的這個問題。很明顯，依他的看法，「印象」既然不能據因果關係下定義，恐怕就得藉它和「觀念」賴以區別的某種內在特性來定義了。因此他便不能主張印象產生關於在我們外面的事物的知識，這是洛克曾主張的，也是貝克萊以一種修正形式主張過的。所以，他本來應當認爲自己被關閉在一個唯我主義的世界裡，除他自己的心靈狀態及各心靈狀態的關係以外，一概不知。

休姆通過他的前後一貫性，表明了經驗主義若做到它的邏輯終局，就產生很少有人能承認的結果，並且在整個科學領域裡廢除掉理性相信和盲從輕信的區別。洛克預見到了這種危險。他借一個假想批評者的口，發出以下的議論：「假若認識在於觀念之間的相符，那麼熱狂者和理智清醒的人就處在同一個等位上了。」洛克生當大家對「熱忱」已經厭倦的時代，不難使人們相信他對這種批評的答覆是妥善的。盧梭在眾人又轉而對理性漸漸有了厭倦的時候登場，使「熱忱」復甦，而且承認了理性破產，允許感情去決斷理智存疑不決的問題。從西元一七五〇年到一七九四年，感情的發言愈來愈響亮；最後，至少就法國而論，「熱月」①使感情的凶猛的宣講暫時終止。在拿破崙底下，感情和理智同樣都弄得啞不則聲。

在德國，對休姆的不可知論的反作用所採取的形式比盧梭原先加給它的形式要深刻得多，精妙得多。康德、費希特和黑格爾發展了一種新哲學，想要它在西元十八世紀末年的破壞性學說當中保衛知識和美德。在康德，更甚的是在費希特，把始於笛卡兒的主觀主義傾向帶到了一個新的極端；從這方面講，最初並沒有對休姆的反作用。關於主觀主義，反作用是從黑格爾開始的，因爲黑格爾透過他的邏輯，努力要確立一個拋開個人、進入世界的新方法。

---

①「熱月」（Thermidor）是法國革命曆的第十一月，相當於陽曆七月十九日至八月十七日。西元一七九四年熱月九日（七月二十七日），法國發生了反革命政變，推翻羅伯斯庇爾的專政。——譯者

德國的唯心論全部和浪漫主義運動有親緣關係。這種關係在費希特很明顯，在謝林（Schelling）更加明顯；在黑格爾最不明顯。

德國唯心論的奠基者康德，雖然關於政治問題也寫了若干有趣的論文，他本人在政治上是不重要的。反之，費希特和黑格爾都提出了一些對歷史進程曾有過深刻影響，而且現在仍有深刻影響的政治學說。若不先研究一下康德，對這兩人就都不能了解，所以在本章裡講一講康德。

德國的唯心論者有某些共同的特徵，在開始詳細討論之前可以一提。

對認識的批判，作爲達成哲學結論的手段，是康德所強調的、他的繼承者所接受的。強調和物質相對立的精神，於是最後得出唯獨精神存在的主張。猛烈排斥功利主義的倫理，贊成那些據認爲由抽象的哲學議論所證明的體系。存在著一種從以前的法國和英國的哲學家們身上見不到的學究氣味；康德、費希特和黑格爾是大學教授，對著學術界的聽眾說教，他們都不是對業餘愛好者講演的有閒先生。雖然他們起的作用一部分是革命的，他們自己卻不是故意要帶顛覆性；費希特和黑格爾非常明確地盡心維護國家。所有這些人的生活是典範的學院生活；他們關於道德問題的見解是嚴格正統的見解。他們在神學上作了革新，然而是爲了宗教而革新。

有了這幾句引話，我們再回過來研究康德。

第二節　康德哲學大意

伊曼努爾．康德（Immanuel Kant，西元一七二四—一八〇四年），一般認為是近代哲學家當中最偉大的。我個人不能同意這種評價，但是若不承認他非常重要，也可說是愚蠢無知。

康德整個一生住在東普魯士的柯尼斯堡，或柯尼斯堡附近。雖然他經歷了七年戰爭（有一段時期俄國人占領東普魯士）、法國大革命以及拿破崙生涯的初期，他的外在生活卻是學院式的、完全平穩無事的。他受的教育是武爾夫派傳述的萊布尼茲哲學，但是有兩個影響力量，即盧梭和休姆，使他放棄了這種哲學。休姆透過對因果性概念的批判，把他從獨斷的睡夢中喚醒過來——至少他這樣講；但是喚醒只不過是暫時的，他不久就發明了一種讓他能夠再入睡的催眠劑。在康德說，休姆是個必須予以駁斥的敵手，然而盧梭對他的影響卻比較深。康德是一個生活習慣十分有規律的人，大家慣常根據他做保健散步經過各人門前的時間來對錶，但是有一回他的時間表打亂了幾天，那是他在讀《愛彌兒》的時候。他說讀盧梭的書他得讀幾遍，因為在初讀時文筆的美妨害了他去注意內容。雖然康德素來受的教養是虔誠者的教養，但他在政治和神學雙方面都是自由主義者；直到恐怖時代為止，他對法國大革命向來是同情的，而且他是一個民主主義的信仰者。由後文可知，他的哲學容許訴之於感情，反抗理論理性的冷酷指令；少許誇張一點說，這不妨看成是「薩瓦牧師」的一個學究式的翻版。他所提的應當把人人看成本身即是目的這條原則，是人權說的一種；從他講的以下一句（關於成人又關於兒童的）話裡流露出他酷愛自由：「再沒有任何事情會比人的行為要服從他人的意志更可怕了。」

康德的早期著作比較多涉及科學，少關係到哲學。里斯本地震之後，他執筆討論了地震理論；他寫過一個關於風的論著，還有一篇關於歐洲的西風是否因爲橫斷了大西洋所以多含水氣的問題的短文。自然地理是他大感興趣的一門學科。

康德的科學著作中最重要的是他的《自然通史與天體理論》（*General Natural History and Theory of the Heavens*）（西元一七五五年），這本書在拉普拉斯星雲假說以前宣導星雲假說，論述了太陽系的一個可能起源。這個著作的若干部分帶有一種顯著的彌爾頓式的莊嚴。此書有首創一個確有成果的假說的功績，但是沒有像拉普拉斯那樣提出支持該假說的鄭重道理。他的假說一部分純粹是空想的東西，例如：所有行星都有人居住，最遠的行星上有最優秀的居民之說；這種見解爲地球謙虛，應當稱讚，但是並沒有任何科學根據。

康德有一段他一生中最爲懷疑主義者的議論所苦的時期，當時他寫了一本奇妙著作叫《一個睹靈者的夢，以形而上學的夢爲例證》（*Dreams of a Ghost-seer, Illustrated by the Dreams of Metaphysics*）（西元一七六六年）。「睹靈者」就是瑞典寶利，他的神祕主義體系曾以一部龐然巨著公之於世，這書共售出了四部，有三部買主不明，一部賣給了康德。康德把瑞典寶利的體系稱爲「異想天開的」體系；他半嚴肅半開玩笑地表示，瑞典寶利的體系或許並不比正統的形而上學更異想天開。不過，他也不完全藐視瑞典寶利。他的神祕主義的一面是存在的，雖然在著作中不大表現；他的這一面讚美了瑞典寶利，他說他「非常崇高」。

他像當時所有旁的人一樣，寫了一個關於崇高與美的論著。夜是崇高的，白晝是美的；海是崇高的，陸地是美的；男人是崇高的，女人是美的如此等等。

《大英百科全書》（*Encyclopedia Britannica*）上說：「因爲他從來沒結婚，他把熱心向學的青年時代的習氣保持到了老年。」我倒眞想知道這個條目的筆者是單身漢呢，還是個結了婚的人。

康德的最重要的書是《純粹理性批判》（*The Critique of Pure Reason*）（第一版，西元一七八一年；第二版，西元一七八七年）。這部著作的目的是要證明，雖然我們的知識中沒有絲毫能夠超越經驗，然而有一部分仍舊是先天的，不是從經驗按歸納方式推斷出來的。我們的知識中是先天的那一部分，依他講不僅包含邏輯，而且包含許多不能歸入邏輯，或由邏輯推演出來的東西。他把萊布尼茲混爲一談的兩種區別劃分開。一方面，有「分析」命題和「綜合」命題的區別；另一方面，有「先天」命題和「經驗」命題的區別。關於這兩種區別，各需要講一講。

「分析」命題即謂語是主語一部分的命題；例如：「高個子的人是人」或「等邊三角形是三角形」。這種命題是矛盾律的歸結；若主張高個子的人不是人，就會自相矛盾了。「綜合」命題即不是分析命題的命題。凡是我們通過經驗才知道的命題都是綜合命題。例如：僅憑分析概念，我們不能發現像「星期二是下雨天」或「拿破崙是個偉大的將軍」之類的眞理。但是康德跟萊布尼茲和以前所有的其他哲學家不同，他不承認相反一面，就是說一切綜合命題通過經驗才知道。這就使我們接觸到上述兩種區別中的第二種區別。

「經驗」命題就是除藉助於感官知覺而外我們無法知道的命題，或是我們自己的感官知覺，或是我們承認其證明的另外某人的感官知覺。歷史上和地理上的事實屬於這一類；凡是在我們對科學定律的眞實性的認識要靠觀測資料的場合，科學上的定律也屬於這一類。反過來說，「先天」命題是這樣的命題：由經驗雖然可以把它抽引出來，但是一旦認識了它，便看出它具有經驗以外的其他基礎。小孩學算術時，經驗到兩塊小石子和另外兩塊小石子，觀察到他總共在經驗著四塊小石子，可以這樣幫助他去學。但是等他理解了「二加二等於四」這個一般命題，他就不再需要由實例來對證了；這命題具有一種歸納絕不能賦予一般定律的確實性。純數學裡的所有命題按這個意義說都是先天的命題。

休姆曾證明因果律不是分析的，他推斷說我們無法確信其眞實性。康德承認因果律是綜合的這個意見，但是仍舊主張因果律是先天認識到的。他主張算術和幾何學是綜合的，然而同樣是先天的。於是康德用這樣的詞句來敘述他的問題：

如何可能有先天的綜合判斷？

對這個問題的解答及其種種結論，構成《純粹理性批判》的主題。

康德對此問題的解決辦法，是他非常自信的解決辦法。他尋求這個解決辦法費了十二年工夫，但是在他的理論既然成了形之後，只用幾個月就把他的整個一部大書寫成了。在第一版序言中他說：「我敢斷言，至今未解決的，或者至少尙未提出其解決關鍵的形而上學問題一個也沒有了。」在第二版序言裡他自比哥白尼，說他在哲學中完成了一個哥白尼式的革命。

據康德的意見，外部世界只造成感覺的素材，但是我們自己的精神裝置把這種素材整列在空間和時間中，並且供給我們藉以理解經驗的種種概念。物自體爲我們的感覺的原因，是不可認識的；物自體不在空間或時間中，它不是實體，也不能用康德稱之爲「範疇」的那些其他的一般概念中任何一個來描述。空間和時間是主觀的，是我們知覺的器官的一部分。但是正因爲如此，我們可以確信，凡是我們所經驗的東西都要表現幾何學與時間科學所講的那些特性。假若你總戴著藍色眼鏡，你可以肯定看到一切東西都是藍的（這不是康德舉的例證）。同樣，由於你在精神上老是戴著一副空間眼鏡，你一定永遠看到一切東西都在空間中。因此，按幾何學必定適用於經驗到的一切東西這個意義來講，幾何學是先天的；但是我們沒有理由設想與幾何學類似的什麼學適用於我們沒經驗到的物自體。

康德說，空間和時間不是概念，是「直觀」（intuition）的兩種形式（「直觀」德文原字是「Anschauung」，照字面講是「觀看」或「觀察」的意思。英文中「intuition」一字雖然成了定譯，卻並不完全是一個圓滿的譯法）。不過，先天的概念也是有的，那就是康德從三段論法的各個形式引申出來的十二個「範疇」。十二個範疇每三個一組分爲四組：(1)關於量的：單一性、複多性、全體性；(2)關於質的：實在性、否定性、限制性；(3)關於關係的：實體與偶性、原因與結果、交互作用；(4)關於樣式的：可能性、存在性、必然性。空間和時間在某種意義上是主觀的，按同樣意義講，這些範疇也是主觀的——換句話說，我們的精神構造是這樣的：使得這些範疇對於凡是我們所經驗到的事物都可以適用，但是沒有理由設想它們適用於物自體。不過，關於「原因」，有一處自相矛盾；因爲康德把物自體看成是感覺的原因，而自由意志他認爲是空間和時間中的事件的原因。這種自相矛盾並不是偶然疏忽，這是他的體系中一個本質部分。

《純粹理性批判》的一大部分內容是從事說明由於把空間和時間或各範疇應用於未

經驗到的事物而產生的種種謬見。康德主張，這一來，我們就發現自己困於「二律背反」（antinomies）——也就是說，困於兩個相互矛盾的命題，每個都是顯然能夠證明的。康德舉出四種這樣的二律背反，各是由正題和反題組成的。

在第一種二律背反裡，正題是：「世界在時間上有一個起點，就空間來說，也是有限的。」反題是：「世界在時間上沒有起點，在空間上沒有界限；就時間和空間雙方面來說，它都是無限的。」

第二種二律背反證明每一個複合實體既是由單純部分做成的，又不是由單純部分做成的。

第三種二律背反的正題主張因果關係有兩類，一類是依照自然律的因果關係，另一類是依照自由律的因果關係；反題主張只有依照自然律的因果關係。

第四種二律背反證明，既有又沒有一個絕對必然的存在者。

《批判》的這一部分對黑格爾有了極大影響，所以黑格爾的辯證法完全是通過二律背反進行的。

在著名的一節裡，康德著手把關於神存在的所有純屬理智上的證明一律摧毀。他表明他另有信仰神的一些理由；這些理由他後來要在《實踐理性批判》（*The Critique of Practical Reason*）裡講述。但是暫時他的目的純粹是否定性的。

他說，靠純粹理性的神存在證明只有三個；三個證明即本體論證明、宇宙論證明和物理神學證明。

按他的敘述，本體論證明把神定義成ens realissimum（最實在的存在者），也就是絕對屬於存在的一切謂語的主語。相信此證明妥實有據的那些人主張，因爲「存在」是這樣的謂語，所以這個主語必定有「存在」作謂語，換句話說，必定存在。康德提出存在不是謂語作爲反對理由。他說，我純粹想像的一百個塔拉②，和一百個眞塔拉可以有全部的同樣謂語。

宇宙論證明講：假如有什麼東西存在，那麼絕對必然的存在者必定存在；既然我知道我存在；所以絕對必然的存在者是存在的，而且那一定是ens realissimum（最實在的存在者）。康德主張，這個證明中的最後一步是本體論證明的翻版，所以這個證明也被上面已經講過的話駁倒了。

物理神學證明就是大家熟悉的意匠說論證，但是罩上一件形而上學外衣。這證明主張宇宙顯示出一種秩序，那是存在著目的的證據。康德懷著敬意討論這個證明，但是他指出，充其量它只證明有一位「設計者」，不證明有「造物主」，因此不能給人一個適當的神概念。他斷定「唯一可能有的理性神學就是以道德律爲基礎的，或謀求道德律指導的神學」。

他說，神、自由和永生是三個「理性的理念」。但是，純粹理性雖然使得我們形成這些理念，它本身卻不能證明這些理念的實在性。這些理念的重要意義是實踐上的，即與道德是關聯著的。純然在理智方面使用理性，要產生謬見；理性的唯一正當行使就是用於道德目的。

② 塔拉（thaler）是一種德國舊銀幣。——譯者

理性在實踐上的行使在《純粹理性批判》近尾有簡單論述，在《實踐理性批判》（西元一七八六年）中作了比較詳盡的發揮。論點是：道德律要求正義，也就是要求與德性成比例的幸福。只有天意能保證此事，可是在今世顯然沒有保證了這一點。所以存在神和來世；而且自由必定是有的，因爲若不然就會沒有德性這種東西了。

康德在他的《道德形而上學》（*Metaphysic of Morals*）（西元一七八五年）中所揭述的倫理體系，有相當大的歷史意義。這本書裡講到「定言令式」，這術語至少作爲一個短語來講，在專業哲學家的圈子以外也是大家熟知的。可以料到，康德跟功利主義，或跟任何把道德本身以外的某個目的加到道德上去的學說，不要有絲毫牽涉。他說，他需要「一種不夾雜半點神學、物理學或超物理學的完全孤立的道德形而上學」。他接著說，一切道德概念都完全先天地寓於理性，發源於理性。人出於一種義務感而行動，才存在道德價值；行動像義務本可能指定的那樣，是不夠的。出於自私自利而誠實的生意人，或出於仁愛衝動而助人的人，都不算有德。道德的眞髓應當從規律概念引申出來；因爲雖說自然界的一切都按規律而行動，可是只有理性生物才有按規律的理念而行動、即憑意志而行動的能力。客觀的原則這一理念，就它對意志有強制性而言，稱作理性的命令，而命令的程式叫令式。

有兩種令式：說「如果你想要達到如此這般的目的，就必須這樣那樣地做」，是假言令式；說某種行動與任何目的無關，總是客觀必然的，是定言令式。定言令式是綜合的和先天的。康德從規律概念推出它的性質：

「我一想到一個定言令式，就立刻知道它包含著什麼。因爲除規律以外，該令式所包含的只有準則要和此規律一致的必要性，但是此規律並不包含限制它自己的條件，所以剩下的僅是規律的一般普遍性，行爲準則應符合這普遍性，唯有這種符合才把該令式表現爲必然的。因此，定言令式只有一個，實際上即：**只按照那樣一個準則去行動，憑藉這個準則，你同時能夠要它成爲普遍規律。**」或者說：「**如此去行動：儼然你的行爲準則會通過你的意志成爲普遍自然律似的。**」

作爲說明定言令式的作用的一個實例，康德指出借錢是不對的，因爲假使大家都打算借錢，就會剩不下錢可借。依同樣方式能夠說明盜竊和殺人是定言令式所譴責的。但是也有一些行爲，康德必定會認爲是不對的，然而用他的原則卻不能說明它不對，例如自殺；一個患憂鬱病的人完全可能想要人人都自殺。實際上，康德的準則所提的好像是美德的一個必要的標準，而不是充分的標準。要想得到一個充分的標準，我們恐怕就得放棄康德的純形式的觀點，對行爲的效果作一些考慮。不過康德卻斷然地講，美德並不決定於行爲的預期結果，而決定於行爲本身爲其結果的那條原則；假如承認了這點，那麼就不可能有比他的準則更具體的準則了。

康德主張，我們應這樣行動，即把每一個人當作本身即是目的來對待，固然康德的原則似乎並不必然伴有這個結論。這可以看作人權說的一個抽象形式，所以也難免同樣的非議。如果認眞對待這條原則，只要兩個人的利害一有衝突，便不可能達成決定。這種困難在政治哲學中特別明顯，因爲政治哲學需要某個原則，例如：過半數人優先，據該原則，某些人的利益在必要時可以爲了他人的利益而犧牲。假如還要有什麼政治倫理，那麼政治的目的必須是一個，而和正義一致的唯一目的就是社會的幸福。不過，也可能把康德的原則解釋成不指每個人是絕對的目的，而指在決定那種影響到許多人的行動時，所有人都應當同樣算數。如此解釋起來，這原則可以看作爲民主政治提出了倫理基礎。按這種解釋，它就遭不到上述非議了。

康德在老年時代的精力和清新的頭腦表現在他的《永久和平論》（*Perpetual Peace*）（西元一七九五年）上。在這本著作中，他宣導各自由國家根據禁止戰爭的盟約結成的一種聯邦。他講，理性是完全譴責戰爭的，而只有國際政府才能夠防止戰爭。聯邦的各成員國的內部政體應當是「共和」政體，但是他把「共和」這個詞定義成指行政與立法分離的意思。他並不是說不應當有國王；實際上，他倒講在君主制下面最容易獲得盡善盡美的政府。這書是在恐怖時代的影響之下寫的，所以他對民主制抱著懷疑；他說，民主制必然是專制政治，因爲它確立了行政權。「執行自己的政策的所謂『全民』，實在並不是全體人，只是過半數人；於是在這點上普遍意志便自相矛盾，而且與自由原則相矛盾。」這話的措辭用語流露出盧梭的影響，但是世界聯邦作爲保障和平的手段這種重要思想不是從盧梭來的。

從西元一九三三年③以來，因爲這本著作，康德在本國不受歡迎了。

第三節　康德的空間和時間理論

《純粹理性批判》的最重要部分是空間和時間的學說。在本節中，我打算把這個學說作一

③ 希特勒上臺的一年。——譯者

個批判性的考察。

把康德的空間和時間理論解釋清楚是不容易的，因爲這理論本身就不清楚。《純粹理性批判》和《緒論》（*Prolegomena*）④中都講了它；後者的解說比較容易懂，但是不如《批判》裡的解說完全。我想先來介紹一下這個理論，盡可能講得似乎言之成理；在解說之後我才試作批判。

康德認爲，知覺的直接對象一半由於外界事物，一半由於我們自己的知覺器官。洛克先已使一般人習慣了這個想法：次性質——顏色、聲音、氣味等等——是主觀的，並不屬於對象本身。康德如同貝克萊和休姆，更前進一步，把主性質說成也是主觀的，固然他和他們的方式不盡相同。康德在大多時候並不懷疑我們的感覺具有原因，他把這原因稱作「物自體」或稱「noumena」（本體）。在知覺中呈現給我們的東西他稱之爲「現象」，是由兩部分組成的：由於對象的部分，他稱之爲「感覺」；由於我們的主觀裝置的部分，他說這一部分使雜多者按某種關係整列起來。他把這後一部分叫作現象的形式。這部分本身不是感覺，因此不依環境的偶然性爲轉移；它是我們隨身所帶有的，所以始終如一，並且從它不依存於經驗這個意義上講是先天的。感性的純粹形式稱作「純粹直觀」（Anschauung）；這種形式有兩個，即空間和時間，一個是外部感覺的形式，一個是內部感覺的形式。

④ 書原名甚長，英譯本叫《任何未來的形而上學緒論》（*Prolegomena to Any Future Metaphysic*）。——譯者

爲證明空間和時間是先天的形式，康德持有兩類論點，一類是形而上學的論點，另一類是認識論的論點，即他所謂的先驗的論點。前一類論點是從空間和時間的本性直接得來的，後一類論點是從能夠有純數學這件事實間接得來的。關於空間的論點比關於時間的論點講得詳細，因爲他認爲關於後者的論點根本上和前者的情況相同。

關於空間，形而上學的論點總共有四個。

(1)空間不是從外在經驗抽引出來的經驗概念，因爲把感覺歸於某種外界事物時先已假定了空間，而外界經驗只有通過空間表象才有可能。

(2)空間是一種先天的必然的表象，此表象是一切外界知覺的基礎；因爲我們雖然能想像空間裡沒有東西，卻不能想像沒有空間。

(3)空間不是關於一般事物關係的推論的概念或一般概念，因爲空間只有一個，我們所說的「諸空間」是它的各個部分，不是它的一些實例。

(4)空間被表象爲無限而已定的量，其自身中包含著空間的所有各部分；這種關係跟概念同其各實例的關係不同，因此空間不是概念，而是一個Anschauung（直觀）。

關於空間的先驗論點是從幾何學來的。康德認爲歐幾里得幾何雖然是綜合的，也就是說僅由邏輯推演不出來，卻是先天認識到的。他以爲，幾何學上的證明依賴圖形，例如：我們能夠看出，設有兩條彼此成直角的相交直線，通過其交點只能作一條與該二直線都成直角的直線。他認爲，這種知識不是由經驗來的。但是，我的直觀能夠預見在對象中會發現什麼的唯一方法，就是預見在我的主觀中一切現實印象之前，該對象是否只含有我的感性的形式。感覺的對象必須服從幾何學，因爲幾何學講的是我們感知的方式，所以我們用其他方法是不能感知的。這說明爲什麼幾何學雖然是綜合的，卻是先天的和必然的。

關於時間的論點根本上一樣，只不過主張計數需要時間，而把幾何換成算術。

現在來一一考察這些論點。

關於空間的形而上學論點裡的第一個論點說：「空間不是從外界經驗抽引出來的經驗概念。因爲，爲了把某些感覺歸之於處在我之外的某東西〔即歸之於和我所在的空間位置處於不同空間位置的某東西〕，而且爲了我可以感知這些感覺彼此不相屬而並列，從而感知它們不僅是不同的，而且是在不同的地點，爲此，空間的表象必定已經作成基礎〔zum Grunde liegen〕。」因此，外界經驗只有通過空間表象才可能有。

「處在我之外〔即和我所在的地點處於不同的地點〕」這話是句難解的話。我作爲一個物自體來說，哪裡也不在，什麼東西從空間上講也不是處在我之外的；這話所能夠指的只是作爲現象而言的我的肉體。因此，眞正的含義完全是這句話後半句裡所說的，即我感知不同的對象是在不同的地點。一個人心中出現的心像就等於一個把不同外衣掛在不同木釘上的衣帽室服務員的心像；各個木釘必定已經存在，但是服務員的主觀性排列外衣。

這裡有一個康德似乎從未覺出來的困難，他的空間與時間的主觀性理論從頭到尾都有這個困難。是什麼促使我把知覺對象照現在這樣排列而不照其他方式排列呢？例如：爲什麼我總是看見人的眼睛在嘴上面，不在下面呢？照康德的說法，眼睛和嘴作爲物自體存在著，引起我的個別的知覺表象；但是眼睛和嘴沒有任何地方相當於我的知覺中存在的空間排列。試把關於顏色的物理學理論和這對比一下。我們並不以爲按我們的知覺表象具有顏色的意義來講物質中是有顏色的，但是我們倒眞認爲不同的顏色相當於不同的波長。可是因爲波動牽涉著空間與時間，所以在康德說來，我們的知覺表象的種種原因當中，不會有波動這一項。另一方面，如果像物理學所假定的那樣，我們的知覺表象的空間和時間在物質界中有對應物，那麼幾何學便可以應用到這些對應物上，而康德的論點便破產了。康德主張精神整列感覺的原材料，可是他從不認爲有必要說明，爲什麼照現在這樣整列而不照別的方式整列。

關於時間，由於夾纏上因果關係，這種困難更大。我在知覺雷聲之前先知覺閃電；物自體甲引起了我的閃電知覺，另一個物自體乙引起了我的雷聲知覺，但是甲並不比乙早，因爲時間是僅存在於知覺表象的關係當中的。那麼，爲什麼兩個無時間性的東西甲和乙在不同的時間產生結果呢？如果康德是正確的，這必是完全任意的事，在甲和乙之間必定沒有與甲引起的知覺表象早於乙引起的知覺表象這件事實相當的關係。

第二個形而上學論點主張，能想像空間裡什麼也沒有，但是不能想像沒有空間。我覺得任何鄭重議論都不能拿我們能想像什麼、不能想像什麼作根據；不過我要斷然否認我們能想像其中一無所有的空間。你可以想像在一個陰暗多雲的夜晚眺望天空，但這時你本身就在空間裡，你想像自己看不見的雲。魏亨格⑤曾指出，康德的空間和牛頓的空間一樣，是絕對空間，不僅

⑤ 魏亨格（Hans Vaihinger，西元一八五二－一九三三年）：德國哲學家，「康德協會」的創立者。——譯者

僅是由諸關係構成的一個體系。可是我不明白，絕對空虛的空間如何能夠想像。

第三個形而上學論點說：「空間不是關於一般事物關係的推論的概念或所謂的一般概念，而是一個純粹直觀。因爲第一，我們只能想像〔sich vorstellen〕單獨一個空間，如果我們說到『諸空間』，意思也無非指同一個唯一的空間的各部分。這些部分不能先於全體而做成全體的部分……只能想成在全體之中。它〔空間〕本質上是獨一無二的，其中的雜多者完全在於限度。」由此得出論斷：空間是一個先天的直觀。

這個論點的主眼在否定空間本身中的複多性。我們所說的「諸空間」既不是一般概念「一個空間」的各實例，也不是某集合體的各部分。我不十分知道，據康德看這些空間的邏輯地位是什麼，但是無論如何，它們在邏輯上總是後於空間的。現代人幾乎全採取空間的關係觀，對採取這種觀點的人來說，無論「空間」或「諸空間」都不能作爲實體詞存在下去，所以這個論點成了無法敘述的東西。

第四個形而上學論點主要想證明空間是一個直觀，不是概念。它的前提是「空間被想像爲〔或者說被表象爲，vorgestellt〕無限而已定的量」。這是住在像柯尼斯堡那樣的平原地方的人的見解；我不明白一個阿爾卑斯山峽谷的居民如何能採取這種觀點。很難了解，什麼無限的東西怎樣會是「已定的」。我本來倒認爲很明顯，空間的已定的部分就是由知覺對象占據的部分，關於其他部分，我們只有一種可能發生運動之感。而且，假如可以插入一個眞不登大雅的論點，我們說現代的天文學家們主張空間實際上不是無限的，而是像地球表面一樣，周而復始。

先驗的論點（或稱認識論的論點）在《緒論》裡講得最好，它比形而上學論點明確，也更明確地可以駁倒。我們現下所知道的所謂「幾何學」，是一個概括兩種不同學問的名稱。一方面，有純粹幾何，它由公理演繹結論，而不問這些公理是否「眞實」；這種幾何不包含任何由邏輯推不出來的東西，不是「綜合的」，用不著幾何學教科書中所使用的那種圖形。另一方面，又有作爲物理學一個分支的幾何學，例如：廣義相對論裡出現的幾何學；這是一種經驗科學，其中的公理是由測量値推斷出來的，結果和歐幾里得的公理不同。因此，這兩類幾何學中，一類是先天的，然而非綜合的；另一類是綜合的，卻不是先天的。這就解決了先驗的論點。

現在試把康德提出的有關空間的問題作一個比較一般的考察。如果我們採取物理學中認爲理所當然的觀點，即我們的知覺表象具有（從某個意義上講是）物質性的外在原因，就得出以下結論：知覺表象的一切現實的性質與知覺表象的未感知到的原因的現實性質不同，但是在知覺表象系統與其原因的系統之間，有某種構造上的類似。例如：在（人所感知到的）顏色和（物理學家所推斷的）波長之間有一種相互關係。同樣，在作爲知覺表象的構成要素的空間和作爲知覺表象的未感知原因系統的構成要素的空間之間，也必定有一種相互關係。這一切都依據一條準則：「同因，同果」及其換質命題：「異果，異因」。因此，例如：若視覺表象甲出現在視覺表象乙的左邊，我們就要想甲的原因和乙的原因之間有某種相應的關係。

照這個看法，我們有兩個空間，一個是主觀的，一個是客觀的，一個是在經驗中知道的，另一個僅僅是推斷的。但是在這方面，空間和其他知覺樣相如顏色、聲音等並沒有區別。

在主觀形式上，同樣都是由經驗知道的；在客觀形式上，同樣都是藉有關因果關係的一個準則推斷出來的。沒有任何理由把我們關於空間的知識看得跟我們關於顏色、聲音和氣味的知識有什麼地方不一樣。

談到時間，問題就不同了；因爲如果我們堅守知覺表象具有未感知的原因這個信念，客觀時間就必須和主觀時間同一。假若不然，我們會陷入前面結合閃電和雷聲已討論過的那種難局。或者，試看以下這種事例：你聽某人講話，你回答他，他聽見你的話。他講話和他聽你回答，這兩件事就你來說都在未感知的世界中；在那個世界裡，前一件事先於後一件事。而且，在客觀的物理學世界裡，他講話先於你聽講話；在主觀的知覺表象世界裡，你聽講話先於你回答；在客觀的物理學世界裡，你回答又先於他聽講話。很明顯，「先於」這個關係在所有這些命題中必定是同樣的。所以，雖然講知覺的空間是主觀的，這話有某種重要的意義，但是講知覺的時間是主觀的，卻沒有任何意義。

就像康德所假定的那樣，以上的論點假定知覺表象是由「物自體」引起的，或者也可以說是由物理學世界中的事件引起的。不過，這個假定從邏輯上講絕不是必要的。如果把它拋棄掉，知覺表象從什麼重要意義上講也不再是「主觀的」，因爲它沒有可對比的東西了。

「物自體」是康德哲學中的累贅成分，他的直接後繼者們把它拋棄了，從而陷入一種非常像唯我論的思想。康德的種種矛盾是那樣的矛盾：使得受他影響的哲學家們必然要在經驗主義方向或在絕對主義方向迅速地發展下去；事實上，直到黑格爾去世後爲止，德國哲學走的是後一個方向。

康德的直接後繼者費希特（西元一七六二－一八一四年）拋棄了「物自體」，把主觀主義發展到一個簡直像沾上某種精神失常的地步。他認爲「自我」是唯一的終極實在，自我所以存在，是因爲自我設定自己；具有次級實在性的「非我」，也無非因爲自我設定它才存在。費希特作爲一個純粹哲學家來說並不重要，他的重要地位在於他透過《告德意志國民》（*Addresses to the German Nation*，西元一八〇七－一八〇八年）而成了德國國家主義的理論奠基者；《告德意志國民》是在耶拿戰役之後打算喚起德國人抵抗拿破崙。作爲一個形而上學概念的自我，和經驗裡的費希特輕易地混同起來了；既然自我是德意志人，可見德意志人比其他一切國民優越。費希特說：「有品性和是德意志人，無疑指的是一回事。」在這個基礎上，他作出了整個一套國家主義極權主義的哲學，在德國起了很大的影響。

他的直接後繼者謝林（西元一七七五－一八五四年）比較溫厚近人，但是主觀程度也不稍差。他和德國浪漫主義者有密切關係；在哲學上，他並不重要，固然他在當時也赫赫有名。康德哲學的重要發展是黑格爾的哲學。

第二十一章　十九世紀思潮

西元十九世紀的精神生活比以前任何時代的精神生活都要複雜。這是由於幾種原因。第一，有關的地區比已往大了；美國和俄國作出重要貢獻，歐洲比以前多注意到了古代和近代的印度哲學。第二，從西元十七世紀以來一向是新事物主要源泉的科學，取得新的勝利，特別是在地質學、生物學和有機化學方面。第三，機器生產深深地改變了社會結構，使人類對自己在關於自然環境方面的能力，有了一種新概念。第四，針對思想、政治和經濟中的傳統體系，在哲學上和政治上出現了深沉的反抗，引起了對向來看成是顛撲不破的許多信念和制度的攻擊。這種反抗有兩個迴然不同的形式，一個是浪漫主義的，一個是理性主義的。（我是按廣義使用這兩個詞的）浪漫主義的反抗從拜倫、叔本華和尼采演變到墨索里尼與希特勒；理性主義的反抗始於大革命時代的法國哲學家，稍有緩和後，傳給英國的哲學上的急進派，然後在馬克思身上取得更深入的形式，產生蘇俄這個結果。

德國在知識上的優勢是一個從康德開始的新因素。萊布尼茲雖然是德國人，差不多總是用拉丁文或法文著述，他在自己的哲學上簡直沒受到德國什麼影響。反之，康德以後的德國唯心論也正如後來的德國哲學，深受德國歷史的影響；德國哲學思想中的許多彷彿奇特的東西，反映出一個由於歷史的偶然事件而被剝奪了它那份當然勢力的精悍民族的心境。德意志曾經賴神聖羅馬帝國取得了國際地位，但是神聖羅馬皇帝逐漸控制不住他的名義上的臣屬。最後一個有力的皇帝是查理五世，他的勢力有賴於他在西班牙和低地帶①的領地。宗教改革運動和三十年戰爭破壞了德國統一的殘局，留下來許多仰承法國鼻息的弱小公國。西元十八世紀時，只有一個德意志國家普魯士抵抗法國人獲得了成功；弗里德里希號稱「大王」，就是爲這個緣故。但是普魯士本身也沒能夠抵擋住拿破崙，耶拿之戰一敗塗地。普魯士在俾斯麥之下的復興，顯得是恢復阿拉利克、查理曼和巴巴羅撒的英雄的過去（對德國人來說，查理曼是德國人，不是法國人）。俾斯麥說：「我們不要到卡諾薩②去。」這流露出他的歷史觀念。

不過，普魯士雖然在政治方面占優勢，在文化上卻不及西德意志大部分地區先進；這說明爲什麼有許多德國名人，包括歌德在內，不以拿破崙在耶拿的勝利爲恨。西元十九世紀初，德國在文化上和經濟上呈現異常的參差錯雜。東普魯士還殘存著農奴制；農村貴族大多浸沉在鄉陋愚昧當中，勞動者連最初步的教育也沒有。反之，西德意志在古代一部分曾經隸屬於羅馬；從西元十七世紀以來，一直處在法國的勢力之下；它被法國革命軍占領過，獲得了和法國的制

---

① 「低地帶」指萊茵河、馬斯河及些耳德河下流的地方，中古時分為許多小國；相當於現在荷蘭、比利時和盧森堡一帶。——譯者

② 卡諾薩（Canossa）在義大利北部，為西元一〇七七年神聖羅馬皇帝亨利四世向教皇格雷高里七世要求悔過時受屈辱的地方。（參看本書上冊第五五一頁）後來「卡諾薩」就成了俗權屈服於天主教會的代稱。——譯者

度同樣自由主義的制度。君主們當中有些人很聰慧，他們在自己的宮廷裡模仿文藝復興時代的君主，作藝術與科學的獎勵者；最著名的例子是威瑪，威瑪大公即歌德的恩主。君主們當然大部分都反對德意志統一，因爲這會破壞他們的獨立。所以他們是反愛國的，依附於他們的那些名士有許多人也如此，在他們的心目中，拿破崙是傳布比德意志文化高超的文化的使者。

西元十九世紀當中，新教德意志的文化逐漸日益普魯士化。弗里德里希大王是個自由思想家和法國哲學的崇拜者，他曾殫精竭慮把柏林建成爲一個文化中心；柏林科學院有一個知名的法國人穆伯杜依③做終身院長，可是他不幸成了伏爾泰死命嘲笑的犧牲品。弗里德里希的種種努力和當時其他開明專制君主的努力一樣，不包括經濟上或政治上的改革；實際的成績無非是集合了一幫僱來捧場的知識分子。他死之後，文化人大部分又是在西德意志才找得到了。

德國哲學比德國文學及藝術跟普魯士的關係要深。康德是弗里德里希大王的臣民；費希特和黑格爾是柏林大學的教授。康德幾乎沒受到普魯士什麼影響；確實，他爲了他的自由主義的神學，和普魯士政府還起了糾紛。但是費希特和黑格爾都是普魯士的哲學喉舌，對準備後來德國人的愛國精神與普魯士崇拜合一作出了很大貢獻。在這方面他們所做的事情由德國的大史學

---

③ 穆伯杜依（Pierre Louis Moreau de Maupertuis，西元一六九八—一七五九年）：法國數學家、天文學家。——譯者

家們，特別是蒙森④和特萊奇克⑤繼續下去。俾斯麥最後促使德意志民族接受在普魯士之下的統一：從而使德意志文化裡國際主義精神較淡的成分獲得了勝利。

在黑格爾死後的整個時期，大部分學院哲學依舊是傳統派的，所以沒多大重要意義。英國經驗主義哲學在英國一直盛行到西元十九世紀近末尾時，在法國，直到略早些時候爲止，它也占優勢；然後，康德和黑格爾逐漸征服了法國和英國的大學，就各大學裡講專門哲學的教師來說是這樣。不過一般有教養的大眾幾乎沒受到這運動什麼影響，所以這運動在科學家當中沒有多少信徒。那些繼續學院傳統的著述家們——在經驗主義一側有約翰·斯圖亞特·穆勒，在德國唯心主義一側有洛策、濟格瓦特⑥、布萊德雷和鮑贊克特⑦——沒有一個在哲學家當中完全數得上一流人物，換句話說，他們大體上採納某人的體系，而自己並不能與某人匹敵。學院哲學以前一向和當代最有生氣的思想常常脫節，例如：在西元十六、十七世紀，那時候學院哲學主要仍是經院派的。每逢遇到這種情況，哲學史家就比較少談到教授們，而多涉及非職業的異

---

④ 蒙森（Theodor Mommsen，西元一八一七—一九〇三年）：德國史學家，著《羅馬史》（*Römische Geschichte*，西元一八五四—一八五六年）三卷；獲得諾貝爾文學獎金（西元一九〇二年）。——譯者

⑤ 特萊奇克（Heinrich von Treitschke，西元一八三四—一八九六年）：德國史學家，著《十九世紀德意志史》（*Deutsche Geschichte im 19. Jahrhundert*，西元一八九七年）五卷。——譯者

⑥ 濟格瓦特（Christoph Sigwart，西元一八三〇—一九〇四年）：德國邏輯學家、新康德主義者。——譯者

⑦ 鮑贊克特（Bernard Bosanquet，西元一八四八—一九二三年）：英國黑格爾派哲學家。——譯者

端者了。

法國大革命時代的哲學家們大多數把科學與種種和盧梭關聯著的信念結合在一起。愛爾維修和孔多塞在結合理性主義與熱狂精神上可看作是典型。

愛爾維修（西元一七一五—一七七一年）很榮幸地讓他的著作《精神論》（*De L'Esprit*）（西元一七五八年）遭到了索保恩大學的譴責，由絞刑吏焚毀。邊沁在西元一七六九年讀了他的作品，立即下決心一生獻身於立法的原則。他說道：「愛爾維修之於道德界，正如培根之於自然界。因此，道德界已有了它的培根，但是其牛頓尚待來臨。」詹姆士・穆勒在對兒子約翰・斯圖亞特的教育中，把愛爾維修當作典範。

愛爾維修信奉洛克的「心是tabula rasa（白板）」的學說，他認為個人之間的差異完全是由於教育的差異：按每個人來說，他的才能和他的道德都是他所受的教導的結果。愛爾維修主張，天才常常出於偶然：假使當年莎士比亞沒有被發覺偷獵，他就會成為一個毛織品商人了。⑧愛爾維修對立法的興趣來自這個學說：青年期的主要教導者是政體及由此而生的風俗習慣。人生來是無知的，卻不是愚鈍的；教育把人弄得愚鈍了。

---

⑧ 莎士比亞結婚後本來已決定從事父親的行業，作毛織品商。據傳說，在西元一五八四年或以後，他同一幫壞朋友曾多次潛入湯瑪斯・露西爵士的一個苑林裡偷獵鹿，事被發覺，經官查緝，他才不得不離開故鄉史特拉福，到倫敦開始了戲劇生涯。——譯者

在倫理學上，愛爾維修是功利主義者；他認爲快樂就是善。在宗教方面，他是一個自然神論者，是激烈反教權的人。在認識論上，他採取洛克哲學的一種簡化講法：「由於洛克的教導，我們知道我們的觀念，從而我們的精神，是賴感官得來的。」他說，身體的感性是我們的行動、我們的思想、我們的感情和我們的社交性的唯一原因。關於知識的價值，他與盧梭意見極不一致，因爲他對知識評價非常高。

他的學說是樂觀主義的學說，因爲要想使人成爲完善的人，只需要有完善的教育。他暗示，假使把教士除掉，完善的教育是容易求得的。

孔多塞（西元一七四三—一七九四年）的見解和愛爾維修的見解相仿，但是受盧梭的影響比較多。他說，人權全部是由下述這一條眞理推出來的：人是有感覺的生物，是可以作推理和獲得道德觀念的，可見人不能夠再分成治者與被治者，說謊者與受騙者。「這種原則，高潔的悉尼⑨爲它獻出了生命，洛克把他的名字的威信寄附在它上面，後來由盧梭發揮得更加精嚴。」他說，洛克最先指出了人類認識的限度。他的「方法不久就成爲所有哲學家的方法，正是由於把這個方法應用到倫理學、政治學和經濟學上，他們終於能夠在這些學問裡走了和自然科學幾乎同樣可靠的道路」。

---

⑨ 悉尼（Algernon Sidney，西元一六二三—一六八三年）：英國政治家、共和主義者，以叛國案罪名被處斬。——譯者

孔多塞非常讚賞美國獨立戰爭。「簡單的常識教導了英國殖民地的居民，在大西洋彼岸出生的英國人和在格林威治子午線上出生的英國人持有完全相同的權利。」他說，美國憲法以人的天然權利為基礎，美國獨立戰爭使涅瓦河到瓜達耳基維爾河的整個歐洲都知道了人權。不過，法國大革命的原則「比那些指導了美國人的原則更純正、精嚴、深刻」。這些話是當他躲開羅伯斯庇爾的耳目隱匿起來時寫的，不久以後他就被捕下獄了。他死在獄裡，但是死因不詳。

孔多塞是個信仰婦女平權的人。他又是馬爾薩斯的人口論的首創者，可是這理論在他講來卻沒有馬爾薩斯講的那些黯淡的結論，因為他的人口論和節育的必要是同時並提的。馬爾薩斯的父親是孔多塞的門徒，這樣馬爾薩斯才知道了人口論。

孔多塞比愛爾維修還要熱狂，還要樂觀。他相信，由於法國大革命的原則普遍流傳，所有的主要弊病不久全會化為烏有。他沒活到西元一七九四年以後，⑩也許是他的幸運。

法國的革命哲學家們的學說減低了熱狂性並且大大精嚴化之後，由哲學上的急進派帶到了英國，這派人中邊沁是公認的首領。最初，邊沁幾乎專注意法學；隨著他年紀大起來，逐漸他的興趣擴大了，他的見解日益帶顛覆性。西元一八〇八年以後，他是一個共和主義者、婦女平權的信奉者、帝國主義之敵和不妥協的民主主義者。這些意見中有若干他得自詹姆士・穆勒。

⑩ 自西元一七九四年發生「熱月」反革命政變後，法國大革命基本上結束。——譯者

兩人都相信教育萬能。邊沁採取「最大多數人的最大幸福」原則當然是出於民主感情，但是這一來就勢必要反對人權說了，所以他直率地把人權說叫作「胡說八道」。

哲學上的急進派跟愛爾維修和孔多塞之類的人有許多地方是不同的。從氣質上講，他們是有耐性的人，喜歡詳細制定自己的理論。他們非常側重經濟學，相信自己把經濟學當作一門科學發展起來了。在邊沁和約翰・斯圖亞特・穆勒，存在著偏於熱狂的傾向，但是在馬爾薩斯或詹姆士・穆勒則不存在；熱狂傾向被這門「科學」嚴格制止住，特別是被馬爾薩斯對人口論的黯淡講法嚴格制止住了，因爲按照馬爾薩斯的講法，除在瘟疫剛過後以外，大部分雇傭勞動者的所得必定總是可以維持自己及家族生存的最低數目。邊沁主義者和他們的法國前輩之間的另一個重大分歧點是，在工業化的英國，雇主和雇傭勞動者有劇烈的衝突，引起了工會主義和社會主義。在這種衝突中，邊沁主義者大體上說站在雇主一方反對工人階級。不過，他們的最後代表人物約翰・斯圖亞特・穆勒逐漸不再固執他父親的嚴峻教條，隨著他年紀的增長，他愈來愈不敵視社會主義，愈來愈不堅信古典經濟學是永久眞理了。根據他的自傳，這個緩和化過程是由讀浪漫派詩人的作品開始的。

邊沁主義者雖然起初帶有相當溫和的革命性，卻逐漸不再如此，一部分是由於他們在使英國政府轉向他們的一些看法上有了成功，一部分是由於反對社會主義和工會主義日益增長的勢力。我們已經提過，反抗傳統的人分理性主義的和浪漫主義的兩類，固然在孔多塞之類的人身上，兩種成分是兼有的。邊沁主義者幾乎完全是理性主義的，而既反抗現存經濟秩序又反抗他們的社會主義者也一樣。這種社會主義運動直到馬克思才獲得一套完全的哲學，在後面一章裡我們要講他。

浪漫主義形式的反抗和理性主義形式的反抗雖然都出於法國大革命和大革命之前不久的哲學家們，但是兩者大不相同。浪漫主義形式在拜倫作品裡可以見到，那是裹在非哲學的外衣下的，但是在叔本華和尼采的作品中，它學會了哲學用語。這種反抗的傾向是犧牲理智而強調意志，耐不住推理的束縛，頌揚某些類的暴力。在實際政治中，它作爲民族主義的盟友是很重要的。它在傾向上對普通所說的理性明確地抱著敵意，即使在實際上也不盡然；而且往往是反科學的。它的一些最極端的形式見於俄國的無政府主義者，但是在俄國最後得勢的卻是理性主義形式的反抗。德國永遠比其他任何國家都容易感受浪漫主義，也正是德國，爲講赤裸裸意志的反理性哲學提供了政治出路。

到此爲止，我們所考察的各派哲學向來都得到了傳統上的、文學上的或政治上的啓發。但是，哲學見解另外還有兩個根源，即科學和機器生產。第二個根源在學理上的影響是從馬克思開始的，從那時起逐漸重要起來。第一個根源從西元十七世紀以來一向很重要，但是在十九世紀當中有了種種新的形式。

達爾文之於西元十九世紀，猶如伽利略和牛頓之於西元十七世紀。達爾文理論分兩部分。一方面，有進化說，主張各樣的生物全是由共同祖先逐漸發展出來的。這個學說現在大家普遍承認了，在當時也並不是新東西。且不提阿那克西曼德，⑪拉馬克⑫和達爾文的祖父艾拉司摩斯⑬都曾經主張過它。達爾文爲這學說提供了極大量的證據，而且在他的理論的第二部分，他相信自己發現了進化的原因。這樣，他便使這學說空前受人歡迎，並且獲得一種以前所沒有的科學力量；但絕不是他首創了進化說。

達爾文理論的第二部分是生存競爭和適者生存。一切動植物繁殖得太快，以致自然界無力供養它們；因此每一代都有許多個在達到生殖年齡以前就死掉了。由什麼來決定哪個將生存呢？當然，有幾分是純運氣，但是還有一個較爲重要的原因。動物及植物一般講與其親代並不完全相同，在每一種可測量的形質方面，或有餘、或不足，稍微有些差別。在一定的環境裡，同種的個體爲生存下去而競爭，對環境適應得最好的有最大的生存機會。所以在種種偶然變異當中，有利的變異在每個世代的成熟個體中會占優勢。因此，一代又一代，鹿愈跑愈快，貓潛近獵物時愈來愈悄靜，長頸鹿的脖子愈變愈長。達爾文主張，如果時間充分長久，這種機理過程可以說明從原生動物到homo sapiens（人類）整個漫長的發展。

⑪ 阿那克西曼德主張生物都是由魚演化來的；參看本書上冊第五〇頁。——譯者

⑫ 拉馬克（Jean Baptiste Pierre Antoine de Monet de Lamarck，西元一七四四—一八二九年）：法國生物學家；著《動物哲學》（西元一八〇九年）二卷，早於達爾文五十年宣導進化說。——譯者

⑬ 艾拉司摩斯・達爾文（Erasmus Darwin，西元一七三一—一八〇二年）：英國植物學家、醫學家和詩人。——譯者

達爾文理論的這一部分向來很受人反駁，大多數生物學家認爲要附加許多重要的限制條件。然而這和寫西元十九世紀思想史的歷史家沒有多大的關係。從歷史觀點看來，有趣的是達爾文把哲學上的急進派特有的那一套經濟學推廣到了生物全體。根據他講，進化的原動力就是自由競爭世界中的一種生物學的經濟。促使達爾文想到了生存競爭和適者生存爲進化根源的，正是推廣到動植物界的馬爾薩斯的人口學說。

達爾文本人是個自由主義者，但是他的理論卻具有對傳統自由主義有些不利的結論。一切人生來平等，成人之間的差異完全是由於教育，這種學說和他強調同種個體間的先天差異是不能相容的。假使像拉馬克所主張的，達爾文本人在一定限度內也願意承認的那樣，獲得形質是遺傳的，那麼和類如愛爾維修的見解之間的這種對立本來可以略有緩和；可是除某些不大重要的例外不算，自來好像只有先天形質才遺傳。因此，人與人的先天差異就有了根本的重要意義。

進化論還有一個結論，跟達爾文所提出的特別機理過程無關。假如說人和動物有共同的祖先，假如說人是經過如此緩慢的階段發展出來的，曾有過某些生物我們不知道是否該劃爲人類，那麼便發生這個問題：在進化的哪個階段上，人類（或人類的半人形祖宗）開始一律平等呢？Pithecanthropus erectus（直立猿人）假使受過適當的教育，就會和牛頓做出同樣好的成績嗎？假使當初有誰控告皮爾當人⑭侵界偷獵，皮爾當人就會寫出莎士比亞的詩篇嗎？一個對這些問題作肯定回答的堅定的平等主義者，會發覺他不得不認爲猿猴和人類地位相等。而爲什麼止於猿猴呢？我不明白他可怎樣去反對那種贊成牡蠣有投票權的議論。進化論的信徒應當堅持，不但必須譴責人人平等的學說是反生物學的，而且必須譴責人權說也是反生物學的，因爲它把人類和動物區別得太截然了。

不過，自由主義也有另外一面，由於有進化說而大大鞏固了，那就是進步的信念。因爲這個理由，而且因爲進化論提出了反對正統神學的新論據，所以只要世界情勢還容許有樂觀主義，進化論就受到自由主義者的歡迎。雖然馬克思的學說在某些點上是達爾文時代前的舊東西，他本人倒想把他的書題獻給達爾文。

生物學的威信促使思想受到科學影響的人們不把機械論的範疇而把生物學的範疇應用到世界上。認爲萬物都在演化中，一個內在目標是容易想像的。許多人無視達爾文，以爲進化證明了宇宙有目的的信念是正確的。有機體概念被認作是探索自然律的科學解釋及哲學解釋的祕訣，西元十八世紀的原子論思想被看成過時了。這種觀點最後甚至影響了理論物理學。在政治上，當然造成強調和個人相對立的社會。這和國家的權力逐漸增長是和諧的；和民族主義也是

---

⑭ 所謂皮爾當人（Piltdown Man）是西元一九一二年在英國的皮爾當發現的一個頭蓋骨，曾被揣斷為更新世最古的人類，但在西元一九五三年經證實是偽造的。——譯者

和諧的，因爲民族主義可以引用達爾文的適者生存說，把它應用於民族而不應用於個人。但是到這裡我們就涉及廣大群眾在理解得不完全的科學學說啓發下所產生的科學以外的見解的範圍了。

雖然生物學對機械論的世界觀向來是不利的，近代經濟技術卻起了相反的作用。一直到西元十八世紀將近末尾時爲止，和科學學說相對而言的科學技術對人的見解沒有重大影響。隨著工業主義的興起，技術才開始影響了人們的思想。甚至在那時候，長期以來這種影響多少總是間接的影響。提出哲學理論的人一般講和機器簡直不發生什麼接觸。浪漫主義者注意到了工業主義在一向優美的地方正產生的醜惡，注意到了那些在「生意」裡發了財的人（在他們認爲）的庸俗，憎恨這種醜惡和庸俗。這使他們和中產階級形成對立，因而有時候他們和無產階級的鬥士結成了一種彷彿什麼聯盟。恩格斯頌揚卡萊爾，卻不了解卡萊爾所希求的並不是雇傭勞動者的解放，而是他們服從中世紀時他們曾有過的那類主人。社會主義者是歡迎工業主義的，但是想要把產業工人從服從雇主勢力的情況下解放出來。他們在自己所考察的問題上受了工業主義的影響，但是在解決問題時所運用的思想方面，受的影響不大。

機器生產對人的想像上的世界觀最重要的影響就是使人類權能感百倍增長。這無非是自有史以前人類發明武器減輕了對野獸的恐懼，創造農耕減輕了對飢餓的憂慮時便已開始的一個過程的加速。但是這個加速度一向非常之大，因而使那些掌握近代技術所創造的力量的人產生一種嶄新的看法。從前，山嶽瀑布都是自然現象；而現在，礙事的山可以除掉，便利的瀑布也可以創造。從前，有沙漠有沃鄉；而現在，只要人們認爲值得做，可以叫沙漠像玫瑰一樣開鮮花，而沃鄉被科學精神不足的樂觀主義者變成了沙漠。從前，農民過他們父母、祖父母曾經過的生活，信他們父母、祖父母曾經信的信仰；以教會的全部力量還無法根絕各種異教儀式，所以只好把這些儀式和本地的聖徒拉上關係，從而給它們加上基督教外衣。而現在當局能夠指定農民子弟在學校裡應當學什麼東西，在一代之間可以使務農者的思想情況變個樣；據推測，這點在俄國已經做到了。

因而，在掌管事務的人們中間，或與掌管事務的人有接觸的人們中間，滋生一種權能的新信念：首先是在人與自然的鬥爭中人的權能，其次是統治者們對那些人的權能，他們盡力透過科學的宣傳術，特別是透過教育，支配那些人的信念和志向。結果是，固定性減小了；似乎沒一樣改變辦不到。大自然是原材料；人類當中未有力地參與統治的那部分人也是原材料。有某些老的概念表示人相信人力有限度；其中兩個主要的就是「神」和「眞理」（我的意思並非說這兩樣在邏輯上有關聯）。這種概念有消逝的傾向；即使沒遭到明白否定，也失掉了重要意義，只是表面上還保留下來。這套觀點整個是新東西，無法斷言人類將要怎樣去適應它。它已經產生了莫大的變革，將來當然還要產生其他大變革。建立一種哲學，能應付那些陶醉於權能幾乎無限度這個前景的人，同時也能應付無權者的心灰意懶，是當代最迫切的任務。

雖然有許多人仍舊眞心信仰人類平等和理論上的民主，但是現代人的想像力受到了西元十九世紀時根本不民主的工業體制所促成的社會組織形式的深刻影響。一方面有實業鉅頭，另一方面有廣大的工人。民主制度的這種內在分裂，民主國家裡的一般老百姓尚未認識到，但是這一向是從黑格爾以來大部分哲學家的首要問題，而他們在多數人的利害與少數人的利害之間所發現的尖銳對立，已經通過法西斯主義有了實際表現。在哲學家當中，尼采恬不知恥地站在少數人一邊，馬克思則衷心誠意地站在多數人一邊。或許邊沁是唯一打算調和利害矛盾的重要人物；因此他招來了雙方的忌恨。

闡述任何一種關於人類關係的圓滿的現代倫理時，最重要的是承認人對於人類範圍外的環境的權能必有的限度，承認人對人彼此間的權能宜有的限度。

第二十二章　黑格爾

黑格爾（Hegel，西元一七七〇—一八三一年）是德國哲學中由康德起始的那個運動的頂峰；雖然他對康德時常有所批評，假使原來沒有康德的學說體系，絕不會產生他的體系。黑格爾的影響固然現在漸漸衰退了，但已往一向是很大的，而且不僅限於德國，也不是主要在德國。西元十九世紀末年，在美國和英國，一流的學院哲學家大多都是黑格爾派。在純哲學範圍以外，有許多新教神學家也採納他的學說，而且他的歷史哲學對政治理論發生了深遠的影響。大家都知道，馬克思在青年時代是個黑格爾的信徒，他在自己的完成了的學說體系中保留下來若干重要的黑格爾派特色。即使（據我個人認爲）黑格爾的學說幾乎全部是錯誤的，可是因爲他是某種哲學的最好代表人物，這種哲學在旁人就沒有那麼一貫、那麼無所不包，所以他仍然保持著不單是歷史意義上的重要地位。

他的一生沒有多少重大事件。在青年時代，他非常熱衷於神祕主義，他日後的見解多少可以看成是最初他以爲是神祕洞察的東西的理智化。他起先在耶拿大學當Privatdozent（無俸講師）——他曾提到他在耶拿戰役開始的前一天在耶拿寫成了《精神現象學》（*Phenomenology of Mind*）——然後在紐倫堡大學當Privatdozent，後來又在海德堡大學做教授（西元一八一六—一八一八年），最後從西元一八一八年至逝世在柏林大學做教授，在以上各大學都講授哲學。他晚年是一個普魯士愛國者，是國家的忠僕，安享公認的哲學聲望；但是在青年時代他卻藐視普魯士而景仰拿破崙，甚至爲法軍在耶拿的勝利而歡欣。

黑格爾的哲學非常艱深，我想在所有大哲學家當中他可說是最難懂的了。在開始詳細討論以前，對他的哲學先作一個一般勾畫，或許有些幫助。

由於他早年對神祕主義的興趣，他保留下來一個信念：分立性是不實在的；依他的見解，世界並不是一些各自完全自立的堅固的單元——不管是原子或靈魂——的集成體。有限事物外觀上的自立性，在他看來是幻覺；他主張，除全體而外任何東西都不是根本完全實在的。但是他不把全體想像成單純的實體，而想像成一個我們應該稱之爲有機體的那類的複合體系，在這點上他與巴門尼德和斯賓諾莎是不同的。看來好像構成爲世界的那些貌似分立的東西，並不單純是一種幻覺；它們或多或少各有一定程度的實在性，因爲眞正看起來便知道各是全體的一個方面，而它的實在性也就在於這個方面。隨著這種看法，當然就不相信時間與空間本身的實在性，因爲時間和空間如果認爲是完全實在的，必然要有分立性和多重性。所有這一切，最初想必都是在他心裡產生的神祕的「洞察」；他的書中提出來的理智精製品一定是後來才有的。

黑格爾斷言現實的就是合理的，合理的就是現實的。但是他講這話時，他的「現實的」一詞並不指經驗主義者所要指的意思。他承認，甚至還強調，凡經驗主義者所以爲的事實，都是不合理的，而且必然都是不合理的；只有把事實作爲全體的樣相來看，從而改變了它的外表性格，才看出它是合理的。儘管如此，把現實的和合理的同一看待，不可避免地仍舊要造成一些與「凡存在的事物都是正當的」這個信念分不開的自滿情緒。

複雜萬狀的全體，黑格爾稱之爲「絕對」。「絕對」是精神的；斯賓諾莎認爲全體不僅有思維屬性而且有廣延屬性的見解被摒棄了。

黑格爾同歷來其他曾抱有稍類似的形而上學觀點的人有兩點區別。一點是強調邏輯：黑格爾認爲，「實在」的本性從它必須不自相矛盾這個唯一的考慮就能推演出來。另一個（與第一點密切相關的）區別特徵是稱作「辯證法」的三元運動。他的最重要的著作是兩部《邏輯學》（*Logic*）①，要想正確理解他對其他問題的見解的依據，這兩部書不可不懂。

邏輯照黑格爾的理解，他明確地說和形而上學是一回事；那是一種跟普通所說的邏輯完全不同的東西。他的看法是：任何平常的謂語，如果把它認作是限定「實在」全體的，結果它就是自相矛盾的。我們不妨舉巴門尼德的學說：唯一實在的「太一」是球狀的，作爲一個粗淺的實例。任何東西如果沒有邊界便不會是球狀的，而除非它外部有什麼（至少有虛擬空間），它才可能有邊界。因此，假定整個宇宙是球狀的，便自相矛盾（如果把非歐幾里得幾何抬出來，對這個議論未嘗不可以有異議，但是這議論作爲一個說明例子，也算可用了）。或者，我們來舉另一個更粗淺的實例——過於粗淺了，遠不是黑格爾會使用的。你可以說甲君是一個舅舅，這沒有明顯矛盾；但是假使你要講宇宙是舅舅，你就會陷入難局。所謂舅舅就是一個有外甥的人，而外甥是與舅舅分立的人；因此舅舅不會是「實在」全體。

---

① 通稱《大邏輯》和《小邏輯》。——譯者

這個實例或許也可以用來說明辯證法，辯證法是由正題、反題與合題組成的。首先我們說：「實在是舅舅。」這是「正題」。但是存在舅舅就暗含著存在外甥。既然除「絕對」而外任何東西都不眞存在，而我們現在又保證存在外甥，所以我們不得不斷言「絕對是外甥」。這是「反題」。但是這和「絕對」是舅舅的看法有同樣的缺陷，於是我們被迫採取這個看法；「絕對」是舅舅和外甥構成的全體。這是「合題」。但是這個合題仍舊不圓滿，因爲一個人必須有個姊妹作外甥的母親，他才能當舅舅。因此，我們被迫擴大我們的宇宙，把姊妹連姊夫或妹夫都包括進去。據主張，照這種方式，僅憑邏輯力量就能不停地驅使我們從有關「絕對」提出的任何謂語達到辯證法的最後結論，那叫作「絕對理念」。在整個這過程當中，有一個基礎假定，即任何事物若不是關於整體「實在」的，就不可能實際眞確。

這個作爲基礎的假定有一個傳統邏輯上的根據，傳統邏輯假定每個命題都有一個主語和一個謂語。按照這種看法，一切事實都是說某物具有某性質。所以可見「關係」不會是實在的，因爲關係涉及的不是一件而是**兩**件事物。「舅舅」是一個關係，一個人可以當了舅舅而不知道這回事。在這種場合，從經驗觀點看來，這人沒有由於當了舅舅而受到任何影響；如果我們把「質」字理解爲撇開他與其他人和物的關係，爲描述他本身而必需的某種東西，那麼這人毫不具有以前所沒有的質。主語、謂語邏輯能夠避免這種困難的唯一方法就是講，這事實不單只是舅舅的性質，也不單只是外甥的性質，而是舅甥所成的全體的性質。因爲除「全體」而外一切東西都和外部事物有種種關係，可見關於個別的事物無法談任何完全眞的事，事實上唯有「全體」才是實在的。這點從下述事實可以比較直接地推出來：「甲和乙是兩個」不是主語謂語命題，因此基於傳統邏輯來說，不會有這種命題。所以世界上不存在兩個事物，因此唯獨看作統一體的「全體」是實在的。

以上的議論黑格爾並沒有明白敘述，而是隱含在他的體系之中，同樣也隱含在其他許多形而上學家的體系中。

舉幾個黑格爾的辯證方法的實例，也許可以使這方法容易理解一些。他在他的邏輯的議論開頭先假定「絕對是純有」；我們假定它就是純有，而不加給它任何質。但是不具有任何質的純有是無；於是我們達到反題：「絕對即是無」。從這種正題和反題轉入合題：「有」與「非有」的合一是「變易」，所以說「絕對是變易」。這當然也不行，因爲變易必得有什麼東西變易。這樣，我們對「實在」的見解通過不斷改正以前的錯誤而發展，所有這些錯誤都是由於把有限的或有界限的某物當成好像可以是全體，從這種不適當的抽象化產生的。「有限物的界限不單是從外界來的，它自身的本性就是它被揚棄的原因，它借本身的作用轉變成它的對立面。」

照黑格爾講，過程對理解結果來說是必不可少的。辯證法的每個在後的階段彷彿在溶液裡似的包含著在前的所有階段；這些階段沒有一個被完全取代，而是作爲全體中的一個因素而賦予它適當的位置。所以不歷經辯證法的所有階段，便不可能到達眞理。

認識作爲整體看，具有三元運動。認識始於感官知覺，感官知覺中只有對客體的意識。然後，通過對感覺的懷疑批判，認識成爲純主體的。最後，它達到自認識階段，在此階段主體和客體不再有區別。所以自意識是認識的最高形態。當然，在黑格爾的體系中必得如此，因爲最高一種的認識一定要是「絕對」所具有的認識，既然「絕對」是「全體」，所以在它自身之外再沒有任何東西要它認識了。

依黑格爾的意見，在最好的思維中，思想變得通暢無阻，水乳交融。眞和假並不像普通所想的那樣，是判然分明的對立物；沒有任何事物是完全假的，而**我們**能夠認識的任何事物也不是完全眞的。「我們能夠多少有些錯誤地去認識」；我們將絕對眞理歸於某一件孤離知識時便發生這種情況。像「凱撒是哪裡出生的？」這種問題，有一個直截了當的答案，這答案從某個意義上說是眞的，但是在哲學的意義上不眞。按哲學講，「眞理就是全體」，任何部分事物都不十分眞。

黑格爾說：「理性即對全部實在這種有意識的確信。」這並不是說分立的人是全部實在；就他的分立性來說，他不是十分實在的，但是他的實在處在於他參與整體的「實在」。隨著我們變得日益理性，這種參與也相應地增大。

《邏輯學》末尾講的「絕對理念」，是一種像亞里斯多德的「神」似的東西。絕對理念是思維著自身的思想。很明顯，「絕對」除思維自身而外什麼也不能思維，因爲除對我們理解「實在」的褊狹錯誤的方式而言外，不再有任何旁的東西。據他說，「精神」是唯一的實在，它的思想借自意識向自身中映現。定義「絕對理念」的實際原話非常晦澀。瓦勒斯②譯之如

---

② 瓦勒斯（William Wallace，西元一八四三—一八九七年）：英國哲學家；他的《小邏輯》英譯本「The Logic of Hegel」是標準英譯本。——譯者

下：

「*The Absolute Idea*. The Idea, as unity of the Subjective and Objective Idea, is the notion of the Idea—a notion whose object (*Gegenstand*) is the Idea as such, and for which the objective (*Objekt*) is Idea—an Object which embraces all characteristics in its unity.」（就理念之為主觀的和客觀的理念的統一言，就是理念的概念，這概念以理念的本身作為對象，而且從這一概念看來，客觀世界即是一理念——在這客觀世界裡一切規定均統一起來了。）③

德文原文更難懂。④不過，問題的實質並不像黑格爾說的那麼複雜似的。絕對理念是思維著純思想的純思想。這就是神古往今來所做的一切——眞不愧是一位教授眼中的神。他接著說：「因此這種統一乃是**絕對和全部的眞理**，自己思想自己的理念。」⑤

現在來談黑格爾哲學的一個奇妙特色，這是他的哲學與柏拉圖或普羅提諾或斯賓諾莎的哲學的區別。雖然終極實在是無時間性的，而且時間無非是由於我們沒能力看到「全體」而產生的一種幻覺，可是時間過程卻跟純邏輯的辯證法過程有密切關係。事實上，世界歷史一向就是

---

③ 中譯文引自《十八世紀末——十九世紀初德國哲學》，一九六二年版，第三四五頁。——譯者

④ 德文定義是：「Der Begriff der Idee, dem die Idee als solche der Gegenstand, dem das Objekt sie ist.」除黑格爾的用法外，「Gegenstand」和「Objekt」是同義語。

⑤ 見《十八世紀末——十九世紀初德國哲學》第三四五頁或《小邏輯》第四二二頁。——譯者

歷經從中國的「純有」（關於中國，黑格爾除知道有它而外毫無所知）到「絕對理念」的各範疇而進展的，絕對理念看來在普魯士國家即便沒有完全實現，也接近實現了。根據黑格爾自己的形而上學，我不能了解世界歷史反覆辯證法的各個轉變這一看法有什麼理由，然而這卻是他在《歷史哲學》（*Philosophy of History*）中所發揮的論點。這是一個有趣的論點，它使人間事務的種種變革獲得了統一性和意義。這論點也和其他歷史理論一樣，如果要想說來似乎有道理，需要對事實作一些歪曲，而且相當無知。黑格爾和他以後的馬克思和史賓格勒⑥一樣，這兩樣資格都具備。奇怪的是，一種被說成是宇宙性的歷程竟然全部發生在我們這個星球上，而且大部分是在地中海附近。並且，假若「實在」是無時間性的，也沒有任何理由說這歷程後來的部分要比在前的部分體現較高的範疇——除非人當眞要採取這樣一種褻瀆不敬的假定：宇宙漸漸在學習黑格爾的哲學。

據黑格爾說，時間歷程按倫理和邏輯雙方面的意義來講，都是從較不完善到較完善。確實，這兩種意義在他看來並不是眞正區別得開的，因爲邏輯的完善性就在於是一個密緻的全體，不帶高低不平的邊緣、沒有獨立的部分，而是像人體一樣，或者說更像有理性的精神一樣，結成一個各部分互相依存、都一同趨向單一目標的有機體；這也就構成倫理的完善性。引

⑥ 史賓格勒（Oswald Spengler，西元一八八〇—一九三六年）：德國的文化哲學家，著有《西方之沒落》（*Der Untergang des Abendlandes*）二卷（西元一九一八—一九二二年）。——譯者

幾段原文可以說明黑格爾的理論：

「理念正如同靈魂嚮導墨丘利神⑦，眞正是各民族和世界的領袖；而精神，即這位嚮導的理性的、必然的意志，是世界歷史的種種事件的指導者，而且一向就是。按精神的這種指導職能來認識精神，便是我們當前的工作的目的。」

「哲學爲觀照歷史而帶來的唯一思想即『理性』這一單純概念，即理性是世界的主宰，即世界歷史因而顯示出一種合理的歷程。這種信念和洞察在歷史學本身的範圍內是一個假說。在哲學領域中，它卻不是什麼假說。在哲學裡由思辨認識證明：理性——這裡不考究宇宙對神的關係，僅只這個名詞就算夠了——既是**無限力量**也是**實體**；它自身是一切自然生命和精神生命的**無限素材**與**無限形式**——即推動該內容的東西。⑧理性是宇宙的**實體**。」

「這種『理念』或『理性』，是**眞實**、是**永恆**、是絕對**有力**的存在；它顯現在世界中，而且在這世界中除它和它的榮耀而外，再沒有別的顯現出來——這便是如前面所說，在哲學中已經證明的、在這裡看作確證了的論點。」

「知性和自覺意志作用的世界，並沒有委給偶然，而是必定表現爲自知的理念的樣子。」

---

⑦ 墨丘利神（Mercury；拉丁語Mercurius）：羅馬神話中的商業之神，它也是衆神的信使。——譯者

⑧「它自身是……東西」是照德文原文譯的，因書中所引這句的英譯文（J. Sibree譯）不嚴格正確。——譯者

這是「一個恰巧爲我所知的結果，因爲我已經詳細考察了全領域⑨」。

所有以上引文都摘自《歷史哲學》的緒論。

精神及精神發展的過程，是歷史哲學的實在對象。把精神和它的對立物即物質加以比較，便可以理解精神的本性。物質的實質是重量；精神的實質是自由。物質在自己以外，而精神在自身以內具有中心。「精神是自足的存在。」這話如果不清楚，下面的定義或許比較能說明問題：

「可是精神是什麼呢？它便是『一』，是自身均一的無限，是純粹的同一性，這同一性其次把自己同自己分離開，作爲自己的另一個東西，作爲和共相對立的『向自有』及『內自有』。」⑩

在精神的歷史發展中，曾經有三個主要階段：東方人、希臘人與羅馬人和日耳曼人。「世界歷史就是對無約束的天然意志的訓練，使它服從於普遍的原則，並且賦予它主觀自由。東方過去只知道、到今天也只知道唯一者自由；希臘與羅馬世界知道若干者自由；日耳曼世界知道所有者自由。」大家總會以爲，在所有者自由的地方民主制恐怕是適當的政體了，但是不然。民主政治和貴族政治同樣都屬於若干者自由的階段，專制政治屬於唯一者自由的階段，君

⑨ 照德文原文譯出是「因為我已經知道了全體」。——譯者

⑩ 這段引文也是照原著譯的，因為英譯文和原文出入較大。——譯者

主制則屬於所有者自由的階段。這和黑格爾所使用的「自由」一詞的極其古怪的意義是分不開的。在他看來，沒有法律就沒有自由（到此爲止，我們可以同意）；但是他總愛把這話倒轉過來，主張只要有法律便有自由。因而，在他來講，「自由」所指的可說無非是服從法律的權利。

可以想見，在「精神」在地球上的發展中，他把最高的角色指派給日耳曼人。「日耳曼精神是新世界的精神。新世界的目的是實現絕對眞理，作爲自由的無限自決——以自己的絕對形式本身作爲其旨趣的那種自由。」

這是一種無上妙品的自由。這種自由不指你可以不進集中營，這種自由不意味著民主，也不意味著出版自由，⑪或任何通常的自由黨口號，這些都是黑格爾所鄙棄的。當精神加給自己法律時，它做這事是自由的。照我們的世俗眼光看來，好像加給人法律的「精神」由君主體現，而被加上法律的「精神」由他的臣民體現。但是從「絕對」的觀點看來，君主與臣民的區別也像其他一切區別，本是幻覺，就在君主把有自由思想的臣民投到獄裡的時候，這仍舊是精神自由地決定自己。黑格爾稱讚盧梭把總意志和全體人的意志區分開。據推測，君主體現總意志，而議會多數不過體現全體人的意志。眞是個便當好用的學說。

⑪ 他說，出版自由並不就是允許寫想要寫的東西；這種見解是不成熟的淺薄見解。舉例說，不應當允許報刊使政府或員警機關顯得卑鄙可恥。

黑格爾把日耳曼歷史分成三個時期：第一期，到查理曼止；第二期，查理曼到宗教改革；第三期，從宗教改革以後。這三個時期又分別叫作聖父王國、聖子王國和聖靈王國。聖靈王國竟然是從鎮壓農民戰爭中所犯的令人髮指的血腥暴行開始的，似乎有點離奇古怪；但是當然，黑格爾並不提這樣的屑細小事，而是正如所料，對馬基維利大肆稱讚。

黑格爾對羅馬帝國滅亡以來的歷史的解釋，一部分是德國學校裡世界史教學的結果，一部分又是它的原因。在義大利和法蘭西，雖然像塔西陀和馬基維利那樣的少數人也曾經有過對日耳曼人的浪漫式的景仰，但是一般說日耳曼人向來被看成是「蠻族」入侵的禍首，被看成是教會的仇敵：先在那些大皇帝之下、後來又作宗教改革的領袖。一直到西元十九世紀爲止，各拉丁民族把日耳曼人看作是在文明上低自己一等的人。德意志的新教徒自然抱另一種看法。他們把晚期羅馬人看成精力衰竭的人，認爲日耳曼人征服西羅馬帝國是走向復甦的重要的一步。關於中古時期神聖羅馬帝國與教皇政治的紛爭方面，他們採取皇帝黨的看法；直到今天，德國小學生們都被教導對查理曼和巴巴羅撒無限崇拜。在宗教改革後的時代，德意志在政治上的軟弱和不統一令人慨嘆，普魯士的逐漸興起受到了歡迎，歡迎這使德意志不在奧地利的稍嫌脆弱的舊教領導下，而在新教領導下強盛起來。黑格爾在對歷史作哲學思考時，心裡懷想著狄奧都利克、查理曼、巴巴羅撒、路德和弗里德里希大王之類的人物。解釋黑格爾，得從這些人的勛功著眼，得從當時德意志剛剛受了拿破崙欺辱這件事著眼。

德意志受到了高度頌揚，所以大家也許料想要講德意志就是絕對理念的最後體現，超乎它以外恐怕不可能再有任何發展了。但是黑格爾的見解並不是這樣。他反而說美洲是未來的國土，「在那裡，在將要到來的時代，世界歷史的主題要表現出來——或許〔他用典型的口氣補充說〕以南北美之間的抗爭表現出來。」他好像認爲一切重大的事情都採取戰爭形式。假使眞有人提醒他，美洲對世界歷史的貢獻或許是發展一個沒有極端貧困的社會，他也不會感興趣。相反，他倒說至今在美洲還沒有眞國家，因爲眞國家需要劃分成貧富兩個階級。

在黑格爾，民族起著馬克思講的階級所起的作用。他說，歷史發展的本原是民族精神。在每一個時代，都有某一個民族受託擔負起引導世界通過它已到達的辯證法階段的使命。當然，在現代這個民族就是德意志。但是除民族以外，我們也必須考慮世界歷史性的個人；那就是這種人：他們的目標體現著當代應發生的辯證轉變。這種人是英雄，他可能違犯平常的道德律，違犯也不爲過。黑格爾舉亞歷山大、凱撒和拿破崙爲實例。我很懷疑，依黑格爾之見，人不作戰爭征服者是否能夠是「英雄」。

黑格爾對民族的強調，連同他的獨特的「自由」概念，說明了他對國家的頌揚——這是他的政治哲學的極重要的一面，現在我們必須把注意力轉向這一面。他的國家哲學在《歷史哲學》和《法哲學》（*Philosophy of Law*）中都有發揮。大體上和他的一般形而上學是一致的，但不是這種形而上學的必然結果；不過在某些點上——例如：關於國與國之間的關係——他對民族國家的讚美達到了和他的重全體、輕部分這個一般精神不相容的程度。

就近代來說，頌揚國家是從宗教改革開始的。在羅馬帝國，皇帝被神化了，國家因此也獲得了神聖性質；但是中世紀的哲學家除少數而外全是教士，所以把教會擺在國家上面。路德因得到新教君主們的支持，開始了相反的做法。路德派教會大體上是信奉艾拉司圖斯⑫之說的。霍布斯在政治上是個新教徒，發揚了國家至上說，斯賓諾莎跟他所見略同。前面講過，盧梭認爲國家不應當容忍其他政治組織。黑格爾是屬於路德派的激烈新教徒；普魯士國家是艾拉司圖斯式的專制君主國。這種種理由本來會使人預料國家要受到黑格爾的高度重視；但是即使如此，他也算走到了可驚的極端。

《歷史哲學》裡說「國家是現實存在的實現了的道德生活」，人具有的全部精神現實性，都是通過國家才具有的。「因爲人的精神現實性就在於此：人自己的本質——理性——是客觀地呈現給他的，它對人來說有客觀的直接的存在。因爲『眞的東西』是普遍的意志和主觀的意志的統一，而『普遍的東西』要在國家中，在國家的法律、國家的普遍的與合理的制度中發現。國家是地上存在的神的理念。」又：「國家是理性自由的體現，這自由在客觀的形式中實現並認識自己。……國家是人的意志及其自由的外在表現中的精神的理念。」

《法哲學》在論國家的一節裡，把這個學說闡述得稍完全一些。「國家是道德理念的現實——即作爲顯現可見的、自己明白的實體性意志的道德精神；這道德精神思索自身並知道自身，在它所知的限度內完成它所知的。」國家是自在、向自的理性者。假使國家（像自由黨人

⑫ 艾拉司圖斯（Thomas Erastus：本名：Lieber〔或Liebler，Lüber〕Erastus，西元一五二四—一五八三年）：瑞士新教神學家、海德堡大學教授；主張在宗教事務上國家有最高權。——譯者

所主張的那樣）僅爲了個人的利益而存在，那麼個人就可以是國家的成員，也可以不是國家的成員了。然而，國家和個人卻有一種與此完全不同的關係。因爲國家是客觀的「精神」，而個人僅以他是國家的成員而論才具有客觀性、眞實性和倫理性，國家的眞意和目的便在於這種結合。倒也承認可能有壞的國家，但是這種國家僅只存在而已，沒有眞的實在性，而理性的國家本身就是無限的。

可見黑格爾爲國家要求的位置跟聖奧古斯丁及其舊教後繼者們爲教會所要求的位置大體是相同的。不過，從兩點上看舊教的要求比黑格爾的要求要合理些。第一，教會並不是偶然造成的地域性社團，而是靠其成員們信以爲有無比重要性的一種共同信條結合起來的團體；因而教會在本質上就是黑格爾所謂的「理念」的體現。第二，天主教會只有一個，國家卻有許多。儘管把每個國家在對國民的關係上做成黑格爾所說的那樣專制，要找出什麼哲學原則來調節不同國家之間的關係總有困難。實際上，在這一點上黑格爾放棄了他的哲學空談，而拿自然狀態和霍布斯講的一切人對一切人的戰爭作爲後盾。

只要「世界國家」還不存在，那麼儼然像只有一個國家似地來談「國家」，這種習慣是要造成誤解的。在黑格爾看來，所謂義務完全是個人對國家的一種關係，所以便沒留下任何藉以使各國的關係道德化的原則。這點黑格爾是承認的。他說，在對外關係上，國家是一個個體，每個國家對於其他國家是獨立的。「由於在這種獨立性中，現實精神的『向自有』有其存在，所以獨立性是一個民族最基本的自由和最高的光榮。」他接著論駁會使各個國家的獨立性受到限制的任何種類的國際聯盟。公民的義務（就他的國家的對外關係來說）完全限於維持本國家的實質的個體性，即獨立與主權。由此可見戰爭不全然是罪惡，不是我們應當盡力廢止的事情。國家的目的不單是維持公民的生命財產，而這件事實便構成戰爭的道德根據，因此不應把戰爭看作是絕對罪惡或偶然的事情，也不應認爲戰爭的原因在於某種不該有的事。

黑格爾並不只是說在某種事態下一個民族無法恰當地避免進行戰爭。他的意思遠不止於此。他反對創設將會防止這種事態發生的機構——例如：世界政府，因爲他認爲不時發生戰爭是一件好事情。他說，戰爭是那樣一種狀態，即我們認眞理解現世財產物品的空虛無益（這個見解應當和相反的理論，即一切戰爭都有經濟原因，作一個對比）。戰爭有一種實際的道德價值：「戰爭還有更崇高的意義，通過戰爭，各國人民的倫理健康就在他們對各種有限規定的固定化的冷淡上保全下來。」和平是僵化；神聖同盟和康德的和平聯盟都錯了，因爲由眾國家做成的一個家庭必定創造出一個敵人[13]。國與國的爭端只能由戰爭來解決；因爲國家彼此之間處於自然狀態，它們的關係既不是法的關係，也不是道德關係。各國家的權利在它們個別的意志中有其現實性，而每個國家的利益就是它自己的最高法律。道德與政治不成對比，因爲國家是不受平常道德律約束的。

這便是黑格爾的國家說——這樣一個學說，如果承認了，那麼凡是可能想像得到的一切國內暴政和一切對外侵略都有了藉口。黑格爾的偏見之強顯露在這點上：他的國家理論同他自己

⑬ 原引英譯文誤作「需要一個敵人」。——譯者

的形而上學大有矛盾，而這些矛盾全都是那種偏於給殘酷和國際掠劫行爲辯護的。一個人如果迫於邏輯不得不遺憾地推論出他所悲嘆的結論，還可以原諒；但是爲了肆意鼓吹犯罪而違反邏輯，是無法寬恕的。黑格爾的邏輯使他相信，全體中的實在性或優越性（這兩樣在他看來是同義的）比部分中的要多，而全體越組織化，它的實在性和優越性也隨之增大。這證明他喜歡國家而不喜歡無政府的個人集群是有道理的，但是這本來應當同樣讓他不喜歡無政府式的國家集群而喜歡世界國家才對。在國家內部，他的一般哲學也應當使他對個人感到更高的敬意，因爲他的《邏輯學》所論述的全體並不像巴門尼德的「太一」，甚至不像斯賓諾莎的神，因爲他的全體是這樣的全體：其中的個人並不消失，而是通過他與更大的有機體的和諧關係獲得更充分的實在性。個人被忽視的國家不是黑格爾的「絕對」的雛形。

在黑格爾的形而上學中，也沒有任何不強調其他社會組織而獨強調國家的有力理由。在他不重教會重國家這件事情上，我只能看到新教的偏見。此外，假如像黑格爾所認爲的那樣，社會盡可能地組織化是好事，那麼除國家和教會以外，還必須有許許多多社會組織。由黑格爾的原理來推論，必須說每一項對社會無害而且能夠因協作而得到振興的事業都應當有適當的組織，每一個這種組織都應當有一份有限獨立性。也許會有這種反對意見：最後的權力總須歸屬某個地方，除歸屬國家而外不可能歸屬別處。但是即使如此，這個最後的權力在企圖苛酷得超出某個限度時如果不是不可抗拒的，這仍舊是好的。

這就使我們接觸到評判黑格爾的全部哲學時的一個基本問題。全體比部分是不是有較多的實在性？是不是有較多的價值？黑格爾對這兩個問題都作肯定的回答。實在性的問題是形而上學的問題，價值的問題是倫理學的問題。一般都把這兩個問題看得似乎不大區別得開，但是在我認爲把二者分離開是很重要的。開始從形而上學問題說起吧。

黑格爾以及其他許多哲學家的見解是這樣：宇宙任何部分的性質深受這部分對其他各部分和對全體的關係的影響，所以關於任何部分，除指定它在全體中的地位以外，不可能作任何眞的陳述。因爲這部分在全體中的地位隨所有其他部分而定，所以關於它在全體中的地位的眞陳述同時就會指定其他每一個部分在全體中的地位。因此，眞陳述只可能有一個；除全體眞理以外別無眞理。同樣，除全體以外，沒有完全實在的東西，因爲任何部分一孤離開便因孤離而改變性質，於是不再顯出十分眞的面目。另一方面，如果照應當抱的看法，就部分對全體的關係來看部分，便知道這部分不是自立的，除作爲唯一眞正實在的該全體的部分外，不能存在。這是形而上學學說。

如果這形而上學學說是對的，那麼主張價值不寓於部分而寓於全體的倫理學說必定是對的；但是如果形而上學學說錯了，它卻未必也錯了。並且，它還可能對某些全體說來正確，而對其他全體說來不正確。這個倫理學說在某種意義上對活體來講顯然是對的。眼睛一跟身體分離開便不中用；一堆disjecta membra（斷裂的肢體）即使在完整時，也沒有原屬於未取下這些肢體的那個肉體的價值。黑格爾把公民對國家的倫理關係看成類似眼睛對身體的關係：公民在其位，是有價值的全體的一部分，但是孤離開就和孤離的眼睛一樣無用。不過這個類比卻有問題；某種全體在倫理上是重要的，並不見得一切全體在倫理上都重要。

以上關於倫理問題的講法，在一個重要方面是有缺陷的，即沒有考慮目的與手段的區別。活體上的眼睛有用，也就是說，有當作手段的價值；但是它並不比和身體分開時有更多的內在價值。一件東西如果不當作其他某東西的手段，爲了它本身而受到珍視，它就有內在價值。我們是把眼睛作爲看東西的手段來評價它。看東西可以是手段，也可以是目的；讓我們看到食物或敵人，這時是手段，讓我們看到我們覺得美的東西，這時就是目的。國家作爲手段來說顯然是有價值的：它保護我們不受盜賊和殺人犯的侵害，它修築道路、設立學校等等。不必說，它作爲手段也可以是壞的，例如：進行一場非正義的戰爭。關於黑格爾我們要問的眞正問題並不是這個，而是問國家作爲目的來說是不是本身即是好的：公民爲國家而存在呢？還是國家爲公民而存在呢？黑格爾抱前一種看法；來源於洛克的自由主義哲學抱後一種看法。很明白，只有認爲國家具有屬於自己的生命，在某種意義上是一個人格，我們才會把內在價值歸於國家。在這點上，黑格爾的形而上學和價值問題有了關聯。一個人是具有單一生命的複合全體；會不會有像身體由各器官構成那樣，由眾人格構成的一個超人格，具有不等於組成它的眾人格的生命總和的單一生命？如果像黑格爾的想法，能夠有這種超人格，那麼國家便可能是一個這樣的東西，而國家就可以像整個身體對眼睛的關係一樣，高居我們本身之上。但是假若我們認爲這種超人格不過是形而上學的怪物，我們就要說社會的內在價值是由各成員的內在價值來的，而且國家是手段，不是目的。這樣，又從倫理問題轉回到形而上學問題。由下文可知，形而上學問題本身其實是邏輯的問題。

這裡爭論中的問題遠遠比黑格爾哲學的是非問題要廣；這是劃分哲學分析的敵和友的問

題。試舉一個實例。假定我說：「約翰是詹姆士的父親。」黑格爾以及所有信仰斯墨茨⑭元帥所謂的「全體論」的人要講：「你必須先知道約翰和詹姆士是誰，然後才能夠理解這個陳述。可是所謂知道約翰是誰，就是要知道他的全部特性，因爲撇開這些特性不談，他和其他任何人便無法區別了。但是他的全部特性都牽連著旁的人或事物。他的特徵是由他對父母、妻子和兒女的關係，他是良善的或不良的公民，以及他隸屬的國家來定的。你必須先知道所有這些事，才談得上你知道『約翰』二字指的是誰。在你努力要說明你講的『約翰』二字何所指時，一步一步使你去考慮整個宇宙，而你原來的陳述也會顯出說的並不是關於約翰和詹姆士這兩個個別人的什麼事情，而是關於宇宙的什麼事情。」

這話講起來倒蠻好，但是一開始就難免遇上一個反對意見。假若以上的議論當眞正確，認識又是怎麼會開始有的呢？我知道許許多多「甲是乙的父親」這種形式的命題，但是我並不知道全宇宙。假使一切知識都是關於整體宇宙的知識，那麼就不會有任何知識了。這一點足以使我們懷疑上述議論在什麼地方有錯誤。

事實是，爲正確合理地使用「約翰」二字，我用不著知道有關約翰的一切事情，只需知道足以讓我認識他的事情就行了。當然他和宇宙間的一切事物都有或遠或近的關係，但是除那種

⑭ 斯墨茨（Jan Christiaan Smuts，西元一八七〇—一九五〇年）：南非聯邦政治家、將軍；著有《全體論與進化》（*Holism and Evolution*，西元一九二六年）。——譯者

是所講的事情的直接主題的關係而外，這些關係全不考慮，也能如實來談他。他或許不僅是詹姆士的父親，也是吉美瑪的父親，但是爲知道他是詹姆士的父親，我並不需要知道這一點。假使黑格爾的意見正確，我們不提吉美瑪就不能把「約翰是詹姆士的父親」所指的意思說完全，我們應該說：「吉美瑪的父親約翰是詹姆士的父親。」這樣恐怕還是不夠；我們總得接著提到他的父母和祖父母，以至於整個一套家譜。但是這就使我們陷入荒唐可笑的境地。黑格爾派的意見不妨敘述如下：「『約翰』這詞的意思指對約翰來說爲眞的一切事情。」但是作爲一個定義而論，這話是循環的，因爲「約翰」這詞出現在限定短語裡。實際上，假使黑格爾的意見正確，任何詞都無法開始具有意義，因爲根據他的理論，一個詞的意義即它所指的事物的一切性質，而爲敘述這一切性質，我們便需要已經知道一切其他的詞的意義。

問題抽象地講來是：我們必須把不同類的性質區別開。一件事物可以具有一個不牽涉其他任何事物的性質；這種性質叫作質。也可以具有一個牽涉一件其他事物的性質；「已婚」就是這樣的性質。也可以只有一個牽涉兩件其他事物的性質，例如：「是妹夫」。如果某事物有某一組質，而任何旁的事物都不恰恰具有這一組質，那麼該事物就能夠定義成「具有如此這般的質的事物」。根據它具有這些質，憑純邏輯推不出來有關其關係性質的任何事情。黑格爾以爲，如果對於一件事物有了充分知識，足以把它跟其他一切事物區分開，那麼它的一切性質都能夠借邏輯推知。這是一個錯誤，由這個錯誤產生了他的整個巍峨堂皇的大體系。這說明一條重要眞理，即你的邏輯愈糟糕，由它得出的結論愈有趣。

第二十三章　拜倫

西元十九世紀和現在的時代比較起來，顯得理性、進步而滿足；然而當代的一些和這相反的性質，在自由主義的樂觀時期也是許多最出色的人物所具有的。如果我們不把人作爲藝術家或發現者來看，不作爲投合或不投合自己的口味的人來看，而是當作一種力量，當作社會結構、價值判斷或理智見解的變化原因來考察，便覺得由於最近的事態發展，我們的評價不得不重新大大調整一番，有些人不如已往看來重要了，而有些人卻比已往看來重要了。在比已往看來重要的人當中，拜倫應有一個崇高的位置。在歐洲大陸上，這種看法不會顯得出人意料，但是在英語世界，大家可能認爲這種看法很奇怪。拜倫發生影響的地方是在歐洲大陸上，尋找他的精神苗裔也不要在英國去尋找。在我們大多數人認爲，他的詩往往是低劣的，他的情調往往是華而不雅的，但是在國外，他的情感方式和他的人生觀經過了傳播、發揚和變質，廣泛流行，以至於成爲重大事件的因素。

拜倫在當時是貴族叛逆者的典型代表，貴族叛逆者和農民叛亂或無產階級叛亂的領袖是十分不同類型的人。餓著肚子的人不需要精心雕琢的哲學來刺激不滿或者給不滿找解釋，任何這類的東西在他們看來只是有閒富人的娛樂。他們想要別人現有的東西，並不想要什麼捉摸不著的形而上學的好處。雖然像中古時講共產主義的叛逆者那樣，他們也可能宣揚基督徒的愛，但是他們這樣做的眞實理由非常簡單：有錢有勢的人缺乏這種愛造成了窮人的苦難，而在叛亂的同志們之間有這種愛，他們認爲對於成功是必不可少的。但是鬥爭的經驗使人對愛的力量感到絕望，剩下赤裸裸的恨當作推進的動力。這種類型的叛逆者假若像馬克思那樣，創造一種哲學，便創造一種專門打算證明他的黨派最後要勝利的哲學，而不創造關於價值的哲學。他的價值仍舊是原始的：有足夠吃的就是善，其餘的事情是空談。沒有一個挨著餓的人可能會有旁的想法。

貴族叛逆者既然有足夠吃的，必定有其他的不滿原因。我所說的叛逆者並不包括暫時不當權的派系的首領，只包括那些自己的哲學要求超乎個人成功以上的變革的人。也可能權力欲是他們的不滿的潛在根源，但是在他們的有意識的思想中卻存在著對現世政治的非難，這種非難如果充分深入，便採取泰坦①式無邊無際的自我主張的形式，或者，在保留一些迷信的人身上，採取撒旦主義的形式。這兩種成分在拜倫身上都找得到。這兩種成分主要通過他所影響的人，在不大可以看作貴族階層的廣大社會階層中流行開。貴族式的叛逆哲學，隨著成長、發展，而且在接近成熟時發生轉變，曾經是從拿破崙敗亡後的燒炭黨到西元一九三三年希特勒的大得勢一連長串革命運動的精神源泉；在每個階段，這種叛逆哲學都在知識分子和藝術家中間

---

① 泰坦（Titans）是希臘神話中Uranus（天神）和Gaea（地神）所生的一族大力巨人，常用來比喻碩大無朋。
——譯者

灌注了一種相應的思想情感方式。

很明顯，一個貴族如果他的氣質和環境不有點什麼特別，便不會成爲叛逆者。拜倫的環境是非常特別的。他對最幼小時候的回憶就是他父母的爭吵；他的母親是一個殘酷得叫他害怕、庸俗得讓他鄙視的女人；他的保姆兼有惡性和嚴格無比的喀爾文主義神學；他的跛腳讓他滿心羞慚，在學校裡阻礙他成爲群體的一員。度過了一段窮苦生活後，在十歲時他突然做了勛爵，成爲紐斯提德府②的業主。他繼承的是他的叔祖父，他那位叔祖父「惡勛爵」三十三年前在決鬥中殺了一個人，從此以後四鄰見棄。拜倫家族向來是個放縱不法的家系，他母親的先輩哥登族甚至更是如此。這孩子在亞伯丁③的一個僻巷的汙穢中生活過之後，當然爲自己的爵號和府第而歡欣，一心願取得他祖先的性格以感謝他們給予的土地。就算近年來他們的好鬥心讓他們陷入了困境，他聽說在前些世紀好鬥心曾給他們帶來了名聲。有一首他的最早期的詩〈離去紐斯提德府的時際〉（*On Leaving Newstead Abbey*），敘述他在當時的感情，那是對曾經在十字軍中、在克雷西④、在馬斯頓荒原⑤作過戰的祖先的仰慕之情。他用這樣的虔誠決心來作詩

---

② 紐斯提德府是拜倫男爵的府第。——譯者

③ 亞伯丁（Aberdeen）在蘇格蘭東北部，是拜倫幼年時代居住的地方。——譯者

④ 克雷西（Crecy；英語Cressy）是法國北部的一個村，西元一三四六年愛德華三世的英軍在此大勝法軍。——譯者

⑤ 馬斯頓（Marston）荒原在英國約克郡西部，西元一六四四年克倫威爾在此大破王黨軍。——譯者

的收尾：

他要像你們一樣生，或者要像你們一樣死：
屍體腐壞後，願他的骨骸和你們的混在一起。

這不是一個叛逆者的心情，卻讓人聯想到模仿中古采臣的近代貴族「恰爾德」哈洛爾德⑥。當他做大學生時，初次得到了自己的收入，他寫道他感覺自己獨立自主像「自鑄錢幣的德意志君主似的，或者像一個根本不鑄錢幣、卻享有更寶貴的東西即『自由』的柴羅基人⑦酋長似的。我歡喜欲狂地提到那位女神⑧，因爲我的可愛的媽媽眞是太暴虐了」。拜倫後來寫出了大量歌頌自由的崇高詩篇，但是我們必須知道，他所歌頌的自由是德意志君主或柴羅基人酋長的自由，並不是普通凡人想來也可以享有的那種劣等自由。

他的貴族親戚們不管他的家世和他的爵號，對他敬而遠之，使他感覺自己在社交上和他們

---

⑥〈恰爾德．哈洛爾德遊記〉（*Childe Harold's Pilgrimage*）是拜倫在西元一八一二年至一八一八年間所發表的一部長詩。「恰爾德」意為貴族青年，用作稱號，頗類似中國古時的「公子」。——譯者

⑦柴羅基人（Cherokee）是北美的土著，現在大部分定居在美國奧克拉荷馬州。——譯者

⑧指「自由」。——譯者

不是同群。他的母親是人所厭惡已極的，大家也拿猜疑的眼光來看他。他知道她是庸俗的，暗中害怕他自己有同樣的缺陷。由此就產生了他所特有的那種勢利與叛逆的奇妙混合。假如他做不了近代派的紳士，他就要作一個像他的參加過十字軍的祖先那種風格的大膽的采臣，或者也許要做像皇帝黨首領那種較爲凶猛的，但更加浪漫風格的大膽的采臣——他們在踏步走向光輝的滅亡的途程中一面詛咒著神和人。中世紀的騎士小說和歷史成了他的禮儀課本。他像霍恩施陶芬皇族一樣作孽犯罪，又像十字軍戰士一樣，在和回教徒戰鬥時死去。

他的羞怯和孤獨感促使他從戀愛中尋找安慰，但是由於他不自覺地是在尋求一個母親而不是在尋求一個情婦，所以除奧古斯塔[9]外，所有人都使他失望了。西元一八一六年他對雪萊自稱是「美以美會教徒、喀爾文派教徒、奧古斯丁派教徒」，他一直沒擺脫開的喀爾文派信仰使他感覺自己的生活方式是邪惡的；但是他對自己說，邪惡是他的血統中的遺傳禍害，是全能的神給他註定的厄運。假若事實當眞如此，既然他必須出色，他會成爲一個出色的罪人，敢於做超過那些他想輕視的時髦登徒子們的勇氣以外的越軌的事。他眞摯地愛著奧古斯塔，因爲她是屬於他那個血統的——屬於拜倫家的伊實瑪利族系[10]的——而且更單純地也因爲她對他的日常

⑨ 奧古斯塔・拜倫（Augusta Byron，西元一七八三—一八五一年）：是拜倫的異母姊姊。——譯者

⑩ 伊實瑪利是《聖經》中記載的亞伯蘭和其使女夏甲所生之子（見《創世記》，第十六章）；「伊實瑪利族系」在這裡借喻庶系。——譯者

幸福有一種做姊姊的親切照顧。但是這還不是她要獻給他的全部東西。由於她的純樸和她的親切的溫和性情，她成了供給他極愉快的孤芳自賞的悔恨的手段。他可以感覺自己堪和最大的罪人匹敵——是跟曼弗里德[⑪]、該隱[⑫]，幾乎就是跟撒旦同等的人。這位喀爾文派教徒、這位貴族、這位叛逆者同樣都得到了滿足；這位由於失掉人世間唯一還能在心中引起憐愛柔情的人而傷痛的浪漫情人也滿足了。

拜倫雖然感覺自己可以和撒旦匹敵，卻從來不十分敢把自己放在神的位置上。傲慢的發展過程中以下這一步尼采做到了，他說：「假使有眾神，我不是神怎麼能忍受！所以沒有眾神。」注意這個推理中沒吐露的前提：「凡是傷我的自尊心的事情，都必須斷定是錯的。」尼采和拜倫一樣，也受了宗教的教養，甚至程度更深，但是因爲他具備較高明的理智，所以找到了一條比撒旦主義高明的逃避現實的道路。不過尼采對拜倫始終是非常同情的。他講：

「悲劇就在於，如果我們在情感和理智中有嚴格的求眞方法，我們便無法相信宗教和形而上學裡的教條，但是另一方面，通過人性的發展，我們已經變得十分嬌弱敏感地痛苦，需要一種最高的拯救和安慰的手段。由此便產生人會因爲他所認識的眞理而流血至死的危險。」拜倫

⑪ 拜倫在西元一八一七年發表的詩劇《曼弗里德》（*Manfred*）中的主角，是一個犯了許多奇怪罪惡的人物。——譯者

⑫ 該隱是亞當和夏娃的長了，殺其弟亞伯。見《舊約．創世記》，第四章。——譯者

用不朽的詩句表達出這一點：

> 知識是悲苦：知道得最多的人
> 必定最深地悲嘆一條不祥的眞理——
> 知識的樹不是生命的樹。

有時候拜倫也偶爾比較接近尼采的觀點。但是一般說拜倫的倫理見解和他的實際行動相反，始終是嚴格傳統式的。

偉大人物在尼采看來像神一樣；在拜倫看來，通常是和他自己在戰鬥的泰坦。不過有時候他也描繪出一個和「查拉圖斯特拉」不無相似的賢人——「海盜」，他在和部下們的交往上，

> 更掌握他們的靈魂用那制人的手段
> 領導卑劣的人心，使之寒慄昏亂。

就是這位英雄「過分憎恨人類以至於不感覺痛悔」。這裡的一個註腳斷然地講這「海盜」是符合人性實際的，因爲汪達爾人的國王幹瑟里克、皇帝黨暴君艾濟利諾和路易西安納的某個海盜都表現出同樣的特性。

拜倫搜尋英雄，並不是非限於東地中海各國和中世紀不可，因爲給拿破崙加上一件浪漫主

義的外衣是不難的。拿破崙對西元十九世紀時歐洲人的想像的影響深極了；克勞澤維茨⑬、斯當達爾⑭、海涅、費希特和尼采的思想，義大利愛國者的行動，都受到了他的精神感召。他的陰魂在整個時代昂首闊步，這唯一強大得可以起而反抗工業主義和商業貿易的力量，對和平論與經營商店傾注一陣嘲笑。托爾斯泰的《戰爭與和平》打算袚除這個幽靈，但是勞而無功，因爲這鬼怪從來也沒有比現在勢力更大了。

在「百日江山」⑮期間，拜倫公開表示他希望拿破崙勝利的心願，當他聽到滑鐵盧的敗績時，他說：「我眞難過死了。」只有一度他暫時對他的英雄感到了厭惡：那是在西元一八一四年，當時自殺（在他認爲）要比退位來得體面。那時候，他從華盛頓的美德尋求安慰，但是拿破崙從埃爾巴島一回來，這種努力就不再需要了。當拜倫死的時候，在法國「許多報紙上講本世紀的兩大偉人拿破崙和拜倫幾乎同時棄世了」⑯。卡萊爾在當時認爲拜倫是「歐洲最高尚的人士」，感覺他好像「喪失了一個弟兄」；他後來喜歡上歌德，但是仍舊把拜倫和拿破崙相提

---

⑬ 克勞澤維茨（Karl von Clausewitz，西元一七八〇—一八三一年）：普魯士將軍；他的《戰爭論》是一部軍事學名著。——譯者

⑭ 斯當達爾（Stendhal）為馬里・昂利・貝勒（Marie Henri Beyle，西元一七八三—一八四二年）的筆名，法國小說家。——譯者

⑮ 指拿破崙由埃爾巴島逃回後圖謀重建帝國的一段時期。——譯者

⑯ 莫羅阿（Maurois）：《拜倫傳》（*Life of Byron*）。

並論：

「對於你的那些高尚人士來說，以這種或那種地方語言發表某個這樣的藝術作品，幾乎成了必需的事。因為正當地講，除了說這是你在跟惡魔堂堂正正開始交戰以前同它的爭論而外還是什麼呢？你的拜倫用詩和散文及大量其他東西發表了他的《喬治勛爵的悲傷》（*Sorrows of Lord George*）⑰：你的波拿巴特以驚人的大氣派上演了他的歌劇《拿破崙的悲傷》（*Sorrows of Napoleon*）；配的音樂是大炮齊鳴和滿世界的殺人叫喊；他的舞臺照明就是漫天大火；他的韻律和宣敘調就是列成戰陣的軍士的步伐聲和陷落中的城市的聲響。」⑱

的確，再往後三章，卡萊爾發出斷然的號令：「合起你的**拜倫**，打開你的**歌德**」。但是拜倫是滲在他的血脈裡的，而歌德始終是一個志趣。⑲

在卡萊爾看來，歌德和拜倫是對立人物；在阿爾夫雷·德·繆塞⑳看來，他們是往快活的

---

⑰ 這本《喬治勛爵的悲傷》和下面提到的歌劇《拿破崙的悲傷》都是沒有的；前者泛指拜倫的作品，後者泛指拿破崙的事業。——譯者

⑱ 《衣裳哲學》（*Sartor Resartus*），第二卷，第六章。

⑲ 「志趣」原文是「aspiration」，也作「呼吸」解。——譯者

⑳ 阿爾夫雷·德·繆塞（Louis Charles Alfred de Musset，西元一八一〇—一八五七年）：法國詩人、劇作家、小說家。——譯者

高盧㉑靈魂中灌注憂鬱毒素這場罪惡勾當裡的同謀犯。那個時代的大多數法國青年似乎只是透過《維特的悲傷》㉒（*The Sorrows of Werther*）認識歌德的，根本不認識奧林帕斯神式的㉓歌德。繆塞責備拜倫沒有從亞得里亞海和貴丘里伯爵夫人㉔得到安慰——這話不對，因爲他在認識她以後就不再寫《曼弗里德》了。但是《唐璜》㉕在法國和歌德的比較愉快的詩同樣少有人讀。儘管有繆塞的惡評，從那時以來大部分法國詩人一向以拜倫式的不幸作爲他們吟詠的最好材料。

在繆塞看來，只是在拿破崙以後拜倫和歌德才算世紀的最大天才。繆塞生於西元一八一〇年，是屬於他在一首關於法蘭西帝國的盛衰榮辱的敘事抒情詩裡形容的「conçus entre deux batailles」（兩次戰役之間孕育的）那個世代的一人。在德國，對於拿破崙的感情比較分歧。有像海涅那樣的人，把他看成自由主義的強有力的傳播者，農奴制的破壞者，正統主義的仇敵，讓世襲小君主發抖的人；也有一些人把他看作基督之敵，以高貴的德意志民族的破壞者自

㉑ 原文Gallic，戲指法國人的。——譯者

㉒ 中譯本名：《少年維特的煩惱》。——譯者

㉓ 意思是威嚴堂堂的。——譯者

㉔ 貴丘里伯爵夫人（Teresa Guiccioli，西元一八〇二—一八七三年）：是拜倫於西元一八一九年在威尼斯結識的情婦。威尼斯濱亞得里亞海。——譯者

㉕ 《唐璜》（*Don Juan*）是拜倫的最著名的長詩，西元一八一九年至一八二四年寫成。——譯者

居的人，是一個澈底證明了條頓美德只有靠對法國的難消解的憎恨才能得到保全的不義之徒。俾斯麥完成了一個綜合：拿破崙總歸還是基督之敵，然而不是單單要憎惡的，而是應效法的基督之敵。尼采承認這個折中，他懷著令人毛骨悚然的喜悅講古典的戰爭時代就要到來了，這恩惠不是法國大革命而是拿破崙給予我們的。就這樣，拜倫的遺產——民族主義、撒旦主義和英雄崇拜，成了德意志精神複合體的一部分。

拜倫並不溫和，卻暴烈得像大雷雨一樣。他講盧梭的話，對他自己也用得上。他說盧梭是

在熾情上
投下魅惑、由苦惱
絞榨出滔滔雄辯者……
然而他知道
怎樣給瘋狂加上美裝，在錯誤的
行動思想上塗抹一層絕妙的色調。

但是這兩人之間有著深刻的區別。盧梭是感傷的，拜倫是熱狂的；盧梭的懦怯暴露在外表，拜倫的懦怯隱藏在內裡；盧梭讚賞美德，只要是純樸的美德，而拜倫讚賞罪惡，只要是霹靂雷火般的罪惡。這種區別雖然不過是反社會本能的反抗中兩個階段的區別，還是很重要的，它表現出運動正在發展的方向。

必須承認，拜倫的浪漫主義只有一半眞誠。有時候，他會說波普的詩比他自己的詩好，但是這個意見多半也只是他在某種心情下的想法。世人向來一味要把拜倫簡單化，刪掉他的廣大無邊的絕望及對人類的明言輕蔑中的故作姿態的因素。拜倫和許多其他著名人物一樣，當作神話人物來看的他比眞實的他重要。看作一個神話人物，特別在歐洲大陸上他的重要性大極了。

第二十四章　叔本華

叔本華（Schopenhauer，西元一七八八—一八六〇年）在哲學家當中有許多地方與眾不同。幾乎所有其他的哲學家從某種意義上講都是樂觀主義者，而他卻是個悲觀主義者。他不像康德和黑格爾那樣是十足學院界的人，然而也不完全處在學院傳統以外。他厭惡基督教，喜歡印度的宗教，印度教和佛教他都愛好。他是一個有廣泛修養的人，對藝術和對倫理學同樣有興趣。他異乎尋常地沒有國家主義精神；他熟悉英國、法國的作家就如同熟悉本國的作家一樣。他的感召力向來總是少在專門哲學家方面，而是在那些尋求一種自己信得過的哲學的藝術家與文人方面。強調「意志」是西元十九世紀和二十世紀許多哲學的特徵，這是由他開始的；但是在他來講，「意志」雖然在形而上學上是基本的東西，在倫理學上卻是罪惡的——這是一種在悲觀主義者才可能有的對立。他承認他的哲學有三個來源，即康德、柏拉圖和優婆尼沙曇（奧義書）①；但是我以為他得之於柏拉圖的東西並不如他所想的那麼多。他的看法跟希臘化時代

① 優婆尼沙曇（奧義書）（Upanishads）是西元前七、八世紀時的一套印度哲學書，屬於吠陀文學後期，非一人所作。書中論述宇宙及人的本性，宣導個人我與宇宙我合一之說。這套書為印度的哲學和宗教思想的根源。——譯者

的看法有某種氣質上的親緣關係；這是一種倦怠病弱的看法，尚和平而輕視勝利、尚清靜無爲而輕視改良的努力，在他認爲各種改良的努力不可避免總是要落空的。

叔本華生於但澤，父母都出自當地的商業望族。他的父親是個伏爾泰主義者，把英國看成自由和理智的國土。他和但澤大部分名流市民一樣，惱恨普魯士侵犯這個自由城市的獨立，西元一七九三年但澤歸併普魯士時，他感到十分憤慨，不惜在金錢上受相當大的損失遷到了漢堡去。叔本華從西元一七九三年到一七九七年同父親住在漢堡；然後在巴黎過了兩年，兩年終了，他父親見這孩子幾乎把德語忘掉，感到高興。西元一八〇三年他被送進英國一所寄宿學校，他憎恨學校裡的裝腔作勢和僞君子作風。兩年後，爲討好父親，他當了漢堡一家商號的職員，但是他嫌惡商業生涯這種前程，憧憬文人學者的生活。他父親之死（大概是自殺的）使他有可能如願以償；他的母親是決意叫他棄商進學校和大學的。我們或許以爲他因此會比較喜歡母親，不喜歡父親；但是事情恰好相反：他厭惡母親，對他的父親倒保持著親摯的回憶。

叔本華的母親是一個有文學志趣的女子，她在耶拿戰役之前兩個星期定居威瑪。在威瑪她主辦了一個文藝沙龍，自己寫書，跟文化人結交。她對兒子沒有什麼慈愛，對他的毛病倒是眼力銳利。她訓誡他不得誇誇其談和有空洞的傷感；他則爲了她跟旁人耍弄風情而生氣。當他達到成年時，他繼承了一份相當的資產；此後，他和母親逐漸覺得彼此愈來愈不能容忍了。他對婦女的輕視，當然至少有一部分是他和母親的爭吵造成的。

叔本華在漢堡的時候已經受到了浪漫主義者們，特別是提克（Tieck）、諾瓦利斯（Novalis）及霍夫曼（Hoffmann）的影響，他跟這些人學會了讚賞希臘，認爲基督教裡的希伯來成分不好。另外一個浪漫主義者弗利德里希・施雷格爾（Friedrich Schlegel）使他對印度哲學的景仰更加堅定。他在成年的那年（西元一八〇九年）入哥廷根大學，學會仰慕康德。兩年之後他進了柏林大學，在柏林大學他主要學習科學；他聽過費希特講課，可是瞧不起他。在整個激盪人心的解放戰爭中，他一直漠然無動於衷。西元一八一九年他作了柏林大學的**Privatdozent**（無俸講師），竟自負到把自己的講課和黑格爾的放在同一個鐘點；他既然沒能將黑格爾的聽講生吸引去，不久就停止講課。最後他在德勒斯登安心過老單身漢生活。他飼養著一隻取名**Atma**（宇宙精神）的鬈毛狗，每天散步兩小時，用長菸斗吸菸，閱讀倫敦《泰晤士報》（*London Times*），僱用通訊員搜求他的名聲的證據。他是有反民主思想的人，憎惡西元一八四八年的革命；他信降神術和魔法；在他的書齋裡，有一個康德的半身雕像和一尊銅佛。除關於起早這一點而外，他在生活方式上盡力模仿康德。

他的主要著作《世界之爲意志與表象》（*The World as Will and Idea*）是西元一八一八年年終發表的。他認爲這部書非常重要，竟至於說其中有些段落是聖靈口授給他的。使他萬分屈辱的是，這書完全沒引起人的注意。西元一八四四年他促使出版社出了第二版；但是直到若干年後他才開始得到幾分他所渴望的賞識。

叔本華的體系是康德體系的一個改制品，然而是這樣的改制品：所強調的《批判》中的各點和費希特或黑格爾所強調的完全不同。他們取消了物自體，因而使得認識從形而上學上講成爲基本東西。叔本華保留下來物自體，但是把它和意志看成是一回事。他主張，知覺作用所認爲的我的身體其實是我的意志。有理由說明這種見解是康德思想的發展產物，固然大部分康德派的人對這些理由是不願意全承認的。康德曾經主張，研究道德律能把我們帶到現象的背後，給予我們感官知覺所不能給予的知識；他也主張道德律根本是關乎意志的。在康德看來，好人和壞人的差別是物自體世界裡的差別，也是關於意欲的差別。可見，在康德看來，意欲必定不屬於現象界而屬於實在界。和某個意欲對應的現象是身體的某種運動；這就是據叔本華講身體爲現象、意志爲其實在的理由。

但是在諸種現象背後的意志，不會是由許多不同的意欲構成的。依康德講，時間和空間都僅屬於現象，在這點上叔本華跟他意見一致；物自體並不在空間或時間當中。因此，按我的意志是實在的這種意義來說，我的意志不會是附有時日的，也不會是一些單獨的意志動作構成的，因爲「複多」——用叔本華喜歡的經院哲學說法即「個體化原則」——的來源正是空間和時間。所以我的意志是一個，而且是無時間性的。不，不僅如此，還應當把它和全宇宙的意志看成是一回事；我的分立性是由我主觀方面的空間時間知覺器官生出的一個錯覺。實在者乃是一個龐大的意志，出現在全部自然歷程中，有生命的和無生命的自然歷程都一樣。

到目前爲止，我們也許料想叔本華要把他的宇宙意志和神說成是一個，宣導一種和斯賓諾莎的泛神論學說不無相像的泛神論學說，在這種學說裡所謂德性就在於依從神的意志。但是在這裡，他的悲觀主義導向另一種發展。宇宙意志是邪惡的，意志統統是邪惡的，無論如何也是我們的全部永無止境的苦難的源泉。苦難是一切生命必不可少的，而且知識每有增長，苦難也隨之加深。意志並沒有一個假如達到了便會帶來滿足的固定目的。儘管死亡最後總要戰勝，我們仍追求我們的無益的目的，「就像我們把肥皂泡盡量吹得久、吹得大，固然我們完全知道它總歸是要破裂的。」所謂幸福這種東西是根本沒有的，因爲願望不滿足惹人痛苦，達到之後只帶來饜足。本能驅逼人繁育後代，繁育後代又生出苦難和死亡的新機緣；這便是性行爲和羞恥相連的理由。自殺是無用的；輪迴說即使按本義講不是眞的，也藉神話形式傳出了眞理。

這一切都非常悲慘，但是有一條出路，這條出路是在印度發現的。

神話當中最好的莫過於涅槃②神話（叔本華把涅槃解釋成寂滅）。他承認這神話不合基督教教義，但是「人類古來的智慧並不會被加利利③發生的事所代替」。苦難的起因是意志強烈；我們愈少運用意志，我們愈少受苦。於是所謂知識，只要是某種的知識，到底證明還是有用的。一個人和另一個人的區別是現象界的一部分，按眞相來看世界，這區別就消失了。對善人講，「摩耶」（幻影）的面紗已經成了透明的；善人明白萬物都是一個，他自身和旁人的區別不過是表面上的區別。他憑藉愛達到了這個洞觀，所謂愛永遠是同情心，跟旁人的痛苦有著關聯。「摩耶」的面紗一除下，人便承擔起全世界的苦難。在善人，對全體的認識寧息了一切意欲；他的意志離開生命，否定他自己的本性。「在他內心中，對他自己的現象性的存在是其一個表現的那種本性，即已認識到充滿著悲慘的那個世界的核心內在的本性，生起一種嫌憎。」

---

② 涅槃（Nirvana），佛家術語，斷絕一切煩惱的至福境界。——譯者

③ 加利利（Galilee）在巴勒斯坦北部，是基督教最早開始傳教活動的地方。——譯者

因此，至少關於實踐方面，叔本華同禁慾的神祕主義達到完全一致。艾克哈特④和安格魯司・濟雷鳩斯⑤的著作比《新約》好。正統基督教信仰中有一些好東西，值得注意的是聖奧古斯丁和路德爲反對「庸俗的裴拉鳩斯的教義」而宣講的原罪說；但是各福音書裡面形而上學缺乏得不成話。他講，佛教是最高的宗教；佛的倫理說除在「可惡的伊斯蘭教義」盛行的地方以外，遍亞洲是傳統公認的。

善人會實行完全守貞、自願清貧、齋戒和苦行。在所有事情上，他會一心克制他的個人意志。但是善人做這事，並不像西方的神祕主義者那樣爲了達到與神諧和；並不是追求這種積極的善。所追求的善徹頭徹尾是消極的：

「我們必須把我們在一切美德與神聖背後所辨認出的美德與神聖的最後標的，即我們畏之如兒童怕黑暗般的那種『虛無』的陰霾印象驅散；我們甚至不可像印度人那樣，藉神話和無意義的話，例如：再化入梵天或佛教徒的涅槃，來迴避它。我們寧可坦率地承認，在完全廢除意志之後殘留的東西，對於一切仍舊滿懷意志的人來說確實是空無所有；但是反之，對於意志已

④ 艾克哈特（Johannes Eckhart，西元一二六〇—一三二七年）：德意志的多米尼各修道會修士，神祕主義哲學家、宗教家。——譯者

⑤ 安格魯司・濟雷鳩斯（Angelus Silesius：本名Johann Scheffler，西元一六二四—一六七七年）：德意志的神祕主義宗教詩人。——譯者

經轉化而且已經否定它自己的人們講，這個如此眞實的我們的世界，儘管有一個個太陽與銀河——才是虛無的。」

這裡淡淡地暗示聖者能看出別人所看不出的某種積極的東西，但是這種東西究竟是什麼，在什麼地方也沒有隱指出來，所以我想這種暗示不過是修辭上的。叔本華講，世界及其一切現象不過是意志的客觀化。隨著意志的降服，「所有那些現象也廢除了；世界所賴以構成的、在客觀性所有各階段上無終了無休止的那種不斷的緊張和努力；在潛移漸變中彼此繼起的多種多樣的形式；意志的全部表現；而且最後，還有此表現的普遍形式——時間和空間，以及其最後的基本形式——主體與客體，一概廢除了。沒有意志：沒有表象、沒有世界。在我們前面的確只有虛無。」

除把這段話的意思解釋成聖者的目的是要盡可能接近非存在以外，我們無法作其他解釋；而爲了某種從未清楚說明的理由，聖者靠自殺是達不到非存在的。爲什麼聖者比一個永遠酣醉的人可取，這不太容易理解；或許叔本華認爲清醒的時刻勢必頻繁得不得了。

叔本華的知命忍從主義不大前後一貫，也不大眞誠。他所引據的神祕主義者們是信仰冥想的；在「至福直觀」（Beatific Vision）[6]中可以達到最深奧的一種認識，這種認識便是至高的善。自從巴門尼德以來，就把關於現象的虛妄知識和另一類知識作成對照，而不和完全不

⑥神學中所講的聖徒在天國直接目睹上帝。——譯者

同類的某種東西作成對照。基督教宣導我們的永生在於**認識**神。但是叔本華根本不講這個。他同意普通所當作的知識屬於「摩耶」的領域，但是當我們戳穿面紗時，我們看到的不是神而是撒旦——這個爲了折磨自己的創造物永遠忙著織造苦難網的邪惡的全能意志。賢人被「魔鬼直觀」嚇破膽，大叫一聲「去！」，躲避到非存在界裡。一定說神祕主義者是信仰這種神話的人，那是對他們的侮辱。至於賢人不達到完全的非存在仍可以過有幾分價值的生活，這樣的提法也不可能與叔本華的悲觀論調和。只要賢人存在，他就是因爲保留意志這種惡才存在的。他可以靠削弱意志來減少惡的量，但是絕不能獲得什麼積極的善。

假若我們可以根據叔本華的生活來判斷，可知他的論調也不是眞誠的。他素常在上等飯館裡吃得很好；他有過多次色情而不熱情的瑣屑的戀愛事件；他格外愛爭吵，而且異常貪婪。有一回一個上了年紀的女裁縫在他的房間門外邊對朋友講話，惹得他動火，把她扔下樓去，使她造成終身傷殘。她贏得了法院判決，判決勒令叔本華在她生存期間必須每季付給她一定的錢數（十五塔拉）。二十年後她終於死了，當時他在帳本上記下：「Obit anus, abit onus.」⑦除對動物的仁慈外，在他一生中很難找到任何美德的痕跡，而他對動物的仁慈已經做到反對爲科學而做活體解剖的程度。在其他各方面，他完全是自私的。很難相信，一個深信禁慾主義和知命忍從是美德的人，會從來也不曾打算在實踐中體現自己的信念。

⑦ 老婦死，重負釋。

從歷史上講，關於叔本華有兩件事情是重要的，即他的悲觀論和他的意志高於知識之說。有了他的悲觀論，人們就不必要相信一切惡都可以解釋開也能致力於哲學，這樣，他的悲觀論當作一種解毒劑是有用的。從科學觀點看來，樂觀論和悲觀論同樣都是要不得的：樂觀論假定，或者打算證明，宇宙存在是爲了讓我們高興，悲觀論說是爲了惹我們不高興。從科學上講，認爲宇宙跟我們有前一種關係或後一種關係都沒有證據。信仰悲觀論或信仰樂觀論，不是理性的問題而是氣質的問題，不過在西方哲學家當中樂觀氣質一向就普遍得多。所以，有個相反一派的代表人物提出一些本來會被人忽略的問題，可能是有益處的。

比悲觀論更爲重要的是意志第一的學說。顯然這個學說同悲觀論並沒有必然的邏輯連繫，叔本華以後主張此說的人經常從其中得到樂觀論的基礎。有許多現代的哲學家，值得注意的是尼采、柏格森、詹姆士和杜威，向來以這種或那種形式主張過意志至上說。而且，這學說在專門哲學家的圈子以外也風行開了。於是，隨著意志的地位上升多少等，知識的地位就下降了若干級。我認爲，這是在我們這時代哲學氣質所起的最顯著的變化。這種變化由盧梭和康德作下了準備，不過是叔本華首先以純粹的形式宣布的。因爲這個緣故，他的哲學儘管前後矛盾而且有某種淺薄處，作爲歷史發展中的一個階段來看還是相當重要的。

第二十五章　尼采

尼采（Nietzsche，西元一八四四—一九〇〇年）自認爲是叔本華的後繼者，這是對的；然而他在許多地方都勝過了叔本華，特別在他的學說的前後一貫、條理分明上。叔本華的東方式絕念倫理和他的意志全能的形而上學似乎是不調和的；在尼采，意志不但在形而上學上居第一位，在倫理上也居第一位。尼采雖然是個教授，卻是文藝性的哲學家，不算學院哲學家。他在本體論或認識論方面沒創造任何新的專門理論；他之重要首先是在倫理學方面，其次是因爲他是一個敏銳的歷史批評家。下面我差不多完全限於談他的倫理學和他對宗教的批評，因爲正是他的著作的這一面使他有了影響。

他生平簡單。他父親是一個新教牧師，他的教養有極濃的宗教色彩。他在大學裡以研究古典和語言學才華出眾，甚至在西元一八六九年他尚未取得學位以前，巴塞爾大學就提出給他一個語言學教授的職位，他接受了這個職位。他的健康狀況從來不佳，在休過若干時期的病假之後，他終於在西元一八七九年不得不退職。此後，他住在瑞士和義大利；西元一八八八年他精神失常了，到死一直如此。他對華格納懷著熱烈的景仰，但是又跟他起了爭論，名義上爭論的是《帕西法爾》[①]，因爲尼采認爲《帕西法爾》基督教氣味太重、太充滿絕念精神了。在這次爭論之後，他對華格納大肆非難，甚至於竟指責他是猶太人。不過，他的一般看法和華格納在《尼伯龍根的指環》裡表露的一般看法依舊非常相像；尼采的超人酷似齊格飛，只不過他是懂希臘文的。這點或許彷彿很古怪，但是罪不在我。

尼采在自覺上並不是浪漫主義者；確實，他對浪漫主義者常常有嚴厲的批評。在自覺上，他的看法是希臘式的，但是略去了奧菲斯教義成分。他佩服蘇格拉底以前的哲學家們，畢達哥拉斯除外。他同赫拉克利特的思想有密切的親緣關係。亞里斯多德講的「雅量人」非常像尼采所謂的「高貴人」，但是大體上說他認爲自蘇格拉底以下的希臘哲學家們都比不了他們的前輩。他無法寬恕蘇格拉底出身卑賤；他把他稱作「roturier（平民）」，並且責斥他以一種民主的道德偏見敗壞雅典的貴族青年。尤其是柏拉圖，由於他對教化的興趣而受到尼采的譴責。不過尼采顯然不十分高興譴責他，所以爲了原諒他，又暗示或許他並非眞心實意，只是把美德當作使下層階級守秩序的手段來提倡罷了。尼采有一回把柏拉圖說成是個「了不起的卡留斯特羅[②]」。他喜歡德謨克里特和伊比鳩魯，可是他對後者的愛慕如果不解釋成其實是對盧克

---

① 《帕西法爾》（*Parsifal*）是華格納的最後一個歌劇，西元一八八二年首次上演。——譯者

② 卡留斯特羅（Alessandro di Cagliostro：本名Giuseppe Balsamo，西元一七四三—一七九五年）：義大利的大騙子；自稱煉金術士、預言者、降神術師等，又冒充伯爵，在歐洲各地行騙，後來被判處終身監禁，死在獄中。——譯者

萊修的景仰，似乎有些不合道理。

可能預料得到，他對康德評價很低，他把他叫作「À la Rousseau（盧梭式的）道德熱狂者」。

儘管尼采批評浪漫主義者，他的見解有許多倒是從浪漫主義者來的；他的見解和拜倫的見解一樣，是一種貴族無政府主義的見解，所以我們看到他讚美拜倫是不感詫異的。他打算一人兼有兩組不容易調和的價值：一方面他喜歡無情、戰爭和貴族的高傲；另一方面他又愛好哲學、文學和藝術，尤其愛好音樂。從歷史上看，這些種價值在文藝復興時期曾經是共存的；尤理烏斯二世教皇既爲波隆納而戰，又任用米開朗基羅，他或許可以當作尼采希望看到掌握政權的那種人。尼采和馬基維利這兩人儘管有一些重要差別，拿尼采來跟馬基維利相比是很自然的。談到差別：馬基維利是個辦理實際事務的人，他的意見是由於和公務密切接觸而形成的，和他的時代是協調的；他不迂闊，也不成體系，他的政治哲學簡直不構成連貫的整體。反之，尼采是大學教授，根本上是個書齋人物，是一個與當時彷彿占優勢的政治、倫理潮流有意識對立的哲學家。然而兩人的相似點更深一層。尼采的政治哲學和《君主論》（非《羅馬史論》）裡的政治哲學是類似的，固然是詳細完成了，應用到較廣的範圍。尼采和馬基維利都持有一種講求權力、存心反基督教的倫理觀，固然在這方面尼采更爲坦率。拿破崙對於尼采來說，就相當於凱薩．鮑吉亞對於馬基維利：一個讓藐小的敵手擊敗的偉人。

尼采對各派宗教及哲學的批評，完全受著倫理上的動機的主使。他讚美他認爲（這或許正確）在身爲貴族的少數者才可能有的某種品質；依他的意見，多數者應當只是極少數人完成優越性的手段，不可認爲他們有要求幸福或福利的獨立權利。他提起普通人，習慣上稱作「粗製濫造的」，假如他們的受苦受難對產生偉人是必需的，他認爲這件事就無可反對。因而，從西元一七八九年到一八一五年這段時期的全部重要性都在拿破崙身上得到總結：「法國大革命使拿破崙得以出現，這就是它的正當理由。假使我們的全部文明混亂崩潰的結果會是這種報償，我們便應該希求混亂崩潰。拿破崙使民族主義得以實現，這即是後者的理由。」他說，本世紀裡差不多一切遠大的希望都來自拿破崙。

他愛以逆理悖論的方式發表意見，目的是要讓守舊的讀者們震驚。他的做法是，按照通常含義來使用「善」、「惡」二字，然後講他是喜歡「惡」而不喜歡「善」的。他的《善惡之彼岸》（*Beyond Good and Evil*）這本書，實際上旨在改變讀者關於善和惡的看法，但是除有些時候而外，它卻自稱是歌頌「惡」而貶斥「善」的。例如：他說把追求善勝利、惡絕滅這件事當成一種義務，是錯誤的；這是英國式的看法，是「約翰·斯圖亞特·穆勒那個蠢蛋」的典型貨色；他對穆勒這人是懷著特別惡毒的輕蔑的。關於穆勒，他說道：

「他講『對一個人說來正當的事，對另一個人說來也正當』；『你不願意旁人對你做的事，你也不要對旁人做』③；說這些話使我對此人的庸俗感到憎惡。這種原則樂於把人與人的全部交道建立在相互效勞上，於是每一件行動彷彿都成了對於給我們所做的事情的現錢報

③ 我彷彿記得有人在穆勒之前就講過這句格言。

酬。其中的假定卑鄙到極點：認爲我的行動與你的行動之間在價值上有某種相當是理所當然的。」④

跟傳統美德相反的眞正美德，不是爲人人所有的，而始終應當是貴族少數者的特色。這種美德不是有利可圖的東西，也不是叫人謹愼；它把具備它的人和其他人隔離開；它敵視秩序，加害於劣等人。高等人必須對庶民開戰，抵制時代的民主傾向，因爲四面八方都是些庸碌之輩攜起手來，圖謀當主人。「一切縱容、軟化和把『民眾』或『婦女』舉在前面的事情，都對普選制——也就是『劣』民統治——起有利的作用。」引人入邪道的是盧梭，因爲他把女人說得很有趣；其次是哈麗艾特・比徹・斯托⑤和奴隸們；其次是爲工人和窮人而戰的社會主義者。所有這些人都應當加以抵制。

尼采的倫理思想不是通常任何意義的自我放縱的倫理思想；他信仰斯巴達式的紀律，爲了重大目標既有加給人痛苦的能力也有忍受痛苦的度量。他讚賞意志的力量甚於一切。他說：「我按照一個意志所能作出的抵抗的量和它所能忍受的痛苦與折磨的量來檢驗它的力量，並且我懂得如何對它因勢利導。我不用斥責的手指著生存的罪惡和痛苦，反而懷著希望但願有一天

---

④ 所有引尼采的話，重點都是原有的。

⑤ 哈麗艾特・比徹・斯托（Harriet Elizabeth Beecher Stowe，西元一八一一—一八九六年）：美國女小說家；她的小說《湯姆叔叔的小屋》（西元一八五二年）對美國奴隸解放運動起了一定的影響。——譯者

生活會變得比向來更罪惡、更充滿苦痛。」他認為同情心是一種必須抵制的弱點。「目標是要達到那種龐大的**偉大性的能力**：能通過紀律而且也通過消滅千百萬個粗製濫造者來塑造未來的人，然而卻能避免由於看見因此而造成的、以前從未見過類似的苦難而**趨向崩潰**。」他帶著某種狂喜預言將要有一個大戰時代；我們不知道假使他活到了目睹他的預言實現，他是不是快樂。

不過，他並不是國家崇拜者；絕不是那種人。他是一個熱烈的個人主義者，是一個信仰英雄的人。他說，整個一個民族的不幸還不如一個偉大個人的苦難重要：「所有這些小民的災難，除了在**強有力**者的感情中以外，並不在一起構成一個總和。」

尼采不是國家主義者，對德國不表現過分讚賞。他希望有一個國際性的統治種族，要他們來作全世界的主人：「一個以最嚴酷的自我訓練為基礎的龐大的新貴族社會，在那裡面有哲學思想的強權人物和有藝術才能的專制君的意志要給千秋萬年打下印記。」

他也不是明確地抱有反猶太主義的人，不過他認為德國容納著那麼多的猶太人，再多便不能同化，所以不可允許猶太人繼續內流。他討厭《新約》，卻不討厭《舊約》，他用最高的讚美詞句來談《舊約》。為尼采說句公道話，我們必須強調，和他的一般倫理觀點有某種關聯的許多近代發展，同他明白表示的意見是相反的。

他的倫理思想的兩點運用值得注意：第一是他對婦女的輕蔑；第二是他對基督教的無情批判。

他永遠不厭其煩地痛罵婦女。在他的擬預言體的著作《查拉圖斯特拉如是說》（*Thus*

Speak Zarathustra）裡，他說婦女現在還不能談友誼；她們仍舊是貓或是鳥，或者大不了是母牛。「男人應當訓練來戰爭，女人應當訓練來供戰士娛樂。其餘一概是愚蠢。」如果我們可以信賴在這個問題上他的最有力的警句：「你去女人那裡嗎？別忘了你的鞭子」，就知道戰士的娛樂必是與眾不同的一種娛樂。

他對婦女雖然總是同樣地輕蔑，卻並不總是這麼凶猛。在《權力意志》（*Will to Power*）裡他說：「我們對女人感到樂趣，像是對一種或許比較優美、比較嬌弱、比較靈妙的動物感到樂趣一樣。和那些心裡只有跳舞、廢話、華麗服飾的動物相會是多麼大的樂事！它們向來總是每一個緊張而深沉的男性靈魂的快樂。」不過，就連這些美質也只有當女人被有丈夫氣概的男人管束得老老實實的時候，在她們身上才找得到；她們只要一得到任何獨立地位，就不可容忍了。「女人有那麼多可羞恥的理由；女人是那麼迂闊、淺薄、村夫子氣、瑣屑的驕矜、放肆不馴、隱蔽的輕率……迄今實在是因爲對男人的恐懼才把這些約束和控制得極好。」他在《善惡之彼岸》中這樣講，在那裡他並且又說，我們應當像東方人那樣把婦女看成財產。他對婦女的謾罵全部是當作自明的眞理提出來的，既沒有歷史上的證據也沒有他個人經驗中的證據以爲支持；關於婦女方面，他個人的經驗幾乎只限於他的妹妹。

尼采對基督教的異議是它使人接受了他所說的「奴隸道德」。把他的議論和法國大革命之前法國philosophes（哲人們）的議論對照起來觀察是很妙的。法國的philosophes主張基督教教義是不眞實的；基督教教導人服從人所認爲的神的意志，然而有自尊心的人卻不應當向任何高級的權能低頭；基督教會已經成了暴君的同盟者，正在幫助民主政治的仇敵否定自由，不停地絞榨窮人的膏血。⑥尼采並不關心基督教或其他任何宗教在形而上學上是否眞實；他深信沒有一種宗教實際是眞理，所以他完全從宗教的社會效果來評價一切宗教。他和philosophes意見一致，也反對服從假想的神意志，但是他卻要拿現世的「有藝術才能的專制君」的意志代替神的意志。除這種超人外，服從是正當的，然而服從基督教的神卻不正當。關於基督教會是暴君的同盟者和民主政治的仇敵，他說這恰恰是眞相的反面。據他講，法國大革命及社會主義從精神上講和基督教根本是同一的，這些他同樣都反對，理由也相同：即不管在任何方面他都不想把所有人當作平等的對待。

他說佛教和基督教都否定一個人和另一個人之間有任何根本的價値差別，從這個意義上講都是「虛無主義的」宗教；但是二者當中佛教可非議的地方要少得多。基督教是墮落的，充滿腐朽的糞便一般的成分；它的推動力就在於粗製濫造者的反抗。這種反抗是猶太人開頭的，由不講誠實的聖保羅那樣的「神聖的癲癇患者」帶進基督教裡。「《新約》是十分卑鄙的一類人的福音。」基督教信仰是古今最要命的、最魅惑人的謊話。從來就沒有一個知名人物和基督教的理想相像；例如：想一想普魯塔克的《名人傳》裡的英雄們吧。基督教所以應該受到譴責，是因爲它否定「自豪、有距離的哀愁、偉大的責任、意氣昂揚、光輝的獸性、戰爭和征服的本

⑥這是聖經裡的話，中文聖經照字面直譯作「搓磨貧窮人的臉」，見《舊約・以賽亞書》，第三章，第十五節。——譯者

能、熾情的神化、復仇、憤怒、酒色、冒險、知識」的價值。這一切都是好的，卻都被基督教說成壞的——尼采這樣主張。

他講，基督教的目的是要馴化人心，然而這是錯誤的。野獸自有某種光彩，把牠一馴服就失掉了。杜思妥也夫斯基所結交的罪犯們比他好，因爲他們比較有自尊心。尼采非常厭惡悔改和贖罪，他把這兩件事稱作folie circulaire（循環的蠢事）。我們很難擺脫開關於人類行爲的這種想法：「我們是兩千年來的活剖良心和自釘十字架的繼承人。」有一段關於巴斯卡爾的很有動人力量的文字值得引下來，因爲這段文字把尼采反對基督教的理由表現得最好不過：

「在基督教中我們反對的是什麼東西呢？反對的是它存心要毀掉強者，要挫折他們的銳氣，要利用他們的疲憊虛弱的時刻，要把他們的自豪的信心轉化成焦慮和良心苦惱；反對的是它懂得怎樣毒化最高貴的本能，使它染上病症，一直到它的力量、它的權力意志轉而向內反對它自己——一直到強者由於過度的自卑和自我犧牲而死亡：那種讓人不寒而慄的死法，巴斯卡爾就是最著名的實例。」

尼采希望看到他所謂的「高貴」人代替基督教聖徒的地位，但是「高貴」人絕不是普遍類型的人，而是一個有統治權的貴族。「高貴」人會幹得出殘忍的事情，有時也會幹得出庸俗眼光認爲是犯罪的事；他只對和自己平等的人才會承認義務。他會保護藝術家、詩人以及一切可巧精通某種技藝的人，但他是以自己屬於比那種只懂得做點事的人要高的階級中一員的資格來保護這些人的。從戰士們的榜樣，他會學會把死和他正在奮鬥維護的主義連在一起；學會犧牲多數人，對待他的事業嚴肅到不饒人；學會實行嚴酷的紀律；學會在戰爭中施展暴虐和狡猾。

他會認識到殘忍在貴族優越性裡所起的作用：「幾乎我們稱作『高等教養』的一切東西，都以**殘忍性**的崇高化和強化爲基礎。」「高貴」人本質上是權力意志的化身。

對尼采的學說我們應該抱什麼看法呢？這種學說有多大眞實性呢？有幾分用處嗎？裡面有點什麼客觀東西嗎？它僅僅是一個病人的權力幻想嗎？

不可否認，尼采向來雖然沒在專門哲學家中間，卻在有文學和藝術修養的人們中間起了很大影響。也必須承認，他關於未來的種種預言至今證實比自由主義者或社會主義者的預言要接近正確。**假如**他的思想只是一種疾病的症狀，這疾病在現代世界裡一定流行得很。

然而他還是有許多東西僅僅是自大狂，一定不要理它。談起斯賓諾莎，他說：「一個多病隱者的這種僞裝暴露出多少個人怯懦和脆弱！」完全同樣的話也可以用來說他自己，既然他毫不猶豫地這樣說了斯賓諾莎，用來說他更不勉強。很明顯，他在自己的白日夢裡不是教授而是戰士；他所景仰的人全都是軍人。他對婦女的評價，和每一個男人的評價一樣，是他自己對婦女的情感的客觀化，這在他顯然是一種恐懼情感。「別忘了你的鞭子」——但是十個婦女有九個要除掉他的鞭子，他知道這點，所以他躲開了婦女，而用冷言惡語來撫慰他的受創傷的虛榮心。

尼采譴責基督徒的愛，因爲他認爲這種愛是恐懼的結果：我害怕他人會傷害我，所以我使他確信我是愛他的。假使我堅強一些、大膽一些，我就會公然表示我對他當然要感到的輕蔑。一個人眞誠地抱著普遍的愛，這在尼采看來是不可能的，顯然是因爲他自己懷有幾乎普遍的憎恨和恐懼，他喜歡把這種憎恨和恐懼裝扮成老爺式的冷淡態度。他的「高貴」人——即白日夢裡的他自己——是一個完全缺乏同情心的人，無情、狡猾、殘忍，只關心自己的權力。李爾王在臨發瘋的時候說：

> 我定要做那種事——
> 是什麼我還不知道——但是它將成爲
> 全世界的恐怖。⑦

這是尼采哲學的縮影。

尼采從來沒有想到，他賦予他的超人的那種權力慾本身就是恐懼的結果。不怕他人的人不認爲有壓制他人的必要。征服了恐懼的人們沒有尼采所謂的「有藝術才能的專制君」那種尼祿王的瘋狂性質，那種尼祿王盡力要享受音樂和大屠殺，而他們的內心卻充滿著對不可避免的宮廷政變的恐怖。我倒不否認，現實世界已經和尼采的夢魘非常相似了，這一部分也是他的學說的結果；但是這絲毫沒有使那夢魘的恐怖性有所減輕。

必須承認，也有某類的基督教倫理，尼采的酷評對它可以用得上而公正合理。巴斯卡爾和杜思妥也夫斯基——用尼采自己舉的實例——在品德上都有某種卑劣的地方。巴斯卡爾爲他的神犧牲了自己堂堂的數學才智，於是歸給神一種野蠻殘暴，那就是巴斯卡爾的病態精神痛苦的

---

⑦ 見莎士比亞：《李爾王》，第二幕，第四場。——譯者

無限擴張。杜思妥也夫斯基和「正當的自豪」是無緣的；他要犯罪，為的是來悔改和享受懺悔的快樂。我不想討論這樣的越軌行為有幾分可以公正地歸罪於基督教的問題，但是我要承認我和尼采有同感，認為杜思妥也夫斯基的意氣消沉是可鄙的。我也覺得，某種高潔和自豪，甚至某類的自以為是，都是最優良的品格中的要素；根源在於恐懼的美德沒一件是大可讚賞的。

聖賢有兩種：生來的聖賢和出於恐懼的聖賢。生來的聖賢對人類有一種自發的愛；他行好事是因為行好事使他幸福。反之，出於恐懼的聖賢像只因為有員警才不幹偷竊的人一樣，假使沒有地獄的火或他人的報復的想法約束著他就會作惡。尼采只能想像第二種聖賢；由於他心中充滿恐懼和憎恨，所以對人類自發的愛在他看來是不可能有的。他從來沒有設想過有一種人，雖然具有超人的大無畏和倔強的自尊心，還是不加給人痛苦，因為他沒有這樣做的願望。有誰會認為林肯採取他那種做法是由於害怕地獄嗎？然而在尼采看來林肯是下賤的，拿破崙大大了不起。

還需要考察一下尼采所提出的主要倫理問題，即：我們的倫理應當是貴族式的呢？或者在某種意義上應當把一切人同樣看待呢？這個問題照我剛才這樣的提法，是一個意義不很明瞭的問題，所以顯然第一步是要把問題弄明確一些。

我們首先務必把貴族式的**倫理**和貴族式的**政治理論**區別開。信奉邊沁的最大多數人的最大幸福原則的人抱有民主的倫理思想，但是他也許認為貴族式的政體最能促進一般人的幸福。這不是尼采的見解。他認為平常人的幸福並不是善本身的一部分。本身就是善的或是惡的事情全都只存在於少數優越者方面；其餘人遭遇的事是無足輕重的。

以下的問題是：少數優越者怎樣下定義？實際上，這種人向來通常是戰勝的氏族或世襲貴族，而貴族至少從理論上講向來通常是戰勝的氏族的後裔。我想尼采是會接受這個定義的。「沒有好的出身就不可能有道德」，他這樣告訴我們。他說貴族階級最初總是野蠻人，但是人類的每一步向上都起因於貴族社會。

不明白尼采把貴族的優越性看成先天的呢還是教育和環境造成的。如果是後者，那麼把其他人排除在照假定說來他們同樣有資格具備的有利條件之外，很難有道理可講。所以我假定他認爲戰勝的貴族及其後裔比受他們統治的人在生物學上優越，就像人比家畜優越一樣，不過程度較差罷了。

「在生物學上優越」要指什麼意思呢？在解釋尼采時，意思是指屬於優越氏族的個人及其後裔在尼采講的「高貴」的意義上更有可能是「高貴」的：他們會有較多的意志力量、較多的勇氣、較多的權力衝動、較少的同情心、較少的恐懼、較少的溫柔。

我們現在可以敘述一下尼采的倫理。我想以下的話是對他的倫理的公正的剖析。

戰爭的勝利者及其後裔通常比敗北者在生物學上優越。所以由他們掌握全權，完全爲他們自己的利益去處理事務是要得的。

這裡還有「要得的」一詞需要考慮。在尼采的哲學裡什麼是「要得的」呢？從旁觀者的觀點看來，尼采所謂的「要得的」東西就是尼采想要的東西。有了這個解釋，尼采的學說不妨更乾脆、更老實地用以下一句話來敘述：「我假若是生活在白里克里斯時代的雅典或梅迪奇時代的佛羅倫斯才好。」但是這不叫一種哲學；這是關於某個人的傳記事實。「要得的」一詞和

「我想要的」並不是同義語；這個詞要求某種普遍的立法定規，不管這要求多麼不明確。有神論者可能說，要得的東西就是神想要的東西，但是尼采不會講這話。他本來可以說他憑倫理的直觀知道什麼是善，可是他不要這樣講，因爲這話康德氣太重。把「要得的」一詞加以推廣，他所能講的是這些話：「假如大家讀我的著作，有一定百分數的人關於社會組織問題就會和我有同樣的願望；這些人在我的哲學會給予他們的精力和決心的激勵下，能夠保全和復興貴族社會，由他們自己作貴族或（像我一樣）作貴族的阿諛者。這樣他們就會得到比作爲人民的僕從能夠有的生活更充實的生活。」

尼采思想裡還有一個成分，和「澈底個人主義者」極力主張的反對工會的理由非常相近。在所有人對所有人的鬥爭中，勝利者可能具有尼采讚賞的某些品質，例如：勇氣、多謀和意志的力量。但是，如果不具備這些貴族品質的人們（他們是絕大多數）團結一致，他們儘管各個人是低劣的也可能得勝。在這場canaille（愚民）集體對貴族的鬥爭中，就像法國大革命曾經是戰鬥的前線，基督教是意識形態的前線。因此我們應該反對個體軟弱者之間的一切聯合，唯恐他們的集合力量會壓倒個體強者的集合力量；另一方面，我們應該促進人口當中強韌而雄健的分子之間的聯合。創始這種聯合的第一個步驟就是宣揚尼采哲學。可見要保留倫理學和政治學的區別不是一件容易事。

假如我們想——我確實想——找到一些反駁尼采的倫理學和政治學的理由，究竟能找到什麼理由呢？

有一些有力的實際理由，說明如果打算達到他講的目標，實際上會達到完全不同的情況。門第式的貴族現在已經聲名掃地了；唯一行得通的貴族社會形式就是像法西斯黨或納粹黨那樣的組織。那樣的組織激起人們的反對，在戰爭中可能是要被打敗的；但是它假如沒有被打敗，不久以後必定成爲一個十足的警察國家，國家裡的統治者們生活在暗殺的恐懼中，英雄人物都進了集中營。在這種社會裡，信義廉恥被告密破壞一光，自封的超人貴族階級蛻化成一個戰戰兢兢的儒夫的集團。

不過，這些只是現代講的道理；在貴族政治不成爲問題的過去時代，這些道理就不會是適用的。埃及的政府照尼采式的原則管理了幾千年。直到美國獨立和法國大革命爲止，幾乎所有的大國的政府都是貴族政府。因此，我們必須問問自己，我們不喜歡一種有這樣悠久的成功歷史的政體而喜歡民主制，有沒有什麼充實理由；或者，因爲我們談的不是政治而是哲學，更不如問排斥尼采藉以維護貴族政治的那種倫理，有沒有客觀根據。

和政治問題相對而言的倫理問題，是一個關於同情心的問題。按別人的痛苦使自己不樂這種意義來講，同情心多少總是人天然固有的；幼小的孩子聽見旁的孩子哭自己也苦惱。但是這種感情的發展在不同的人大不相同。有些人以加給別人苦楚爲樂；也有些人，就像如來佛，感覺只要還有任何生靈在受苦，他們就不可能完全快樂。大多數人在感情上把人劃分成敵和友，對後者抱同情，對前者不抱同情。像基督教或佛教的倫理那樣的倫理，其感情基礎是在普遍同情上；尼采的倫理，是在完全沒有同情上（他常常宣揚反對同情的論調，在這方面我們覺得他不難遵守自己的訓條）。問題是：假使如來佛和尼采當面對質，任何一方能不能提出來什麼該打動公平聽者的心的議論呢？我所指的並不是政治議論。我們可以想像他們像在《約伯記》第一章裡那樣，出現在全能者面前，就神應當創造哪一種世界提出意見。兩人各會說些什麼呢？

如來佛會開始議論，說到痲瘋患者被摒棄在社會之外，悲慘可憐；窮人們，憑疼痛的四肢勞苦奔波，靠貧乏的食物僅僅維持活命；交戰中的傷患，在纏綿的痛苦中死去；孤兒們，受到殘酷的監護人的虐待；甚至最得志的人也常常被失意和死的想法纏住心。他會說，必須找出一條超脫所有這些悲哀負擔的道路，而超脫只有通過愛才能夠達到。

尼采這個人只有全能的神才能夠制止他半途插話，當輪到他講的時候，他會突然叫道：「我的天哪，老兄！你必須學得性格堅強些。爲什麼因爲瑣屑的人受苦而哭哭啼啼呢？或者，因爲偉大人物受苦而你這樣做呢？瑣屑的人受苦也受得瑣屑，偉大人物受苦也受得偉大，而偉大的痛苦是不該惋惜的，因爲這種痛苦是高貴的。你的理想是個純粹消極的理想——沒有痛苦，那只有靠非存在才能完全達到。相反，我抱著積極的理想：我欽佩阿爾西拜阿底斯⑧、弗里德里希二世皇帝和拿破崙。爲了這樣的人，遭什麼不幸都值得。主啊，我向你呼籲，你這位最偉大的創造藝術家可不要讓你的藝術衝動被這個不幸的精神病人的墮落的、恐怖籠罩下的順口嘮叨抑制住。」

如來佛在極樂世界的宮廷裡學習了自他死後的全部歷史，並且精通了科學，以有這種知識爲樂，可是爲人類對這種知識的使用法感覺難過；他用冷靜的和藹態度回答：「尼采教授，您認爲我的理想是純粹消極的理想，這是您弄錯了。當然，它包含著一種消極成分，就是沒有痛

⑧ 阿爾西拜阿底斯（Alcibiades，西元前四五〇年？—西元前四〇四年）：雅典政治家、將軍。——譯者

苦；但是它此外也有積極東西，和您的學說中見得到的一樣多。雖然我並不特別景仰阿爾西拜阿底斯和拿破崙，我也有我的英雄：我的後繼者耶穌，他叫人去愛自己的敵人；還有那些發現怎樣控制自然的力量，用比較少的勞力獲取食物的人；那些告訴人如何減少疾病的醫生；那些瞥見了神的至福的詩人、藝術家和音樂家們。愛和知識和對美的喜悅並不是消極；這些足夠充滿歷來最偉大的人物的一生。」

尼采回答：「儘管如此，你的世界總還是枯燥無味的。你應當研究研究赫拉克利特，他的著作在天國圖書館裡完整地保存下來了。你的愛是憐憫心，那是由痛苦所勾動的；假使你老實，你的眞理也是不愉快的東西，而且通過痛苦才能認識它；至於說美，有什麼比賴凶猛而發出光輝的老虎更美呢？不行，如果我主竟然決斷你的世界好，恐怕我們都會厭煩得死掉了。」

如來佛回答：「您也許這樣，因爲您愛痛苦，您對生活的愛是假愛。但是眞正愛生活的人在我的世界裡會感到現世界中誰也不能有的那種幸福。」

至於我，我贊同以上我所想像的如來佛。但是我不知道怎樣用數學問題或科學問題裡可以使用的那種論證來證明他意見正確。我厭惡尼采，是因爲他喜歡冥想痛苦，因爲他把自負升格爲一種義務，因爲他最欽佩的人是一些征服者，這些人的光榮就在於有叫人死掉的聰明。但是我認爲反對他的哲學的根本理由，也和反對任何不愉快但內在一貫的倫理觀的根本理由一樣，不在於訴諸事實，而在於訴諸感情。尼采輕視普遍的愛，而我覺得普遍的愛是關於這個世界我所希冀的一切事物的原動力。他的門徒已經有了一段得意時期，但是我們可以希望這個時期即將迅速地趨於終了。

第二十六章　功利主義者①

在從康德到尼采這段時期內，英國的職業哲學家始終幾乎完全沒受到同時代的德國人的影響，唯一的例外是威廉・漢密爾頓爵士，不過他是一個沒有多大影響的人。柯勒律治和卡萊爾固然受康德、費希特和德國浪漫主義者的影響很深，但是他們並不算專門意義上的哲學家。彷彿某人有一次向詹姆士・穆勒提起了康德，穆勒把康德的著作倉猝地略一過目後說：「可憐的康德用心何在，我十分明白。」然而連這種程度的承認也是例外；一般說，關於德國人是閉口不談的。邊沁及其學派的哲學的全部綱領都是從洛克、哈特里和愛爾維修來的；他們的重要地位與其說是哲學上的，不如說是政治上的：在於他們是英國急進主義的領袖，是無意之間爲社會主義學說鋪平道路的人。

傑瑞米・邊沁（Jeremy Benthan）是「哲學上的急進主義者」的公認領袖，他卻不是大家意料當中居這類運動首位的那種人。他生於西元一七四八年，但是直到西元一八〇八年才成爲

① 關於這個題目以及關於馬克思的較詳細的論述，見拙著《自由與組織》（*Freedom and Organization*，西元一八一四—一九一四年）第二編。

急進主義者。他爲人靦腆到了苦痛的程度，勉強跟生人在一起時總是要萬分惶恐。他寫的作品非常多，但是他從來不操心去發表；以他的名義發表的東西都是被他的朋友們善意盜走的。他的主要興趣是法學，在法學方面他承認愛爾維修和貝卡利亞是他的最重要的前驅。通過法的理論，他才對倫理學和政治學有了興趣。

他的全部哲學以兩個原理爲基礎，即「聯想原理」和「最大幸福原理」。聯想原理哈特里在西元一七四九年已經強調過；在他以前，大家雖然承認觀念聯合是有的，卻把它只看成是細小錯誤的來源，例如：洛克就抱這個看法。邊沁追隨哈特里，把聯想原理當作心理學的基本原理。他承認觀念和語言的聯合，還承認觀念與觀念的聯合。憑這個原理，他打算給種種精神現象作出決定論的說明。該學說在本質上和以巴甫洛夫的實驗爲根據的比較新近的「條件反射」論是一樣的。唯一的重大區別是，巴甫洛夫講的條件反射屬於生理學，而觀念聯合則是純粹心理方面的事。因此，巴甫洛夫的研究工作能加上一個像行爲主義者加給它的那種唯物的解釋，而觀念聯合卻發展到一種多少有些跟生理學無關的心理學。從科學上講，毫無疑問條件反射原理比舊原理前進一步。巴甫洛夫的原理是這樣：設有一個反射，即由乙刺激產生丙反應，再設某個動物在受到乙刺激的同時屢次受到了一個甲刺激，那麼往往到最後即使沒有乙刺激，甲刺激也會產生丙反應。決定這種事在什麼情況下發生，是一個實驗問題。很明顯，如果把甲、乙、丙換成觀念，巴甫洛夫的原理就成了觀念聯合原理。

無疑問，這兩個原理在某個範圍內都是正確的；唯一引起爭論的問題是這個範圍的廣度問題。就像某些行爲主義者講巴甫洛夫原理時誇大了這個範圍的廣度，邊沁和他的信徒們講哈特里原理時也誇大了這個範圍的廣度。

對邊沁來說，心理學中的決定論很重要，因爲他想要制定一部會自動使人善良有德的法典，更廣地說，制定一個這樣的社會制度。在這一點上，爲了給「德」下定義，他的第二個原理即最大幸福原理就是必要的了。

邊沁主張，所謂善便是快樂或幸福（他拿這兩個詞當同義詞使用），所謂惡便是痛苦。因此，一種事態如果其中包含的快樂超過痛苦的盈餘大於另一種事態，或者痛苦超過快樂的盈餘小於另一種事態，它就比另一種事態善。在一切可能有的事態當中，包含著快樂超過痛苦的最大盈餘的那種事態是最善的。

這個學說結果被人稱作「功利主義」（utilitarianism），並不是什麼新東西。早在西元一七二五年哈契遜已經提倡過它。邊沁把它歸功於普利斯特里，不過普利斯特里對此倒沒有特別資格。實際上洛克的著作中就包含有這個學說。邊沁的功績不在於該學說本身，而在於他把它積極地應用到種種實際問題上。

邊沁不僅主張善即是一般幸福，而且主張每個人總是追求他所認爲的自己的幸福。所以，立法者的職責是在公共利益和私人利益之間造成調和。我不偷竊，這是符合公眾利益的，但是除非存在著有效的刑法，這並不符合我的利益。因而刑法是使個人的利益和社會的利益一致的一個方法；這便是刑法存在的理由。

用刑法來懲治人是爲了防止犯罪，不是因爲我們憎恨犯人。刑罰分明比刑罰嚴厲重要。當時在英國，有許多很輕微的犯罪也不免遭死刑，結果陪審員們因爲覺得刑罰過分，常常不肯判罪。邊沁提倡除極惡犯外對一切犯罪廢止死刑，在他逝世以前，刑法在這一點上有了緩和。

他說民法應當有四項目的：生存、富裕、安全、平等。可以注意到他不提自由。事實上，他是不大愛好自由的。他讚賞法國大革命以前的仁慈的專制君主——凱薩琳大帝和法蘭西斯皇帝。他非常輕蔑人權說。他講，人權純粹是胡說；絕對的人權，是浮誇的胡說。當法國的革命者提出他們的「人權宣言」的時候，邊沁把它叫作「一個形而上學的作品——形而上學的 **ne plus ultra**（極點）」。他說它的條文可以分爲三類：(1)無法理解的，(2)錯誤的，(3)既無法理解又錯誤的。

邊沁的理想和伊比鳩魯的理想一樣，不是自由是安全。「戰爭和風暴讀起來最妙，但是和平與寧靜比較好消受。」

他向急進主義的逐漸發展有兩個根源：一方面是從關於快樂和痛苦的計算推出來的一種平等信念；另一方面是把一切事情都付諸他所理解的理性去裁定，這樣一個百折不撓的決心。他對平等的愛好在早年曾經促使他主張人的財產由兒女均分，反對遺囑自由。在晚年，這又促使他反對君主制和世襲貴族政治，宣導包括婦女有投票權的澈底民主制。他不肯抱沒有理性根據的信念，因而他排斥宗教，包括信仰上帝；因而他對法律中荒唐和破格的地方，不管其歷史起源多麼古老，都抱著尖銳的批判態度。他不願意拿任何事情是傳統的爲理由來原諒這件事。他從青年時代初期起就反對帝國主義，不論是英國人在美洲推行的帝國主義，或是其他民族的帝國主義；他認爲保有殖民地是一件蠢事。

由於詹姆士・穆勒的影響，才使邊沁在實際政治上採取一定的立場。詹姆士・穆勒比邊沁小二十五歲，他是邊沁學說的熱誠信徒，然而也是一個積極的急進主義者。邊沁贈給穆勒一所房子（這所房子以前曾屬於彌爾頓），而且在他編寫一部印度史的時候給他經濟上的幫助。這部歷史完成後，東印度公司給了詹姆士・穆勒一個職位；後來東印度公司也聘任了他的兒子，一直到由於印度暴動②的結果而撤銷它時爲止。詹姆士・穆勒非常欽佩孔多塞和愛爾維修。他和那個時代的所有急進主義者一樣，信服教育萬能。他在他的兒子約翰・斯圖亞特・穆勒身上實踐自己的學說，其結果有好有壞。最重大的壞結果是，約翰・斯圖亞特甚至在發覺了他父親的見解一向很狹隘的時候，也絕無法完全擺脫掉他父親的影響。

詹姆士・穆勒和邊沁一樣，認爲快樂是唯一的善，痛苦是唯一的惡。但是他又像伊比鳩魯，最看重適度的快樂。他認爲知識上的樂趣是最高的樂趣，節制是首要的美德。他的兒子說：「**激烈的事物**在他說來是輕蔑非難的對象。」又補充說，他反對現代人的重感情。他和整個功利主義派一樣，完全反對各樣的浪漫主義。他認爲政治可以受理性支配，並且指望人們的意見可以由證據來決定。如果論爭中的對立雙方以同等的技巧各陳己見，那麼萬無一失，過半數人會得出正確判斷——他這樣主張。他的眼界受到了他感情性質貧乏的限制，但是在他的限度以內，他具有勤勉、無私、講理性的長處。

他的兒子約翰・斯圖亞特・穆勒（John Stuart Mill）生於西元一八〇六年，他繼續奉行一

② 事情發生在一八五七—一八五八年。——譯者

種略有緩和的邊沁派學說直到西元一八七三年逝世。

邊沁派完全缺乏動人感情的力量，若考慮到這一點，在整個西元十九世紀中期他們對英國的立法和政策的影響可算大得驚人了。

邊沁提出了種種議論，支持全體幸福即summum bonum（至善）這個看法。這些議論有的是對其他倫理學說的尖銳批評。在他寫的論政治謬論的著作裡，用一種似乎講在馬克思前頭的言辭說，溫情道德和禁慾道德滿足統治階級的利益，是貴族政體的產物。他繼續說道，宣揚犧牲之道德的人並不是受謬見之害的人：他們是想要別人爲他們而犧牲。他說，道德秩序是由利害平衡產生的結果。統治團體僞稱統治者和被統治者之間已經利害一致，但是改革家們指明這種一致還不存在，他們努力要使它實現。他主張只有效用原則能在倫理學和立法中當一個判斷標準，奠定一門社會科學的基礎。他支持他這條原則的明確理由主要是，這條原則實際是表面上相異的各種倫理學體系暗中含有的。不過，要給他對各種倫理學體系的概觀加上嚴格限制，他這話才似乎有道理。

邊沁的學說體系中有一處明顯的疏漏。假如人人總是追求自己的快樂，我們怎麼能保證立法者要追求一般人的快樂呢？邊沁自己的本能的仁慈心（他的心理學理論妨礙他注意到它）使他看不見這個問題。假使他受聘請爲某個國家草擬一部法典，他會按照他所認爲的公眾利益制定他的提議，而不爲了促進他個人的利益或（有意識地）促進本階級的利益。但是，假使他認識到這個事實，他當初就不得不修改他的心理學學說了。他好像是這樣想的：通過民主政體，結合適當監督，可以控制立法者，使得他們只有憑自己對一般公眾有用處才能促進他們的私人利益。在當時，要給種種民主制度的作用下一個判斷，材料是不多的，所以他的樂觀主義也許還情有可原，但是在我們這個令人多幻滅感的時代，這種樂觀主義就似乎有點天眞了。

約翰·斯圖亞特·穆勒在他的《功利主義》（*Utilitarianism*）中提出了一個議論，眞謬誤得難以理解他怎麼會認爲它是正確的。他講：快樂是人想要的唯一東西；因此快樂是唯一要得的東西。他主張，看得見的東西只有人看見的東西，聽得見的東西只有人聽見的東西，同樣，要得的東西只有人想要的東西。他沒注意到，一件東西人**能夠**看見它就是「看得見的」，但是人**應該**想要它才叫「要得的」。因而「要得的」是一個以某種倫理學說爲前提的詞；我們從人想要的事物推不出要得的事物來。

而且，假如每個人實際上必然追求自己的快樂，那麼講他**應該**做旁的事是不得要領的。康德極力主張「你應該」暗含著「你能夠」的意思；反之，如果你不能怎樣，說你應該怎樣也是白費。**假如**每個人必定總是追求自己的快樂，倫理學便化成聰明的遠慮：你正好可以促進別人的利益，希望他們反過來也會促進你的利益。同樣，在政治中一切合作都成了彼此幫襯。由功利主義者的前提按正當的推理是推不出其他結論的。

這裡涉及兩個性質不同的問題。第一，每個人都追求自己的幸福嗎？第二，全體幸福是人的行動的正當目標嗎？

說每個人都希求自己幸福，這話可以有兩個意義，一個意義是明白的至理，另一個意義是不對的。不論我可巧希求什麼，我達到我的願望時就會獲得幾分快樂；按這個意義講，無論我希求的是什麼，那總是一**種**快樂，於是可以稍欠嚴格地說我所希求的就是快樂。該學說在這個意義上是一條明白的至理。

但是，假若所指的是，如果我希求什麼，我之所以希求它是因爲它會給我快樂，這通常是不對的。我餓的時候希求食物，只要我的飢餓還繼續存在，食物會給我快樂。然而，飢餓這種欲望是先有的；快樂是這種欲望的後果。我不否認有些場合下人有直接求快樂的欲望。假如你已決定在戲院裡度一個空暇的晚上，你要選擇你認爲會使你得到最大快樂的戲院。但是，這樣由直接求快樂的欲望所決定的行爲是例外的、不重要的。每人的主要活動都是由先於算計快樂和痛苦的欲望決定的。

不論什麼事都可能是欲望的對象；受虐淫患者可能希求自己痛苦。當然，受虐淫患者從他所希求的痛苦裡取得快樂，但是這種快樂是由於這種欲望，而不是倒過來講。一個人可能希求某種除了由於他的欲望而外對他個人沒有影響的事情——例如：在一場本國守中立的戰爭中某一方的勝利。他可能希求增進一般人的幸福，或減輕一般人的苦難。或者他也可能像卡萊爾那樣，希求的與此正相反。隨著他的欲望不同，他的快樂也不同。

因爲人們的欲望彼此衝突，倫理學是必要的。衝突的根本原因是利己心：大多數人對自己的福利比對旁人的福利要關切。但是在毫無利己心成分的場合下同樣可能有衝突。這一個人也許希望人人都是天主教徒，另一個人也許希望人人都是喀爾文派教徒。社會鬥爭中常常包含這種非利己的欲望。倫理學有雙重目的：第一，找出一條藉以區別善欲望和惡欲望的準則；第二，透過讚揚和責備，促進善欲望，阻抑那種惡的欲望。

功利主義的倫理學部分從邏輯上講和心理學部分是不相關的，倫理學部分說：那種實際上促進全體幸福的欲望和行爲是善的。促進全體幸福不一定要是某件行爲的**動機**，卻只需要是它的**效果**。對這種學說我們在理論上有什麼站得住的贊成理由或反對理由嗎？關於尼采，我們曾遇到過同樣的問題。他的倫理學與功利主義者的倫理學不同，因爲他的倫理學主張人類中只有少數人具有倫理的重要性，其餘人的幸福或不幸是應當忽視的。我個人不認爲這種意見分歧能夠藉科學問題中可以應用的那種理論上的議論來處理。顯然，那些被排斥在尼采式貴族社會以外的人要有異議，因而問題就變成不是理論性的而是政治性的了。功利主義的倫理學是民主的和反浪漫主義的。民主主義者可能要承認它，但是對那些喜好比較拜倫式的世界觀的人，依我看只能從實踐上去反駁他們，憑著一些不訴諸欲望、只訴諸事實的理由去反駁是不行的。

哲學上的急進主義者是一個過渡的學派。他們的學說體系產生了兩個比它本身更重要的別的學說體系，即達爾文主義和社會主義。達爾文主義是馬爾薩斯人口論對全體動植物界的應用，而馬爾薩斯人口論則是邊沁派的政治學和經濟學不可分割的一部分。達爾文主義講的是一種全體規模的自由競爭，在這種競爭中勝利屬於和成功的資本家極其類似的動物。達爾文本人受到了馬爾薩斯的影響，他和哲學上的急進主義者有一般共鳴。不過，正統派經濟學家所讚賞的競爭和達爾文宣布爲進化原動力的生存競爭有一個重大區別。在正統派經濟學裡，「自由競爭」是一個受法律限制所束縛的非常人爲的概念。你可以比你的競爭者賤賣貨品，但是你不得殺害他。你不得使用國家的軍隊幫助你戰勝外國廠商。那些沒好運氣擁有資本的人不得打算靠革命來改善自己的命運。邊沁派的人所理解的「自由競爭」絕不是眞正自由的。

達爾文學說中的競爭不是這種有限制的競爭；沒有什麼不許要卑鄙手段的規則。法德體制在動物中間是不存在的，也不排斥把戰爭當競爭方法。在競爭中利用國家獲取勝利違反邊沁派的人心目中的規則，卻不能排除在達爾文學說講的那種競爭以外。事實上，雖然達爾文本人是個自由主義者，雖然尼采沒有一次提到他不帶著輕蔑，達爾文的「適者生存」若被人澈底消化了，會產生一種跟尼采哲學遠比跟邊沁哲學相像的東西。不過，這種發展結果是屬於後來一個時期的事，因爲達爾文的《物種起源》（*Survival of the Fittest*）是西元一八五九年出版的，它的政治含義起初大家還沒有看出來。

相反，社會主義是在邊沁學說的全盛時代萌芽的，是正統派經濟學的一個直接結果。跟邊沁、馬爾薩斯和詹姆士·穆勒有密切交往的李嘉圖，主張商品的交換價值完全出於生產該商品時花費的勞動。他在西元一八一七年發表了這個理論，八年以後，一個前海軍軍官湯瑪斯·霍治司金發表了第一個社會主義的答辯《反對資方的要求而爲勞方辯護》（*Labour Defended Against the Claims of Capital*）。他議論，如果像李嘉圖所主張的那樣，全部價值都是勞動賦予的，全部報酬便應該歸給勞動者；現下地主和資本家所得的那一份必定是純粹榨取物。同時，羅伯特·歐文當工廠主有了豐富的實際體驗之後，堅信了那種不久就被人稱爲社會主義的學說（最早使用「Socialist」〔社會主義者〕一詞是在西元一八二七年，當時把它應用於歐文的信徒）。他說，機器正漸漸排擠勞動者，而自由放任政策沒有使工人階級得到和機械力量相抗爭的適當手段。他提出的處理這種弊端的方法，是近代社會主義的最早期形式。

雖然歐文是邊沁的朋友，邊沁在歐文的企業裡還投資了頗大的一筆錢，哲學上的急進主義者並不喜歡歐文的新說；事實上，社會主義的來臨使他們和以前相比急進主義色彩和哲學色彩都減退了。霍治司金在倫敦有了一些追隨者，於是嚇壞了詹姆士·穆勒。他寫道：

「他們的財產觀顯得眞醜；……他們似乎認爲財產不應當存在，存在財產對他們是一種禍害。毫無疑問，有惡棍在他們當中活動。……這些傻瓜們，不明白他們瘋狂企求的東西對他們將是那種只有他們自己的雙手才會給他們帶來的災難。」

在西元一八三一年寫的這封信，可以看成是資本主義與社會主義的長期鬥爭的開端。在後來的一封信裡，詹姆士·穆勒把社會主義的根源歸於霍治司金的「瘋狂的胡說」，他又說：「這種見解假使要傳播開，會使文明社會覆滅；比匈奴和韃靼人排山倒海地氾濫還壞。」

社會主義只是政治上的或經濟上的主義，就此來說不在一部哲學史的範圍以內。但是到卡爾·馬克思手中，社會主義獲得了一套哲學。他的哲學要在下一章裡討論。

第二十七章 卡爾・馬克思

卡爾・馬克思（Karl marx）通常在人的心目中是這樣一個人：他自稱把社會主義做成了科學的社會主義；他比任何人都作出更多貢獻，創造了一個強大的運動，透過對人的吸引和排斥，支配了歐洲近期的歷史。討論他的經濟學，或討論他的政治學（除某些一般方面外），不在本書的範圍之內；我打算只把他當作哲學家和對旁人的哲學起了影響的人來講一講他。在這一點上，他很難歸類。從一個方面看，他跟霍治司金一樣，是哲學上的急進主義者的一個結果，繼續他們的理性主義和他們對浪漫主義者的反抗。從另一個方面看，他是一個復興唯物主義的人，給唯物主義加上新的解釋，使它和人類歷史有了新的關聯。再從另外一個方面看，他是大體系締造者當中最後一人，是黑格爾的後繼者，而且也像黑格爾一樣，是相信有一個合理的公式概括了人類進化的人。這幾方面，強調任何一方面而忽視其他方面，對他的哲學都要有歪曲失眞的看法。

他一生遭遇的事件說明了這種複雜性的部分原因。他是西元一八一八年出生的，和聖安布洛斯一樣生於特里爾。特里爾在法國大革命和拿破崙時代曾受到法國人很深的影響，在見解方面世界主義色彩比德意志大部分地區濃厚得多。他的祖輩們原是猶太教的律法博士，但是在他幼年時代他的父母成了基督教徒。他娶了一個非猶太系的貴族女子，一生始終對她眞摯熱愛。

在大學時代，他受到了當時還風行的黑格爾哲學的影響，也受到了費爾巴哈反抗黑格爾而倒向唯物主義的影響。他試辦過新聞事業，但是他編輯的《萊因報》（*Rheinische Zeitung*）由於論調過激而被當局查禁。之後，在西元一八四三年，他到法國去研究社會主義。在法國他結識了恩格斯，恩格斯是曼徹斯特一家工廠的經理。他透過恩格斯得以了解到英國的勞工狀況和英國的經濟學。他因而在西元一八四八年革命以前得到了一種異常國際性的修養。就西歐而論，他毫不表露民族偏見。對於東歐可不能這麼講，因爲他素來是輕視斯拉夫人的。

西元一八四八年的法國革命和德國革命他都參加了，但是反動勢力迫使他不得不在西元一八四九年到英國避難。除幾個短暫期間而外，他在倫敦度過了餘生，遭受到窮困、疾病、喪子的苦惱，但他仍舊孜孜不倦地著述和累積知識。激勵他從事工作的力量一直來自對社會革命所抱的希望，即便不是他生前的社會革命，也是不很遙遠的未來的社會革命。

馬克思和邊沁和詹姆士．穆勒一樣，跟浪漫主義絲毫無緣；合乎科學始終是他的目的。他的經濟學是英國古典經濟學的一個結果，只把原動力改變了。古典經濟學家們，無論自覺地或不自覺地，都著眼於謀求既同地主又同雇傭勞動者相對立的資本家的福利；相反，馬克思開始代表雇傭勞動者的利益。西元一八四八年的《共產黨宣言》（*Communist manifesto*）表現出，他在青年時代懷著新革命運動所特有的熾烈熱情，如同自由主義在彌爾頓時代曾有過的一樣。然而他總是極希望講求證據，從不信賴任何超科學的直觀。

馬克思把自己叫作唯物主義者，但不是西元十八世紀的那種唯物主義者。他在黑格爾哲學的影響下，把他那種唯物主義稱作「辯證」唯物主義，這種唯物主義和傳統的唯物主義有很重要的不同，倒比較近乎現在所說的工具主義。他說，舊唯物主義誤把感覺作用看成是被動的，因而把活動基本上歸之於客體。依馬克思的意見，一切感覺作用或知覺作用都是主體與客體的交互作用；赤裸裸的客體，離開了知覺者的活動，只是原材料，這原材料在被認識到的過程中發生轉變。被動的觀照這種舊意義的認識是一個非現實的抽象概念；實際發生的過程是處理事物的過程。「人的思維是否具有客觀的眞理性，這並不是一個理論的問題，而是一個實踐的問題，」他這樣講，「人應該在實踐中證明自己思維的眞理性，即自己思維的現實性和力量，……。關於離開實踐的思維是否具有現實性的爭論，是一個純粹經院哲學的問題。……哲學家們只是用不同的方式**解釋**世界，而問題在於**改變**世界。」①

我想，我們可以把馬克思的主張解釋成指這個意思：哲學家們向來稱作是追求認識的那種過程，並不像已往認爲的那樣，是客體恆定不變，而一切適應全在認識者一方面的過程。事實相反，主體與客體、認識者與被認識的事物，都是在不斷的相互適應過程中。因爲這過程永遠不充分完結，他把它叫作「辯證的」過程。

否定英國經驗主義者所理解的那種「感覺作用」有現實性，對於這個理論萬分重要。實際發生的事情，當最接近於英國經驗主義者所說的「感覺作用」的意思時，還是叫作「察知」比

---

① 《關於費爾巴哈的十一條提綱》（*Eleven Theses on Feuerbach*），西元一八四五年。——作者注。引文見《路德維希·費爾巴哈和德國古典哲學的終結》單行本，人民出版社，一九七二年版，第五〇頁和第五三頁。——譯者

較好，因爲這意味著能動性。實際上——馬克思會如此主張——我們察知事物，只是作爲那個關聯著事物的行動過程的一部分察知的，任何不考慮行動的理論都是誤人的抽象觀念。

據我所知，馬克思是第一個從這種能動主義觀點批評了「眞理」概念的哲學家。在他的著作中，並沒有十分強調這個批評，所以這裡我不準備更多談，等到後面一章中再來考察這個理論。

馬克思的歷史哲學是黑格爾哲學和英國經濟學的一個摻和體。他和黑格爾一樣，認爲世界是按照一個辯證法公式發展的，但是關於這種發展的原動力，他和黑格爾的意見完全不同。黑格爾相信有一個叫「精神」的神祕實體，使人類歷史按照黑格爾的《邏輯學》中所講的辯證法各階段發展下去。爲什麼「精神」必須歷經這些階段，不得而知。人不禁要想，「精神」正努力去理解黑格爾的著作，在每個階段把所讀到的東西匆促地加以客觀化。馬克思的辯證法除了帶有某種必然性而外完全不帶這種性質。在馬克思看來，推進力不是精神而是物質。然而，那是一種以上所談的特別意義的物質，並不是原子論者講的完全非人化的物質。這就是說，在馬克思看來，推進力其實是人對物質的關係，其中最重要的部分是人的生產方式。這樣，馬克思的唯物論實際上成了經濟學。

據馬克思的意見，人類歷史上任何時代的政治、宗教、哲學和藝術，都是那個時代的生產方式的結果，退一步講也是分配方式的結果。我想他不會主張，對文化的一切細節全可以這樣講，而是主張只對於文化的大體輪廓可以這樣講。這個學說稱作「唯物史觀」。這是一個非常重要的論點；特別說，它和哲學史家是有關係的。我個人並不原封不動地承認這個論點，但是我認爲它裡面包含有極重要的眞理成分，而且我意識到這個論點對本書中敘述的我個人關於哲學發展的見解有了影響。首先，我們結合馬克思的學說來論一論哲學史。

從主觀方面講，每一個哲學家都自以爲在從事追求某種可稱作「眞理」的東西。哲學家們關於「眞理」的定義盡可意見分歧，但是無論如何眞理總是客觀的東西，是在某種意義上人人應該承認的東西。假使誰認爲全部哲學僅僅是不合理的偏見的表現，他便不會從事哲學的研究。然而一切哲學家會一致認爲有不少其他哲學家一向受到了偏見的激使，爲他們的許多見解持有一些他們通常不自覺的超乎理性以外的理由。馬克思和其餘人一樣，相信自己的學說是眞實的；他不認爲它無非是西元十九世紀中葉一個性喜反抗的德國中產階級猶太人特有的情緒的表現。關於對一種哲學的主觀看法與客觀看法的這種矛盾，我們能夠說些什麼話呢？

就大體上講，我們可以說直到亞里斯多德爲止的希臘哲學表現城邦制所特有的思想情況；斯多噶哲學適合世界性的專制政治，經院哲學是教會組織的精神表現；從笛卡兒以來的哲學，或者至少說從洛克以來的哲學，有體現商業中產階級的偏見的傾向；馬克思主義和法西斯主義是近代工業國家所特有的哲學。我覺得，這一點既眞實也很重要。不過，我認爲馬克思有兩點是錯誤的。第一，必須加以考慮的社會情況有經濟一面，同樣也有政治一面；這些情況同權力有關，而財富只是權力的一個形式。第二，問題只要一成爲細節上的和專門性的，社會因果關係大多不再適用。這兩點反對意見中頭一點，我在我寫的《權力》（*Power*）一書中已經講過了，所以我不準備再談。第二點和哲學史有比較密切的關係，我打算就它的範圍舉一些實例。

先拿共相問題來說。討論這個問題的最初是柏拉圖，然後有亞里斯多德、有經院哲學家、有英國經驗主義者，還有最近代的邏輯學家。否認偏見對哲學家們關於這個問題的見解有了影響，是說不過去的。柏拉圖受了巴門尼德和奧菲斯教的影響，他想要有一個永恆世界，無法相信時間流轉有終極實在性。亞里斯多德比較偏經驗主義，毫不厭惡現實的平凡世界。近代的澈底經驗主義者抱有一種和柏拉圖的偏見正相反的偏見：他們想到超感覺的世界就覺得不愉快，情願盡一切努力避免必得相信有這樣的世界。但是這幾種彼此對立的偏見是長久存在的，和社會制度只有比較遠的關係。有人說愛好永恆事物是靠旁人的勞動爲生的有閒階級的本色。我看這未必正確。艾比克泰德和斯賓諾莎都不是有閒紳士。反之，也可以極力說，把天堂當成一個無所事事的場所的想法，是那些只求休息的疲累勞工的想法。這樣的辯論能夠無止境地進行下去，毫無結果。

另一方面，如果注意一下關於共相的爭論的細節，便知道雙方各能作出一些對方會承認爲確實的論據。在這個問題上亞里斯多德對柏拉圖的某些批評，差不多已經普遍爲人認可了。在最近，固然還沒有得出決斷，可是發展起來一個新的專門技術，解決了許多枝節問題。希望不太久以後，邏輯學家們在這個問題上可以達到明確的意見一致，這也不是不合理的。

再舉第二個實例，我們來看本體論論證。如前所述，這個論證是安瑟勒姆首創的，湯瑪斯・阿奎那否定它，笛卡兒承認它，康德駁斥它，黑格爾使它又復舊。我認爲可以十分斷然地講，由於對「存在」概念進行分析的結果，現代邏輯已經證明了這個論證是不正確的。這不是個人氣質的問題或社會制度的問題；而是一個純粹專門性問題。駁倒這個論證當然並不構成認定其結論（即神存在）不對的理由；假使構成這種理由，我們就無法設想湯瑪斯・阿奎那當初會否定這個論證了。

或者，拿唯物主義這個問題來說。「唯物主義」是一個可以有許多意義的字眼；我們講過馬克思根本改變了它的含義。關於唯物主義究竟對或不對的激烈論爭，從來主要是依靠避免下定義才得以持續不衰。這個名詞一下出定義，我們就會知道，按照一些可能下的定義，唯物主義之不對是可以證明的；按照某些別的定義，便可能是對的，固然沒有確切理由這樣認爲；而再按照另外一些定義，存在著若干支持它的理由，只不過這些理由並不確鑿有力。這一切又是隨專門性考慮而定，跟社會制度沒有絲毫關係。

事情的眞相其實頗簡單。大家習慣上所說的「哲學」，是由兩種極不同的要素組成的。一方面，有一些科學性的或邏輯性的問題；這些問題能夠用一般人意見一致的方法處理。另一方面，又有一些爲很多人熱烈感興趣，而在哪一方面都沒有確實證據的問題。後一類問題中有一些是不可能超然對待的實際問題。在起了戰爭時，我必須支持本國，否則必定和朋友們及官方都發生痛苦的糾紛。向來有許多時期，在支持公認的宗教和反對公認的宗教之間是沒有中間路線的。爲了某種理由，我們全感到在純粹理性不過問的許多問題上不可能維持懷疑的超然態度。按哲學一詞的極普通的意義講，一套「哲學」即這種超乎理性以外的諸決斷的一個有機總體。就這個意義的「哲學」來說，馬克思的主張才算基本上正確。但是，甚至按這個意義講，一套哲學也不單是由經濟性的原因決定的，而且是由其他社會原因決定的。特別是戰爭在歷史因果關係上參與作用；而戰爭中的勝利並不總歸於經濟資源最豐富的一方。

馬克思把他的歷史哲學納入了黑格爾辯證法所提出的模子，但事實上只有一個三元組是他關心的：封建主義，以地主爲代表；資本主義，以工業雇主爲代表；社會主義，以雇傭勞動者爲代表。黑格爾把民族看作是傳遞辯證的運動的媒介；馬克思將民族換成了階級。他一貫否認他選擇社會主義或採取雇傭勞動者的立場有任何道德上或人道主義上的理由；他斷言，並不是說雇傭勞動者的立場從道德上講比較好，而是說這個立場是辯證法在其澈底決定論的運動中所採取的立場。他本來滿可以講他並沒有宣導社會主義，只是預言了社會主義。不過，這樣講不算完全正確。毫無疑問，他相信一切辯證的運動在某種非個人的意義上都是進步，而且他必定認爲社會主義一旦建成，會比以往的封建主義或資本主義給人類帶來更多的幸福。這些信念想必支配了他的一生，但是就他的著作來說，這些信念卻大部分是隱而不露的。不過，有時候他也拋開冷靜的預言，積極地激勵反叛，在他寫的所有的東西裡面都隱含著他的那些貌似科學的預言的感情基礎。

把馬克思純粹當一個哲學家來看，他有嚴重的缺點。他過於尙實際，過分全神貫注在他那個時代的問題上。他的眼界侷限於我們的這個星球，在這個星球範圍之內，又侷限於人類。自從哥白尼以來已經很顯然，人類並沒有從前人類自許的那種宇宙重要地位。凡是沒澈底領會這個事實的人，誰也無資格把自己的哲學稱作科學的哲學。

和侷限於地上事務這件事相伴隨的是樂於信仰進步是一個普遍規律。這種態度是西元十九世紀的特色，在馬克思方面和在他那個時代的其他人方面同樣存在。只是由於信仰進步的必然性，所以馬克思才認爲能夠免掉道德上的考慮。假如社會主義將要到來，那必是一種事態改進。他會毫不遲疑地承認，社會主義在地主或資本家看來不像是改進，但是這無非表示他們同時代的辯證運動不和諧罷了。馬克思自稱是個無神論者，卻又保持了一種只能從有神論找到根據的宇宙樂觀主義。

概括地說，馬克思的哲學裡由黑格爾得來的一切成分都是不科學的，意思是說沒有任何理由認爲這些成分是正確的。

馬克思給他的社會主義加上的哲學外衣，也許和他的見解的基礎實在沒大關係。絲毫不提辯證法而把他的主張的最重要部分改述一遍也很容易。他透過恩格斯和皇家委員會的報告，澈底了解到一百年前存在於英國的那種工業制度駭人聽聞的殘酷，這給他留下了深刻印象。他看出這種制度很可能要從自由競爭向獨占發展，而它的不公平必定引起無產階級的反抗運動。他認爲，在澈底工業化的社會中，不走私人資本主義的道路，就只有走土地和資本國有的道路。這些主張不是哲學要談的事情，所以我不打算討論或是或非。問題是這些主張如果正確便足以證實他的學說體系裡的實際重要之點。因而那一套黑格爾哲學的裝飾滿可以丟下倒有好處。

馬克思向來的聲名史很特殊。在他的國家，他的學說產生了社會民主黨的綱領，這個黨穩步地發展壯大，最後在西元一九一二年的普選中獲得了投票總數的三分之一。第一次世界大戰之後不久，社會民主黨一度執政，威瑪共和國的首任總統亞伯特就是該黨黨員；但是到這時候社會民主黨已經不再固守馬克思主義正統了。同時，在俄國，狂熱的馬克思信徒取得了統治權。在西方，大的工人階級運動歷來沒有一個是十足馬克思主義的運動；已往英國工黨有時似乎朝這個方向發展過，但是仍舊一直堅守一種經驗主義式的社會主義。不過，在英國和美國，大批知識分子受到了馬克思很深的影響。在德國，對他的學說的宣導全部被強行禁止了，但是等推翻納粹之後②預計可以再復活。

現代的歐洲和美洲因而在政治上和意識形態上分成了三個陣營。有自由主義者，他們在可能範圍內仍信奉洛克或邊沁，但是對工業組織的需要作不同程度的適應。有馬克思主義者，他們在俄國掌握著政府，而且在其他一些國家很可能愈來愈有勢力。這兩派意見從哲學上講相差不算太遠，兩派都是理性主義的，兩派在意圖上都是科學的和經驗主義的。但是從實際政治的觀點來看，兩派界線分明。在上一章引證的詹姆士·穆勒的那封講「他們的財產觀顯得眞醜」的信裡，這個界線已然表現出來。

可是，也必須承認，在某些點上馬克思的理性主義是有限度的。雖然他認爲他對發展的趨向的解釋是正確的，將要被種種事件證實，他卻相信這種議論只會打動那些在階級利益上跟它一致的人的心（極少數例外不算）。他對說服勸導不抱什麼希望，而希望從階級鬥爭得到一切。因而，他在實踐上陷入了強權政治，陷入了主宰階級論，儘管不是主宰民族論。固然，由於社會革命的結果，階級劃分預計終究會消失，讓位於政治上和經濟上的完全和諧。然而這像基督復臨一樣，是一個渺遠的理想；在達到這理想以前的期間，有鬥爭和獨裁，而且強要思想意識正統化。

② 作者執筆時是在西元一九四三年。

在政治上以納粹黨和法西斯黨爲代表的第三派現代見解，從哲學上講和其他兩派的差異比那兩派彼此的差異深得多。這派是反理性的、反科學的。它的哲學祖先是盧梭、費希特和尼采。這一派強調意志，特別是強調權力意志；認爲權力意志主要集中在某些民族和個人身上，那些民族和個人因此便有統治的權利。

直到盧梭時代爲止，哲學界是有某種統一的。這種統一暫時消失了，但也許不會長久消失。從理性主義上重新戰勝人心，能夠使這種統一恢復，但是用其他任何方法都無濟於事，因爲對支配權的要求只會釀成紛爭。

第二十八章　柏格森

I

亨利・柏格森（Henri Bergson）是西元二十世紀最重要的法國哲學家。他影響了威廉・詹姆士和懷德海，而且對法國思想也有相當大的影響。索賴爾是一個工團主義（syndicalism）的熱烈宣導者，寫過一本叫《關於暴力之我見》（*Reflection on Violence*）的書，他利用柏格森哲學的非理性主義爲沒有明確目標的革命勞工運動找根據。不過，到最後索賴爾離棄了工團主義，成爲君主論者。柏格森哲學的主要影響是保守方面的，這種哲學和那個終於發展到維希政府的運動順利地取得了協調。但是柏格森的非理性主義廣泛引起了人們完全與政治無關的興趣，例如：引起了蕭伯納的興趣，他的《千歲人》（*Back to Methuselah*）就是純粹柏格森主義。撇開政治不談，我們必須考察的是它的純哲學一面。我把柏格森的非理性主義講得比較詳細，因爲它是對理性反抗的一個極好的實例，這種反抗始於盧梭，一直在世人的生活和思想裡逐漸支配了愈來愈廣大的領域。①

① 本章的下餘部分大體上是重印發表在西元一九一二年《一元論者》（*The Monist*）上的一篇文章。

給各派哲學進行分類，通常或者是按方法來分，或者是按結果來分：「經驗主義的」哲學和「先驗的」哲學是按照方法的分類，「實在論的」哲學和「觀念論的」哲學是按照結果的分類。可是，如果打算用這兩種分類法裡任何一種給柏格森的哲學加以分類，看來難得有好結果，因爲他的哲學貫通了所有公認的門類界線。

但是另外還有一個給各派哲學分類的方法，不那麼精確，然而對於非哲學界的人也許比較有用；這個方法中的劃分原則是按照促使哲學家作哲學思考的主要欲望來分。這樣就會分出來由愛好幸福而產生的感情哲學，由愛好知識而產生的理論哲學和由愛好行動而產生的實踐哲學。

感情哲學中包含一切基本上是樂觀主義的或悲觀主義的哲學，一切提出拯救方案或企圖證明不可能有拯救的哲學；宗教哲學大多都屬於這一類。理論哲學中包含大多數的大體系；因爲雖然知識欲是罕見的，卻向來是哲學裡大部分精華的源泉。另一方面，實踐哲學就是那些哲學：把行動看成最高的善，認爲幸福是效果而知識僅僅是完成有效活動的手段。假使哲學家們是一些平常人，這種類型的哲學在西歐人中間本來應該很普遍；事實上，直到最近爲止這種哲學一向不多見；實際這種哲學的主要代表人物就是實用主義者和柏格森。從這種類型的哲學的興起，我們可以像柏格森本人那樣，看出現代實行家對希臘的威信的反抗，特別是對柏拉圖的威信的反抗；或者，我們可以把這件事同帝國主義及汽車連繫起來，席勒博士顯然是會這樣做的。現代世界需要這樣的哲學，因此它所取得的成功不是意料不到的。

柏格森的哲學和已往大多數哲學體系不同，是二元論的：在他看來，世界分成兩個根本相異的部分，一方面是生命，另一方面是物質，或者不如說是被理智看成物質的某種無自動力的東西。整個宇宙是兩種反向的運動即向上攀登的生命和往下降落的物質的衝突矛盾。生命是自從世界開端便一舉而產生的一大力量、一個巨大的活力衝動，它遇到物質的阻礙，奮力在物質中間打開一條道路，逐漸學會通過組織化來利用物質；它像街頭拐角處的風一樣，被自己遭遇的障礙物分成方向不同的潮流；正是由於作出物質強要它作的適應，它一部分被物質制服了；然而它總是保持著自由活動能力，總是奮力要找到新的出路，總是在一些對立的物質障壁中間尋求更大的運動自由。

進化基本上不是用適應環境可以說明的；適應只能說明進化的迂迴曲折，那就好比是一條經過丘陵地通往城鎮的道路的迂曲。但是這個比喻並不十分適當；在進化所走的道路的盡頭沒有城鎮，沒有明確的目標。機械論和目的論有同樣的缺點：都以為世界上沒有根本新的事物。機械論把未來看成蘊含在過去當中，而目的論既然認為要達到的目的是事先能夠知道的，所以否定結果中包含著任何根本新的事物。

柏格森雖然對目的論比對機械論要同情，他的見解跟這兩種見解都相反，他主張進化如同藝術家的作品，是真正**創造性的**。一種行動衝動、一種不明確的要求是預先存在的，但是直到該要求得到滿足時為止，不可能知道那個會滿足要求的事物的性質。例如：我們不妨假定無視覺的動物有某種想在接觸到物體之前能夠知曉物體的模糊的欲望。由此產生的種種努力最後的結果是創造了眼睛。視覺滿足了該欲望，然而視覺是事先不能想像的。因為這個道理，進化是無法預斷的，決定論駁不倒自由意志的提倡者。

柏格森敘述了地球上生物的實際發展來填充這個大綱。生命潮流的初次劃分是分成植物和動物；植物的目的是要在貯藏庫裡蓄積能力，動物的目的在於利用能力來做猛然的快速運動。但是在後期階段，動物中間出現了一種新的兩歧化：**本能**與**理智**多少有些分離開了。兩者絕不彼此完全獨自存在，但是概言之理智是人類的不幸，而本能的最佳狀態則見於螞蟻、蜜蜂和柏格森。理智與本能的劃分在他的哲學中至關重要，他的哲學有一大部分像是散弗德與默頓，本能是好孩子，理智是壞孩子。

本能的最佳狀態稱作**直覺**。他說：「我所說的**直覺**是指那種已經成為無私的、自意識的、能夠靜思自己的對象並能將該對象無限制擴大的本能。」他對理智的活動的講法並不總是容易領會的，但是如果我們想要理解柏格森的哲學，必須盡最大努力把它弄懂。

智力或理智，「當離開自然的雙手時，就以無機固體作為它的主要對象」；它只能對不連續而不能運動的東西形成清晰觀念；它的諸概念和空間裡的物體一樣，是彼此外在的，而且有同樣的穩定性。理智在空間方面起分離作用，在時間方面起固定作用；它不是來思考進化的，而是把**生成**表現為一連串的狀態。「理智的特徵是天生來沒有能力理解生命」；幾何學與邏輯學是理智的典型產物，嚴格適用於固體，但是在其他場合，推理必須經過常識的驗核。而常識，柏格森說得對，是和推理大不相同的事。看來彷彿是，固體是精神特意創造出來，以便把理智應用於其上的東西，正像精神創造了棋盤好在上面下棋一樣。據他說，理智的起源和物質物體的起源是彼此相關的；兩者都是透過交互適應而發展起來的。「必定是同一過程從一種包含著物質和理智的素材中同時把二者割離了出來。」

這種物質和理智同時成長的想法很巧妙，有了解的價值。我以為，大體上說所指的意思是這樣：理智是看出各個對象彼此分離的能力，而物質就是分離成不同對象的那種東西。實際上，並沒有分離的固態對象，只有一個不盡的生成之流，在這個生成之流中，無物生成，而且這個無物所生成的物也是無有的。但是生成可能是向上運動也可能是向下運動：如果是向上運動，叫作生命，如果是向下運動，就是被理智誤認為的所謂物質。我設想宇宙呈圓錐形，「絕對」位於頂點處，因為向上運動使事物合在一起，而向下運動則把事物分離開，或者至少說好像把事物分離開。為了使精神的向上運動能夠在紛紛落到精神上的降落物體的向下運動當中穿過，精神必須會在各降落物體之間開闢路徑；因而，智力形成時便出現了輪廓和路徑，原始的流注被切割成分離的物體。理智不妨比作是一個在餐桌上切分肉的人，但是它有一個特性就是想像雞自來就是用切肉刀把雞切成的散塊。

柏格森說：「理智的活動狀況總是好像它被觀照無自動力的物質這件事迷惑住似的。理智是生命向外觀望，把自身放在自身之外，為了事實上支配無組織的自然的做法，在原則上採取這種做法。」假如在藉以說明柏格森哲學的許多比喻說法之外可以容許我們再添上一個比喻說法，不妨說宇宙是一條巨大的登山鐵道，生命是向上開行的列車，物質是向下開行的列車。理智就是當下降列車從我們乘坐的上升列車旁經過時我們注視下降列車。把注意力集中在我們自己的列車上的那種顯然較高尚的能力是本能或直覺。從一個列車跳到另一個列車上也是可能的；當我們成為自動習慣的犧牲者時便發生這種事，這是喜劇要素的本質。或者，我們能夠把自己分成兩部分，一部分上升，一部分下降；那麼只有下降的部分是喜劇性的。但理智本身並不是下降運動，僅是上升運動對下降運動的觀察。

按照柏格森的意見，使事物分離的理智是一種幻夢；我們的整個生命本應該是能動的，理智卻不是**能動的**，而純粹是觀照的。他說，我們做夢時，我們的自我分散開，我們的過去破裂成斷片，實際彼此滲透著的事物被看作是一些分離的固體單元：超空間者退化成空間性，所謂空間性無非是分離性。因之，全部理智既然起分離作用，都有幾何學的傾向；而討論彼此完全外在的概念的邏輯學，實在是按照物質性的指引從幾何學產生的結果。在演繹和歸納的背後都需要有空間直覺；「在終點有空間性的那個運動，沿著自己的途程不僅設置了演繹能力，而且設置了歸納能力，實際上，設置了整個理智能力」。這個運動在精神中創造出以上各種能力，又創造出理智在精神中所見到的事物秩序。因而，邏輯學和數學不代表積極的精神努力，僅代表一種意志中止、精神不再有能動性的夢遊症。因此，不具備數學能力是美質的標記——所幸這是一種極常見的標記。

正像理智和空間關聯在一起，同樣本能或直覺和時間關聯在一起。柏格森和大多數著述家不同，他把時間和空間看得極爲相異，這是柏格森哲學的一個顯著特色。物質的特徵——空間，是由於分割流注而產生的，這種分割實在是錯覺，雖然在某個限度內在實踐上有用處，但是在理論上十分誤人。反之，時間是生命或精神的根本特徵。他說：「凡是有什麼東西生存的地方，就存在正把時間記下來的記錄器，暴露在某處。」但是這裡所說的時間不是數學時間，即不是相互外在的諸瞬間的均勻集合體。據柏格森說，數學時間實在是空間的一個形式；對於生命萬分重要的時間是他所謂的**綿延**。這個綿延概念在他的哲學裡是個基本概念；他的最早期著作《時間與自由意志》（*Time and Free Will*）中已經出現了這個概念，我們如果想對他的學說體系有所了解，必須懂得它。不過，這卻是一個非常難懂的概念。我個人並不十分理解，所以雖然這個概念毫無疑問有解釋清楚的價值，我可無法希望解釋得那麼清楚。

據他說，「純粹綿延是，當我們的自我讓自己生存的時候，即當自我制止把它的現在狀態和以前各狀態分離開的時候，我們的意識狀態所採取的形式」。純粹綿延把過去和現在做成一個有機整體，其中存在著相互滲透，存在著無區分的繼起。「在我們的自我之內，有不帶相互外在性的繼起；在自我之外，即在純粹空間內，有不帶繼起的相互外在性。」

「有關主體與客體的問題，有關兩者區分與合一的問題，應當不從空間的角度，而從時間的角度來提。」我們在其中**看見自己行動**的那個綿延裡面，有一些不相連的要素；但是在我們在其中**行動**的那個綿延裡面，我們的各個狀態彼此融合起來。純粹綿延是最遠離外在性而且與外在性最不滲透的東西，在這個綿延裡，過去爲完全新的現在所充滿。但這時我們的意志緊張到極點；我們必須拾集起正待滑脫的過去，把它不加分割地整個插到現在裡面。在這樣的瞬間，我們眞正占有了自己，但是這樣的瞬間是少有的。綿延正是實在的素材本身，實在就是永遠的生成，絕不是某種已經做成的東西。

綿延尤其是在**記憶**中表現出來，因爲在記憶中過去殘留於現在。因而，記憶論在柏格森的哲學裡便非常重要了。《物質與記憶》（*Matter and Memory*）一書想要說明精神和物質的關係；因爲記憶「正是精神和物質的交叉」，透過對記憶進行分析，書中斷言精神和物質都是實在的。

他說，有兩種根本不同的事通常都叫作**記憶**；這兩者的區別是柏格森十分強調的。他說：「過去在兩種判然有別的形式下殘留下來：第一，以運動機制的形式；第二，以獨立回憶的形式。」例如：一個人如果能背誦一首詩，也就是說，如果他獲得了使他能夠重複一個以前的行動的某種習慣或機制，就說他記得這首詩。但是，至少從理論上講，他滿能夠絲毫不回想以前他讀這首詩的那些時機而重複這首詩；因而，這類記憶裡不包含既往事件的意識。只有第二種記憶才眞稱得上記憶，這種記憶表現在他對讀那首詩的各次時機的回憶中，而各次時機每一次都是獨特的，並且帶有年月日期。他認爲，在這種場合談不到**習慣**問題，因爲每個事件只發生過一次，必須直接留下印象。他指出，從某種意義上講，我們所遭到的一切事情都被記住，但是通常只有有用的東西進入了意識。據他主張，表面上的記憶缺陷並不眞的是記憶的精神要素的缺陷，而是化記憶爲行動的運動機制的缺陷。他又討論了腦生理學和記憶喪失症的事實來證明這種看法，據認爲由此得出的結果是，眞記憶不是腦髓的功能。過去必須由物質來行**動**，由精神來**想像**。記憶並不是物質的發散；的確，假如我們說的物質是指具體知覺中所把握的那種物質，因爲具體知覺總是占據一定的綿延，說物質是記憶的發散倒還比較接近眞實。

「從原則上講，記憶必定是一種絕對不依賴於物質的能力。那麼，假如精神是一種實在，正是在這個場合，即在記憶現象中，我們可以從實驗上接觸到它。」

柏格森把純粹知覺的位置放在和純粹記憶相反的另一端，關於純粹知覺，他採取一種超實在論的立場。他說：「在純粹知覺中，我們實際上被安置在自身以外，我們在直接的直覺中接觸到對象的實在性。」他把知覺和知覺的對象完全看成是同一的，以致他幾乎根本不肯把知覺稱作精神的事。他說：「純粹知覺爲精神的最低一級——無記憶的精神，它實在是我們所理解的那種物質的一部分。」純粹知覺是由正在開始的行動構成的，其現實性就在於共能動性。就是這樣腦髓才和知覺有了關係，因爲腦髓並不是行動的手段。腦髓的功能是把我們的精神生活限制在實際有用的事情上。據推測，若是沒有腦髓，一切事物都會被知覺到，但是實際上我們只知覺引起我們關心的事物。「肉體總是轉向行動方面，它具有的根本功能即爲了行動而限制精神的生活。」其實，腦髓是進行選擇的手段。

現在需要回過來講同理智相對的本能或直覺這個主題。有必要先說一說綿延和記憶，因爲柏格森對直覺的論述是以他的綿延和記憶的理論爲前提的。以現下存在的人類來說，直覺是理智的邊緣或半影：它是因爲在行動中不及理智有用而被強行排出中心的，但是直覺自有更奧妙的用途，因此最好再恢復它的較顯要的地位。柏格森想要使理智「向內轉向自身，喚醒至今還在它內部酣睡著的直覺的潛力」。他把本能和理智的關係比作是視覺和觸覺的關係。據他說，理智不會給人關於遠隔的事物的知識；確實，科學的功能據他說是從觸覺的觀點來解釋一切知覺。

他說：「只有本能是遠隔的知識。它同智力的關係和視覺同觸覺的關係是一樣的。」我們可以順便說到，柏格森在許多段文字裡表現出是一個視覺化想像力很強的人，他的思考總是通過視覺心象進行的。

直覺的根本特徵是，它不像理智那樣把世界分成分離的事物；雖然柏格森並沒有使用「綜合的」和「分析的」這兩個詞，我們也不妨把直覺說成不是分析的而是綜合的。它領會的是多樣性，然而是一種相互滲透的諸過程的多樣性，而不是從空間上講外在的諸物體的多樣性。其實，事物是不存在的：「事物和狀態無非是我們的精神對生成所持的看法。沒有事物，只有行動。」這種宇宙觀雖然在理智看來難懂而不自然，對直覺來說是易解而又自然的。記憶可以當作說明這些話的意義的一個實例，因為在記憶中過去存活到現在裡面，並且滲透到現在裡面。離開了精神，世界就會不斷在死去又復生；過去就會沒有實在性，因此就會不存在過去。使得過去和未來實在的，從而創造真綿延和真時間的，是記憶及其相關的欲望。只有直覺能夠理解過去與未來的這種融合，在理智看來，過去與未來始終是相互外在的，彷彿是在空間上相互外在的。在直覺指導之下，我們理解到「形式不過是對於變遷的一個暫時看法」，而哲學家「會看見物質世界重又融合成單一的流轉」。

和直覺的優點有密切關聯的是柏格森的自由說以及他對行動的頌揚。他說：「實際上，生物就是行動的中心。一個生物代表進入世界的偶然性的某個總和，也就是說，某個數量的可能行動。」否定自由意志的議論一部分要依靠假定精神狀態的強度是一個至少在理論上可以測量其數值的量；柏格森在《時間與自由意志》第一章中企圖反駁這種看法。據他說，從一部分上講，決定論者依靠真綿延與數學時間的混同；柏格森把數學時間看成實在是空間的一種形式。此外，從另一部分上講，決定論者把自己的主張放在一個沒有保證的假定上，即如果腦髓的狀態已定，精神的狀態在理論上便確定了。柏格森倒願意承認相反說法是對的，那就是說，精神的狀態已定時腦髓的狀態便確定，但是他把精神看得比腦髓更分化，所以他認為精神的許多不同狀態可以相應於腦髓的一個狀態。他斷定真自由是可能有的：「當我們的種種行動發自我們的全人格時，當這些行動表現全人格時，當它們和全人格有那種在藝術家與其作品之間不時見得到的難以名狀的類似時，我們是自由的。」

在以上的概述中，我基本上盡力只講柏格森的各種見解，而不提他爲了支持這些見解而舉出的理由。對於柏格森比對於大多數哲學家容易做到這一點，因爲通常他並不給自己的意見提出理由，而是依賴這些意見固有的魅力和一手極好的文筆的動人力量。他像做廣告的人一樣，依賴鮮明生動、變化多端的說法，依賴對許多隱晦事實的表面解釋。尤其是類推和比喻，在他向讀者介紹他的意見時所用的整個方法中占很大一部分。他的著作中見得到的生命比喻的數目，超過我所知的任何詩人的作品中的數目。他說，生命像是一個這樣的炮彈：它炸成碎片，各碎片又是一些炮彈。生命像是一個束。最初，它「尤其像草木的綠色部分進行積蓄那樣，是一種在貯水池中進行積蓄的傾向」。但是，這個貯水池裡要灌滿噴發著蒸汽的沸水；「注流必定不斷地噴湧出來，每一股注流落回去是一個世界。」他又說：「生命在其整體上顯出是一個巨波，由一個中心起始向外鋪展，並且幾乎在它的全部周邊上被阻止住，轉化成振盪：只在一點上障礙被克服了，衝擊力自由地通過了。」其次，又把生命比作騎兵突擊，這是比喻的最高潮。「一切有機物，從最下等的到最高級的，從生命的最初起源到我們所處的時期，而且在一切地點和一切時代，無不證明了一個衝擊，那是物質的運動的反面，本身是不可分割的。一切活的東西都結合在一起，一切都被同一個巨大的推進力推動。動物占據植物的上位，人類跨越過動物界，在空間和時間裡，人類全體是一支龐大的軍隊，在我們每個人的前後左右縱馬賓士，這個排山倒海的突擊能夠打倒一切阻力、掃除許多障礙，甚至也許能夠突破死亡。」

但是，對這場使人類位於動物界之上的突擊，一個感覺自己僅是旁觀者，也許僅是不同情的旁觀者的冷靜評論家，會覺得沉著細心的思考同這種演習是很難相容的。他一聽人對他講，思考不過是行動的一個手段，不過是避開戰場上的障礙物的衝動，他會感覺這樣的見解和騎兵軍官是相稱的，和哲學家卻不相稱，因爲哲學家到底是以思考爲本務的：他會感覺在猛烈運動的激情與喧囂當中，理性奏出的微弱音樂沒有容留餘地，沒有閒暇作公平的沉思，在這種沉思中，不是透過騷亂而是透過反映出來的宇宙之大來追求偉大。那麼，他也許不禁要問，到底是否有什麼理由承認這樣一個動亂不定的宇宙觀呢。假若我想得不錯，如果他問這個問題，他會發覺，無論在宇宙中或在柏格森先生的著作中，都沒有承認這種宇宙觀的任何理由。

II

柏格森的哲學並不只是一種富於想像的詩意的宇宙觀，就這一點而言，柏格森哲學的兩個基礎是他的空間論與時間論。他的空間論對於他指責理智來說是必需的，如果他對理智的指責失敗了，理智對他的指責就會成功，因爲這兩者之間是一場無情的苦鬥。他的時間論對於他證明自由來說是必要的，對於他逃開威廉・詹姆士所謂的「閉鎖宇宙」來說是必要的，對於他所講的其中不存在任何流動事物的永久流轉之說是必要的，對於有關精神與物質的關係他的全部講法是必要的。所以在評論他的哲學時，宜於把注意力集中在這兩個學說上。如果這兩個學說是對的，任何哲學家也難免的那種細小錯誤和矛盾倒沒有很人關係；而如果這兩個學說不對，剩下的就只有應當不從理智根據而從審美根據來評判的富於想像的敘事詩了。因爲二者當中空間論比較簡單，我先從它談起。

柏格森的空間論在他的《時間與自由意志》中有詳盡明白的敘述，所以屬於他的哲學的最早期部分。在第一章中，他主張**較大**和**較小**暗含著空間的意思，因爲他把較大者看成根本是**包含**較小者的東西。他沒有提出支持這種看法的任何理由，無論是好的理由或是壞的理由；他僅僅像是在運用明白的reductio ad absurdum（歸謬證法）似地高叫：「彷彿什麼在既沒有多樣性也沒有空間的場合下仍舊可以談大小似的！」一些明顯的相反事例，類如快樂與痛苦，給他造成很大困難，然而他從不懷疑也從不再審查一下他由之出發的定論。

在下一章裡，關於數他主張相同的論點。他說：「只要我們一想要想像**數**，而不僅是想像數字或數目詞，我們便不得不求助於有廣延的心象」，而且「關於數的每一個清晰的觀念都暗含著空間的視覺心象」。這兩句話足以表明柏格森並不懂得數是什麼，他自己對於數就沒有清晰觀念，這一點我打算在下面加以證明。他的以下的定義也表明這一點：「數可以一般地定義成單元集團，或者更確切地說，定義成一與多的綜合。」

在討論這些說法時，我不得不請讀者暫時忍耐一下，去注意一些初看也許顯得迂腐氣，而其實極爲重要的區別。有三件完全不同的東西，柏格森在上面的話里弄混了，即：(1)數——適用於種種個別數目的一般概念；(2)種種個別的數；(3)種種個別的數對之適用的種種集團。柏格森講數是單元集團，他所定義的是最後這一項。十二使徒、以色列的十二支族、十二月分、黃道十二宮，都是單元集團，然而其中哪一個也不是「十二」這個數，更不是按上述定義應當是的一般的數。顯然，「十二」這個數是所有這些集團共有的，但不和其他集團如十一人板球隊共有的東西。因此，「十二」這個數既不是由十二項事物而成的一個集團，也不是一切集團共有的東西；而一般的數則是「十二」或「十一」或其他任何數的一種性質，卻不是有十二項事物或十一項事物的各種集團的性質。

因此，當我們按照柏格森的意見，「求助於有廣延的心象」，去想像譬如說擲出對六骰子得到的那種十二個圓點時，我們仍沒有得到「十二」這個數的心象。其實，「十二」這個數是比任何心象都要抽象的東西。在我們談得上對「十二」這個數有所了解之前，我們必須先知道由十二個單元而成的不同集團的共通點，而這一點因為是抽象的，所以是無法在心中描繪的事。柏格森無非是仗著把某個特定集團和它的項數混淆起來，又把這個數和一般的數混淆起來，才得以使他的數的理論顯得似乎有道理。

這種混淆和下述情況是一樣的。假使我們把某個特定青年和青年期混淆起來，把青年期又和「人生的時期」這個一般概念混淆起來，然後主張，因為青年有兩條腿，青年期必定有兩條腿，「人生的時期」這個一般概念必定有兩條腿。這種混淆關係重大，因為只要一看出這種混淆，便明白所謂數或個別的數能在空間中描繪其心象的理論是站不住腳的。這不僅否定了柏格森的關於數的理論，而且否定了他的一個更為一般的理論，即一切抽象觀念和一切邏輯都是由空間得出的。

但是，撇開數的問題不談，我們要承認柏格森所講的分離的諸單元的一切多元性都暗含著空間這個主張嗎？他考察了和這個看法似乎矛盾的事例當中若干事例，例如：接連繼起的聲音。他說，我們聽見街上某個行人的腳步聲時，我們心中幻想他的相繼位置，我們聽見鐘聲時，我們或者想像那個鐘前後搖盪，或者把相繼的聲音在理想空間中排列起來。但是，這些話僅僅是一個好作視覺想像的人的自傳式述懷，說明了我們前面所講的話，即柏格森的見解有賴於他的視覺的優勢。把時鐘的打點聲在想像的空間中排列起來的邏輯必然性是沒有的，據我想，大多數人完全不用空間輔助手段來數時鐘響聲。然而柏格森卻沒有爲必要有空間這個見解申述任何理由。他假定這是顯然的，然後立即把這個見解用到時間上。他說，在似乎存在著一些彼此外在的不同時間的場合，各時間被想像爲在空間中鋪散開；在類如由記憶產生的眞時間中，不同的時間彼此滲透，因爲它們不是分離的，所以無法來數。

現在他就以爲一切分離性暗含著空間這個見解算是確定了，並且按演繹方式利用它來證明，只要顯然存在有分離性，便暗含著空間；不管作這種猜想的其他理由多麼少。例如：抽象觀念顯然是彼此排斥的：白和黑不同，健康和生病不同，賢和愚不同。因此，一切抽象觀念都暗含著空間；所以使用抽象觀念的邏輯學是幾何學的一個分支，理智全部依賴於把事物想像成並排在空間中這樣一個他假想的習慣。這個結論是柏格森對理智的全部指責的依據，就我們發現得到的情況而論，它完全基於誤把一種個人特異性癖當成思維的必然性，我說的特異性癖是指在心中把前後繼起描繪成擴散在一條線上。關於數的實例表明，假使柏格森的意見是對的，我們就絕不能獲得被認爲這樣飽含著空間的抽象觀念了；反過來講，我們能夠理解（與作爲抽象觀念的實例的個別事物相對的）抽象觀念這一事實似乎就足以證明，他把理智看成飽含著空間是錯誤的。

像柏格森的哲學這樣一種反理智哲學的一個惡果是，這種哲學靠著理智的錯誤和混亂發展壯大。因此，這種哲學便寧可喜歡壞思考而不喜歡好思考，斷言一切暫時困難都是不可解決的，而把一切愚蠢的錯誤都看作顯示理智的破產和直覺的勝利。柏格森的著作中有許多提及數學和科學的話，這些話在粗心的讀者看來也許覺得大大鞏固了他的哲學。關於科學，特別是關於生物學和生理學，我沒有充分資格批評他的各種解釋。但是關於數學方面，他在解釋中故意採取了傳統謬見而不採取近八十年來在數學家中間流行的比較新式的見解。在這個問題上，他效法了大多數哲學家的榜樣。在西元十八世紀和十九世紀初期，微積分學作爲一種方法雖然已經十分發達，但是關於它的基礎，它是靠許多謬誤和大量混亂思想來支持的。黑格爾和他的門徒抓住這些謬誤和混亂以爲根據，企圖證明全部數學是自相矛盾的。由此黑格爾對這些問題的講法便傳入了哲學家的流行思想中，當數學家把哲學家所依賴的一切困難點都排除掉之後很久，黑格爾的講法在哲學家的流行思想中依然存在。只要哲學家的主要目的是說明靠耐心和詳細思考什麼知識也得不到，而我們反倒應該以「理性」爲名（如果我們是黑格爾主義者），或以「直覺」爲名（如果我們是柏格森主義者），去崇拜無知者的偏見——那麼數學家爲了除掉黑格爾從中得到好處的那些謬誤而做的工作，哲學家就會故意對之保持無知。

除了我們已經談的數的問題以外，柏格森接觸到數學的主要一點是，他否定他所謂的對世界的「電影式的」描述。在數學中，把變化，甚至把連續變化理解爲由一連串的狀態構成；反之，柏格森主張任何一連串的狀態都不能代表連續的東西，事物在變化當中根本不處於任何狀態。他把認爲變化是由一連串變化中的狀態構成的這種見解稱作電影式的見解；他說，這種見解是理智特有的見解，然而根本是有害的。眞變化只能由眞綿延來解釋；眞綿延暗含著過去和現在的相互滲透，而不意味著各靜止狀態所成的一個數學的繼起。這就是他所說的非「靜的」而是「動的」宇宙觀。這個問題很重要，儘管困難我們也不能不管。

柏格森的立場可以拿芝諾關於箭的議論來說明，在對他的批評方面我們要講的話由此也可以得到恰當說明。芝諾議論，因爲箭在每一瞬間無非是在它所在的地方，所以箭在飛行當中總是靜止的。初看來，這個議論可能不像是十分有力的議論。當然，人會這樣講：箭在一個瞬間是在它所在的地方，但在另一個瞬間是在另外的地方，這正是所謂的運動。的確，如果我們一定要假定運動也是不連續的，由運動的連續性便產生某些困難之點。如此得出的這些難點，長期以來一直是哲學家的老行當的一部分。但是，如果我們像數學家那樣，避開運動也是不連續的這個假定，就不會陷入哲學家的困難。假若一部電影中有無限多張影片，而且因爲任何兩張影片中間都夾有無限多張影片，所以這部電影中絕不存在**相鄰的**影片，這樣一部電影會充分代表連續運動。那麼，芝諾的議論的說服力到底在哪裡呢？

芝諾屬於伊利亞學派，這個學派的目標是要證明所謂變化這種事情是不會有的。對世界應採取的自然看法是：存在著發生**變化**的**對象**；例如：存在著一枝時而在此，時而在彼的箭。哲學家們把這個看法對分，發展出來兩種悖論。伊利亞派的人講，有對象而沒有變化；赫拉克利特和柏格森講，有變化而沒有對象。伊利亞派的人說有箭，但是沒有飛行；赫拉克利特和柏格森說有飛行，但是沒有箭。雙方各反駁對方，來進行辯論。「靜」派的人講，說沒有箭是多麼可笑！「動」派的人講，說沒有飛行是多麼可笑！那位站在中間主張也有箭也有飛行的不幸者，被參與辯論的人認成是否定二者；他於是就像聖西巴斯蒂安一樣，一側被箭刺穿，另一側被箭的飛行刺穿。但是我們仍然沒有發現芝諾的議論的說服力何在。

芝諾暗中假定了柏格森的變化論的要義。那就是說，他假定當對象在連續變化的過程中時，即便那只是位置的變化，在該對象中也必定有某種內在的變化**狀態**。該對象在每一瞬間必定和它在不變化的情況下有本質的不同。他然後指出，箭在每一瞬間無非是在它所在的地方，正像它靜止不動的情況一樣。因此他斷定，所謂運動**狀態**是不會有的，而他又堅持運動狀態是運動所不可少的這種見解，於是他推斷不會有運動，箭始終是靜止的。

所以，芝諾的議論雖然沒有觸及變化的數學解釋，初看之下倒像駁斥了一個和柏格森的變化觀不無相似的變化觀。那麼，柏格森怎樣來對答芝諾的議論呢？他根本否認箭曾在某個地方，這樣來對答。在敘述了芝諾的議論之後，他回答道：「如果我們假定箭能夠在它的路徑的某一點上，芝諾就說得對。而且，假如那枝運動著的箭同某個不動的位置重合過，他也說得對。但是那枝箭從來不在它的路徑的任何一點上。」對芝諾的這個答覆，或者關於阿基里斯與龜[②]的一個極類似的答覆，在他寫的三部書中都講了。柏格森的見解坦白說是悖論的見解；至於它是不是**講得通**，這個問題要求我們討論一下他的綿延觀。他支持綿延觀的唯一理由就是講

② 芝諾的另一個悖論，內容是說希臘神話中的善跑者阿基里斯（Achilles）的出發點如果在一隻烏龜的出發點後面，他將永遠追不上那隻烏龜。——譯者

變化的數學觀「暗含著一個荒謬主張，即運動是由不動性做成的」。但是這種看法表面上的荒謬只是由於他敘述時用的詞句形式，只要我們一領會到運動意味著「關係」，這種荒謬就沒有了。例如：友誼是由做朋友的人們做成的，並不是由若干個友誼做成的；家系是由人做成的，並不是由一些家系做成的。同樣，運動是由運動著的東西做成的，並不是由一些運動做成的。運動表示如下事實：對象在不同時間可以在不同地點，無論時間多麼接近，所在地點仍可以不同。所以，柏格森反對運動的數學觀的議論，說到底化成爲無非一種字眼遊戲。有了這個結論，我們可以進而評論他的綿延說。

柏格森的綿延說和他的記憶理論有密切關聯。按照這種理論，記住的事物殘留在記憶中，從而和現在的事物滲透在一起：過去和現在並非相互外在的，而是在意識的整體中融混起來。他說，構成爲存在的是行動；但是數學時間只是一個被動的受容器，它什麼也不做，因此什麼也不是。他講，過去即不再行動者，而現在即正在行動者。但是在這句話中，其實在他對綿延的全部講法中都一樣，柏格森不自覺地假定了普通的數學時間；離了數學時間，他的話是無意義的。說「過去根本是**不再行動者**」（他原加的重點），除了指過去就是其行動已過去者而外還指什麼意思呢？「不再」一語是表現過去的話；對一個不具有把過去當作現在以外的某種東西這個普通過去概念的人來說，這話是沒有意義的。因此，他的定義前後循環。他所說的實際上等於「過去就是其行動在過去者」。作爲一個定義而論，不能認爲這是一個得意傑作。同樣的道理也適用於現在。據他講，現在即「**正在行動者**」（他原加的重點）。但是「正在」二字恰恰引入了要下定義的那個現在觀念。現在是和**曾**在行動或**將**在行動者相對的**正**在行動者。那就是說，現在即其行動不在過去、不在未來而在現在者。這個定義又是前後循環的。同頁上前面的一段話可以進一步說明這種謬誤。他說：「構成爲我們的純粹知覺者，就是我們的方開始的行動……我們的知覺的**現實性**因而在於知覺的**能動性**，在於延長知覺的那些運動，而不在於知覺的較大的強度：過去只是觀念，現在是觀念運動性的。」由這段話看來十分清楚：柏格森談到過去，他所指的並不是過去，而是我們現在對過去的記憶。過去當它存在的時候和現在在目前同樣有能動性；假使柏格森的講法是正確的，現時刻就應該是全部世界歷史上包含著能動性的唯一時刻了。在從前的時候，曾有過一些其他知覺，在當時和我們現在的知覺同樣有能動性、同樣現實；過去在當時絕不僅僅是觀念，按內在性質來講同現在在目前是一樣的東西。可是，這個實在的過去柏格森完全忘了；他所說的是關於過去的現在觀念。實在的過去因爲不是現在的一部分，所以不和現在融混；然而那卻是一種大不相同的東西。

柏格森的關於綿延和時間的全部理論，從頭到尾以一個基本混淆爲依據，即把「回想」這樣一個現在事件和所回想的過去事件混淆起來。若不是因爲我們對時間非常熟悉，那麼他企圖把過去當作不再活動的東西來推出過去，這種做法中包含的惡性循環會立刻一目了然。實際上，柏格森敘述的是知覺與回想——兩者都是**現在的**事實——的差異，而他以爲自己所敘述的是現在與過去的差異。只要一認識到這種混淆，便明白他的時間理論簡直是一個把時間完全略掉的理論。

現在的記憶行爲和所記憶的過去事件的混淆，似乎是柏格森的時間論的底蘊，這是一個更普遍的混淆的一例；假如我所見不差，這個普遍的混淆敗壞了他的許多思想，實際上敗壞了大部分近代哲學家的許多思想——我指的是認識行爲與認識到的事物的混淆。在記憶中，認識行爲是在現在，而認識到的事物是在過去；因而，如果把兩者混淆起來，過去與現在的區別就模糊了。

在一部《物質與記憶》中，自始至終離不了認識行爲與認識到的對象的這種混淆。該書剛一開頭解釋了「心象」，這種混淆便暗藏在「心象」一詞的用法中。在那裡他講，除各種哲學理論而外，我們所認識的一切都是「心象」構成的，心象確實構成了全宇宙。他說：「我把諸心象的集合體叫作**物質**，而把歸之於一個特定心象即我的肉體的偶發行動的同一些心象叫作**對物質的知覺**。」可以看到，據他的意見，物質和對物質的知覺是由同樣一些東西構成的。他講，腦髓和物質宇宙的其餘部分是一樣的，因此假如宇宙是一個心象，它也是一個心象。

由於誰也看不見的腦髓按普通意義來講不是一個心象，所以他說心象不**被知覺**也能存在，我們是不感覺驚異的；但是，他後來又說明，就心象而言，存在與**被有意識地知覺**的差別只是程度上的差別。另外一段話也許能說明這一點，在那段話裡他說：「未被知覺的物質對象，即未被想像的心象，除了是一種無意識的心的狀態而外，還會是什麼呢？」最後他說：「一切實在都和意識有一種相近、類似，總而言之有一種關係——這就是通過把事物稱作『心象』這件事實本身我們向觀念論讓步的地方。」然而他仍舊講，他是從還沒有介紹哲學家的任何假說之前講起的，打算這樣來減輕我們一開始的懷疑。他說：「我們要暫時假定我們對關於物質的各種理論及關於精神的各種理論毫無所知，對關於外部世界的實在性或觀念性的議論毫無所知。這裡我就在種種心象的面前。」他在爲英文版寫的新序言中說：「我們所說的『心象』是指超乎觀念論者所謂的表象以上，但是搆不上實在論者所謂的事實的某種存在——是一種位於『事實』和『表象』中途的存在。」

在上文裡，柏格森心念中的區別我以為並不是想像作用這一精神事件與作為對象而想像的事物之間的區別。他所想的是事物的實際與事物的表現之間的區別。至於主體與客體的區別，即以進行思考、記憶和持有心象的心為一方，同以被思考、被記憶或被描繪心象的對象為另一方之間的區別——就我所能理解的來說，這個區別在他的哲學中是完全沒有的。不存在這種區別，是他眞正假借於觀念論的地方；而且這是非常不幸的假借。從剛才所講的可以知道，就「心象」來說，由於不存在這種區別，他可以先把心象講成中立於精神和物質之間，然後又斷言腦髓儘管從來沒有被描繪成心象，仍是一個心象，隨後又提出物質和對物質的知覺是同一個東西，但是未被感知的心象（例如腦髓）是一種無意識的心的狀態；最後，「心象」一詞的用法雖然不牽涉任何形而上學理論，卻仍舊暗含著一切實在都和意識有「一種相近、類似，總而言之有一種關係」。

所有這些混淆都是由於一開始把主觀與客觀混淆起來造成的。主觀——思維或心象或記憶——是我裡面現存的事實；客觀可以是萬有引力定律或我的朋友鐘斯或威尼斯的古鐘塔。主觀是精神的，而且在此時此地。所以，如果主觀和客觀是一個，客觀就是精神的，而且在此時此地：我的朋友鐘斯雖然自以為是在南美，而且獨立存在，其實是在我的頭腦裡，而且依靠我思考他而存在；聖馬可大教堂的鐘塔儘管很大，儘管事實上四十年前就不再存在了，仍然是存在的，在我的內部可以見到它完整無損。這些話絕不是故意要把柏格森的空間論和時間論滑稽化，僅僅是打算說明那兩個理論實際的具體意義是什麼。

主觀和客觀的混淆並不是柏格森特有的，而是許多唯心論者和許多唯物論者所共有的。許多唯心論者說客觀其實是主觀，許多唯物論者說主觀其實是客觀。他們一致認為這兩個說法差別很大，然而還是主張主觀和客觀沒有差別。我們可以承認，在這點上柏格森是有優點的，因為他既樂意把客觀和主觀同一化，同樣也樂意把主觀和客觀同一化。只要一否定這種同一化，他的整個體系便垮臺：首先是他的空間論和時間論，其次是偶然性是實在的這個信念，然後是他對理智的譴責，最後是他對精神和物質的關係的解釋。

當然，柏格森的哲學中有很大一部分，或許是他的大部分聲望所繫的那一部分，不依據議論，所以也無法憑議論把它推翻。他對世界的富於想像的描繪，看成是一種詩意作品，基本上既不能證明也不能反駁。莎士比亞說生命不過是一個行走的影子，雪萊說生命像是一個多彩玻璃的圓屋頂，柏格森說生命是一個炮彈，它炸裂成的各部分又是一些炮彈。假若你比較喜歡柏格森的比喻，那也完全正當。

柏格森希望世界上實現的善是為行動而行動。一切純粹沉思他都稱之為「做夢」，並且用一連串不客氣的形容詞來斥責，說這是靜態的、柏拉圖式的、數學的、邏輯的、理智的。那些對行動要達到的目的想望有些預見的人，他這樣告訴人家：目的預見到了也沒有什麼新鮮，因為願望和記憶一樣，也跟它的對象看成是同一的。因而，在行動上我們註定要做本能的盲目奴隸：生命力從後面不休止、不間斷地推我們向前。我們在沉思洞察的瞬間，超脫了動物生命，認識到把人從禽獸生活中挽救出來的較偉大的目標；可是在此種哲學中，這樣的瞬間沒有容留餘地。那些覺得無目的的活動是充分的善的人，在柏格森的書裡會找到關於宇宙的賞心悅目的描繪。但是在有些人看來，假如要行動有什麼價值，行動必須出於某種夢想、出於某種富於想像的預示，預示一個不像我們日常生活的世界那麼痛苦、那麼不公道、那麼充滿鬥爭的世界；一句話，有些人的行動是建築在沉思上的，那些人在此種哲學中會絲毫找不到他們所尋求的東西，不會因爲沒有理由認爲它正確而感覺遺憾。

第二十九章　威廉·詹姆士

威廉·詹姆士（William James，西元一八四二—一九一〇年）基本上是個心理學家，但由於以下兩點理由而在哲學上占有重要地位：他創造了他稱之爲「澈底經驗論」的學說；他是名叫「實用主義」或「工具主義」的這種理論的三大宣導者之一。他在晚年爲美國哲學的公認領袖，這是他當之無愧的。他因爲研究醫學，從而又探討心理學；西元一八九〇年出版的他在心理學方面的巨著[①]優秀無比。不過，這本書是科學上的貢獻而不是哲學上的貢獻，所以我不準備討論。

威廉·詹姆士的哲學興趣有兩個方面，一是科學的一面，另一面是宗教一面。在科學的一面上，他對醫學的研究使他的思想帶上了唯物主義的傾向，不過這種傾向被他的宗教情緒抑制住了。他的宗教感情非常新教徒氣味，非常有民主精神，非常富於人情的溫暖。他根本不肯追隨他的弟弟亨利，抱吹毛求疵的勢利態度。他曾說：「據人講魔王是一位紳士，這倒難保不是，但是天地之神無論是什麼，它絕不可能是紳士。」這是一種很典型的意見。

① 指《心理學原理》（*Principles of Psychology*）二卷。——譯者

詹姆士因爲溫厚熱情，有一副給人好感的氣質，幾乎普遍爲人所愛戴。我所知道的唯一對他毫不愛慕的人就是桑塔雅那，威廉・詹姆士曾把他的博士論文說成是「腐敗之典型」。這兩人之間在氣質上存在著一種怎樣也無法克服的對立。桑塔雅那也喜好宗教，但是喜好的方式大不相同。他從審美方面和歷史方面喜好宗教，不把它當作對道德生活的幫助；很自然，他對天主教教義遠比對新教教義要愛好。他在理智上不承認任何基督教理，但是他滿願意旁人信基督教教義，而他自己去欣賞他認爲的基督教神話。在詹姆士看來，這樣的態度只能讓他覺得不道德。他由他的清教徒家系保留下來一個根深蒂固的信念，認爲最重要的是善良行爲，而他的民主感情使他不能默認對哲學家講一套眞理、對俗人講另一套，這樣一種想法。新教徒與舊教徒的氣質上的對立，在非正統信徒們中間也還是存在的；桑塔雅那是一個舊教的自由思想家，威廉・詹姆士不管如何偏異端，總是個新教的自由思想家。

詹姆士的澈底經驗論之說，是西元一九〇四年在一篇叫作〈「意識」存在嗎？〉（*Does "Consciousness" Exist?*）的論文中最初發表的。這篇文章的主要目的是否定主體客體關係是根本性的關係。直到當時爲止，哲學家們向來認爲當然存在著一種叫「認識作用」的事件，在此事件中，有個實體即認識者或稱主體，察知另一個實體，即被認識的事物，或稱客體。認識者被看作是一個心或靈魂；被認識的對象也許是物質對象、永恆本質、另一個心，或者——在我自意識中——和認識者同一。在一般公認的哲學中，幾乎一切都和主體客體的二元對立有密不可分的關係。假如不承認主體和客體的區別是基本的區別，那麼精神與物質的區別、沉思的理想，以及傳統的「眞理」概念，一切都需要從根本上重新加以考慮。

至於我，我深信在這個問題上詹姆士有一部分是正確的，單為這個理由，他在哲學家當中就可說配占有崇高的地位。我原先不這樣認為，後來詹姆士以及與他意見相同的人使我相信了他的學說是對的。不過我們且來談他的議論。

他說，意識「乃是一種非實體的名稱，無資格在第一原理當中占一個席位。那些至今仍舊死抱住它的人，不過是在死抱住一個回聲，即漸漸消逝的『靈魂』給哲學空氣留下的微弱餘音罷了」。他接下去說，並沒有「什麼原始的素材或存在的質，與構成物質對象，構成我們關於物質對象的思維材料的素材或存在的質相對立」。他說明他並不是否定我們的思維執行著一種認識功能，這種功能可以稱作「意識到」。他所否定的不妨粗略地說是這個見解：意識是一種「事物」。他認為「僅有一種原始的素材或材料」，世界的一切都是由它構成的。這種素材他稱之為「純粹經驗」。他說，認識作用就是純粹經驗的兩個部分之間的一種特別關係。主體客體關係是匯出的關係：「我相信經驗並不具有這種內在的兩重性。」經驗的一個已定的未分割部分，可以在這種關係中是認識者，在那種關係中是被認識的東西。

他把「純粹經驗」定義成「為我們後來的反省供給材料的直接的生命流轉」。

可見，如果把精神和物質的區別看成是不同兩類的詹姆士所謂的「素材」之間的區別，上述學說就算廢除了精神和物質的區別。因此，在這個問題上跟詹姆士意見相同的那些人宣導了一種他們所說的「中性一元論」，根據這個理論，構成世界的材料既不是精神也不是物質，而是比二者在先的某種東西。詹姆士本人並未發揮他的理論中的這個含義；相反，他使用「純粹經驗」一詞，這反倒表露出一種或許不自知的貝克萊派的唯心論。「經驗」這個詞哲學家們是常常使用的，但很少見給它下定義。我們暫且來論一論這個詞能夠有什麼意義。

常識認爲，有許多出現了的事物未被「經驗到」，例如：月球的看不見的那一面上的事件。貝克萊和黑格爾出於不同的理由，全否定這一點，他們主張凡是未經驗到的就沒有。他們的議論現下大多數哲學家都認爲是不正確的，依我看就是如此。假如我們要堅持世界的「素材」是「經驗」這樣一種意見，我們就不得不苦心孤詣造作一些不像信得過的解釋，說明像月球的看不見的一面之類的東西是指什麼意思。除非我們能夠由經驗到的事物推斷未經驗到的事物，不然便難找出理由相信除我們自身外存在任何事物。固然，詹姆士是否定這一點的，但他所持的理由卻不大有力。

我們說的「經驗」指什麼意思呢？爲找到一個答案，最好的辦法是考問一下：未被經驗到的事件和被經驗到的事件有什麼不同？看見或者身體覺觸到正在下著的雨是被經驗到了，但是完全沒有生物存在的沙漠中下的雨未被經驗到。於是我們得出頭一個論點：除在有生命的場合外，不存在經驗。但是經驗和生命的範圍不同。有許多事我遭遇到了，可是未注意；很難講我經驗到了這種事。顯然，凡是我記得的事總是我所經驗的事，但是有些我不明白記得的事情，可能造成了至今仍存在的習慣。被火燒傷過的小孩怕火，即便他已經完全不記得他被火燒的那一回了。我以爲一個事件若造成習慣，就可以說它「被經驗到」（記憶即一種習慣）。大致說來，習慣只在生物身上造成。被火燒的撥火棒無論如何經常弄得灼紅，也不怕火。所以，根據常識上的理由，我們說「經驗」和世界的「素材」不同範圍。在這點上脫離常識，我個人看不出有任何正當的理由。

除了關於這個「經驗」問題，此外我覺得詹姆士的澈底經驗論我是同意的。至於他的實用主義和「信仰意志」，那就不同了。特別是後者，我以為它蓄意給某些宗教教義提出表面上似乎正確而實際是詭辯的辯護，而且這種辯護是任何眞誠的教徒所不能接受的。

《信仰意志》（*The Will to Believe*）一書出版於西元一八九六年；《實用主義——若干老想法的一個新名稱》（*Pragmatism, a New Name for Some Old Ways of Thinking*）出版於西元一九〇七年。後一本書中的學說為前一書裡的學說的擴充。

《信仰意志》中主張，我們在實踐上，常常在不存在任何適當的理論根據可以下決斷的場合下不得不作出決斷，因為即便什麼事也不做，那仍舊是個決斷。詹姆士說，宗教問題就屬於此類；他主張，雖然「我們的十分邏輯的理智可能並未受到強制」，我們也有理由採取一種信仰的態度。這基本上就是盧梭的薩瓦牧師的態度，但是詹姆士的發揮是新穎的。

據他講，求實這種道德義務包括兩個同等的訓條，即「相信眞理」和「避開錯誤」。懷疑主義者只注意第二個訓條，因而不相信一個較不愼重的人會相信的許多眞理，這是不對的。假如相信眞理和避免錯誤同等重要，那麼面臨二者擇一時，我最好隨意相信各種可能性中的一個，因為這樣我便有對半的機會相信眞理，可是如果懸置不決，絲毫機會也沒有。

倘若認眞對待這一說，結果產生的行為準則就會是一種極古怪的行為準則。假設我在火車上遇見一個陌生人，我心裡自問：「他的姓名是不是叫艾本尼澤・威爾克思・史密斯？」如果我自認我不知道，那麼關於這人的姓名我確實沒抱眞信念。反之，如果我決定相信這就是他的名字，我倒有可能抱的是眞信念。詹姆士說，懷疑主義者怕受矇騙，由於有這種恐懼，會丟失重要的眞理；他補充說：「因爲希望而受矇騙比因爲恐懼而受矇騙壞得多，這有什麼證據呢？」似乎由此可見，假如我幾年來一直在希望遇到一個叫艾本尼澤・威爾克思・史密斯的人，那麼在我得到確鑿的反證以前，與消極求實相對的積極求實就應當促使我相信我所遇到的每一個生人都叫這名字。

你會說：「可是這個實例不像話，因爲你雖然不知道那個生人的名字，你總知道人當中極小一部分叫艾本尼澤・威爾克思・史密斯。所以你並不是處於在你的選擇自由上所預先假定的那種完全無知的狀態。」說來奇怪，詹姆士在他的通篇論文中絕不提蓋然性，然而關於任何問題，幾乎總可發現到某種蓋然性上的考慮。姑且承認（儘管正統信徒沒一個會承認），世界上的宗教哪一種也沒有證據或反證。假設你是個中國人，讓你跟儒教、佛教和基督教有了接觸。由於邏輯規律，你不能以爲這三者各是眞理。現在假設佛教和基督教各有對等的可能性是眞理，那麼設已知兩者不會全是眞理，則其中之一必定是眞理，因而儒教必定不是眞理。假令三者都有均等的可能性，則每一個不是眞理的機會要大於是眞理的機會。照這種辦法，只要一容許我們提出蓋然性上的理由，詹姆士的原理隨即垮臺。

令人難解的是，詹姆士儘管是個心理學大家，在這點上卻容納了一種異常不成熟的想法。他講起話來，彷彿可選擇的路子只有完全相信或完全不相信，把中間各種程度的懷疑置之不顧。譬如說，假設我正在從我的書架上找一本書。我心裡想：「**可能**在這個架上」，於是我去瞧；但是在我看見這本書以前我並不想：「書**就**在這個架上」。我們習慣上按照種種假設去行動，但不完全像按照我們認爲的確實事物去行動那樣；因爲按照假設行動時，我們留心注視著新的證據。

依我看來求實的訓條並不是詹姆士認爲的那種訓條。我以爲它是：「對任何一個値得你去考慮的假說，恰恰寄予證據所保證的那種程度的信任。」而如果這假說相當重要，更有進一步探尋其他證據的義務。這是明白的常識，和法庭上的程序是一致的，但是和詹姆士所介紹的程序完全不同。

把詹姆士的信仰意志孤立起來考察，對他是不公平的；這是個過渡性的學說，經過一段自然發展，結果產生了實用主義。詹姆士的著作中所表現的實用主義本來是「眞理」的一個新定義。另外還有兩位實用主義的主將，即F. C. S. 席勒和杜威博士。下一章中要討論杜威博士；席勒和其他兩人比起來地位差一些。在詹姆士和杜威博士之間，有一種著重點上的差異。杜威博士的見地是科學的，他的議論大部分出自對科學方法的考察；但是詹姆士主要關心宗教和道德。粗略地講，任何有助於使人有道德而幸福的學說，他都樂於提倡；一個學說假若如此，按照他所使用的「眞理」一詞的意義來說便是「眞理」。

據詹姆士說，實用主義的原理最初是C. S. 皮爾斯提出的，皮爾斯主張，在我們關於某個對象的思維中要想做到清晰，只需考察一下這對象可能包含什麼想得到的實際效果。爲說明這一點，詹姆士講哲學的職能就是弄清假若這個或那個世界定則是眞理，對你我有什麼關係。這樣，理論就成了工具，不再是對疑難事物的解答。

據詹姆士講，觀念只要幫助我們和自己的經驗中其他部分發生滿意的關係，便成爲眞的：「一個觀念，只要相信它對我們的生活有好處，便是『眞的』。」眞原是善的一個別種，並不是單獨的範疇。眞是發生於觀念的事；事件使觀念成爲眞的。依主智主義者的說法，眞觀念必須符合實際，這是對的；但所謂「符合」並不是「摹寫」的意思。「在最廣的意義上所謂『符合』實際，意思只能指一直被引導到實際，或被引導到實際的周圍，或者指與實際發生這樣一種實行上的接觸：處理實際或處理與實際相關聯的某種事物，比不符合的情況下要處理得好。」他補充說：「所謂『眞』無非是我們的思考方法中的方便手段，……就終久結局和事物經過的全程來看。」換句話說，「我們的追求眞理的義務爲我們做合算的事這個一般義務的一部分。」

在關於實用主義與宗教的一章中，他總結收穫。「任何一個假說，如果由它生出對生活有用的結果，我們就不能排斥它。」「有神這個假說如果在最廣的意義上起滿意的作用，這假說便是眞的。」「根據宗教經驗所供給的證據，我們滿可以相信神靈是存在的，而且正按照和我們的理想方針相似的理想方針從事拯救世人。」

在這個學說中，我發覺依理智來講有若干重大的困難之點。這學說假定一個信念的效果若是好的，它就是「眞理」。若要這個定義有用（假使它不是有用的，就要被實用主義者的檢驗所否定），我們必須知道：（甲）什麼是好的，（乙）這個或那個信念的效果是什麼；我們必須先知道這兩件事，才能知道任何事物是「眞的」，因爲只有在我們決定了某個信念的效果是好的之後，我們才有權把這信念叫作「眞的」。這一來，結果就複雜化得難以想像。假設你想知道哥倫布是否在西元一四九二年橫渡了大西洋。你不可照旁人的做法，在書裡查找。你應當首先探聽一下這個信念的效果是什麼，這種效果和相信哥倫布在西元一四九一年或一四九三年作了航行的效果有何不同。這已經夠困難了，但是從道德觀點權衡這些效果更加困難。你可能說分明西元一四九二年有最好的效果，因爲它讓你在考試中可以得到高分數。但是，假若你講了西元一四九一年或一四九三年，你的考試競爭者就會勝過你，而他們卻可能認爲他們不成功而你成功從道德上講是可嘆的。撇開考試不談，除了就歷史學家來說，我想不出這個信念有任何實際效果。

但是麻煩還不止於此。你必須認爲你從道德上和事實上對某個信念的後果所作的估計是眞的。因爲假若是假的，你用來支持你的信念是眞的那種議論便錯了。但是所謂你的關於種種後果的信念是眞的，根據詹姆士的講法，便等於說這信念有良好的後果，而這點如果是眞的，又必須有良好的後果，如此下去無窮無盡。這顯然是不行的。

還有一個困難點。假設我說曾有過哥倫布這麼一個人，人人會同意我所說的事情是眞的。但是爲什麼是眞的？那是由於生活在四百五十年前的某個有血有肉的人——總之，並不是由於我的信念的效果，而是由於它的原因。如果按照詹姆士下的定義，難保不發生這種事：雖然事實上A不存在，而「A存在」卻是眞的。我一向總感到有聖誕老人這一假說「在最廣的意義上起滿意的作用」；所以，儘管聖誕老人並不存在，而「聖誕老人存在」卻是眞的。詹姆士說（我重引一遍）：「有神這個假說如果在最廣的意義上起滿意的作用，這假說便是眞的。」這句話把神是否眞在天國的問題當成無關緊要，乾脆略掉了；假如神是一個有用的假說，那就夠了。神這位宇宙造物主被忘到腦後；記得的只有神的信念，以及這信念對居住在地球這樣一顆小小行星上的人類的影響。難怪教皇譴責了對宗教的實用主義的辯護。

於是我們談到詹姆士的宗教觀與已往信宗教的人的宗教觀的一個根本區別。詹姆士把宗教當作一種人間現象來關心宗教，對宗教所沉思的對象卻不表示什麼興趣。他願人們幸福，假若信仰神能使他們幸福，讓他們信仰神好了。到此為止，這僅是仁愛，不是哲學；一說到這信仰使他們幸福便是「眞的」，這時就成了哲學。對於希求一個崇拜對象的人來說，這話不中意。他不願說：「我如果信仰神，我就幸福。」他願意說：「我信仰神，所以我幸福。」他如果信神，他之信神就如同信羅斯福或邱吉爾或希特勒存在一樣；對他說來，神乃是一個現實的存在者，不僅僅是人的一個具有良好效果的觀念。具有良好效果的是這種眞誠信仰，而非詹姆士的削弱無力的代替品。顯然，我如果說「希特勒存在」，我並沒有「相信希特勒存在的效果是好的」這個意思。在眞誠的信徒看來，關於神也可以這麼講。

詹姆士的學說企圖在懷疑主義的基礎上建造一個信仰的上層建築，這件事和所有此種企圖一樣，有賴於謬誤。就詹姆士來說，謬誤是由於打算忽視一切超人類的事實而生的。貝克萊派的唯心主義配合上懷疑主義，促使他以信仰神來代替神，裝作好像這同樣也行得通。然而這不過是近代大部分哲學所特有的主觀主義病狂的一種罷了。

第三十章　約翰・杜威

約翰・杜威（John Dewey）生於西元一八五九年，一般公認他是美國現存的①首屈一指的哲學家。這個評價我完全同意。他不僅在哲學家中間，而且對研究教育學的人、研究美學的人以及研究政治理論的人，都有了深遠的影響。杜威是個品性高潔無比的人，他在見解上是自由主義的，在待人接物方面寬宏而親切，在工作當中孜孜不倦。他有許多意見我幾乎完全贊同。由於我對他的尊敬和景仰，以及對他的懇摯親切的個人感受，我倒眞願和他意見完全一致，但是很遺憾，我不得不對他的最獨特的哲學學說表示異議，這學說就是以「探究」代替「眞理」，當作邏輯和認識論的基本概念。

杜威和威廉・詹姆士一樣，是新英格蘭②人，繼續百年前的偉大新英格蘭人的一些後代子孫已經放棄的新英格蘭自由主義傳統。杜威從來不是那種可稱爲「純粹」哲學家的人。特別是

① 杜威已於西元一九五二年去世。——譯者

② 「新英格蘭」為美國東北部佛蒙特（Vermont）等六個州的總稱；杜威生於佛蒙特州的伯靈頓（Burlington）。——譯者

教育學，一向是他的一個中心興趣，而他對美國教育的影響是非常大的。我個人雖然相形見絀，也曾努力要對教育起一種和他的影響很類似的影響。或許他和我一樣，對那些自稱遵循他的教導的人的實際做法不是總滿意的，但是在實踐上任何新學說都勢必容易有某種逾越分寸和過火的地方。不過這件事並不像有人可能認爲的那麼關係重大，因爲新事物的缺陷和傳統事物的缺陷比起來，太容易看到了。

杜威在西元一八九四年做了芝加哥大學哲學教授，當時教育學爲他講授的科目之一。他創立了一個革新的學派，關於教育學方面寫了很多東西。這時期他所寫的東西，在他的《學校與社會》（*The School and Society*）（西元一八九九年）一書中作了總結，大家認爲這本書是他的所有作品中影響最大的。他一生始終不斷在教育學方面有所著述，著述量幾乎不下於哲學方面的。

其他社會性的、政治性的問題，在他的思想中一向也占很大的分量。和我一樣，他訪問俄國和中國受了很大影響，前者是消極的影響，後者是積極的影響。他是第一次世界大戰的一個不由衷的支持者。他在關於托洛斯基被斷認的罪名的調查上起了重要作用，雖然他確信對托洛斯基的控告是沒有根據的，但他並不認爲假使列寧的後繼者不是史達林而是托洛斯基，蘇維埃制度就會是美滿的制度。他相信了通過暴力革命造成獨裁政治不是達到良好社會的方法。雖然他在一切經濟問題上都非常主張改進，但他從來不是馬克思主義者。有一次我聽他說，他既然好不容易從傳統的正統神學中把自己解放出來，就不去用另一套神學作繭自縛。在所有這些地方，他的觀點和我個人的幾乎完全相同。

從嚴格的哲學的觀點來看，杜威的工作的重要性主要在於他對傳統的「眞理」概念的批評，這個批評表現在他稱之爲「工具主義」的理論中。大多數專業哲學家所理解的眞理是靜止而定局的、完全而永恆的；用宗教術語來說，可以把它與神的思維同一化，與我們作爲理性生物和神共有的那種思維同一化。眞理的完美典型就是九九乘法表，九九乘法表精確可靠，沒有任何暫時的渣滓。自從畢達哥拉斯以來，尤其自從柏拉圖以來，數學一向跟神學關聯在一起，對大多數專業哲學家的認識論有了深刻影響。杜威的興趣不是數學的而是生物學的興趣，他把思維理解爲一種進化過程。當然，傳統的看法會承認人所知的逐漸多起來，但是每件知識既得到之後，就把它看成最後確定的東西了。的確，黑格爾並不這樣來看人類的知識。他把人類的知識理解爲一個有機整體，所有部分都逐漸成長，在整體達到完全之前任何部分也不會完全。但是，雖然黑格爾哲學在杜威青年時代對他起過影響，這種哲學仍然有它的「絕對」，有它的比時間過程實在的永恆世界。這些東西在杜威的思想中不會有地位，按杜威的思想，一切實在都是有時間性的，而所謂過程雖然是進化的過程，卻不是像黑格爾講的那種永恆理念的開展。

到此爲止，我跟杜威意見一致。而且我和他意見一致的地方還不止於此。在開始討論我和他意見相左之點以前，關於我個人對「眞理」的看法我要略說幾句。

頭一個問題是：哪種東西是「眞的」或「假的」呢？最簡單不過的答案就是：句子。「哥倫布在西元一四九二年橫渡了大洋」是眞的；「哥倫布在西元一七七六年橫渡了大洋」是假的。這個答案是正確的，但是不完全。句子因爲「有意義」，依情況不同或眞或假，而句子的意義是與所用的語言有關的。假如你把關於哥倫布的一個記述譯成阿拉伯文，你就得將「西元一四九二年」改換成回曆紀元中相當的年分。不同語言的句子可以具有相同的意義，決定句子是「眞」是「假」的不是字面，而是意義。你斷言一個句子，你就表達了一個「信念」，這信念用別種語言也可以同樣表達得好。「信念」無論是什麼，總是「眞的」或「假的」或「有幾分眞的」東西。這樣就迫使我們不得不去考察「信念」。

可是一個信念只要相當簡單，不用話表達出來也可以存在。不使用言語我們便很難相信圓周和直徑的比大約是三．一四一五九，或相信凱撒決心渡過盧必康河③時決定了羅馬共和政體的命運。但在簡單的情況，不表諸言語的信念是常見的。例如：假設當你下樓梯時關於什麼時候下到了底這件事你出了錯：你按照適合於平地的步態走了一步，撲通一跤跌下去。結果大大嚇了一跳。你自然會想，「我還以爲到了底呢」，其實你方才並沒有想著樓梯，不然你就不會出這個錯了。你實際還沒有下到底，而你的肌肉卻照適合於到底的方式作了調節。鬧出這個錯誤的與其說是你的心，不如說是你的肉體——至少說這總是表達已發生的事情的一個自然講法。但事實上心和肉體的區別是個不清不楚的區別。最好不如談「有機體」，而讓有機體的種種活動劃歸心或肉體這件事懸置不決。那麼就可以說：你的有機體是按照假使原來到了底層就會適宜，但實際上並不適宜的方式調節了。這種失於調節構成了錯誤，不妨說你方才抱有一個

③盧必康河（the Rubicon）是義大利北部的一條小河，西元前四十九年凱撒率軍渡過這條河，擊敗當時握羅馬共和政府大權的龐培。——譯者

假信念。

上述實例中錯誤的**檢驗**爲**驚訝**。我以爲能檢驗的信念普遍可以這樣講。所謂**假**信念就是在適當情況下會使抱有那信念的人感到驚訝的信念，而**眞**信念便沒有這種效果。但是，驚訝在適用的場合下雖然是個好的判斷標準，卻表示不出「眞」、「假」二詞的意義，而且它也並不總適用。假設你在雷雨中走路，心裡念叨「我料想我根本不會遭雷擊」。緊接著你被雷擊了，可是你不感到驚訝，因爲你一命嗚呼了。假使有朝一日果然如詹姆士．金斯爵士④似乎預料的那樣，太陽炸裂了，我們全都要立即死亡，所以不會驚訝，但是如果我們沒料到這場巨禍，我們全都出了錯誤。這種實例說明眞和假的客觀性：眞的（或假的）事物是有機體的一種狀態，但是一般說根據有機體外部發生的事件而是眞的（或假的）。有時候要確定眞和假能夠進行實驗檢驗，但有時候不能進行；如果不能進行，仍有旁的手段，而且這種手段還很重要。

我不再多闡述我對眞和假的看法，現在要開始研討杜威的學說。

杜威並不講求那些將會是絕對「眞的」判斷，也不把這種判斷的矛盾對立面斥之爲絕對「假的」。依他的意見，有一個叫「探究」的過程，這是有機體同它的環境之間的相互調節的一種。從我的觀點來看，我假令願竭盡可能跟杜威意見一致，我應當從分析「意義」或「含義」入手。例如：假設你正在動物園裡，聽見擴音器中傳出一聲：「有一隻獅子剛跑出來

④ 金斯爵士（Sir James Hopwood Jeans，西元一八七七—一九四六年）：英國物理學家、天文學家。——譯者

了」。在這個場合，你會像果眞瞧見了獅子似地那樣行動——也就是說，你會盡量快快逃開。「有一隻獅子跑出來了」這個句子**意味著**某個事件，意思是說它促成的行爲和假使你看見該事件，該事件會促成的行爲一樣。概括地講：一個句子S若促成事件E本來會促成的行爲，它就「意味著」E。假如實際上從來沒有這樣的事件，那個句子就是假的。對未用言語表達的信念，講法完全相同。可以這樣說：信念爲有機體的一種狀態，促成某個事件呈現於感官時會促成的行爲；將會促成該行爲的那個事件是此信念的「含義」。這個說法過於簡單化，但是可以用來表示我現下主張的理論。到此爲止，我認爲杜威和我不會有很大分歧。但是關於他的進一步發展，我感覺自己跟他有極明確的不同意見。

杜威把**探究**當作邏輯的要素，不拿眞理或知識當作邏輯的要素。他給探究所下的定義如下：「探究即有控制地或有指導地把不確定的事態變換成一個在區別成分及關係成分上十分確定的事態，以致把原事態的各要素轉化爲一個統一整體。」他補充說：「探究涉及將客觀素材加以客觀的變換。」這個定義分明是不妥當的。例如：試看練兵中士跟一群新兵的交道，或泥瓦匠跟一堆磚的交道；這兩種交道恰恰滿足杜威給「探究」下的定義。由於他顯然不想把這兩種交道包括在「探究」之內，所以在他的「探究」概念中必定有某個要素他在自己的定義裡忘記了提。至於這種要素究竟是什麼，我在下文中即將去確定。不過我們先來看一看照這定義的原樣，要出現什麼結果。

顯然杜威所理解的「探究」爲企圖使世界更有機化的一般過程的一部分。「統一的整體」應該是探究的結果。杜威所以愛好有機的東西，一部分是由於生物學，一部分是由於黑格爾的影響流連不散。如果不以一種無意識的黑格爾派形而上學爲基礎，我不明白爲什麼探究預料要產生「統一的整體」。假若有人給我一副順序混亂的撲克牌，請我探究探究牌的先後順序，假若我遵照杜威的指示，我先把牌整理好順序，然後說這就是探究結果所產生的順序。我在整理牌的時候倒是要「將客觀素材加以客觀的變換」，但是定義中考慮到這點。假如最後人家告訴我說：「我們本來想要知道把牌交給您的時候牌的先後順序，不是您重新整理過後的先後順序。」我如果是杜威的門生，我就要回答：「您的想法根本太靜態了。我是個動態的人，我探究任何素材，先把它變動成容易探究的樣子。」認爲此種手續是可以容許的這個想法，只能從黑格爾對現象與實在的區分找到根據：現象可能是雜亂而支離破碎的，但實在則永遠是秩序井然而有機性的。所以我整理牌的時候，我不過是顯示牌的眞實永恆本性罷了。然而杜威的學說中這一部分從來沒有明講。有機體的形而上學是杜威的理論的基礎，可是我不知道他有幾分注意到了這件事實。

要想區分探究與其他種類的有機化活動，例如：練兵中士和泥瓦匠的活動，杜威的定義需要加以補充，現在試看一看要補充什麼。在從前總會這樣講：探究的特徵在於探究的目的，即弄清某個眞理。但是在杜威說來，「眞理」須藉「探究」下定義，不是拿「眞理」來定義「探究」；他引用了皮爾斯下的定義，並表示贊同，該定義說：「眞理」即「命中註定爲一切進行研究的人終究要同意的意見」。這定義讓我們對研究者在做什麼事一無所知，因爲假若說他是在努力要弄清眞理，就不能不犯循環論的毛病。

我以爲杜威博士的理論不妨敘述如下。有機體與其環境之間的關係有時候是令有機體滿意的，有時候是令它不滿意的。在關係不滿意的情況下，局面可以透過相互調節得到改善。使得局面有了改善的種種變化若主要在有機體一方（這種變化絕不完全在任何一方），該過程就叫「探究」。例如：在作戰當中你主要力求改變環境，即敵軍；但是在作戰之前的偵察時期，你主要力求使自己一方的兵力適應敵軍的部署。這個前一時期是「探究」時期。

依我想，這個理論的困難之點在於把一個信念跟普通可說是「證實」這信念的那件事實或那些事實之間的關係割斷了。我們繼續來看某將軍計畫作戰這個實例。他的偵察機報告給他敵軍的某些準備，結果他就作了一些對抗準備。假如事實上敵軍採取了他據以行動的報告中所說的措置，依常識就說該報告是「眞的」，那麼，即便將軍後來打了敗仗，這報告仍不失爲眞。這種見解被杜威博士否定了。他不把信念分成「眞的」和「假的」，但是他仍然有兩類信念：若將軍打了勝仗，我們就說信念是「滿意的」，打了敗仗，叫「不滿意的」。直到戰鬥發生過後，他才能知道對他的偵察兵打來的報告該有什麼意見。

概括地講，可以說杜威博士和其他所有人一樣，把信念分成爲兩類，一類是好的，另一類是壞的。不過他認爲，一個信念可能在此一時是好的，在彼一時是壞的；不完美的理論比以前的理論好，卻比後來的理論壞，就是這種情況。一個信念是好是壞，要看此信念使抱有它的那個有機體所產生的活動具有令該有機體滿意或不滿意的後果而定。因而一個有關已往某事件的信念該畫爲「好的」或畫爲「壞的」，並不根據這事件是否眞發生了，卻根據這信念未來的效果。這一來結果便妙了。假設有人對我說：「您今天早晨吃早點的時候喝咖啡了嗎？」我如果是個平常人，就要回想一下。但是我如果是杜威博士的徒弟，我要說：「等一會兒；我得先做兩個實驗，才能告訴你。」於是我先讓自己相信我喝了咖啡，觀察可能有的後果；然後我讓自己相信我沒有喝咖啡，再觀察可能有的後果。我於是比較這兩組後果，看哪一組後果我覺得更滿意。假如一方的滿意程度較高，我就決定作那種回答。如果兩方不相上下，我只得自認我無法回答這個問題。

但是麻煩還不止於此。我怎麼能知道相信自己在吃早餐時喝了咖啡的後果呢？假若我說「後果是如此這般」，這又得由它的後果來檢驗，然後我才能知道我說的這句話是「好」話或是「壞」話。即使把這點困難克服了，我怎麼能判斷哪一組後果是更滿意的呢？關於是否喝了咖啡，一個決斷可能給我滿足，另一個決斷可能讓我決意提高戰爭努力。哪個也可以看成是好的，但是我要等到決定了哪個更好，才能夠講我是否喝了咖啡當早餐。當然這不像話。

杜威與迄今所認爲的常識背馳，是由於他不肯在他的形而上學中在「事實」定而不移、無法操縱的意義上容納「事實」。在這點上，也許常識是在變化著，也許他的見解和常識將要變成的情況看來是不矛盾的。

杜威博士和我之間的主要分歧是，他從信念的效果來判斷信念，而我則在信念涉及過去的事件時從信念的原因來判斷。一個信念如果同它的原因有某種關係（關係往往很複雜），我就認爲這樣一個信念是「眞的」，或者盡可能近於是「眞的」。杜威博士認爲，一個信念若具有某種效果，它就有「有保證的可斷言性」——他拿這個詞代替「眞實性」。這種意見分歧和世界觀的不同有連帶關係。我們所做的事對過去不能起影響，所以，若眞實性是由已發生的事情決定的，眞實性和現在或未來的意志都不相干；在邏輯形式上，這代表人力的限度。但假若眞實性，或者不如說「有保證的可斷言性」，依未來而定，那麼，就改變未來是在我們的能力範圍以內來說，改變應斷言的事便在我們的能力範圍以內。這增大了人的能力和自由之感。凱撒是不是渡過了盧必康河？我以爲根據過去某個事件非作肯定回答不可。杜威博士要靠核定未來事件才決定作肯定的或否定的回答；沒有理由認爲這些未來事件不能憑人的能力安排一下，讓否定的回答令人更滿意。假如我覺得凱撒渡過了盧必康河這個信念很討厭，我不必在沉悶絕望中坐下來；我如果有充分的手腕和能力，能夠安排一個社會環境，讓凱撒未渡過盧必康河的說法在那個社會環境中會有「有保證的可斷言性」。

在這本書中，我始終在可能條件下盡力把各派哲學與有關的各哲學家的社會環境關聯起來講。我一向以爲，信服人類的能力和不願承認「定而不移的事實」，同機器生產以及我們對自然環境的科學操縱所造成的滿懷希望是分不開的。這種見解也是杜威博士的許多支持者所共有的。例如：喬治．瑞蒙．蓋格爾在一篇頌揚文章中說杜威博士的方法「可說意味著一個思想上的革命，和一個世紀以前的工業上的革命同樣屬於中產階級性的、同樣不動人耳目，但是同樣令人驚嘆」。我覺得我寫的以下一段話，說的也是這回事：「杜威博士的見解在表現特色的地方，和工業主義與集體企業的時代是諧和的。很自然，他對美國人有最強的動人力量，而且很自然他幾乎同樣得到中國和墨西哥之類的國家中進步分子們的賞識。」

讓我遺憾而驚訝的是，我本來以爲完全不傷害人的這段話，卻惹惱了杜威博士，他作了個回答：「羅素先生把實用主義的認識論和美國的工業主義可憎惡的各方面總連在一起，他這種牢固難拔的習癖……幾乎像是我要把他的哲學跟英國的地主貴族的利益連繫起來。」

至於我，我個人的意見被人（特別是被共產黨人）解釋成由於我和英國貴族的關係，⑤這事情我已習以爲常；而我也十分願意認爲我的見解和旁人的見解一樣，受社會環境的影響。但是談到杜威博士，如果關於他所受的社會影響我的看法錯了，我爲此感到遺憾。不過我發覺犯這個錯誤的還不單是我一個人。例如：桑塔雅那說：「在杜威的著作中，也正像在時下的科學和倫理學中一樣，滲透著一種準黑格爾主義傾向，不但把一切實在而現實的事物消融到某種相對而暫時的事物裡面，而且把個人消融到他的社會功能裡面。」

我以爲杜威博士的世界是一個人類占據想像力的世界，天文學上的宇宙他當然承認它存在，但是在大多時候被忽視了。他的哲學是一種權能哲學，固然並不是像尼采哲學那樣的個人權能的哲學；他感覺寶貴的是社會的權能。我們對自然力量的新支配能力，比這種能力至今仍受的限制給某些人造成更深的印象；我以爲正是工具主義哲學中的這種社會權能要素使得工具主義對那些人有了誘力。

人類對待非人的環境所抱的態度，在不同時代曾有很大的差別。希臘人怕傲慢，信仰一位甚至高於宙斯的必然之神或命運之神，所以希臘人小心避免那種他們覺得會是對宇宙不遜的事情。中世紀時把恭順做得更遠甚於以前：對神謙卑是基督徒的首要義務。獨創性被這種態度

---

⑤ 本書作者係兩度任維多利亞女王的首相的羅素伯爵約翰·羅素之孫，西元一九三一年其兄逝世後，依法律規定襲伯爵爵號。——譯者

束縛住，偉大的創見幾乎是不可能有的。文藝復興恢復了人類的自尊，但又讓自尊達到了造成無政府狀態與災殃的程度。文藝復興的成績大部分被宗教改革運動和反宗教改革運動打消。但是，近代技術雖不全然適於文藝復興時期的倨傲的個人，卻使人類社會的集體能力之感復活了。已往過於謙卑的人類，開始把自己當作幾乎是個神。義大利的實用主義者帕比尼⑥就極力主張用「模仿神」代替「模仿基督」⑦。

在所有這些事情上，我感到一種嚴重的危險，一種不妨叫作「宇宙式的不虔誠」的危險。把「眞理」看成取決於事實的東西，事實大多在人力控制以外，這個眞理概念向來是哲學迄今教導謙卑的必要要素的一個方法。這個對自傲的抑制一拆除，在奔向某種病狂的道路上便更進一步——那種病狂就是隨著費希特而侵入哲學領域的權能陶醉，這是近代人不管是否哲學家都容易陷入的一種陶醉。我相信這種陶醉是當代最大的危險，任何一種哲學，不論多麼無意地助長這種陶醉，就等於增大社會巨禍的危險。

---

⑥ 帕比尼（Giovanni Papini，西元一八八一—一九五六年）：義大利哲學家、歷史學家和小說家。——譯者

⑦ 德意志神祕思想家托馬司·阿·坎皮斯（Thomas a Kempis，西元一三八〇左右—一四七一年）有一本著作叫《模仿基督》（*De Imitatione Christi*）。——譯者

第三十一章　邏輯分析哲學

在哲學中，自從畢達哥拉斯時代以來，一向存在著兩派人的一個對立局面：一派人的思想主要是在數學的啓發下產生的，另一派人受經驗科學的影響比較深。柏拉圖、湯瑪斯・阿奎那、斯賓諾莎和康德屬於不妨叫作數學派的那一派，德謨克里特、亞里斯多德，以及洛克以降的近代經驗主義者們屬於相反一派。在現代興起了一個哲學派別，著手消除數學原理中的畢達哥拉斯主義，並且開始把經驗主義和注意人類知識中的演繹部分結合起來。這個學派的目標不及過去大多數哲學家的目標堂皇壯觀，但是它的一些成就卻像科學家的成就一樣牢靠。

數學家們著手消除了自己學科裡的種種謬誤和粗率的推理，上述這派哲學的根源便在於數學家所取得的那些成績。西元十七世紀的大數學家們都是很樂觀的，急於求得速決的結果；因此，他們聽任解析幾何與無窮小演算法①停留在不穩固的基礎上。萊布尼茲相信有實際的無窮小，但是這個信念雖然適合他的形而上學，在數學上是沒有確實根據的。西元十九世紀中葉以後不久，魏爾施特拉斯指明如何不藉助無窮小而建立微積分學，因而終於使微積分學從邏輯上

① 即微積分學；原文是它的舊名稱「infinitesimal calculus」。——譯者

講穩固了。隨後又有蓋奧爾克．康托，他發展了連續性和無窮數的理論。「連續性」在他下定義以前向來是個含混字眼，對於黑格爾之流想把形而上學的混濁想法弄進數學裡去的哲學家們是很方便的。康托賦予這個詞一個精確含義，並且說明了他所定義的那種連續性正是數學家和物理學家需要的概念。透過這種手段，使大量的神祕玄想，例如：柏格森的神祕玄想，變得陳舊過時了。

康托也克服了關於無窮數的那些長期存在的邏輯難題。拿從1起的整數系列來說，這些數有多少個呢？很明顯，這個數目不是有窮的。到一千爲止，有一千個數；到一百萬爲止，有一百萬個數。無論你提出一個什麼有窮的數，顯然有比這更多的數，因爲從1到該數爲止，整整有那麼多數目的數，然後又有別的更大的數。所以，有窮整數的數目必定是一個無窮數。可是現在出了一個奇妙事實：偶數的數目必定和全體整數的數目一般多。試看以下兩排數：

1，2，3，4，5，6，……

2，4，6，8，10，12，……

上排中每有一項，下排中就有相應的一項；所以，兩排中的項數必定一般多，固然下排只是由上排中各項的一半構成的。萊布尼茲注意到了這一點，認爲這是一個矛盾，於是他斷定，雖然無窮集團是有的，卻沒有無窮數。反之，蓋奧爾克．康托大膽否定了這是矛盾。他做得對；這只是個奇特事罷了。

蓋奧爾克．康托把「無窮」集團定義成這樣的集團：它具有和整個集團包含著一般多的項的部分集團。他在這個基礎上得以建立起一種極有意思的無窮數的數學理論，從而把以前委棄給神祕玄想和混亂狀態的整個一個領域納入了嚴密邏輯的範圍。

下一個重要人物是弗雷格，他在西元一八七九年發表了他的第一部著作，在西元一八八四年發表了他的「數」的定義；但是，儘管他的各種發現有劃時代的性質，直到西元一九〇三年我引起大家對他的注意時爲止，他始終完全沒得到人的承認。值得注意的是，在弗雷格以前，大家所提出的一切數的定義都含有基本的邏輯錯誤。照慣例總是把「數」和「多元」當成一回事。但是，「數」的具體實例是一個特指的數，譬如說3，而3的具體實例則是一個特指的三元組。三元組是一個多元，但是一切三元組所成的類——弗雷格認爲那就是3這個數本身——是由一些多元組成的一個多元，而以3爲其一實例的一般的數，則是由一些多元組成的一些多元所組成的一個多元。由於把這個多元與一個已知的三元組的簡單多元混淆起來，犯了這種基本的語法錯誤，結果弗雷格以前的全部數的哲學成了連篇廢話，是最嚴格意義上的「廢話」。

由弗雷格的工作可以推斷，算術以及一般純數學無非是演繹邏輯的延長。這證明了康德主張的算術命題是「綜合的」，包含著時間關係的理論是錯誤的。懷德海和我合著的《數學原理》（*Principia Mathematica*）中詳細講述了如何從邏輯開展純數學。

有一點已經逐漸明白了：哲學中有一大部分能化成某種可稱作「句法」的東西，不過句法這個詞得按照比迄今慣用的意義稍廣的意義來使用。有些人，特別是卡爾納普，②曾提出一個

---

② 卡爾納普（Rudolf Carnap，西元一八九一——一九七〇年）：美國哲學家、邏輯學家。——譯者

理論，認爲一切哲學問題實際都是句法問題，只要避開句法上的錯誤，一個哲學問題不是因此便解決了，就是證明是無法解決的。我認爲這話言過其實，卡爾納普現在也同意我的看法，但是毫無疑問哲學句法在傳統問題方面的效用是非常大的。

我想簡單解釋一下所謂摹述理論，來說明哲學句法的效用。我所說的「摹述」是指像「美國的現任總統」一類的短語，不用名字來指明一個人或一件東西，而用某種據假定或已知他或它特有的性質。這樣的短語曾造成很多麻煩。假定我說「金山不存在」，再假定你問「不存在的是什麼」？如果我說「是金山」，那麼就彷佛我把某種存在歸給了金山。很明顯，我說這話和說「圓正方形不存在」不是一樣的陳述。這似乎意味著金山是一種東西，圓正方形另是一種東西，固然兩者都是不存在的。摹述理論就是打算應付這種困難以及其他困難的。

根據這個理論，一個含有「如此這般者」（the so-and-so）形式的短語的陳述，若加以正確分析，短語「如此這般者」便沒有了。例如：拿「司各脫是《威佛利》的作者」這個陳述來說。摹述理論把這個陳述解釋成是說：

「有一個人，而且只有一個人寫了《威佛利》，那個人是司各脫。」或者，說得更完全一些就是：

「有一個實體c，使得若x是c，『x寫了《威佛利》』這個陳述便是眞的，否則它是假的；而且c是司各脫。」

這句話的前一部分，即「而且」二字以前的部分，定義成指「《威佛利》的作者存在（或者曾存在，或者將存在）的意思」。因而，「金山不存在」的意思是：

「沒有一個實體c，使得當x是c時，『x是金的而且是山』是眞的，否則它就不是眞的。」

有了這個定義，關於說「金山不存在」是指什麼意思的難題就沒有了。根據這個理論，「存在」只能用來給摹述下斷言。我們能夠說「《威佛利》的作者存在」，但是說「司各脫存在」卻不合語法，更確切地講，不合句法。這澄清了從柏拉圖的〈泰阿泰德〉篇開始的，兩千年來關於「存在」的思想混亂。

以上所談的工作的一個結果是，剝奪了自從畢達哥拉斯和柏拉圖以來數學一直占據的崇高地位，並且打破了從數學得來的那種反對經驗主義的臆斷根據。的確，數學知識不是靠由經驗進行歸納獲得的；我們相信2加2等於4，其理由並不在於我們憑觀察極經常發現到兩件東西跟另外兩件東西合在一起是四件東西。在這個意義上，數學知識依然不是經驗的知識。但也不是關於世界的先驗知識。其實，這種知識僅僅是詞句上的知識。「3」的意思是「2＋1」，「4」的意思是「3＋1」。由此可見（固然證明起來很長）「4」和「2＋2」指一個意思。因而數學知識不再神祕。它和一碼有三呎這個「天經地義」完全屬同樣的性質。

不僅純數學，而且物理學也爲邏輯分析哲學供給了材料；尤其是通過相對論和量子力學供給了材料。

相對論裡面對哲學家重要的事情是以空時來代替空間和時間。據常識，認爲物理世界是由一些在某一段時間內持續，而且在空間中運動的「東西」組成的。哲學和物理學把「東西」概念發展成「物質實體」概念，而把物質實體看成是由一些粒子構成的，每個粒子都非常小，並且都永久存留。愛因斯坦以事素代替了粒子；各事素和其他各事素之間有一種叫「間隔」的關係，可以按不同方式把這種關係分解成一個時間因素和一個空間因素。這些不同方式的選擇是任意的，其中哪一種方式在理論上也不比其他任何方式更爲可取。設在不同的區域內已知兩個事素A和B，那麼滿可能是這種情況：按照一種約定，兩者是同時的，按照另一種約定，A比B早，再按照另外一種約定，B比A早。並沒有任何物理事實和這些不同的約定相當。

從這一切似乎可以推斷，事素應當是物理學的「素材」，而粒子不是。向來認爲的粒子，總得認爲是一系列事素。代替粒子的這種事素系列具有某些重要的物理性質，因此要求我們予以注意；但是它並不比我們可能任意選出的其他任何事素系列具有更多的實體性。因而「物質」不是世界的基本材料的一部分，只是把種種事素集合成束的一個便利方式。

量子論也補證了這個結論，但是量子論在哲學上的重要意義主要在於把物理現象看成可能是不連續的。量子論指出，在一個（如上解釋的）原子內，某種事態持續一段時間，然後突然換成一種有限不同的事態。已往一貫假定的運動連續性，似乎自來不過是一種偏見。可是，量子論特有的哲學還沒有充分發展起來。我想量子論恐怕比相對論會要求更根本地背離傳統的空間時間學說。

物理學一直在使物質的物質性減弱，而心理學則一直在使精神的精神性減弱。在前面一章中，我們曾有機會把觀念聯合與條件反射作了比較。後者的生理學色彩顯然重得多，它已經代替了前者（這只是一個例證；我不想誇大條件反射的範圍）。因此物理學和心理學一直在從兩端彼此靠攏，使得威廉·詹姆士對「意識」的批判中所暗示的「中性一元論」之說更有可能成立了。精神與物質的區別是從宗教轉到哲學中來的，儘管在過去一段長時間內這種區別似乎還有確實的理由。我以爲精神和物質都僅是給事素分組的便當方式。我應當承認，有些單獨的事素只屬於物質組，但是另外一些事素屬於兩種組，因此既是精神的，又是物質的。這個學說使我們對於世界構造的描繪有了重大簡化。

近代物理學和生理學提出了有助於說明知覺這個古老問題的新事實。假若要有什麼可以稱作「知覺」的東西，知覺在某種程度上總要是所知覺的對象的效果，而且知覺假若要可能是關於對象的知識的來源，總要或多或少跟對象相似。只有存在著與世界其餘部分多少有些無關的因果連環，頭一個必要條件才能得到滿足。根據物理學，這種連環是存在的。光波從太陽走到地球上，這件事遵守光波自己的定律。這話只是大體上正確。愛因斯坦已證明光線受重力的影響。當光線到達我們的大氣層時要遭受折射，有些光線比其他光線分散得厲害。當光線到達人眼時，發生了在別的地方不會發生的各種各樣的事情，結局就是我們所說的「看見太陽」。但是，我們視覺經驗中的太陽雖然和天文學家的太陽大不一樣，卻仍然是關於後者的一個知識來源，因爲「看見太陽」與「看見月亮」的不同點，和天文學家的太陽與天文學家的月亮的不同有因果關聯。可是，關於物理對象我們這樣所能認識的，不過是某些抽象的結構性質。我們能夠知道太陽按某種意義講是圓的，固然不完全是按我們所看見的情況是圓的這種意義來講；但是我們沒有理由假定太陽是亮的或暖的，因爲不假定它如此，物理學也能說明爲什麼它似乎如此。所以，我們關於物理世界的知識只是抽象的數學性知識。

以上我談的是現代分析經驗主義的梗概；這種經驗主義與洛克、貝克萊和休姆的經驗主義的不同在於它結合數學，並且發展了一種有力的邏輯技術。從而對某些問題便能得出明確的答案，這種答案與其說有哲學的性質，不如說有科學的性質。現代分析經驗主義和體系締造者們的各派哲學比起來，有利條件是能夠一次一個地處理問題，而不必一舉就創造關於全宇宙的一整套理論。在這點上，它的方法和科學的方法相似。我毫不懷疑，只要可能有哲學知識，哲學知識非靠這樣的方法來探求不可；我也毫不懷疑，藉這種方法，許多古來的問題是完全可以解決的。

不過，仍舊有一個傳統上包括在哲學內的廣闊領域，在那裡科學方法是不夠的。這個領域包括關於價值的種種根本問題；例如：單憑科學不能證明以對人殘忍爲樂是壞事。凡是能夠知道的事，通過科學都能夠知道；但是那些理當算是感情問題的事情卻是在科學的範圍以外。

哲學在其全部歷史中一直是由兩個不調和地混雜在一起的部分構成的：一方面是關於世界本性的理論，另一方面是關於最佳生活方式的倫理學說或政治學說。這兩部分未能充分劃分清楚，自來是大量混亂想法的一個根源。從柏拉圖到威廉·詹姆士，哲學家們都讓自己的關於宇宙構成的見解受到了希求道德教化的心思的影響：他們自以爲知道哪些信念會使人有道德，於是編造了一些往往非常詭辯性的理由，證明這些信念是眞的。至於我，我根據道德上的理由和理智上的理由都斥責這類偏見。從道德上講，一個哲學家除了大公無私地探求眞理而外若利用他的專業能力做其他任何事情，便算是犯了一種變節罪。如果他在進行研究以前先假定某些信念不拘眞假總歸是那種促進良好行爲的信念，他就是限制了哲學思辨的範圍，從而使哲學成爲瑣碎無聊的東西；眞正的哲學家準備審查一切先入之見。假如有意識或無意識地給追求眞理這件事加上什麼限制，哲學便由於恐懼而癱瘓，爲政府懲罰吐露「危險思想」的人的檢查制度鋪平道路——事實上，哲學家已經對自己的研究工作加上了這樣的檢查制度。

從理智上講，錯誤的道德考慮對哲學的影響自來就是大大地妨礙了進步。我個人不相信哲學能夠證明宗教教條是眞理或不是眞理，但是自從柏拉圖以來，大多數哲學家都把提出關於永生和神存在的「證明」看成了自己的一部分任務。他們指責了前人的證明——聖托馬斯否定聖安瑟勒姆的證明，康德否定笛卡兒的證明——但是他們都提出了自己的新證明。爲了使自己的證明顯得有根據，他們曾不得不曲解邏輯，使數學神祕化，冒稱一些根深蒂固的偏見是天賜的直覺。

這一切都被那些把邏輯分析當作哲學的主要任務的哲學家否定了。他們坦率地承認，人的理智無法給許多對人類極爲重要的問題找出最後的答案，但是他們不肯相信有某種「高級的」認識方法，使我們能夠發現科學和理智所見不到的眞理。他們因爲否認這一點而得到的報償是，已發現有許多從前被形而上學迷霧所蒙蔽的問題可以精確地解答，而且是靠除求知欲以外絲毫不牽涉哲學家個人氣質的客觀方法來解答。拿這樣一些問題來說：數是什麼？空間和時間是什麼？精神是什麼，物質又是什麼？我並不說我們在此時此地能夠給所有這些古來的問題提出確定的答案，但是我確實說已經發現了一個像在科學裡那樣能夠逐步逼近眞理的方法，其中每一個新階段都是由改良以前的階段產生的，而不是由否定以前的階段產生的。

在混亂紛紜的各種對立的狂熱見解當中，少數起協調統一作用的力量中有一個就是科學的實事求是；我所說的科學的實事求是，是指把我們的信念建立在人所可能做到的不帶個人色彩，免除地域性及氣質性偏見的觀察和推論之上的習慣。我隸屬的哲學派別一向堅持把這種美德引入哲學，創始了一種能使哲學富於成果的有力方法，這些乃是此派的主要功績。在實踐這種哲學方法當中所養成的細心求實的習慣，可以推廣到人的全部活動範圍，結果在凡是有這種習慣存在的地方都使狂熱減弱，而同情與相互了解的能力則隨之增強。哲學放棄了一部分武斷的浮誇奢求，卻仍繼續提示啓發一種生活方式。

名詞索引

一畫

二畫

三畫

四畫

五畫

六畫

七畫

八畫

九畫

十畫

十一畫

十二畫

十三畫

十四畫

十五畫

十六畫

十七畫

十八畫

十九畫

二十畫

二十一畫

二十二畫

二十三畫

二十四畫

二十五畫

羅素 年表

Russell, Bertrand, 1872-1970

年代	生平記事
一八七二年	五月十八日生於英國南威爾斯蒙默思郡（Monmouthshire）的拉文斯克羅夫特（Ravenscroft）。
一八八三年	從其兄弗蘭克學習歐幾里得幾何學。
一八八四年	開始進行哲學思考，並懷疑宗教。
一八九〇年	入劍橋大學三一學院學習哲學、邏輯學和數學。
一八九四年	大學畢業。寫論文〈幾何學基礎〉。任英國駐巴黎大使館隨員，與愛麗斯・史密斯結婚；參加費邊社活動。
一八九五年	訪問德國，在柏林大學研究社會主義，回英後向倫敦經濟學院發表「德國社會民主主義」的報告。任三一學院研究員。
一八九六年	與愛麗斯同訪美國，在約翰・霍普金斯大學及布利馬爾學院講學。
一八九八年	在劍橋講萊布尼茲哲學。與英國哲學家喬治・摩爾共同掀起批判康德與黑格爾的運動。
一九〇〇年	出席在巴黎舉行的國際哲學會議，在會議中，遇到義大利卓越的數學家皮亞諾、法國哲學家亨利・柏格森等人。
一九〇五年	創立「描述論」，為他的邏輯原子論哲學奠定基礎。
一九〇八年	成為英國皇家學會會員。
一九一〇年	與懷德海合著《數學原論》第一卷出版。在劍橋三一學院講授數理邏輯。
一九一一年	當選倫敦亞里士多德學會會長。

年代	生平記事
一九一三年	在亞里士多德學會講「數理邏輯在哲學中的重要性」，並在三一學院開設「柏格森哲學講座」。
一九一四年	在牛津大學開設「斯賓塞哲學講座」。完成《哲學中的科學方法》。在哈佛大學開設「羅威爾講座」，題目是「我們對外在世界的認識」。開始為反對第一次世界大戰開展社會活動並撰寫一系列反戰小冊子。
一九一五年	在曼徹斯特哲學會發表《物質的最後結構及其成分》。
一九一八年	在倫敦發表關於邏輯原子論的八次演講，承認他的學生維根斯坦對他的影響。因反戰坐牢六個月，並在獄中完成《數理哲學導論》。
一九二一年	與第一位夫人愛麗斯・史密斯離婚，與陶拉・柏萊克結婚。與陶拉共訪中國和日本，在中國北京大學講學。第一個兒子約翰出世。
一九二三年	競選國會議員，又失敗。生女凱蒂。
一九二四年	在美國作旅行演講，在紐約青年聯合會講「如何獲得自由和快樂」。
一九二五年	在三一學院的泰納講座講「物的分析」。
一九二七年	再次赴美講學。開設畢肯山小學。在巴特西市政廳發表《我為什麼不是基督徒》。
一九二九年	赴美講學，在西北大學的「現代思潮講座」發表《解決世界問題的三個方法》。
一九三五年	與第二任夫人陶拉離婚。
一九三六年	在荷蘭阿姆斯特丹大學開「格雷伯爵紀念講座」，講「宿命論與物理學」。第三次結婚，夫人是海倫・帕特里西亞・斯賓塞。

年代	生平記事
一九三八年	在牛津大學講授「語言與事實」。到美國定居六年才返國，在芝加哥大學任教。
一九三九年	在加利福尼亞大學任教。
一九四〇年	在哈佛大學開設「威廉・詹姆斯講座」，題目是「意義與真理探究」。在紐約市立大學引起了一場風波，發生「羅素案件」。
一九四一年	在賓夕法尼亞州巴恩斯基金會開設「西方哲學史」講座。在哥倫比亞廣告公司所屬電臺講黑格爾歷史哲學。
一九四二年	繼續在哥倫比亞廣播公司電臺開哲學講座，講笛卡兒方法論，斯賓諾莎倫理學。
一九四四年	返英。第二次成為三一學院的研究員，講授「非論證性推理」。
一九四七年	向全國書籍協會發表《論哲學與政治》。
一九四八年	赴挪威演講，海上遇難，被救起後在當地大學講「如何防止戰爭」。在英國廣播公司參加萊斯講座，講題是「權威與個人」。
一九四九年	由英王喬治六世頒發英國最高「榮譽勳章」，在威斯敏斯特學校發表《原子能與歐洲問題》。
一九五〇年	獲得諾貝爾文學獎。赴澳講學。
一九五一年	應紐約哥倫比亞大學「馬特切基金會」之邀，前赴發表《科學對社會的影響》。在英國廣播公司發表三大演說：「美國對歐洲政治與文化的影響」、「科學方法的本質與來源」、「懷疑主義與容忍」。
一九五二年	與第三位夫人白翠霞・史本斯離婚，與美國傳記作家艾迪思・芬琪結婚。

年代	生平記事
一九五五年	因保衛和平活動獲「銀梨獎」。與愛因斯坦等人聯合發出反對使用核武器的聲明。
一九五七年	獲聯合國教科文組織的卡林加獎金，發起和組織布格華許和平會議。
一九五九年	出版《常識與核戰爭》、《我的哲學發展》。
一九六三年	成立羅素和平基金會。
一九六六年	向美國士兵發出結束越南戰爭的呼籲書；成立國際戰犯審判法庭。
一九六七年	出版《越南戰犯》。
一九七〇年	二月二日逝世，享年九十七歲。

經典名著文庫 134

西方哲學史　下卷

A History of Western Philosophy

作　　者 —— 英・伯特蘭・羅素 Bertrand Russell
譯　　者 —— 馬元德
發 行 人 —— 楊榮川
總 經 理 —— 楊士清
總 編 輯 —— 楊秀麗
文庫策劃 —— 楊榮川
副總編輯 —— 蘇美嬌
封面設計 —— 姚孝慈
著者繪像 —— 莊河源
出 版 者 —— 五南圖書出版股份有限公司
地　　址 —— 臺北市大安區 106 和平東路二段 339 號 4 樓
電　　話 —— 02-27055066（代表號）
傳　　眞 —— 02-27066100
劃撥帳號 —— 01068953
戶　　名 —— 五南圖書出版股份有限公司
網　　址 —— https://www.wunan.com.tw
電子郵件 —— wunan@wunan.com.tw
法律顧問 —— 林勝安律師事務所　林勝安律師
出版日期 —— 2021 年 4 月初版一刷
2022 年 8 月初版二刷
定　　價 —— 580 元

國家圖書館出版品預行編目資料

西方哲學史 / 伯特蘭．羅素 (Bertrand Russell) 著；何兆武，李約瑟，馬元德譯． -- 初版． -- 臺北市：五南圖書出版股份有限公司，2021.04
冊；公分． -- (經典名著文庫)
譯自：A history of western philosophy.
ISBN 978-986-522-260-4(上卷：平裝)． --
ISBN 978-986-522-261-1(下卷：平裝)

1. 西洋哲學史

140.9　　109013461